BASTEI
LÜBBE

# Bernd Nielsen-Stokkeby

# Baltische Erinnerungen

## Estland, Lettland, Litauen
## zwischen Unterdrückung
## und Freiheit

Bastei-Lübbe Taschenbuch
Band 65091

1. Auflage Januar 1992
2. Auflage September 1992
© 1990 by Gustav Lübbe Verlag GmbH, Bergisch Gladbach
Printed in Germany, Januar 1992
Erweiterte und aktualisierte Ausgabe
Umschlaggestaltung: Manfred Peters
Satz: Dörlemann-Satz GmbH & Co. KG, Lemförde
Druck und Bindung: Clausen & Bosse, Leck
ISBN 3-404-65091-3

# INHALT

# VORBEMERKUNG

Als die erste Auflage dieses Buches über die drei baltischen
Länder erschien, hatte sich die dortige politische Entwicklung
zu einer gefährlichen Krisensituation verdichtet. Die möglichen
Moskauer Reaktionen auf die einseitigen Unabhängigkeitserklärungen Litauens, Estlands und Lettlands vom Frühjahr 1990
hingen wie ein bedrohliches Fragezeichen über dem weiteren
Schicksal der baltischen Völker. Nichts konnte mit absoluter
Sicherheit ausgeschlossen, nichts mit absoluter Sicherheit vor-
hergesagt werden.

Die große Wahrscheinlichkeit sprach allerdings schon damals dafür, daß die Esten, Letten und Litauer ihren Kampf
gegen die Moskauer Zentralgewalt weiter fortsetzen und
schließlich ihr Ziel erreichen würden – das Ausscheiden aus
der Sowjetunion und die Wiedergeburt der freien, selbständigen Republiken Estland, Lettland und Litauen.

Nun haben die stürmischen historischen Ereignisse der
letzten August- und ersten Septembertage 1991 die Übergangsperiode beendet und vollendete Tatsachen geschaffen: Die
drei baltischen Staaten sind wieder frei und sowohl von
Moskau wie auch von der westlichen Welt voll anerkannte,
gleichberechtigte Mitglieder der europäischen Völkerfamilie.
Auch die letzte Etappe dieses Weges wird in der vorliegenden
aktualisierten und erweiterten Neuauflage dieses Buches geschildert.

In den Abschnitten der »Baltischen Erinnerungen«, die meine persönlichen Erlebnisse in Sowjet-Estland behandeln, habe ich gelegentlich Namen und Zeiten ein wenig verändert. Obwohl heute die Wiederkehr einer, wie immer gearteten, Diktatur ausgeschlossen zu sein scheint, halte ich diese Vorsicht im Interesse der unmittelbar Betroffenen für geboten. Aus Rücksichtnahme auf noch lebende Personen oder deren Nachkommen habe ich auch einige Geschehnisse der vorsowjetischen Zeit etwas verfremdet – jedoch nie zu Lasten des Aussagewertes der betreffenden Passagen.

Da ich kein Historiker bin, eine Darstellung der baltischen Geschichte jedoch im Interesse der nicht-baltischen Leser unbedingt notwendig war, habe ich mich in diesen Abschnitten des Buches weitgehend auf die Arbeiten bekannter baltischer Historiker und Soziologen stützen müssen. Die betreffenden Autoren, darunter gute Freunde, sind im Literaturverzeichnis genannt; ihnen allen schulde ich Dank.

Zu danken habe ich insbesondere Rein Helme, Viktor Lepik, Egil Levits, Dietrich A. Loeber, Boris Meissner, Heinz von zur Mühlen, Jonas Norkaitis, Georg von Rauch, Rein Taagepera und Henn-Jüri Uibopuu, die mir während des Schreibens mit ihrem Fachwissen behilflich gewesen sind.

Das gleiche gilt für meine estnischen, lettischen und litauischen Kollegen von »Radio Free Europe«, die mich immer wieder mit aktuellen Informationen aus der gemeinsamen Heimat versorgt haben, vor allem Riina Kionka und Heiki Ahonen.

Noch ein Wort zu den geographischen Namen. 1918 wurden Estland, Lettland und Litauen souveräne Staaten. Für die Zeit danach folgt die Schreibweise generell der jeweiligen Landessprache, für die Zeit davor habe ich die deutschen Namen verwendet. Zur besseren Orientierung ist dabei jedoch gelegentlich der landessprachliche Name beigegeben. Außerdem bieten die zweisprachigen Karten dem Leser eine zusätzliche Hilfe.

# BESUCH IN DER HEIMAT

In einer nebligen, frostkalten Dezembernacht des Jahres 1947 führte mich eine dem nordischen Winter entsprechend vermummte junge Frau durch die tiefverschneite estnische Ortschaft Pölva. Ich trug einen Offiziersmantel der Roten Armee, allerdings ohne Schulterstücke und Rangabzeichen, so wie er in den ersten Nachkriegsjahren in der Sowjetunion von vielen Demobilisierten getragen wurde. Wir schritten schweigend einher, nur gelegentlich flüsterte mir meine Begleiterin ein paar Worte zu.

Fünf Wochen zuvor war ich aus einem Kriegsgefangenenlager in der Nähe von Moskau geflohen. Zusammen mit einem russischen Mädchen hatte ich bereits 3000 Kilometer zurückgelegt, teils mit dem Flugzeug, teils mit der Bahn. Wir waren in Kiew, Odessa und Leningrad gewesen, immer auf der Suche nach einer Möglichkeit, aus der Sowjetunion herauszukommen. Seit ein paar Tagen waren wir in Estland, meiner Heimat, und ich seit einigen Stunden ohne sie in Pölva, wo ich aufgewachsen bin.

Marju, die nun neben mir ging, kannte ich seit frühester Kindheit. Als ich an ihr Fenster geklopft hatte, war sie erschrocken gewesen. Nach einem Zeichen von ihr, ich solle in der Dunkelheit des Hofes etwas warten, war bald darauf ein Mann aus ihrer Tür getreten. Er hatte mich nicht gesehen.

Wir fielen uns in die Arme, ich erzählte kurz das Notwendigste und fragte, ob sie mich für eine Nacht und einen Tag verstecken könne. Sie sagte ja, fügte aber gleich hinzu, es dürfe niemand, wirklich niemand, etwas davon erfahren. Ich verstand sie. Es war die Zeit Stalins, sowjetfeindliche oder sonst irgendwie verdächtige Esten wurden häufig nach Sibirien verschleppt, und keiner wußte mehr ganz genau, wem er wirklich trauen konnte und wem nicht.

»Da stand euer Haus. Den Einmarsch der deutschen Wehrmacht hat es gut überstanden, aber bei den Kämpfen im Sommer 1944 brannte es ab.«

Der große Granitbrocken im Garten lag noch an seinem Platz, auch einige Apfelbäume standen noch. Sonst war nichts übriggeblieben von dem, was ich im Herbst 1939 zurückgelassen hatte. Ein Mann und eine Frau, beide in Schafspelzen, kamen den Weg entlang. Ich schlug meinen Mantelkragen hoch und zog mir die Mütze ins Gesicht. Als sie vorbei waren, fragte Marju mich:

»Weißt du, wer das war?«

»Im Nebel konnte ich ihn nicht erkennen. Aber der Gang von ihm kam mir bekannt vor.«

»Natürlich. Das war Lembit Lattik, mit dem du immer Fußball gespielt hast, anstatt mit mir Nüsse zu sammeln oder schwimmen zu gehen.«

Als wir zum Platz vor der Kirche kamen, bemerkte ich sofort die Veränderung:

»Wo ist das Denkmal geblieben?«

Soweit ich zurückdenken konnte, hatte hier ein Obelisk aus rotem Granit gestanden, der der Erinnerung an die im estnischen Freiheitskrieg von 1918 bis 1920 gefallenen Pölvaraner gewidmet war. Als kleiner Junge war ich oft mit estnischen Freunden von den Stufen des Denkmalsockels aus um die Wette gesprungen.

»Ich erzähl es dir später, wenn wir bei mir sind.«

In ihrem kleinen Blockhäuschen am Flußufer war es warm, wir tranken Tee, ich bekam Brot mit Schinkenspeck, und sie erzählte.

Da der estnische Freiheitskrieg ein Kampf gegen die russischen Kommunisten gewesen war, kam bald nach Errichtung der Sowjetherrschaft aus Moskau der Befehl, alle »die Geschichte verfälschenden Denkmäler« niederzureißen. Die Pölvaraner weigerten sich jedoch beharrlich, an jeder wie immer gearteten Schändung des Denkmals teilzunehmen. So waren denn russische Rotarmisten abkommandiert worden, um den Befehl auszuführen. Sie hatten den Obelisk umgestürzt und in drei Teile zersägt, die später abtransportiert werden sollten. Dazu kam es aber nicht mehr, denn eines Tages waren die Bruchstücke auf geheimnisvolle Weise verschwunden. Es gab die verschiedensten Gerüchte. Einige alte Frauen behaupteten, Kalevipoeg, der riesenstarke estnische Sagenheld, wäre gekommen, hätte sich die drei Granitstücke unter die Arme geklemmt und wäre mit ihnen im Wald verschwunden. Andere vermuteten, ehemalige Teilnehmer des Freiheitskrieges hätten sie irgendwo vergraben und geschworen, ihr Geheimnis mit ins Grab zu nehmen oder es erst dann preiszugeben, wenn Estland wieder eine unabhängige, selbständige Republik geworden wäre.

Am nächsten Abend, als es bereits zu dämmern begann und ich hoffen konnte, nicht erkannt zu werden, marschierte ich über einen Waldweg zum Bahnhof. Marju hatte mich bis zum Friedhof begleitet. In der Waldhütte eines alten russischen Wilderers, dessen Jagdflinte mein Vater mir vor zehn Jahren gekauft hatte, brannte Licht, und auch sein Hund schlug an. Ich überlegte kurz, ging dann aber doch weiter — das Risiko hineinzugehen, erschien mir zu groß. Am Tage darauf war ich wieder in Tallinn, der alten Hansestadt Reval, meiner Geburtsstadt.

Eine Woche später wurde ich dort festgenommen. Das war das Ende meiner Flucht, die so vielversprechend und abenteuerlich begonnen hatte.

*Es vergingen 42 Jahre.* An einem strahlend schönen Sommertag des Jahres 1989 stehe ich wieder in Pölva auf dem Platz vor der Kirche, und das Freiheitskämpferdenkmal ist wieder an seinem alten Platz. Offiziell ist Pölva zwar immer noch für westliche Touristen, Korrespondenten und Diplomaten gesperrt, aber die alten totalitären Strukturen der Breschnew-Zeit sind weitgehend zerbrochen. Das Volk der Esten hat sich, ebenso wie das der Letten und Litauer, erhoben und ist dabei, das abzuschütteln, was ihm über 40 Jahre lang von Moskau aufgezwungen worden ist: Fremdherrschaft, Unterdrückung und Geschichtsfälschung. Über alles kann wieder ohne Furcht gesprochen werden, man kann demonstrieren und protestieren. Aus den wenigen mutigen Freiheitskämpfern der Breschnew-Zeit, den Männern um Mart Niklus und Jüri Kukk, die damals für ihre Forderungen nach einem selbständigen, souveränen Estland hohe Freiheitsstrafen erhielten und die hinlänglich bekannte lange Reise nach Sibirien oder ans Eismeer antreten mußten, ist im Laufe von zwei Jahren eine Massenbewegung geworden. Sie umfaßt heute die gesamte estnisch sprechende Bevölkerung der Sowjetrepublik Estland — alte und junge Menschen, alle Nichtkommunisten und auch die nicht mehr sehr zahlreichen Nationalkommunisten.

Angesichts dieser Lage hatte ich es dann gewagt, mich von einem Freund in dessen Privatwagen von Tallinn (Reval) nach Pölva fahren zu lassen — vielleicht legal, vielleicht auch nicht ganz legal, ich weiß es nicht und habe auch nicht danach gefragt.

In der Sakristei der Kirche erfuhr ich vom Pastor und zwei alten Bekannten auch Näheres über das Schicksal des Denkmals. Als die blau-schwarz-weiße estnische Nationalflagge wieder über dem »Langen Hermann«, dem Wahrzeichen von Tallinn, wehen und auch die alte Nationalhymne wieder gesungen werden durfte, hatte man in Pölva den Beschluß gefaßt, den Obelisk wieder aufzustellen.

Von denen, die 1946 die drei Teilstücke, die Kupferplatte mit den Namen und die Reliefplatte versteckt hatten, war niemand mehr am Leben. Einige ihrer Söhne kannten aber das Versteck. So fand man tatsächlich die Namenplatte und zwei der vergrabenen Granitstücke. Das dritte, so sagte man mir, wurde vermutlich in das Fundament eines Hauses eingemauert und bleibt wohl für immer unauffindbar. So mußte das fehlende Teilstück neu gehauen und die Reliefplatte neu gegossen werden. Am 29. Juli 1989, zwei Wochen vor meinem Eintreffen in Pölva, war das Denkmal feierlich enthüllt worden. Vier Pastoren hatten das Denkmal in einem Gottesdienst eingesegnet, und die Enthüllung vollzogen drei Teilnehmer des Freiheitskrieges von 1918–1920. Der Platz vor der Kirche war gedrängt voll gewesen, und über den Köpfen der Menschen hatten unzählige blau-schwarz-weiße Fahnen geweht. Ein Teilnehmer der Feier sagte mir dazu:

»Wehe dem, der es wieder wagen sollte, das Andenken estnischer Freiheitskämpfer zu schänden. Wehe dem, der es wagen sollte, den nationalen Stolz der Esten mit Füßen zu treten.«

Nach einem Gespräch in der Sakristei bat mich der Pastor um ein kurzes Interview für die Zeitung des südestnischen Propsteibezirkes. Eine Woche später erschien es unter der

Überschrift »Ein Besuch aus der Bundesrepublik Deutschland«:

»Wieso steht Ihnen Pölva so nahe?«

»Ich bin 1923 als Kind hergekommen. Meine Schwester ist hier im Pastorat geboren. Hier habe ich bis 1939 gelebt, also bis zur Umsiedlung der Deutsch-Balten nach Deutschland. 1943, während des Krieges, bin ich als Soldat kurz hiergewesen. Es war ein Sonntag, und ich nahm auch am Gottesdienst teil. Als ich 1947 aus der sowjetischen Kriegsgefangenschaft floh, verbrachte ich noch einmal einen Tag und eine Nacht in Pölva. Das Denkmal vor der Kirche stand damals schon nicht mehr.«

»Welches sind Ihre Gefühle beim Wiedersehen mit Ihrem Heimatort?«

»Ich bin froh darüber, daß das Denkmal wieder steht, daß auch die Kirche den Krieg überstanden hat und daß sie mit estnischen Fahnen geschmückt ist. Ich bin zwar Deutsch-Balte, aber Estland ist meine Heimat. Hier bin ich groß geworden, hier im Ora-Fluß habe ich als Junge Fische gefangen und bin herumgeschwommen.«

»Haben Sie, als Sie weit weg waren, an Estland denken müssen?«

»Ja, und ich habe immer schon mal wieder nach Pölva kommen wollen. Aber über 30 Jahre lang bekam ich keine Genehmigung dazu. Das kann ich nicht verstehen, denn ich wollte ja nur vertraute Plätze wiedersehen, und das ist wohl der Wunsch eines jeden Menschen. Glücklicherweise konnte ich im April dieses Jahres schon einmal herkommen. Damals nahm ich für meine schwerkranke Schwester etwas Erde aus unserem alten Garten mit. Inzwischen ist meine Schwester gestorben. Die Erde habe ich ihr als letzten Gruß aus Estland ins Grab geworfen. Die Tatsache, daß ich in diesem Jahr zweimal hier sein konnte, ist für mich ein deutliches Zeichen für die Erneuerung des hiesigen Lebens.«

Wie bei allen Revolutionen oder Volkserhebungen, so ist es auch bei der gegenwärtigen estnischen »singenden Revolution« schwer, ihre eigentliche Geburtsstunde auszumachen. Ich selbst glaube, daß es der 23. August 1987 war. Damals hatten sieben Personen, von denen fünf wegen ihrer nationalen, antisowjetischen Einstellung bereits jahrelange Lagerstrafen im GULag hinter sich hatten, in Tallinn zu einer Demonstration aufgerufen. Diese Demonstration war gedacht als Protest gegen die geheimen Zusatzprotokolle des Hitler-Stalin-Paktes vom 23. August 1939, in denen der deutsche Diktator die drei baltischen Republiken Estland, Lettland und Litauen dem sowjetischen Diktator zur Okkupation und Annexion freigegeben hatte. Dem Aufruf der »Sieben Aufrechten« (Heiki Ahonen, Ilse Heinsalu, Mati Kiirend, Jan Körb, Jüri Mikk, Tiit Madisson, Lagle Parek) folgte eine von Straße zu Straße anwachsende Menschenmenge. Der Demonstrationszug begann auf dem Rathausplatz, zog am »Kiek in de Kök« vorbei und endete beim Linda-Denkmal am Rande des Hirschparkes. Dort, zu Füßen der mit gesenktem Haupt auf ihrem steinernen Sockel sitzenden Mutter des Nationalhelden Kalevipoeg, wurden Blumen und Kränze zum Gedenken an alle jene Menschen niedergelegt, die als Folge der Sowjetisierung Estlands den Tod gefunden hatten.

Auf der anschließenden Kundgebung im Hirschpark, nur wenige hundert Meter vom Sitz der sowjet-estnischen Regierung entfernt, wurde die längst überfällige Veröffentlichung der nicht nur für die baltischen Völker, sondern ebenso auch für die Polen, Finnen und Bessarabier so verhängnisvollen Geheimprotokolle gefordert. Dort bildete sich auch ganz spontan eine

Initiativgruppe, die es sich zum Ziel setzte, ein Denkmal für alle estnischen Opfer der Stalinzeit zu errichten. Diese Kundgebung in Sichtweite des »Langen Hermann«, auf dem damals noch die rote Fahne wehte, war die erste öffentliche, inoffizielle, politische Demonstration in Sowjet-Estland, an der sich nicht Hunderte, sondern Tausende von Menschen beteiligten.

Und es war kein Zufall, daß dieses nationale Erwachen ausgerechnet vor dem Denkmal der um ihren Mann Kalev trauernden Linda stattfand; denn in Zeiten der politischen Not haben Völker schon immer aus den Kraftquellen der Geschichte und Überlieferung geschöpft.

Der Felsbrocken, auf dem Linda sitzt, symbolisiert übrigens einen der Steine, die sie, der Sage zufolge, nach dem Tode Kalevs in ihrer Schürze vom Meer zu dem Hügel hinaufschleppte, wo Kalev begraben worden war. Diese Steine türmte sie auf sein Grab, und so entstand der geschichtsträchtige Domberg mit allen seinen späteren Wahrzeichen und Gebäuden, in denen 700 Jahre lang die Geschicke Estlands entschieden wurden. Der letzte und größte Stein Lindas war aber zu schwer gewesen, ihre Schürze riß, und der Felsbrocken rollte ins Tal hinab. Linda brach verzweifelt und erschöpft zusammen und weinte sieben Tage lang. Ihre Tränen füllten das Tal, und so entstand ein See, der Ülemiste-See, aus dem Tallinn seit eh und je sein Wasser erhält. Die Spitze des Steines aber ragt noch immer aus dem See heraus. Es ist der Linda-Felsen, der vor einigen Jahrzehnten vom Blitz getroffen und gespalten wurde. Damit soll der estnische Urgott Taara seinen Protest gegen die Anwesenheit der Roten Armee in Estland bekundet haben.

Wenn es am 23. August 1987 die ehemaligen Polithäftlinge waren, die das estnische Volk aufrüttelten, so waren es am 2. April 1988 die estnischen Intellektuellen — Schriftsteller, Künstler, Publizisten und Architekten. Auf einer Plenartagung ihrer Führungsgremien unterzogen sie die Situation im Lande einer vernichtenden

Kritik und setzten gleichzeitig durch, daß diese Kritik, die sowohl an die Moskauer Adresse als auch an die der eigenen kommunistischen Regierung gerichtet war, veröffentlicht wurde. Daß das möglich war, ist gewiß auch eine Folge der Gorbatschowschen Perestrojka- und Glasnostjpolitik, wie auch der zunehmenden Liberalisierung des politischen Denkens in der Sowjetunion überhaupt. Die Wurzeln dieses Umbruchs, dessen radikalste Variante die Forderung nach dem sofortigen Abzug aller sowjetischen Truppen und der Ausrufung einer absolut souveränen und demokratischen Republik Estland ist, liegen allerdings viel tiefer. Es war die Erkenntnis, daß das Land — auf eine kurze Formel gebracht — vor einer demographischen, sozialpolitischen, ökologischen und kulturellen Katastrophe stand. Der Schriftsteller Jaan Kaplinski zog folgende Bilanz der fast fünfzigjährigen Sowjetherrschaft:

»Unser Staat ist, bildlich gesprochen, krank, und er macht auch unsere Menschen krank. Unsere Gesellschaft hat mittlerweile ein Stadium erreicht, vergleichbar dem des Römischen Reiches zur Zeit seiner Auflösung . . . Man hat versucht, uns daran zu gewöhnen, wie Minimalmenschen in Minimalwohnungen zu leben, ohne eigene Kultur, ohne eigene Sprache, ohne Nationalbewußtsein, ohne Religion und ohne Ethik, ohne Wissen und ohne Informationen.«

Und der Vorsitzende des estnischen Kulturrates, Ignar Fjuk, schloß seine Abrechnung mit der Stalin- und Breschnew-Ära so:

»Jahrhundertelang sind Kriege, Seuchen und Hungersnöte über unser kleines Land hinweggezogen. Das estnische Volk hat immer unter dem Druck gegensätzlicher geschichtlicher Strömungen gelebt. Aber jetzt, kurz vor dem 50. Jahrestag der Sowjetmacht in Estland, haben wir den allerkritischsten Punkt unserer bisherigen Geschichte erreicht, und dabei ist nicht nur das Volk als solches, sondern im wahrsten Sinne des Wortes auch das Land unter unseren Füßen vom Untergang bedroht.«

Diese Angst vor dem drohenden Untergang von Volk und Land hatte vor allem zwei Gründe. Als Folge des von der Moskauer Zentralregierung befohlenen forcierten Abbaus verschiedener estnischer Bodenschätze, insbesondere von Phosphoriterzen und Ölschiefer, und angesichts der weit über die estnischen Bedürfnisse hinausgehenden sowjetischen Rüstungsbetriebe, droht Estland eine kaum vorstellbare Umweltkatastrophe. Bei einer Fortsetzung dieser Politik würde sich der Nordosten des Landes allmählich in eine unbewohnbare Industriewüste verwandeln, alle dortigen Flüsse wären total verschmutzt, der Grundwasserspiegel würde weit unter das erlaubte Niveau absinken, Menschen und Tiere hätten nicht nur unter Wassermangel, sondern auch unter vielen die Luft verpestenden Schadstoffen zu leiden.

Und aufs engste mit dieser hemmungslosen Industrialisierung verbunden war die parallel dazu verlaufende, von Moskau geförderte Einwanderung von Russen, Ukrainern und Angehörigen anderer Sowjetvölker. Von den rund 1,5 Millionen Einwohnern Estlands sind nur noch 62 Prozent Esten; im Umfeld der großen Industriekombinate sind sie bereits in der Minderheit. Das führte zu Sprachenproblemen und zunehmendem Fremdenhaß. So wird seit Mitte der achtziger Jahre darüber diskutiert, den lediglich am höheren estnischen Lebensstandard interessierten Zuwanderern aus staatlichen Mitteln ein »Verschwindegeld« zu zahlen, damit sie mit ihren Familien wieder dorthin zurückkehren, woher sie gekommen sind. Der Vorsitzende des estnischen Schriftstellerverbandes erklärte 1988 zum Sprachenproblem:

»Es darf nicht so weit kommen, daß diejenigen Esten, die nur schlecht Russisch sprechen, in ihrem eigenen Land als Sprachlose dastehen — im Laden, auf dem Postamt und im Krankenhaus.«

Zwei Tage, nachdem ich aus Põlva zurückgekehrt war, saß ich in Tallinn in einer winzigen alten Zweizimmerwohnung im Kreise einiger ehemaliger GULag-Häftlinge. Einer von ihnen trug ein Gedicht von Tõnu Tepandi vor, das auch im Umfeld des Kongresses der Kulturschaffenden entstanden war. Frei übersetzt hat es folgenden Wortlaut:

»Ich will nicht,
daß Moskauer Ministerien meiner Regierung befehlen.
Ich will nicht ewig abhängig sein
von einem fremden Land, von einer fremden Macht.
Ich möchte abhängig sein
von meinem Land,
von meinem Volk,
von meiner Familie,
von meinen Kindern.
Ich möchte
Rechenschaft ablegen vor meinen Kindern,
meiner Familie,
meinem Volk,
meiner Regierung.
Für die
und mich selbst möchte ich verantwortlich sein.
Das ist alles!«

Noch bevor ich etwas sagen konnte, meldete sich die zehnjährige Tochter des Hauses, die zusammen mit ihrem kleinen Bruder auf dem Fußboden hockte und sich mit den bunten Filzstiften beschäftigte, die ich ihr geschenkt hatte.

»Papa, es gefällt mir, daß in dem Gedicht auch Kinder vorkommen!«

Alle lachten. Dann wurde eine Schallplatte mit estnischen Volksweisen aufgelegt, so wie sie auf den estnischen Sängerfesten schon immer gesungen wurden und jetzt, in der Zeit des nationalen Erwachens, eine zusätzliche Bedeutung erhielten. Die Tradition dieser Sängerfeste, die in unterschiedlichen zeitlichen Abständen auf dem »Sängerfeld« am Rande von Tallinn stattfanden, hatten nicht einmal die estnischen Kommunisten zu unterbinden gewagt — wohl wissend, daß sie dann auch noch die letzten Sympathien im Lande verlieren würden.

Am 17. Juni 1988, kurz bevor die 32 estnischen Delegierten zur großen Konferenz der KPdSU nach Moskau abreisten, versammelten sich auf dem »Sängerfeld« etwa 150000 Menschen, um ihnen die Forderungen des estnischen Volkes nach mehr politischer und wirtschaftlicher Autonomie mit auf den Weg zu geben. Und am 11. September des gleichen Jahres waren es 300000 von insgesamt 1,5 Millionen Einwohnern Estlands, die dort zusammenkamen, um in einem blau-schwarz-weißen Fahnenmeer das Ende dieses unvergeßlichen estnischen Sommers zu feiern, eines Sommers, in dessen Verlauf »wir wieder wir selbst geworden sind«, wie es der bekannte Zeichner und Grafiker Heinz Valk in seiner Ansprache ausdrückte. Als das Lied ertönte, das jahrzehntelang als Ersatz für die verbotene Nationalhymne gesungen wurde, »Mein Vaterland, Du meine ganze Liebe«, sah man viele weinen. Daher die Bezeichnung »singende Revolution«.

Am Abend des gleichen Tages bekam ich das Gedicht von Tönu Tepandi noch einmal zu hören. Ich war mit meiner siebzehnjährigen Tochter Kira, die ich nach Estland mitgenommen hatte, ein paar Stunden durch die Stadt gebummelt und hatte ihr mein Geburtshaus, die Olai-Kirche, in der ich getauft wurde, und anderes gezeigt. Jetzt saßen wir unter den hohen Ahornbäumen vor dem Linda-Denkmal auf einer Bank, und ich erzählte ihr einiges aus der estnischen Geschichte und Sagenwelt. Nach kaum einer halben Stunde setzten sich ein junger Mann und ein junges Mädchen auf eine Bank in der Nähe. Zuerst lauschten sie nur den Vögeln und genossen den lauen Abend, dann holte der junge

Mann aus einer Plastiktüte einige Hefte und Bücher heraus und begann, seiner Freundin etwas vorzulesen. Soweit ich es mithören konnte, waren es Gedichte. Da er eine sehr schöne und ausdrucksvolle Stimme hatte, ging ich kurz entschlossen hinüber, sagte, daß ich in Tallinn geboren sei, und bat ihn, für meine Tochter, die nicht Estnisch spreche und nicht wisse, wie schön diese finno-ugrische Sprache sei, etwas zu rezitieren.

Er war Student der Theaterwissenschaften, seine Freundin Kindergärtnerin. Ohne sich viel zu zieren, machten sie uns auf ihrer Bank Platz, und er trug ein paar Gedichte vor, darunter auch einige eigene. Als die ersten blassen Sterne am Himmel standen und man nicht mehr lesen konnte, fragte er mich plötzlich, ob ich auch etwas Politisches hören wolle.

»Natürlich, und Sie brauchen sich keine Sorgen zu machen, wir sitzen bestimmt im gleichen estnischen Fischerboot.«

Und er begann:

»Ma ei taha, et mingi . . .«

Es war das Gedicht von Tepandi. Kira war begeistert von den beiden und bat mich, sie in unser elegantes zweiundzwanzigstöckiges Hotel »Viru« zum Essen einzuladen. So geschah es, und daraus wurde ein in jeder Hinsicht guter Abend. Vom Dachrestaurant hat man einen wunderschönen Blick über die Stadt und über das Meer. Es war eine dieser hellen Sommernächte, wie man sie nur im Norden erlebt, und diese Nacht beschloß einen Tag, an dem Estland eine neue Freundin gewonnen hatte — meine Tochter.

Am Tag darauf reisten wir ab. Über den spitzen Kirchtürmen und grauen Stadtmauern von Tallinn wölbte sich ein herrlicher Spätsommerhimmel. Vom Hafen zogen kleine weiße Wolken gemächlich nach Norden, hin zur Küste Finnlands.

Der Abschied vor der Grenz- und Zollkontrolle war überaus herzlich gewesen. Alte Freunde hatten Kira einen großen Strauß Kornblumen überreicht und ihr in einem Sprachgemisch aus Deutsch, Estnisch und Englisch zu erklären versucht, daß die Kornblume eines der nationalen Symbole Estlands sei. Ein junger Este, den sie beim Stadtbummel in der Nähe meines Geburtshauses kennengelernt hatte, heftete ihr galant eine rote Rose an die Jeansjacke, was den Teenager aus der forscheren westlichen Discowelt ebenso erfreute wie verunsicherte. Mit den Worten »Gott schütze Estland« hatten wir dann der Stadt den Rücken gekehrt und das in keiner Weise anziehende Gebäude der Grenzkontrolle betreten.

Beruflich, gelegentlich auch als Tourist, habe ich während der letzten 35 Jahre unzählige Male die Grenzen kommunistischer Staaten passiert und bin dabei noch nie ein gewisses Gefühl von Unsicherheit, ja von Furcht, losgeworden. Das hat etwas damit zu tun, daß ich in den osteuropäischen Metropolen der Chruschtschow- und Breschnew-Zeit kein gerngesehener Gast war und manchmal auch Dinge in meinem Gepäck hatte, die nach westlichen Begriffen völlig selbstverständlich und harmlos waren, von den jeweiligen östlichen Staatssicherheitsdiensten jedoch zumindest als suspekt eingestuft wurden.

Perestrojka hin, Glasnostj her, auch diesmal war ich wieder irgendwie unruhig. Immerhin hatte ich viele Gespräche mit führenden Vertretern fast aller politischen Kräfte Estlands geführt und dabei eigentlich nur die estnische KP ausgespart. Ich hatte mir Notizen gemacht und auch schriftliche Unterlagen erhalten, Zeitschriften, Protokolle, Resolutionen; alles gewiß keine Staatsgeheimnisse — aber würde es der reaktionäre, immer noch an der Moskauer Leine laufende estnische KGB ebenso sehen? War die Grenzkontrolle vorgewarnt, würde mir eine Sonderbehandlung zuteil werden?

Auffallen mußte natürlich der riesige Pappkarton, den ich, in jeder Hand einen Koffer, mit den Knien vor mir herschob.

Darin befand sich ein ausgestopfter Auerhahn, den ein Arzt aus der Lüneburger Heide einige Monate zuvor in Estland geschossen und zum Präparieren dagelassen hatte. Alle seine Versuche, sich den großen Vogel auf dem Postwege zuschicken zu lassen, waren gescheitert, und so hatte er mich buchstäblich angefleht, ihm seine Jagdtrophäe, was immer es koste, mitzubringen.

Das Verhör wurde von einem Hauptmann der Grenzwache in holprigem Englisch eröffnet. Das Wort »capercaillie« in meiner Antwort kannte er nicht, und so überreichte ich ihm eine vorsorglich beschaffte Bescheinigung der estnischen Jagdbehörde, die besagte, daß der Auerhahn am So-und-so-vielten da und da mit amtlicher Genehmigung geschossen worden war und in präparierter Form ausgeführt werden durfte.

Die erste flüchtige Durchleuchtung des Kartons zeigte unter anderem auch kleine, krumme Metallteile. Der Hauptmann wollte wissen, was das zu bedeuten habe, und zog zwei Experten zur Beratung hinzu. Natürlich hätte ich ihm sagen können, daß das die Nägel und Drahtstücke waren, mit denen man den Auerhahn auf dem Kiefernzweig befestigt hatte, aber weil mich diese Omnipotenz des Moskauer KGB in meiner Heimat ärgerte und weil zwei Zollinspektorinnen inzwischen auch über Kiras Koffer hergefallen waren, stieg Trotz in mir hoch. Also erklärte ich, nach wie vor in Englisch, ich hätte das Innere des Hahnes nicht zu Gesicht bekommen und wüßte nicht, was drin sei. Nach längerem Hin und Her und einem Blick in meinen Paß ließ der Hauptmann einen Dolmetscher kommen, dessen Deutschkenntnisse allerdings alles andere als glänzend waren. So unterbrach ich ihn schon nach wenigen Sätzen und erklärte in Russisch, auf seine Dienste verzichten zu können. Daraufhin sahen mich die drei Genossen böse an und zogen sich schließlich mitsamt dem Vogel zu einer Spezialuntersuchung zurück.

Zehn Meter von mir entfernt stand Kira, etwas verstört wirkend, vor einem großen Tisch, auf dem eine Zollinspektorin den gesamten Inhalt ihrer beiden Koffer — Intimes und weniger Intimes — ausgebreitet hatte. Derweilen zogen Scharen finnischer, estnischer und deutscher Touristen kaum behelligt an uns vorbei; ein paar Bekannte warfen fragende Blicke herüber, hin und wieder hörte ich Proteste gegen diese »Filzung«. Doch die emsige Beamtin ließ sich durch nichts beirren. Sehr höflich und sich ständig entschuldigend, aber mit eingeübter Präzision durchsuchte sie alles bis hin zur letzten Cremedose. Auf meine Frage, was sie eigentlich zu finden hoffe, antwortete sie ebenso freundlich wie bestimmt, sie tue, was zu tun ihre Aufgabe sei. Das Ergebnis all ihrer Bemühungen war, abgesehen von einem totalen Durcheinander, gleich Null.

Bei mir sah es etwas anders aus. Von einem schwedischen Kollegen vorgewarnt, hatte ich einige der mitgenommenen Schriftstücke und Notizen auf meine Jackentaschen verteilt, andere in eine Umhängetasche gesteckt. Diese Tasche mußte ich nun auf einen abseits stehenden Tisch legen, wo sie, wie man es später schriftlich formulierte, von einer »Vertreterin der Zollbehörde der Republik Estland« aufs genaueste inspiziert wurde. Im anschließenden langen Palaver gab es immer wieder die gleichen stereotypen Fragen.

»Was ist das, von wem haben Sie das, wozu brauchen Sie das?«

Ich erläuterte die Schriftstücke, verwies darauf, daß es keine Geheimsachen seien, nannte einige Namen, auch die von Abgeordneten des Obersten Sowjets von Estland. Andere Namen verschwieg ich, stellte mich dumm oder behauptete, daß die betreffende Information schon vor mehreren Tagen in der Moskauer Presse veröffentlicht worden sei — was in einigen Fällen stimmte, in anderen nicht. Hin und wieder griffen auch ein Major und ein Zivilist von offenbar noch höherem Rang in das Verhör ein. Als fast alle Reisenden bereits an Bord des Schiffes nach Helsinki gegangen waren und sich außer mir und meiner Tochter nur noch Amtspersonen in der riesigen Halle befanden, gab der Zivilist, offensichtlich ein Russe, der estnischen Inspektorin in fehlerhaftem Estnisch die Anweisung, insgesamt sieben Schriftstücke zu beschlagnahmen. Dabei ging er nach dem bislang in Russisch geführten Gespräch wohl davon aus, daß ich seine Anweisung nicht verstehen würde — und irrte sich.

»So einfach, meine Herren, geht das nicht. Ich kenne Ihre Gesetze. Erstens müßte ein schriftliches Protokoll aufgesetzt werden, und zweitens müssen Sie mir die Verordnungen nennen, aufgrund derer Sie meine Papiere konfiszieren wollen«, beschwerte ich mich.

»Was soll das, Sie sprechen ja auch Estnisch!«

»Natürlich spreche ich Estnisch, und ich glaube, erheblich besser als Sie.«

Zum erstenmal während der ganzen Kontrollprozedur bekam ich ein Lächeln zu sehen; ganz langsam verdrängte es den maskenhaften Ausdruck unpersönlicher Distanz und Ablehnung aus dem Gesicht des KGB-Funktionärs. »Ja, das muß ich wohl zugeben«, entgegnete er und verließ unseren Tisch.

Das Ausfüllen des Protokollformulares dauerte weitere 15 Minuten. Ich beanstandete zunächst einen sprachlichen Fehler im russischen Formulartext. Man gab mir recht, behauptete, es sei lediglich ein Druckfehler, und erlaubte mir, ihn eigenhändig zu korrigieren. Dabei erfuhr ich auch den Namen der estnischen Inspektorin. Ich notierte ihn mir auf die Handfläche.

»Warum schreiben Sie sich meinen Namen auf?«

»Ich bin Journalist. Vielleicht werde ich auch ein Buch über

ПРОТОКОЛ № 000172

"11." августа месяца 19 89 года

Составлен представителем Эст Респ. таможни Ляяне А.Л
в пункте Таллинн.

в присутствии ОКПП Белова, Н.А.
                    (фамилия)

в том, что при досмотре ~~вещей~~ ~~багажа,груза~~ граждан(ина/ки) ФРГ
                                                          (какого государства)

фамилия Нилсон-Стокиди имя Бернд

отчество _____

~~въезжающего в СССР~~
выезжающего из СССР туристом.
                          (цель
поездки) по документам ласпорт
№ Н 1750526 _____ следующего в

адрес
обнаружено (предъявлено) Газета Vaba maa №. 11, 13 - 1989
- 2 шт.; Вестник народного фронта №1. 22, 23
1989 - 2 шт.
2/ EDTE Eesti Demokraatlik Tööerakond, Uhikini.
Tallinn 1989, на 11 стр. - 1 шт.
3/ От комиссии съезда народных депутатов СССР по
политической и правовой оценки Советско-германского
договора о ненападении 1939 г. - проект - 3 стр.+1ий
+Ксерокопия документа на английском языке - 1 стр.

Заявления, просьбы владельца _____
_____
_____
_____

На основании действующих правил вышеупомянутые материалы задержаны
                                                                 ~~изъяты~~

(на проверку; как не подлежащие ~~ввозу в СССР~~
                                  вывозу из СССР)

                    Представитель таможенного контроля _____
                    Владелец _____

Присутствовали при составлении протокола _____
_____

Estland schreiben. Diese miese Prozedur in dem europäischen Hause, von dem Ihr Herr Gorbatschow so gerne spricht, interessiert die Menschen im Westen sicherlich, und Namen erhöhen den Aussagewert jeder Story.«

Zum zweitenmal konnte ich nun eine menschliche Regung feststellen. Große, braune Augen sahen mich halb vorwurfsvoll, halb verständnisheischend an.

»Mein Gott, ich bin doch nur ein ausführendes Organ!«

»Ich weiß, denn ich habe die Anweisung Ihres KGB-Vorgesetzten sehr wohl verstanden. Aber Sie haben sich diesen Beruf selbst ausgesucht, und dieser Beruf ist nicht mehr sehr zeitgemäß.«

Später, als die »Georg Ots« längst Kurs auf Helsinki genommen hatte, der für die sowjetische Staatssicherheit so interessante Auerhahn noch rechtzeitig an Bord gekommen war und ich mir die letzten Stunden in meiner Geburtsstadt durch den Kopf gehen ließ, taten mir meine harten Worte der jungen Estin gegenüber leid. Ich hätte sie aus Finnland gerne angerufen, aber als Ausländer telefonisch bis in ihren abgeschirmten Arbeitsbereich vorzustoßen, wäre absolut unmöglich gewesen. Auch den Gedanken an einen Brief verwarf ich, denn solange der sowjetische Staatsschutz in Estland immer noch seine alten stalinistischen Strukturen hat, hätte ihr ein solcher Brief, wie gut er auch gemeint sein mochte, nur schaden können.

Meine Gefühle ihren männlichen Kollegen gegenüber waren anderer Art. So rief ich noch spät am gleichen Abend von Helsinki aus den Stockholmer Korrespondenten von »Radio Liberty« an, der einen Monat zuvor im Hafen von Tallinn ähnliches erlebt hatte. Sein Kurzbericht über den Auerhahn und die angeblichen Staatspapiere wurde bereits am folgenden Abend vom Münchener Sender in die Sowjetunion ausgestrahlt, und ich konnte nur hoffen, daß die Herren vom estnischen KGB einen besonders guten Empfang hatten. Briefe, die mich einige Wochen später aus Tallinn erreichten, deuten jedenfalls darauf hin.

Wer Estland liebt, der kann solche Überbleibsel der Stalin-, Chruschtschow- und Breschnew-Herrschaft nur bedauern. Umgekehrt lösen die Geschehnisse der drei letzten Jahre Freude, Stolz und Hoffnung aus. Freude und Stolz, weil in meiner Heimat die Götterdämmerung der Sowjetherrschaft eingeläutet worden ist, und Hoffnung darauf, daß der Tag der vollständigen Unabhängigkeit von Moskau nicht mehr allzu fern sein möge. Und wie steht es um die Angst? Ja, auch sie ist da, denn noch hat der Kreml dank seiner Machtmittel die Möglichkeit, die Loslösung Estlands, wie natürlich auch Lettlands und Litauens, von der Sowjetunion zu verhindern. Aber Gewaltanwendung (Militäreinsatz, Verhaftung aller maßgeblichen Politiker und Intellektuellen, Deportationen und so weiter) würde gleichzeitig auch die gesamte Gorbatschowsche Perestrojka-Politik in der Sowjetunion selbst diskreditieren. Und nicht nur das; es wäre wohl, zumindest vorläufig, auch das Ende der großen Ost-West-Entspannung, das Ende allen Geredes vom »gemeinsamen europäischen Haus«, vieler sowjetischer Hoffnungen auf westliche Wirtschaftshilfe, technisches Know-how und wissenschaftlichen Austausch. Aus diesen Gründen kann man annehmen, daß ein auch nur halbwegs nach eigenem Willen handelnder Gorbatschow oder Gorbatschow-Nachfolger sich nicht zu einer so blutigen Lösung der baltischen Frage entschließen wird. Aber die Angst bleibt, sie steht neben der Hoffnung. Ein estnischer Schriftsteller sagte mir in Tallinn:

»Wir stehen mit beiden Begriffen, Angst und Hoffnung, auf und gehen mit beiden Begriffen schlafen. Wir müssen zur Zeit mit beiden leben.«

Angst und Hoffnung haben fünf Jahrzehnte lang auch meine ganz persönliche Beziehung zu Estland geprägt. Dabei war ich den größten Teil dieser Zeit ein engagierter Beobachter aus weiter Ferne; dazwischen aber war es mir auch immer wieder möglich, an Ort und Stelle am dortigen Geschehen teilzuhaben, irgendwie dabeizusein. Alles in allem war es ein sechsmaliges Weggehen und Zurückkommen — mal freiwillig, mal unfreiwillig, mal mit Hoffnung auf Wiederkehr, mal ohne eine solche Hoffnung. Abgesehen von der Schilderung meiner Jugendzeit in Estland und einem historischen Aufriß der Geschichte des Baltikums, wird dieser Wechsel von Weggehen und Zurückkommen auch den Ablauf dieses Buches bestimmen.

# 1 EIN LANGER WEG

Wer sich ein Bild von der Geschichte der heutigen drei Ostsee-republiken Estland, Lettland und Litauen machen will, steht zunächst vor einer verwirrenden Vielfalt von geographischen Bezeichnungen und Völkernamen. Die Esten, zu der nicht-indogermanischen Sprachenfamilie der Finno-Ugrier gehö-rend, kamen wohl vor vier Jahrtausenden zusammen mit dem verwandten Stamm der Liven von der Wolga und aus dem Ural an die Ostseeküste. Die einen besiedelten die südlich des Finnischen Meerbusens gelegenen Landstriche und die vor der Westküste des heutigen Estland liegenden Inseln. Die anderen — heute nur noch rund 30 Familien — faßten südlich des Rigaschen Meerbusens, am Düna-Strom, Fuß, also in einem Gebiet, das zum heutigen Lettland gehört.

Woher das indoeuropäische Mischvolk der Letten ins Bal-tikum gekommen ist, ist nicht bekannt. Man weiß nur, daß die Letten, beziehungsweise ihre Stammvölker, schon vor der Zeit-wende im östlichen Teil des heutigen Lettland siedelten, des-sen westlicher Teil zunächst von den Liven und später von den inzwischen ausgestorbenen Kuren bewohnt wurde. Der Na-me des Siedlungsgebietes der Kuren, also *Kurland*, ist bis ins 20. Jahrhundert erhalten geblieben. Von 1200 n. Chr., also vom Auftreten des deutschen Schwertbrüderordens und der Hanse im baltischen Raum, bis etwa 1550 n. Chr., das heißt bis zum Ende der dortigen Ordensherrschaft, waren die Siedlungsgebiete der Esten, Liven, Kuren und Letten, also die baltischen Provinzen Estland, Livland und Kurland, unter dem Sammelnamen *Livland* oder *Altlivland* bekannt. Lettland als politischen Begriff gibt es erst seit 1918. Damals konstituierten sich Estland und Lettland, nach ihren gegen Sowjetrußland gewonnenen Freiheitskriegen, als unabhängige souveräne Republiken, wobei, den Sprachgrenzen folgend, die Provinz Estland und Nordlivland zum Staat *Estland* und die Provinz Kurland und Südlivland sowie Lettgallen zum Staat *Lettland* zusammengefaßt wurden.

*Litauen*, mit etwa 3,5 Millionen Einwohnern die größte der drei baltischen Republiken (Lettland hat etwa 2,5 Millionen Einwohner, Estland etwa 1,5 Millionen), kann auf eine ganz andere Vorgeschichte zurückblicken. Von einem mehr oder weniger einheitlichen indogermanischen und den Letten verwandten Staatsvolk bewohnt, war Litauen bereits im 13. Jahrhundert ein von seinen Nachbarn anerkanntes unabhängiges Königreich, das sich im Laufe der folgenden 200 Jahre zu einem osteuropäischen Großreich ausdehnte. Es reichte von der Ostseeküste bis zum Schwarzen Meer und umfaßte dabei auch beinahe die gesamte Ukraine, einschließlich Kiew und Odessa. Es folgte eine Personalunion mit Polen, die bis in die Mitte des 18. Jahrhunderts Bestand hatte. Dann kam der größte Teil Litauens unter russische Herrschaft. Erst 1918 konnte Litauen seine Unabhängigkeit wiedererlangen und ebenso wie auch Estland und Lettland, als Mitglied des Genfer Völkerbundes seine nationale Rolle auf der osteuropäischen politischen Bühne spielen — bis zur Annexion der drei baltischen Republiken durch die Sowjetunion im Sommer 1940.

Meine Geburtsstadt Tallinn (Reval) in Estland wird erstmalig vom arabischen Geographen Abu Abdullah Muhamed al-Idrisi im Jahre 1154 erwähnt. Er nennt sowohl die kleine Estensiedlung Kaleweny (wahrscheinlich eine Ableitung aus dem estnischen »Kalewanlinna«, »Burg des Kalew«) als auch die Häfen Revala und Hanila, wobei er unterschiedliche Ortsbestimmungen gibt. Das umfangreiche geographische und kartographische Werk von al-Idrisi basiert nicht auf eigenen Reisebeschreibungen, sondern auf zahlreichen Befragungen von Händlern und Kriegern, die es irgendwann auch nach Nordeuropa verschlug. Die Tallinn (Reval) betreffende Befragung wird vom estnischen Schriftsteller Lennart Meri in seinem Buch »Silberweiß« (»Höbevalge«) wie folgt wiedergegeben:

*al-Idrisi:* Und jetzt schildern Sie mir, wie Sie in Ihr Hanila kommen. Genau und im einzelnen.

*Mann:* Zunächst halte ich mich an der Küste entlang bis zur Landspitze von Porkkala (im heutigen Finnland). Von da gehe ich über den Meerbusen nach Naissaar (die Tallinn vorgelagerte Insel) und Revala . . .

*al-Idrisi:* Zur Insel der Frauen (Naissaar heißt Fraueninsel)? Das ist interessant. Das halten wir fest.

*Mann:* Von Naissaar sieht man schon den Stadtberg. Der erhebt sich auf einem großen und hohen Felsen. Einen zweiten solchen gibt es an unserem ganzen Meer nicht. Er ist so steil, daß man an ihn nicht herankommt.

*al-Idrisi:* Wer kommt nicht heran?

*Mann:* Wohl die Schweden.

*al-Idrisi:* Gibt es da auch Häuser?

*Mann:* Die gibt es, warum nicht.

*al-Idrisi:* Ist es eine Königsstadt?

*Mann:* Nein, das wohl nicht. Es hat noch niemand seine Hand auf Revala gelegt.«

Im Jahr 1219 erobert König Waldemar II. von Dänemark mit Hilfe einer großen Flotte die befestigte Siedlung der Esten, die auch Lindanissa genannt wurde, und übernimmt den Namen Revala. Dieser Name taucht 1226 auch in der Chronik des Heinrich von Lettland auf. Nach kurzer Dänenherrschaft wird Reval (Tallinn) vorübergehend vom deutschen Schwertbrüderorden erobert, der aber bald im Deutschen Orden aufgeht. Die Entstehung der eigentlichen Stadt Reval, am Platz der alten Feste Lindanissa, geht auf eine Initiative des Ordens zurück, der zu diesem Zweck deutsche Kaufleute aus Gotland kommen läßt. In diese Zeit fallen auch die ersten Bauarbeiten am Ordensschloß auf dem Domberg, und in den folgenden Jahren entsteht zu Füßen des Domberges die sogenannte Unterstadt, es werden die ersten Stadtmauern errichtet und die ersten Kirchen gebaut. Die Marienkirche (Domkirche) erhält 1240 vom dänischen König den Rang einer bischöflichen Kathedrale.

Die bedeutende Rolle, die Dänemark bei der Gründung Revals (Tallinn) gespielt hat, fand im späteren estnischen Namen der Stadt ihren Niederschlag. Tallinn bedeutet »Taani linn«, »dänische Stadt«. Die Sage berichtet zudem, daß 1219, als die Flotte Waldemars II. die Estenburg belagerte, die dänische Fahne, der »Danebrog«, vom Himmel gefallen sei und den Sieg der Dänen sichergestellt habe. Das silberne Kreuz auf rotem Grund ist auch heute noch das Wappenzeichen Tallinns. In der Tat waren es, mit Billigung des Papstes, die Dänen, der Schwertritterorden, dessen Nachfolger, der Deutsche Orden, und die Hansestadt Lübeck (seit 1248 galt in Reval das sogenannte lübische Recht), die das Geschehen im mittelalterlichen Estland bestimmt haben. Die Christianisierung, der Bau von Kirchen und Burgen sowie der Ost-West-Handel im Rahmen der Hanse charakterisieren die damalige Entwicklung. Der Versuch des Deutschen Ordens, seinen Einfluß im 13. Jahrhundert noch weiter nach Osten auszudehnen, das heißt bis nach Rußland vorzustoßen, scheiterte im Jahre 1242. In der Winterschlacht auf dem Eise des Peipus-Sees wurde der Orden vom Nowgoroder Großfürsten Alexander Newskij geschlagen. Der Peipus-See hat als estnisch-russischer Grenzsee noch vielfach eine Rolle in der Geschichte Estlands gespielt. Er ist sagen- und anekdotenumwoben, und eine sich auf ihn beziehende sogenannte Rodomontade, eine Art von Aufschneiderei, die im Baltikum für viel Humor und nicht immer für Wahres steht, sei hier aus dem Gedächtnis zum besten gegeben:

Zwei baltische Gutsbesitzer, nennen wir sie Graf M. und Herrn v. O. sitzen bei Wodka und Hasenbraten zu winterlicher Zeit beisammen.

»Wissen Sie«, sagt M., »neulich ließ mich der Zar wissen, daß er gerne mit mir Tee trinken würde. Nun, ich dachte, ich fahre nach Sankt Petersburg und mache ihm die Freude. Ich ließ also anspannen, Sie kennen ja meine herrliche Schimmeltrojka, und ab gings in gestrecktem Galopp über den zugefrorenen Peipus-See nach Rußland. Aber Fischer hatten Löcher in das verdammte Eis geschlagen, und plötzlich verschwanden meine Pferde in so einem Loch. Ich mit dem Schlitten natürlich mit, aber bald darauf kamen wir wieder aus dem nächsten Eisloch heraus. Ich trank auf den Schreck einen großen Schnaps, und noch am gleichen Abend war ich beim Zaren. Nikolai war sehr nett, und wir haben gemütlich geschwatzt.«

Darauf v. O.: »Wissen Sie, mir ist etwas ganz Ähnliches passiert. Auch mich ließ der Zar wissen, er wolle mich mal wiedersehen. Sie kennen ja meine herrliche Rappentrojka. So jagen wir also über den zugefrorenen Peipus-See mit seinen

Löchern, und mit einem Mal sind die Pferde also tatsächlich unter dem Eis verschwunden.«

Schweigen. Nach einer Weile wird M. ungeduldig und fragt: »Schön und gut, aber wie ging es weiter?«

»Gar nicht. Wir blieben alle unter dem Eis, die Pferde und ich.«

Man sagt, M. habe in O.s Gegenwart nie mehr über seine Pferde gesprochen.

Die Geschichte hat sich vielleicht nicht ganz so zugetragen — es gibt da mehrere Versionen ... Übrigens, Karl Friedrich Hieronymus Freiherr von Münchhausen hat neun Jahre lang in einem Rigaschen Kürassierregiment gedient und die Deutsch-Baltin Jakobine v. Dunten geheiratet — in der Kirche, von deren Turmspitze er nach einem überraschenden nächtlichen Tauwetter seinen dort angebundenen Gaul mit der Pistole heruntergeschossen haben will. Er soll sich im Kreise der baltischen Jäger und Zecher sehr wohl gefühlt haben.

Eine noch markantere Ost-West-Scheide als der Peipus-See ist die Stadt Narva, etwa auf halber Strecke zwischen Tallinn und Leningrad am Grenzfluß Narova gelegen. Sie gehört heute teils zur estnischen, teils zur russischen Sowjetrepublik. Seit Jahrhunderten symbolisieren ihre zwei Burgen die Trennungslinie zwischen Ost und West: auf dem Westufer die enge, hochaufgeschossene deutsche Hermannsburg, auf dem Ostufer die flache, weiträumige russische Feste Iwangorod. Es gibt vielleicht keinen Punkt in Europa, an dem zwei in jeder Hinsicht unterschiedliche Welten auf so engem Raum einen architektonisch so deutlichen Ausdruck gefunden haben. Narva und eine Reihe anderer Grenzburgen zeugen davon, daß der Ost-West-Konflikt auch nach der Schlacht auf dem Eise des Peipus-Sees vor über 700 Jahren nie zu schwelen aufgehört hat. Heute ist Narva, in dessen unmittelbarer Umgebung 1944 die letzten Schlachten zwischen den sich aus dem Leningrader Raum zurückziehenden deutschen Truppen und der nachstoßenden Roten Armee geschlagen wurden, weitgehend zerstört. In ihrem Westteil, der zu Estland gehört, beträgt der estnische Bevölkerungsanteil nur noch fünf Prozent. Damit ist Narva praktisch eine russische Stadt geworden. Wie schon mehrfach in der wechselvollen Geschichte dieser Region, hat sich Klio, die Muse der Geschichtsschreibung, wieder einmal dem Osten zugewandt.


## Christianisierung mit dem Schwert

In Livland und Kurland, also auf dem Gebiet des heutigen Lettland, hat Dänemark im 13. bis 15. Jahrhundert keine geschichtliche Rolle gespielt. Prägender waren deutsche Geistliche, die Ordensritter und die Hanse, in geringerem Maße Polen und Litauer. Die heutige Hauptstadt Lettlands, Riga, wurde 1201 vom Bremer Bischof Albert von Buxhoeveden gegründet. Kurz zuvor hatten sich bereits norddeutsche Kauffahrer an der Mündung der Düna niedergelassen. Ihnen folgten die ebenfalls von Bremen ausgesandten Bischöfe Berthold und Meinhard, von denen die Christianisierung der damals dort siedelnden Liven eingeleitet wurde. Den militärischen Schutz des neuen Bistums übernahm auch hier zunächst der Schwertbrüderorden, dann der Deutsche Orden. Ebenso, wie es diesem im Osten nicht gelang, sich auf russisches Territorium auszudehnen, so mußte er auch sein Bestreben aufgeben, die Schutzherrschaft über Litauen zu erringen und damit eine breite Landbrücke nach Preußen zu schlagen. Wohl aber gelang es dem Orden, im 14. Jahrhundert zahlreiche Aufstände der Esten niederzuschlagen und die dänischen Besitzungen in Estland

durch Kauf zu erwerben. Damit war ganz Altlivland Bestandteil des Römischen Reiches deutscher Nation geworden. Nach
den livländischen, estländischen und kurländischen Bischöfen
wurde auch der livländische Ordensmeister 1526 deutscher
Reichsfürst. Ohne Zweifel verstanden sich alle Bischöfe seit
Beginn des 13. Jahrhunderts nicht nur als Missionare, sondern
strebten auch sehr energisch die Errichtung einer deutschen
weltlichen Herrschaft an. Dabei hat gewiß eine Rolle gespielt,
daß die westlichsten russischen Fürstentümer etwa seit der
Jahrtausendwende immer wieder ihrerseits versucht hatten,
sich die östlichen Randgebiete der Ostsee zu unterwerfen.
Vorübergehend sind so die Esten, Liven, Letten und Kuren
den Russen gegenüber auch tatsächlich tributpflichtig gewesen.

Für Bischof Albert, im 12. und 13. Jahrhundert die zentrale
Gestalt der Eroberung Livlands, war eines klar: Er brauchte
ausreichenden militärischen Schutz für seine Ostmission. Alle
nur denkbaren Kräfte im Reich — geistliche wie weltliche —
waren ihm dafür willkommen. Auch Papst Innozenz III. So rief
der Heilige Vater 1199 in einer Bulle die Gläubigen in Nieder-
sachsen und Westfalen zum Schutz der livländischen Kirche
auf. Das Interesse des Vatikans an der Christianisierung des
Baltikums war sogar so groß, daß er die Kreuzfahrten nach
Livland einer Wallfahrt nach Rom oder der Teilnahme an
einem Kreuzzug ins Heilige Land gleichsetzte. In allen Fällen
erhielten die Ritter Vergebung, zwar nicht für ihre Todsünden,
wohl aber für die sogenannten läßlichen Sünden, und da war,
vor allem für die norddeutschen Adligen, die relativ kurze
Seefahrt nach Livland wesentlich bequemer als die Expedition
ins ferne Palästina. Dem Aufruf des Papstes folgten sie nur zu
gern, weil sie sich schon früher zu einem Kreuzzug verpflichtet
hatten, auch Träger so großer Namen wie Bernhard zur Lippe,

Albert von Holstein und Albert von Sachsen mit ihren Dienstmannen. In Livland kämpften sie in der Regel etwa ein Jahr gegen die Liven, Letten und Esten, um dann wieder heimzukehren.

Parallel dazu verstand es Bischof Albert, die Unterstützung eines Ritterordens zu gewinnen. Zu diesem Zweck versprach er dem seit 1202 bestehenden Orden der Ritterschaft Christi — nach seinen weißen Mänteln mit rotem Kreuz und Schwert kurz Schwertbrüderorden genannt — ein Drittel des in Livland bereits eroberten und später zu erobernden Landes. Es folgte dann eine Regelung, die eine Dreiteilung zwischen Bischof, Orden und der Stadt Riga vorsah. Gekrönt wurden die Bemühungen des großen livländischen Bischofs durch seine Anerkennung auf Reichsebene. 1207 empfing Albert von König Philipp von Schwaben Livland als Reichslehen, 1225 erfolgte die Anerkennung Livlands als Mark des Reiches durch König Heinrich VII. und die völlige Gleichstellung Alberts mit den anderen Reichsfürsten.

Wahr ist aber auch, daß die Christianisierung Livlands, Estlands und Kurlands sowie die Errichtung der Ordensherrschaft eine nicht abreißende Kette blutiger kriegerischer Auseinandersetzungen war. Hierbei gab es wechselnde Zusammenschlüsse sowohl im Lande selbst als auch mit ausländischen Mächten, mit deutschen Königen wie mit russischen Fürsten. Es gab Rachefeldzüge unter der Fahne des Kreuzes, in deren Verlauf unzählige Dörfer der Esten, Letten und Liven dem Erdboden gleichgemacht wurden. Eine der schlimmsten Schlachten wurde 1217 bei der Burg Fellin geschlagen, in deren Verlauf sowohl der Estenfürst Lembit als auch der Livenfürst Kaupo fielen.

Bischof Albert hat an einigen dieser Kriegszüge selbst teilgenommen. 1227, hochbetagt, zog er noch zwei Jahre vor seinem

Tode an der Spitze eines Heeres über das Eis der Ostsee gegen die Insel Ösel, um damit die Eroberung Estlands zu vollenden. Obwohl die Öselaner die Wände ihrer Holzburgen im klirrenden Frost mit Wasser übergossen hatten, um sie dadurch unübersteigbar zu machen, war alle Gegenwehr vergebens. Der bereits zitierte Chronist Heinrich von Lettland schildert in seinem »Chronicon Livoniae« die Eroberung der Bauernburg Moon wie folgt:

»Dennoch gelangen die Deutschen, etliche auf der Leiter, etliche am Strick sich haltend, ja, durch einen Engel des Herrn emporgetragen, hinauf und sind dem allseits fliehenden Feinde auf den Fersen (...) Eine Stimme des Frohlockens und des Heils bei den Christen! Ein Klagen und Heulen des Verzweifelns und des Verderbens bei den Heiden (...) Osiliens Heidenvolk kann Schonung nicht erlangen, ein Teil wird hingestreckt, der andere Teil gefangen.«


*Atlantis?*

Ösel, estnisch Saaremaa, das heißt »Inselland«, die schönste und größte Insel Estlands, ist übrigens Gegenstand einer erstaunlichen Theorie, die behauptet, Saaremaa sei identisch mit Ultima Thule, dem geheimnisvollen nordischen Atlantis. Was ist wahr daran?

Erstmalig vom griechischen Geographen Pytheas von Massalia vor rund 2300 Jahren erwähnt, wurde die Existenz von Ultima Thule später auch von anderen antiken Geschichtsschreibern aufgegriffen, wobei man es sowohl auf den Shetland-Inseln als auch auf Island und an der norwegischen Küste lokalisierte. In seinem 1976 erschienenen Buch »Silberweiß« (»Höbevalge«) hat nun der estnische Schriftsteller und Historiker Lennart Meri versucht, den damaligen Reiseweg des Pytheas zu rekonstruieren und dessen auf Sonnenbeobachtung basierende Ortsangaben zu dechiffrieren.

Nach Meris Ansicht ist der griechische Forscher entlang der europäischen Süd- und Westküste zunächst nach Cornwall gelangt, von da zur Elbmündung, dann weiter um Jütland herum in die Ostsee vorgedrungen, wo er auf Saaremaa landete. Dann habe er den Finnischen Meerbusen passiert und sei über die innerrussischen Flüsse bis zum Schwarzen Meer gekommen. Auf Saaremaa erhielt der Grieche Kunde von einer Jahrhunderte zurückliegenden gewaltigen Naturkatastrophe. In der Tat hat es auf Saaremaa einen Meteoriteneinschlag gegeben, der einen noch heute bestehenden See hinterließ. Der baltische Literaturforscher Cornelius Hasselblatt schreibt dazu:

»Lediglich über die genaue Terminierung und den Umfang der Katastrophe herrscht Unklarheit. Jedoch vergleichen estnische Wissenschaftler die Wucht des Einschlages mit der Wirkung der Hiroshima-Bombe. Das Ereignis soll im Gebiet der gesamten Ostsee sichtbar, hörbar und zu verfolgen gewesen sein. Der äußeren Erscheinung nach soll die Katastrophe an ein ›Fallen der Sonne auf die Erde‹ erinnert haben ... Meris Standpunkt ist, daß es gerade auch die Nachricht einer besonderen Naturerscheinung war, die Pytheas zum Besuch auf Saaremaa motivierte. Zur Begründung dieses Standpunktes führt der Autor Pytheas' eigenen authentischen Text an, der bisher den Forschern unverständlich geblieben ist: ›Es zeigten uns die Barbaren, wo die Sonne schläft.‹«

Pytheas selbst siedelt das geheimnisvolle Thule allerdings viel weiter nördlich an. In den von D. Stichtenoth übersetzten und erläuterten Fragmenten heißt es in einer Rekonstruktion:

»Die nördlichste aller britannischen Inseln heißt Tyle; seine

Breite liegt in der Nähe des Geronnenen Meeres und sechs Tagereisen nördlich von Albion. In Tyle liegt der ganze Wendekreis der Sonne über der Erde und fällt mit dem um den Himmelspol durch das Sternbild des Bären, dem Arktischen, zusammen. Die Barbaren zeigten uns dort die Gegend, wo sich die Sonne schlafen legt. Sie sei gleichsam immer bei ihnen. Es stellte sich auch tatsächlich heraus, daß in dieser Gegend die Nacht ganz kurz wird, an einigen Stellen zwei, an anderen drei Stunden dauert, so daß die Sonne nach ihrem Untergang nach ganz kurzer Unterbrechung gleich wieder aufgeht. Dort laufen im Sommer die Tage und umgekehrt im Winter die Nächte durch, und es muß Gebiete geben, in denen nur einmal im Jahr Tag und einmal Nacht ist.«

Ultima Thule hin, Meteoritenfall her, auf jeden Fall hat auch Saaremaa (Ösel) eine schöne, hier aus dem Gedächtnis wiedergegebene Rodomontade zu bieten:

Die adligen Gutsherren von Ösel, es waren nur einige Dutzend, lebten recht weltabgeschieden. Um wenigstens einigermaßen im Bilde zu sein, was denn auf dem Festland so alles passierte, wurde gelegentlich ein Kundschafter über das Meer geschickt, der in Reval oder Riga seine Augen und Ohren offenhalten sollte. So kam denn mal ein Baron B. nach Riga und begab sich in das Schwarzsche Restaurant. Nach einigen Schnäpsen wurde er von einem Bekannten gefragt, warum er denn nicht auch zur Weltausstellung nach Chicago gefahren sei, die gerade in aller Munde war. »Das geht doch nicht«, meinte B., »aus drei Gründen. Erstens hat man mir gesagt, ich könne nicht mit eigenen Pferden nach Amerika fahren. Zweitens soll es in Amerika nur einen gelblich gefärbten, schlecht schmeckenden Schnaps geben. Und drittens hörte ich, daß der Kaiser von Amerika die Adligen nicht liebt.«

1265 ordnete die dänische Königin Margarethe die Ummaue-
rung der Stadt sowie den Bau von Festungstürmen und Toren
an. Der Torbogen eines dieser Türme ist Gegenstand meiner
am weitesten zurückreichenden Kindheitserinnerungen. Mein
Geburtshaus in der Großen Klosterstraße steht direkt neben
diesem Turm, und ich erinnere mich an ein graues Gemäuer,
um das Tauben herumflogen. An das Haus selbst, ich war
damals zwei Jahre alt, habe ich nicht die geringste Erinnerung.
27 Jahre später sollte dieses Haus zwei sowjetische Soldaten
zum Lachen bringen und meine Mutter in tiefes Nachdenken
stürzen.

Auf der Flucht aus einem sowjetischen Kriegsgefangenenlager war ich im November 1947 nach längerem Herumirren bis
nach Südrußland und wieder in den Norden in Tallinn festgenommen worden. Bei der Verlegung aus einem Lagergefängnis
in ein anderes führten mich zwei Soldaten des »Ministeriums
für Innere Angelegenheiten« (MWD), weil es der kürzeste Weg
war, auch durch die Große Klosterstraße und am Hause Nummer 11 vorbei. Da sie wie unkomplizierte russische Kolchos-
bauernsöhne aussahen und ich mit ihnen auch bereits ein paar
Worte gewechselt hatte, erlaubte ich mir zur Auflockerung der
tristen Umstände einen Scherz. Als wir gerade das Haus passierten, tönte ich mit harter sowjetischer Kommandostimme:
»Otdatj tschestj!«, zu deutsch: »Salutieren!« Beide fuhren
herum und sahen mich entgeistert an.

»Warum?«

»Weil ich in diesem Haus geboren wurde.«

Ich hatte die jungen Soldaten richtig eingeschätzt. Der
anfängliche Ärger verzog sich schnell aus ihren Gesichtern,
und nach einem saftigen russischen Fluch lachten sie sogar.

Einige Wochen später erhielt ich zum erstenmal nach meiner Gefangennahme in Tallinn die Erlaubnis, meiner Mutter eine Kriegsgefangenenpostkarte zu schicken. Sie hatte seit Beginn meiner Flucht vor sieben Monaten kein Lebenszeichen mehr von mir erhalten, und ich wollte sie nun um jeden Preis wissen lassen, daß ich gesund und in Tallinn sei. Da Ortsangaben aber strikt verboten waren und die Karten auch sonst einer strengen Zensur unterlagen, verfiel ich auf folgendes: Nach der Mitteilung, daß es mir gutgehe, fragte ich nach Verwandten und Freunden, nannte dabei auch einige Namen und schrieb, daß ich Sehnsucht nach ihnen hätte. Dann folgte der Satz: »Elfi Großkloster ist mir sehr nahe.« Ich hoffte inständig, meine Mutter werde den Hinweis auf mein Geburtshaus verstehen. Sie tat es auch, schloß daraus aber leider nicht auf meinen Aufenthaltsort. Wie sie mir Jahre später erzählte, habe sie immer wieder an diesen Satz denken müssen, aber mein Einsitzen ausgerechnet in einem Gefängnis oder Lager von Tallinn sei für sie völlig undenkbar gewesen.

Im 14. Jahrhundert erhielt die schöne Revaler Stadtsilhouette, die sich jedem über den Finnischen Meerbusen anreisenden Besucher für immer einprägt, seine heutigen Konturen. Der spätere Revaler Stadtschreiber Ludolfus Winnegale, der aus Lübeck angereist war, bezieht sich auf diese Stadtsilhouette, wenn er festhält: »Revalia est optima civitas in tota Livonia« (»Reval ist die schönste Stadt in ganz Livland«).

Ein unbekannter Autor aus dem vergangenen Jahrhundert beschreibt die spätere Stadtsilhouette wie folgt:

»Malerisch strebt der Domberg auf — mit dem alten Deutschordensschloß, der Domkirche und den bis an den Bergrand herantretenden Wohnhäusern; ostwärts, am Fuße des Domberges, dehnt sich die eigentliche Stadt mit den trutzig ragenden Türmen der alten Stadtmauer und der Kirchen, die sich aus dem zackigen Gewimmel der Dächer und Giebel erheben. Auffällig kontrastieren zu dieser deutsch-mittelalterlichen Umgebung die goldglänzenden byzantinischen Kuppelbauten der russischen Kathedrale auf dem Domberge.«

Auf den Bau der hochgelegenen Domkirche folgten die Sankt Nikolaikirche, bekannt durch das Totentanzfragment des Lübecker Malers Bernt Notke (1430?—1509), die Heiligengeistkirche, bekannt durch ihren Flügelaltar — ebenfalls ein Werk Notkes — und die Sankt Olaikirche. 1433 fielen alle Kirchen einer furchtbaren Brandkatastrophe zum Opfer, wurden aber recht bald wieder aufgebaut. Aus dieser Zeit berichtet die Stadtchronik von schrecklichen Pestepidemien, vermerkt aber auch voller Stolz, daß in den Hafen der Hansestadt Reval im Jahre 1426 insgesamt 587 Schiffe aus dem Westen einliefen. Zur Illustration der damaligen Zeit seien hier einige weitere Eintragungen aus der Stadtchronik herausgegriffen:

6. 5. 1458: Der Goldschmied Jacob Rese, der Rheinische Gulden beschnitten hatte, wird durch das Schwert hingerichtet.

13. 9. 1468: Der Rat der Stadt Lübeck bittet Reval, alle dänischen Schiffe erst dann wieder auslaufen zu lassen, wenn die Dänen ihre Kaperfahrten in der Ostsee eingestellt haben.

1. 4. 1498: Die Revaler Badestuben müssen wegen der Gefahr einer Lustseuchenansteckung zeitweilig geschlossen werden.

8. 9. 1500: Ordensmeister Wolter von Plettenberg reitet feierlich in die Stadt ein. Er überzeugt sich von den Rechten der Stadt und meint, daß er so große Privilegien nie verliehen hätte.

22. 4. 1504: Der Rat zu Königsberg bittet Reval, dem Lambert Ottingk bei der Wiedererlangung seines Schiffes

behilflich zu sein. Dieses sei vom Schiffer Simon Dobich anstatt nach Königsberg nach Wiborg verbracht worden.

## Altlivland

Die Zeit des ausgehenden Mittelalters ist in Altlivland, und damit auch in Estland, gekennzeichnet durch die Entstehung einer eigenen baltischen Adelsschicht. Als sogenannte uradlige Familien werden alle bezeichnet, die sich bis zum Zusammenbruch des Ordensstaates, also bis 1561, in den Ritterschaften zusammengeschlossen haben. Das waren die Nachkommen der Kreuzfahrer, die als Angehörige des deutschen Ministerialadels nach Livland gekommen waren, sowie die Familien der späteren Vasallen. Von den vier baltischen Ritterschaften, der estländischen, livländischen, kurländischen und öselschen, ist die estländische die älteste. Sie konstituierte sich bereits Mitte des 13. Jahrhunderts, umfaßte die Gesamtheit der in Estland begüterten Vasallen des dänischen Königs und gab sich 1284 ein eigenes Wappen: drei schreitende blaue Leoparden in goldenem Feld darstellend. Das dem dänischen Reichssymbol nachgebildete Wappen wurde 1921 das Staatswappen der Republik Estland. Durch diese Entscheidung bekannte sich der junge estnische Staat eindeutig zur Kontinuität der Geschichte des Landes. Nach der sowjetischen Besetzung 1940 verboten, ist es heute wieder das Staatssymbol Estlands.

Die über das Adelsprädikat »von« hinausgehenden Titel eines Barons oder Grafen sind in der Mehrzahl entweder vom schwedischen Königshaus oder vom russischen Zaren verliehen worden. Auch die ganz wenigen fürstlichen baltischen Familien haben ihre Titel alle vom Zaren erhalten.

Da der Titel Baron im Baltikum sehr häufig ist, kursiert in deutschen Adelskreisen eine Anekdote, die allerdings nicht ganz der Wahrheit entspricht. So wird erzählt, Zarin Katharina II. hätte einmal in Riga bei einer Sitzung des Landtages die Anwesenden mit »Meine lieben baltischen Barone« angesprochen. Daraufhin hätten sofort alle nichtadligen Anwesenden ihren Anspruch auf das begehrte Adelsprädikat angemeldet, sich dabei auf einen »Erlaß der Zarin« berufen — und den Titel auch erhalten. Wahr ist lediglich, daß es auch im Baltikum den sogenannten niederen russischen Verdienstadel gab. Wer im Staatsdienst einen gewissen Rang erreichte, beispielsweise Geheimer Staatsrat wurde, erhielt automatisch ein Adelsprädikat. Dieses wurde allerdings im Baltikum solange nicht anerkannt, wie der Betreffende dort nicht auch Landbesitz hatte und in eine der Ritterschaften aufgenommen worden war. Dieser niedere russische Adel wurde etwas spöttisch auch als der Eydtkuhnensche Adel bezeichnet, denn das ostpreußische Eydtkuhnen war bis 1914 die deutsch-russische Grenzstation, und es geschah schon einmal, daß sich ein vom Zaren geadelter Herr Müller, kaum hatte er die deutsche Grenze überschritten, von Müller nannte.

Als Vasallen der jeweiligen Landesherren (Deutscher Orden, dänisches Königshaus, Bischöfe) erhielten die Angehörigen der Ritterschaften nach und nach das Erbrecht und das Recht der Gerichtsbarkeit über die nichtdeutschen Bauern. Durch die ihnen daraus erwachsene Macht wurden die Ritter in zunehmendem Maße zu einem politischen Faktor — sowohl für die Landesherren als auch für die nichtdeutschen Untergebenen. Wo die Adelsprivilegien zu hart oder ungerecht ausgeübt wurden, kam es häufig zu Bauernaufständen.

Neben den Ritterschaften gewannen die handeltreibenden Städte, vor allem Reval, Riga und Dorpat, immer mehr Einfluß.

Als durch den Rußlandhandel, insbesondere mit Nowgorod, reichgewordene Hansestädte griffen sie gelegentlich sogar in kriegerische Auseinandersetzungen ein. Ihre Stadträte, welche aus den Kaufmannsgilden nachgewählt wurden, besaßen weitgehende Autonomierechte. So stand ihnen beispielsweise die Gerichtsbarkeit zu, neben der es nur noch eine Appellationsmöglichkeit beim obersten Lübecker Gericht gab. Von den Stadträten wurden auch alle das öffentliche Leben regelnde Bestimmungen erlassen, sie fungierten als Exekutivorgane und durften sowohl handels- wie auch außenpolitische Verträge abschließen.

Die höchsten politischen Instanzen Altlivlands waren die Landtage, die sowohl von den jeweiligen Landesherren als auch von den Ritterschaften und den Städten beschickt wurden. Eine bedeutsame, den Landesherren abgetrotzte Entscheidung besagte, daß diese nicht ohne Zustimmung der Stände auswärtige Kriege führen durften.

Der Untergang Altlivlands im 16. Jahrhundert hatte mehrere Gründe. Der wichtigste war wohl das Erstarken des russischen Reiches unter Führung der Moskauer Großfürsten. Eine Rolle spielte auch die vorübergehende Schließung des Nowgoroder Hansekontors durch Iwan III. Sie führte zwar zu einer Schwächung der Hanse, hatte aber nach der Wiedereröffnung der Niederlassung durch Iwan IV. eine Stärkung der Städte Riga, Reval und Dorpat zur Folge, die sich nun der Hanse zunehmend entfremdeten und ihre Monopolstellung im Rußlandhandel nur noch zum eigenen Vorteil ausnutzten. Hinzu kamen der Zusammenschluß von Polen und Litauen an der livländischen Südgrenze und der allmähliche innere Zerfall des politisch mächtigen Deutschen Ordens. Den Ausschlag mag aber das Übergreifen der Reformation auf das Baltikum gegeben haben. 1523 richtete Martin Luther ein Sendschreiben

»An die auserwählten lieben Freunde Gottes, alle Christen zu Riga, Reval und Dorpat in Livland.«

Er schreibt, daß er mündliche und schriftliche Kunde erhalten habe davon, daß Gottes Wort in Livland Wunder bewirkt hätte, und fährt dann fort:

». . . dazu euch so doch gesegnet hat, daß ihrs von Herzen fröhlich aufnehmet als ein wahrhaftigs Gottes Wort, wie es denn auch wahrlich ist; welches doch bey uns das mehrer weder hören noch leiden will; sondern je reicher und grösser Genad uns Gott hie anbeut, je unsinniger die Fürsten . . . sich dawider sträuben, lästern, verdammen und verfolgen . . . dass ich euch mit Freuden mag selig sprechen, die ihr am End' der Welt, gleichsam die Heiden, das heilsame Wort mit aller Lust empfahet . . . Also lehret und thut, meine Liebsten, und laßt Euch keinen andern Wind der Lehre bewegen, es wehe von Rom oder von Jerusalem . . . Ablaß, Heiligendienst und was für Werk auf uns und unser Seelen Nutz gezogen werden, daß meidet wie todtlich Gift.«

1524 kam es in Reval zu Massenkundgebungen, in deren Verlauf in der Olai- und Heiligengeistkirche Altäre, Heiligenbilder und Skulpturen zertrümmert wurden. Überall im Lande entstanden evangelische Kirchengemeinden, auch nichtdeutsche, man druckte Luther-Katechismen und später auch Luther-Bibeln.

Besondere Verdienste erwarb sich dabei der Propst der Revaler Domkirche, Heinrich Stahl, der für die Pastoren das »Hand- und Hausbuch für das Fürstentum Liffland« schrieb, das zweispaltig, in Deutsch und Estnisch, den Katechismus, die Evangelien und Psalmen enthielt. Außerdem erschien von ihm die »Anführung zu der ehstnischen Sprache auf Wohlgemeinten Rath und Bittliches Ersuchen publiciret«. Zur Schaffung einer Schriftsprache für die Bauern, die noch mehrheitlich

Analphabeten waren, trug schließlich auch seine in Estnisch verfaßte Schrift »Kurtze und einfällige Fragen, die Grundstücke des Christentums betreffend« bei. Die heutige Sprachforschung wirft Stahl bei allen seinen Verdiensten vor, die estnische Sprache dadurch verändert zu haben, daß er sie in seinen Büchern weitgehend der deutschen Grammatik und Syntax anpaßte. Immerhin haben die Bemühungen der deutschen Pastoren um eine Schriftsprache für die Esten und Letten wesentlich zur Erhaltung und Förderung der Kultur dieser Völker beigetragen.

Da der Deutsche Orden als immer noch stärkste politische Kraft keinen einheitlichen Standpunkt zur Reformation bezog, es zwischen den Ritterschaften und den Städten zu den verschiedensten Zweckbündnissen kam und der hochbetagte Ordensmeister Wolter von Plettenberg als einzige unbestrittene Autorität des Landes nicht mehr die Kraft besaß, die Geschicke Altlivlands in seine Hände zu nehmen, war der Boden vorbereitet für eine Entwicklung, an deren Ende der Untergang des sogenannten Marienlandes stand.

Auch aus dieser Zeit einige Eintragungen aus der Revaler Stadtchronik:

5. 5.1516:  Die Magd Catharina, aus Schweden gebürtig, wird verbrannt, weil sie ihr neugeborenes Kind getötet hat.

21. 7.1521:  Eine Novize des Michaelisklosters, die in weltlicher Kleidung Fäden verkauft und die Frau des Johannes Dönhoff als Hure bezeichnet hat, mußte den Schandstein tragen.

31.10.1523:  Der Rat der Stadt Lübeck beklagt sich über das Geleit, das der Ordensmeister Wolter v. Plettenberg dem Seeräuber Severin Norby zum Schaden der Hanse zugesagt hat.

17. 7.1524:    Die Ritterschaften von Estland und Ösel sowie die Vertreter von Dorpat, Riga, Reval und des Erzstiftes Riga kommen in der Stadt zusammen und beschließen, der reinen Lehre beizutreten.

13. 9.1524:    Erste lutherische Predigt in der Sankt-Olai-Kirche.

3. 4.1535:    Der Rat der Stadt Lübeck fordert Reval zu einer Tagfahrt nach Lüneburg auf, um über die Kriegshandlungen mit Dänemark, Schweden, Norwegen und Holstein zu beraten.

26. 6.1555:    Reval überweist der Hanse eine Taxe von 40 Talern, die zum Besten des Danziger Klosters verwendet werden sollen.

18. 7.1555:    Der Rat von Lübeck und die Sendboten von Köln, Bremen, Rostock, Stralsund, Lüneburg und Braunschweig beschweren sich über die Handelsbeschränkungen in Reval.

Den Zusammenbruch Altlivlands schildert der baltische Historiker Heinz von zur Mühlen wie folgt:

»Für den Entschluß Ivans IV., Livland mit Krieg zu überziehen, gab es verschiedene Motive: Wirtschaftliche Interessen, historische Ansprüche, die Tributfrage, auch innerrussische Gegensätze. 1558 drangen die Russen mit überlegenen Truppen über die Grenze. Zuerst fielen Narva und Dorpat, dann eine Stadt und Burg nach der anderen. Der Orden wurde immer wieder geschlagen, entscheidend war die letzte Feldschlacht bei Ermes im Jahre 1560. Die Russen besetzten große Teile des Landes. Deutschland — das Reich, Kaiser Ferdinand I., die Fürsten und mächtigen Hansestädte — leistete so gut wie keine Hilfe. Die eigensüchtige Politik der Städte Reval, Dorpat und Riga rächte sich. In dieser Not wandten sich die politischen Körperschaften und Städte 1561 an andere auswärtige Mächte: Die Stadt Reval, die den Russen erfolgreich widerstanden hatte, und die Ritterschaft von Harrien und Wierland unterwarfen sich dem protestantischen Schweden, Livland, später (1582) auch die Stadt Riga, dem katholischen Polen-Litauen unter König Sigismund II. August. Ösel und zunächst auch das Stift Pilten wurden dänisch. Der letzte Ordensmeister, Gotthard Kettler, wurde Herzog von Kurland und mußte dem König von Polen den Lehnseid leisten. Der livländische Staatenbund war 1561/1562 zerbrochen. Das Land wurde weiterhin von einer kaum unterbrochenen Reihe von Kriegen teils heimgesucht, teils mittelbar betroffen. Es ging dabei um den Besitz Livlands und die Vorherrschaft an der Ostsee sowie ungehinderten Handel. Beteiligt waren Moskau und sein Schützling Herzog Magnus von Holstein, ›König von Livland‹, sowie Schweden und Polen, Dänemark und die Stadt Lübeck. Die Russen mußten schließlich auf Livland und Estland verzichten (1582/83). Harrien und Wierland bildeten, zusammen mit den benachbarten Gebieten Jerwen und der Wiek, das ›Herzogtum Estland‹, das ›Herzogtum Livland‹ mit Riga nahmen die Polen wieder ein. Wichtig war bei diesen Ereignissen, daß den deutschen Ständen neben ihren sonstigen Privilegien die Freiheit des Glaubens und die Verwendung der deutschen Sprache zugesichert wurden.«

*Die Schwedenzeit*

Die für die Geschicke des Baltikums im 17. Jahrhundert überragende Gestalt war der Schwedenkönig Gustav II. Adolf. Noch bevor dieser zur Verteidigung des Protestantismus in den Dreißigjährigen Krieg eingriff und 1630 in Pommern landete, hatte er den schwedischen Herrschaftsbereich an der östlichen Ostsee weiter ausgebaut. Dem russischen Zaren Michail Romanow nahm er 1617 Ingermanland und Ostkarelien ab und verdrängte damit die Russen gänzlich von der Ostsee. Im Krieg gegen Polen gewann er dann auch Livland zurück — im September 1621 ritt er in Riga ein, vier Jahre später fiel Dorpat. Durch diese Verbreiterung der schwedischen Basis im Baltikum wurde Gustav Adolfs Kriegsführung gegen Kaiser Ferdinand und Wallenstein wesentlich erleichtert — bis zu seinem Tode in der Schlacht bei Lützen im Jahre 1632. Der baltische Adel stellte ihm viele Offiziere, die estnische und lettische bäuerliche Bevölkerung viele Soldaten. Mehr als die Hälfte des schwedischen Kornbedarfs wurde damals von Livland gedeckt, und Livland und Estland zusammen trugen 1630 etwa ein Drittel der gesamten schwedischen Kriegskosten. Die von Gustav Adolf durch seine Siege über die Polen (1621 bis 1629) und Russen (1614 bis 1617) begründete Schwedenherrschaft an der Ostsee hatte im großen und ganzen bis 1710 Bestand. Nur ein kleiner Teil Altlivlands, die Provinz Lettgallen, war bei Polen geblieben.

Innenpolitisch führte Gustav Adolf eine Reihe von Reformen durch, die sich auf die Rechtsprechung, das Schulwesen und das Kirchenwesen bezogen. Der Adel wie auch die Städte verloren einige ihrer Privilegien, gleichzeitig wurden die der schwedischen Krone zu entrichtenden Steuern wesentlich angehoben. An die Spitze Livlands und Estlands stellte der König einen Generalgouverneur mit Sitz in Riga, dem in beiden Provinzen Gouverneure oder Statthalter unterstanden. Gustav Adolfs Bestreben, dem Baltikum nach den Wirren aller Kriege und Aufstände eine »gute politia und Ordnung« zu geben, entsprang auch seinem Wunsch, die Lage der bäuerlichen Bevölkerung zu verbessern. Erste Versuche, eine Befreiung der estländischen und livländischen Bauern aus der Leibeigenschaft durchzuführen und ihnen eine Schulbildung oder eine handwerkliche Ausbildung zu ermöglichen, hatte bereits Karl IX. (1550–1611) unternommen, war aber beim baltischen Adel nicht durchgedrungen. Dieser war nicht bereit gewesen, seine Privilegien aufzugeben, und hatte sich einfach geweigert, die schwedischen Reformvorschläge zu akzeptieren. Gustav Adolf sah ein, daß eine vollständige Bauernbefreiung, so wie sie in Schweden bereits stattgefunden hatte, nicht zu verwirklichen war, und beschränkte sich schließlich darauf, dem Adel wenigstens die Gerichtsbarkeit über die Bauern, das »ius vitae et necis«, zu entziehen. Wie sich die Dinge weiterentwickelt hätten, wäre der große König nicht 1632 in der Schlacht bei Lützen gefallen, ist schwer zu beurteilen.

Bleibende Spuren hat Gustav Adolf in Livland durch die Gründung der Dorpater Universität hinterlassen, die in unvergleichbar höherem Maße als irgendeine Hochschule sonstwo in Europa das geistige Leben der Bevölkerung zweier ganzer Länder bestimmt hat — zunächst das der Deutsch-Balten und von der zweiten Hälfte des 19. Jahrhunderts an auch das der Esten und Letten. Die Wiegen dessen, was man als deutschbaltische Lebensform, als baltische Lebensweise bezeichnen kann, standen in den Gutshäusern des baltischen Adels, in den Patrizierhäusern der baltischen Hansestädte, in den Pastoraten und in den Hörsälen sowie Korporationshäusern der Universitätsstadt Dorpat. Dort, in Dorpat, wurden auch die Ideen und Initiativen geboren, die später zur Gründung der Nationalstaaten Estland und Lettland führten.

Die Stiftungsurkunde der »Academia Gustaviana« wurde vom König vier Monate vor seinem Tode im Feldlager vor Nürnberg unterzeichnet. Bei der Ausarbeitung ihrer Statuten stand die schwedische Universität Uppsala Pate, und bei ihrer Eröffnung am 15. Oktober 1632 gab der schwedische Generalgouverneur Skytte die Wünsche seines Königs wie folgt bekannt: »Der König wolle nicht geduldet wissen, daß die Professoren die Wahrheit mit metaphysischen Spekulationen umhüllten, sondern die Professoren sollten die Jugend, ohne sie in theoretischen Labyrinthen aufzuhalten, gerade zur Praxis führen, damit sie in allen Dingen Gott und den Menschen nützlich sein könnten.« Über die Dorpater Universität, die auch meine erste Universität war, wird im folgenden noch viel zu sagen sein.

Die Zeit zwischen dem Tode Gustav Adolfs, 1632, und dem Ende der Schwedenherrschaft im Zweiten oder Großen Nordischen Krieg, 1721, war zunächst durch einen erneuten Russeneinfall gekennzeichnet, in dessen Verlauf Riga belagert, Dorpat und andere kleinere Städte aber von Zar Alexei vorübergehend erobert wurden. Erst der Friede von Kardis sicherte im Jahr 1661 den Schweden ihre Rechte für die nächsten Jahrzehnte. Innenpolitisch verschärften sich im späten 17. Jahrhundert die Gegensätze zwischen dem unter Karl XI. immer absolutistischer werdenden Schweden und den baltischen Ritterschaften und Städten. Ein besonderer Streitpunkt war die von der schwedischen Krone eingeleitete Verkleinerung der Güter, von der besonders der livländische Adel betroffen wurde. Estland besaß Schweden gegenüber insoweit eine Sonderstellung, als es nie erobert worden war, sondern sich nach Bestätigung seiner Privilegien durch König Erik XIV. schon 1561, also rund 100 Jahre früher, freiwillig der schwedischen Krone unterworfen hatte. Livland hingegen war aufgrund des Kriegsrechts an Schweden gefallen. Die Entwicklung fand ihren Höhepunkt in dem Beschluß Karls XI., die livländische Landesverfassung aufzuheben, den livländischen Landtag aufzulösen und Livland damit zu einer ganz gewöhnlichen schwedischen Provinz zu machen.

Im bald darauf beginnenden Großen Nordischen Krieg (1700–1721) hielten die livländischen und estländischen Ritterschaften der schwedischen Krone dennoch die Treue. Das kämpfende schwedische Offizierscorps setzte sich zu mehr als der Hälfte aus Vertretern heute noch existierender baltischer Adelsfamilien zusammen. Von diesen stellten die Familien Wrangell 79, Taube 54, Stackelberg 40, Tiesenhausen 31, Uexküll 30, Vietinghoff 28, Pahlen 24 und Ungern-Sternberg 22 Offiziere.

## Kurland

Kurland ist in der Mitte des 17. Jahrhunderts seinen eigenen Weg gegangen. Unter der Herrschaft Herzog Jakobs (1610–1682), eines Enkels des letzten Ordensmeisters Gotthard Kettler und Schwagers des Großen Kurfürsten von Brandenburg, erlebte das kleine Herzogtum bei Anwendung merkantilistischer Wirtschaftsmethoden eine in dieser Region einmalige, wenn auch kurzfristige Blüte von Handel und Industrie. Der wirtschaftliche Aufschwung Kurlands fand seine Krönung in der Erwerbung eigener Kolonien im westafrikanischen Gambia-Gebiet sowie im karibischen Raum.

Um seine handelspolitischen Bestrebungen militärisch abzusichern, ließ Herzog Jakob in der kurländischen Hafenstadt Windau (Ventspils) eine kleine Kriegsflotte mit 44 Schiffen bauen. Darauf kaufte er 1652 von König Cumbo die zehn Seemeilen vor der Mündung des Gambia-Flusses gelegene Insel St. Andreas und später auch noch weitere stromaufwärts gelegene Gebiete. Zur Sicherung dieser kurländischen Besitzungen wurden Befestigungen gebaut, die einem Gouverneur unterstellt wurden. Zur kaufmännischen Leitung seiner Kolonie bestellte der Herzog den Holländer Jakob de Moulin, der sich allerdings als Trunkenbold und Betrüger erwies und schon bald in einem kurländischen Gefängnis landete. Nachdem einige Handelsschiffe des Herzogs von englischen und holländischen Fahrzeugen gekapert worden waren, gelang es ihm, sowohl mit Cromwell wie auch mit den holländischen Generalstaaten Neutralitätsverträge abzuschließen. Jakobs afrikanische Kolonie exportierte Kaffee, Indigo, Ebenholz, Häute, Gewürze, Elfenbein und Gold, wobei Branntwein und Manufakturwaren die wichtigsten Importe waren. Eine gewisse Rolle spielten auch die Perlenfischerei und der Sklavenhandel.

Über den Ankauf der zweiten Kolonie Jakobs, von dem der schwedische König Karl X. Gustav sagte, »er sei zu arm, um König zu sein, für einen Herzog aber zu reich«, schreibt der baltische Historiker Ernst Seraphim in seiner lesenswerten »Geschichte Liv-, Est- und Kurlands« von 1896:

»Eine andere Kolonie hatte der Herzog inzwischen auch in Westindien erworben, indem er vom Grafen Warwick, der an der Spitze der englisch-amerikanischen Handelskompagnie stand, die Insel Tobago kaufte (1654), wobei der Zeitpunkt und die Höhe des Kaufpreises ebenso zweifelhaft sind wie die Frage, mit welchem Recht Warwick das der Handelsgesellschaft vom englischen Staate verliehene Gebiet überhaupt verkaufen durfte. Es gelang dem Herzog auch, sich auf der Insel festzusetzen und auf ihr das Jakobsfort und wohl auch einige andere Niederlassungen, als deren Namen Casimirshafen, Friedrichshafen, Kurischhafen und Neu-Mitau genannt werden, zu gründen. Hauptausfuhrprodukte der Insel waren Tabak, Indigo, Ingwer, Zucker und das Produkt des Zuckerrohrs, der Rum, Baumwollgewächse, Bananen, Feigen, Schildpatt, Papageien etc., die meist gegen Branntwein, Vieh und andere Erzeugnisse des Nordens eingetauscht werden; wie am Gambia handelt es sich in Tobago in erster Linie um Tauschhandel, die Schiffe pflegen, wenn sie Raum übrig haben, auf der Heimkehr von den benachbarten Inseln, so Barbados, noch Waren nach Europa zu laden und dadurch das Frachtgeld zu verdienen.«

Nach den Vorstellungen Herzog Jakobs sollte seine Hauptstadt Mitau (Jelgava) ein Stapelplatz für alle Waren des Ostindienhandels werden. Diese hochfliegenden Pläne scheiterten, als die Schweden 1658 Mitau eroberten und den Herzog gefangennahmen. Als Jakob zwei Jahre später wieder freikam, war das Land weitgehend verwüstet, die Flotte fortgeführt und der Kolonialbesitz verloren.

Politisch war Kurland die ganze Zeit über weiterhin von Polen abhängig geblieben. Der gesamte kurländische Landbesitz, der des Herzogs genauso wie der des Adels, war ein vom polnischen König verliehenes Lehen. Bei Streitigkeiten mit der kurländischen Ritterschaft mußte Jakob sich dem Schiedsspruch des polnischen Königs beugen.

Nach dem Nordischen Krieg, in dessen Verlauf das Herzogtum Kurland nicht so in Mitleidenschaft gezogen wurde wie Estland und Livland, war Kurland Objekt der verschiedensten Interessen, Intrigen und Einflußnahmebemühungen von seiten Rußlands, Polens und Preußens. Ein Enkel Herzog Jakobs, Friedrich-Wilhelm, hatte, gleich nachdem er Herzog geworden war, eine Nichte Peters des Großen geheiratet, war aber bereits auf der Heimreise von Sankt Petersburg nach Mitau gestorben. Auf Wunsch des Zaren nahm die Herzoginwitwe Anna ihren Wohnsitz in Mitau und umgab sich dort mit einem großen russischen Hofstaat. Dieser begründete einen starken russischen Einfluß auf die Geschicke Kurlands, der sich noch verstärkte, als Anna 1730 Zarin von Rußland geworden war und ihr Liebhaber, Graf Ernst Johann Biron, Herzog von Kurland wurde. Allerdings läßt sich umgekehrt auch von einem gewissen kurländischen Einfluß auf die Politik Rußlands sprechen, denn als Liebhaber der verwitweten Zarin spielte Biron zeitweilig die Rolle eines De-facto-Regenten von Rußland.

Formell blieb Kurland aber noch bis 1795, also bis zur dritten Teilung Polens, unter polnischer Oberhoheit. In diesem Jahr erfolgte die Abdankung des letzten kurländischen Herzogs, und Kurland wurde nun auch staatsrechtlich Bestandteil des Russischen Reiches. 1801 wurde Kurland mit Estland und Livland zu einem russischen Generalgouvernement zusammengeschlossen und kam damit auch in den Genuß der diesen beiden Provinzen von Peter dem Großen nach dem Großen Nordischen Krieg bestätigten Privilegien. Von Wichtigkeit ist dabei auch gewesen, daß Kurland nun, ebenso wie Estland (1816) und Livland (1819), im Jahre 1817 die Leibeigenschaft der Bauern aufheben konnte, während es im übrigen Rußland erst 44 Jahre später dazu kommen sollte. Gleichzeitig eröffnete die Zugehörigkeit zum russischen Reich dem bisherigen kleinen Herzogtum auch größere wirtschaftliche Möglichkeiten.

## Das Baltikum wird russisch

Im Großen Nordischen Krieg, in dessen Verlauf Estland und Livland an Rußland fielen, waren vornehmlich Schweden, Rußland und Polen beteiligt, in geringerem Ausmaß auch Dänemark, Preußen, Hannover und die Türkei. Nach anfänglichen Siegen des jungen schwedischen Königs Karl XII., vor allem in der Schlacht bei Narva gegen die Russen (1700), wendete sich das Kriegsglück, und die russischen Truppen konnten ins Baltikum eindringen. Dabei führte der russische Oberbefehlshaber Scheremetjew einen Vernichtungskrieg, wie er in der jüngeren europäischen Geschichte einmalig ist. In einem Bericht an seinen Zaren, Peter den Großen, schrieb Scheremetjew:

»Ich habe Dir zu melden, daß der allmächtige Gott und die allerheiligste Gottesmutter Deinen Wunsch erfüllt haben; in dem feindlichen Lande gibt es nichts mehr zu verheeren; von Pskow bis Dorpat, die Welikaja herab, die Ufer des Peipus entlang, bis an die Mündung der Narwe ... (es folgen die Namen anderer Städte und Ortschaften) ... und von Riga bis Walk: Alles ist verwüstet. Alle Schlösser sind niedergelegt. Nichts steht aufrecht außer Pernau und Reval und hin und wieder ein Hof am Meere; sonst ist von Reval bis Riga alles mit Stumpf und Stiel ausgerottet: Die Orte stehen nur noch auf der Karte verzeichnet. Wie es aber bei der Verheerung zugegangen, davon wissen die Gefangenen, die Oberen und Vornehmen, die Gutsbesitzer und Adligen zu erzählen: Keiner lebt, der es nicht an sich erfahren hätte. Was soll ich mit der Beute anfangen? Die Kerker sind gefüllt und alle mit vornehmen Gefangenen; es sind gefährliche Leute, in der Verzweiflung zu Allem fähig; Seuchen sind unter ihnen ausgebrochen, so dicht sitzen sie beieinander; auch habe ich kein Geld, sie zu füttern; soll ich sie nach Moskau schaffen, so reicht, sie zu begleiten, ein Regiment kaum aus. Befiehl, was mit ihnen zu geschehen habe.«

Der Kommentar des Zaren ist bezeichnend. An seinen Generaladmiral Graf Apraxin schrieb er lakonisch:

»Boris Petrowitsch (Scheremetjew) hat in Livland trefflich gehaust ...«

Zwischen 1704 und 1710 kapitulierten nach entsprechenden Belagerungen, Pest und Hunger alle größeren Städte sowie die Ritterschaften Estlands und Livlands — als letzte Stadt auch Reval im September 1710. Nachdem Karl XII. auf dem Schlachtfeld gefallen war, verzichtete Schweden 1721 im Frieden von Nystad (finnisch: Uusikaupunki) auf Estland und Livland. Zar Peter wiederum garantierte seinen beiden neuen baltischen Provinzen ihre angestammten Privilegien, wohl in der Absicht, dadurch Adel und Bürgertum von Estland und Livland irgendwie für seine Reformpläne in Rußland einspannen zu können.

Obwohl Schweden im 18. Jahrhundert noch weitere, kleinere Kriege gegen Rußland geführt hat, wurde die Niederlage im Nordischen Krieg zu einem Schlüsselerlebnis für das historische Selbstverständnis der Schweden, das bis auf den heutigen Tag nachwirkt und auch das gelegentlich bis an die Grenze der Unterwürfigkeit gehende Verhalten der Stockholmer Regierung Moskau gegenüber erklärt. 1964, als ich aus Anlaß des Schwedenbesuches des damaligen sowjetischen Ministerpräsidenten Nikita Chruschtschow in Stockholm Filmaufnahmen für eine historische Fernsehdokumentation zu machen hatte, wollte ich diese auch mit Aufnahmen von einem sehr bekannten Gemälde anreichern, das den siegreichen Karl XII. nach der Schlacht von Narva hoch zu Roß zeigt, während die geschlagenen russischen Truppen mit gesenkten Köpfen an ihm vorbeidefilieren und ihre Fahnen zu seinen Füßen niederlegen. Der Pressesprecher des schwedischen Außenministeriums hatte mir gesagt, der riesige »Schinken« hinge im Armeemuseum. Dort suchte ich ihn aber vergebens, bis mir der Museumsdirektor schließlich zögernd ein Geheimnis anvertraute: Auf Wunsch der Regierung sei das historische Gemälde von seinem angestammten Platz entfernt und für die Dauer des Chruschtschow-Besuches in den Keller verbannt worden. Warum? Weil es nicht auszuschließen sei, daß der große

Sowjetführer auch das Museum besuchen wolle und sich dann angesichts des Bildes mit den geschlagenen russischen Truppen verletzt fühlen könnte. Natürlich beehrte Chruschtschow das Museum nicht, aber dieses geradezu lächerliche devote Verhalten, das um jeden Preis auch der kleinsten Verstimmung vorbeugen wollte, ist ein lebendiger Beweis für den im Nordischen Krieg erlittenen Schock der Schweden.

## Die Pest

Im Unterschied zur Zeit bis 1710 ist das Baltikum im weiteren Verlauf des 18. Jahrhunderts von Kriegen verschont geblieben. Diese Periode der Regenerierung war um so notwendiger, als das Land nicht nur unter den Folgen der furchtbaren Kriegsgeschehnisse zu leiden hatte, sondern vielleicht mehr noch unter den Auswirkungen der Pest, die von Kurland aus ihren Todeszug durch alle drei Provinzen angetreten hatte. Rund zwei Drittel der lettischen und estnischen Bauernschaft fielen ihr zum Opfer. Bei den Deutschen sah es nicht viel besser aus. In Riga starben von 19 Ratsmitgliedern 10, von 14 Pastoren 12, von 23 Tischlermeistern 17. In Reval starben nacheinander 3 Bürgermeister, 15 Ratsherren, alle Ärzte, fast alle Lehrer und fast alle Pastoren.

Die Seuche war 1701 in Nordafrika ausgebrochen und hatte neun Jahre gebraucht, um über die Türkei, Ungarn, Polen und Kurland schließlich auch Estland zu erreichen. Über die Zustände in Reval im Sommer 1710 schreibt Stefan Hartmann in seiner von der Baltischen Historischen Kommission herausgegebenen Schrift »Reval im Nordischen Kriege«:

»Die Seuche griff jedoch mit einer solchen Geschwindigkeit um sich, daß die Friedhöfe der Vorstädte zur Bestattung der

Toten bald nicht mehr ausreichten. Nun brachte man die Verstorbenen, da es keine Träger mehr gab, mit Pferden und Wagen zur Beerdigung in die Kirchen. Hier wurden Massengräber ausgehoben und bis zum Rande mit Leichen gefüllt. Aber es blieben noch viele über der Erde liegen, wobei die Bänke übereinander geworfen wurden. Nach einer Spezifikation vom 22. November 1710 waren es insgesamt 724 Personen, die in die Olai-Kirche geschafft wurden. Darunter waren 65 Adlige, 560 aus der Großen und 119 aus der Kanutigilde . . . Viele blieben da liegen, wo der Tod sie ereilt hatte. Der Siechenhofmeister Schwabe berichtete, es wäre den beiden am Leben gebliebenen Siechenkerls unmöglich, die Leichen von den Gassen zu schaffen und zu verscharren . . . Von den insgesamt 5122 Einwohnern der Innenstadt des Jahres 1708 waren im Oktober 1711 nur noch 1732 am Leben. Nach einer General-Spezifikation vom 10. d. M. gliederten sie sich in folgender Weise auf: 229 Männer, 403 Frauen und Jungfern, 32 Schwarzhäupterbrüder, 310 Kinder, 131 deutsche Bedienstete, 184 Knechte, 443 gemeine Weiber und Mägde.«

*Ein neuer Geist*

Das geistige und politische Leben Estlands und Livlands — Kurland gehörte ja bis 1795 noch zu Polen — wurde im 18. Jahrhundert in vielfacher Hinsicht von den Ideen der Aufklärung bestimmt, die sowohl das Baltikum selbst als auch den Zarenthron erreichten, der 1712 von Peter dem Großen in das von ihm gegründete Sankt Petersburg verlegt worden war. Aus Deutschland kamen Lehrer, Ärzte, Pastoren, Wissenschaftler und Dichter ins Land, um zu bleiben oder auch nur vorübergehend; sie alle brachten neues Gedankengut mit. Der Dichter,

Philosoph und Theologe Johann Gottfried Herder (1744–1803), der vielseitige Gelehrte und Schriftsteller Johann Georg Hamann (1730–1788) und der Dramatiker August von Kotzebue (1761–1819) stehen an der Spitze einer langen Liste von Namen, die das geistige Leben im Baltikum nachhaltig beeinflußt haben. Über die pädagogischen Vorstellungen, die er im Baltikum, auch der Zarin Katharina II. gegenüber, vertrat, schreibt Herder, der fünf Jahre lang als Lehrer an der Domschule in Riga wirkte, in seinem »Journal meiner Reise im Jahre 1769«:

»Alles muß sich heut zu Tage an die Politik anschmiegen; auch für mich ists nöthig, mit meinen Planen! Was meine Schule gegen den Luxus und zur Verbesserung der Sitten seyn könne! Was sie seyn müsse, um uns in Sprache und Bildung dem Geschmack und der Freiheit unsres Jahrhunderts zu nähern und nicht hinten zu bleiben! Was, um Deutschland, Frankreich und England nachzueifern! Was, um dem Adel zu Ehre und Bildung zu seyn! Was sie auch Polen, Ruß- und Kurland hoffen könne! Was sie für Bequemlichkeiten haben, da Riga der Sitz der Provinzcollegien ist, und wie unentbehrlich es sei, die Stellen kennen zu lernen, zu denen man bestimmt ist. Wie viel Auszeichnendes eine liefländische Vaterlandsschule haben könne, was man auswärtig nicht hat. Wie sehr die Wünsche unsrer Kaiserin darauf gehen, und daß zur Kultur einer Nation mehr als Gesetze und Colonien, insonderheit Schulen und Einrichtungen nöthig sind. Dies alles mit Gründen der Politik, mit einem Vaterlandseifer, mit Feuer der Menschheit und Feinheit des Gesellschaftlichen Tons gesagt, muss bilden und locken und anfeuren. Und zu eben der Denkart will ich mich so lebend und ganz, als ich denke und handle, erheben. Geschichte und Politik von Lief- und Rußland aus, studiren, den Menschlich wilden Emil des Rousseau zum Nationalkinde Lieflands machen.«

Diese deutschen Zuwanderer des 18. Jahrhunderts sind es auch gewesen, die den kleinen Kreis der bereits vorhandenen Akademiker so vergrößert haben, daß hinfort in den drei baltischen Provinzen von einem eigenen Stande, dem der »Literaten«, gesprochen werden konnte. Diese akademische Oberschicht, insbesondere im Umfeld der Universität Dorpat (Tartu), spielte fortan im Leben des baltischen Deutschtums eine einmalige, in dieser Form sonst kaum anzutreffende Rolle. Ihr Verhältnis zum Adel war irgendwie widersprüchlich. Zum einen gab es auf beiden Seiten ein klar erkennbares eigenes Standesbewußtsein, zum anderen trugen aber gemeinsame Gymnasien und studentische Korporationen viel zur Verwischung der gesellschaftlichen Unterschiede bei.

Es kamen im 18. Jahrhundert aber auch viele Handwerker und andere Angehörige des Kleinbürgertums ins Baltikum. Im nach dem Nordischen Kriege entvölkerten und auch sonst ausgebluteten Lande gab es für viele Berufe Arbeit und Aufstiegsmöglichkeiten. Neben den Handwerkern waren es Müller und Krüger, Förster und Gärtner, Köche und Diener. Von den deutschen Ursprungsländern gewann für Kurland das nahe Ostpreußen immer mehr an Bedeutung. Bei den livländischen und estländischen Küstenstädten haben vor allem die traditionellen Verbindungen zu Lübeck den Strom der Einwanderer bestimmt. Und im Rahmen der von Katharina II. systematisch betriebenen Siedlungspolitik kamen schließlich auch noch Bauern in die Ostseeprovinzen. Diese brachten ein völlig neues, wenn auch vom Umfang her nicht sehr beträchtliches Element in das baltische Sozialgefüge, in dem es bis dahin, abgesehen von den Liven und Kuren des Mittelalters, nur einen estnischen und lettischen Bauernstand gegeben hatte.

Parallel zu dieser durch die Aufklärung bedingten Zuwanderung aus dem Deutschen Reich fand im 18. Jahrhundert auch eine wichtige Abwanderung von Deutsch-Balten ins Russische Reich statt. Jetzt zahlte es sich für Rußland aus, daß sich Peter der Große nach dem Nordischen Krieg den baltischen Provinzen gegenüber relativ wohlwollend verhalten hatte. Die von Katharina II. eingeführte neue Reichsverfassung schuf einen großen Bedarf an geschulten Kräften in fast allen Bereichen des öffentlichen Lebens. Unzählige Balten gingen als Verwaltungsbeamte, Diplomaten und Offiziere nach Rußland und stiegen dort in hohe und höchste Ämter auf: Sie wurden Minister, militärische Oberbefehlshaber und Generalgouverneure. Als wenige Beispiele seien genannt: der russische Oberbefehlshaber im Kriege gegen Napoleon, Fürst Michael Barclay de Tolly; der Generalgouverneur von Finnland und Militärgouverneur von Sankt Petersburg, Peter Ludwig Graf v. d. Pahlen; die langjährige Erzieherin der kaiserlichen und großfürstlichen Kinder am Zarenhof, Fürstin Charlotte Lieven; und der Weltumsegler und Naturforscher Admiral Adam v. Krusenstern.

Über die schillernde Gestalt des Grafen v. d. Pahlen schreibt Annelise Nölte in ihrer Dissertation »Zur Wirksamkeit des baltischen Adels in Rußland«:

»Am Eingang der Regierungszeit Alexanders I. hat ein russischer Staatsmann baltisch-deutscher Herkunft eine entscheidende Rolle gespielt, die, obgleich völlig aus dem überlieferten und gewöhnlichen Rahmen baltendeutscher Betätigung in Rußland herausfallend, doch von solcher Wichtigkeit ist, daß sie hier nicht übergangen werden darf: Peter Ludwig Graf v. d. Pahlen (1743–1826), von der Geschichte mit der moralischen Verantwortung für den Mord an Kaiser Paul I. (1801) belastet. Ein Balte als Zarenmörder, allerdings ein Phänomen, ein einmaliges Ereignis in der langen Reihe konservativer, staatserhaltender, ordnungsschaffender Gestalter baltischer Herkunft am russischen Schicksal; um so weniger ist er zu übersehen!

Die Frage nach den Verhältnissen, aus denen heraus die Tat geschah, nach den dabei obwaltenden Umständen, nach den Motiven, die zu ihr führten, hat schon viele Federn beschäftigt. Leider ist uns die sicherste Quelle nicht erhalten geblieben, das von früh an bis zum Jahre 1815 geführte Tagebuch des Grafen. Er hat es ›vor seinem Tode, aus weiser Voraussicht, damit niemand kompromittiert würde, eigenhändig vernichtet und bezeugt dieses in einem Nachtrag zu seinem Testament, und daß, wenn etwa nach seinem Tode Biographien oder Memoiren über ihn geschrieben würden, er dergleichen Skripturen schon jetzt als nicht von ihm herrührend erkläre‹.«

Nicht bekannt ist insbesondere, seit wann und in welchem Ausmaß Pahlen Mitwisser des Mordkomplottes gewesen ist, mit dem Großfürst Alexander, dem Sohn Pauls I., der Weg zum Zarenthron geebnet werden sollte. Pahlen bekennt sich lediglich dazu, den Thronfolger in großen Zügen vom Vorhaben der Verschwörer unterrichtet zu haben; überliefert ist eine Aussage, die er dem Grafen Langeron gegenüber machte:

»Seit sechs Monaten beschäftigt mich der Gedanke an die Notwendigkeit, Paul vom Thron zu stürzen; indessen schien und war es auch in der Tat unmöglich, ohne die Zustimmung, ja, noch mehr, ohne die Mitwirkung des Großfürsten Alexander dieses Ziel zu erreichen. Man mußte ihn wenigstens davon benachrichtigen. Ich sondierte ihn also über diesen Gegenstand, zuerst leichthin und in allgemeinen Ausdrücken, indem ich mich damit begnügte, einige Bemerkungen über den Charakter seines Vaters hinzuwerfen. Alexander hörte mich, seufzte und schwieg. Das war es nicht, was ich wollte. So entschloß ich mich denn, das Eis zu brechen und ihn offen und freimütig über dasjenige zu unterrichten, was ich zu tun für unvermeidlich hielt. Zuerst schien Alexander über meinen Entschluß empört zu sein; er sagte mir, daß er sich über die

Gefahr, welche dem Reich und ihm selbst drohte, nicht täusche, daß er indessen entschlossen sei, alles zu leiden und nichts gegen den Vater zu unternehmen. Ich ließ mich nicht abschrecken und erneuerte meine eindringlichen Darlegungen, um dem Großfürsten die Unumgänglichkeit einer Veränderung zu beweisen.«

Da Paul I. während seiner letzten Regierungsjahre einen an Irrsinn grenzenden Despotismus entwickelte und eigentlich nicht mehr zur Leitung der Regierungsgeschäfte in der Lage war, ist die indirekte Beteiligung Pahlens an der Erdrosselung des Zaren in seinem Schlafgemach vielfach als staatspolitische, patriotische Tat gewürdigt worden. So das Urteil Langerons:

»Es war für die Ausführung ein Mann wie er nötig; es war ferner erforderlich, daß er die wichtigsten Ämter vereinigte; nur so konnte Rußland gerettet werden. Pahlen hat Rußland gerettet, aber ich für mein Teil würde ein solches Verdienst um so hohen Preis nicht gern für mich in Anspruch nehmen. Pahlen war tief angelegt, von Kühnheit beseelt, eine edle und stattliche Erscheinung; er ließ sich nicht durchschauen, sich durch nichts aus der Fassung bringen. Handelte es sich um die Ausführung eines von ihm geplanten Unternehmens, so galten ihm seine Stellung, seine Freiheit und sein Vermögen, ja selbst sein Leben nichts.«

Bezeichnend für die hervorragende Rolle, die die Deutsch-Balten im russischen Staatswesen spielten, ist ein Ausspruch des russischen Generalissimus Suworow, der insbesondere durch seinen spektakulären Alpenübergang im Jahre 1799 berühmt geworden ist. Er, der bereits den Fürstentitel und die allerhöchsten Orden erhalten hatte, wurde im Auftrage von Zar Paul I. gefragt, womit ihn dieser noch weiter belohnen könne. Suworow antwortete: »Soll er mich doch zum Deutschen ernennen.«

Ungeachtet der starken Miteinbeziehung der Deutsch-Balten in den Aufbau des von Katharina II. reformierten Russischen Reiches mußten die Reformen aber auch zu starken Spannungen zwischen dem Zarenhof und dem baltischen Adel führen. Betroffen waren vor allem die von Peter I. gewährten Privilegien der Ritterschaften und Städte. Durch Katharinas sogenannte Statthalterschaftsverfassung wurden die baltischen Provinzen während der achtziger Jahre des 18. Jahrhunderts den anderen Teilen des Reiches gleichgestellt. Diese gleichmacherische Regelung wurde allerdings nach dem Tode der Zarin zum Teil wieder aufgehoben.

Die Differenzen zwischen dem russischen Hof und den baltischen Rittergutsbesitzern traten vor allem auch in der Bauernfrage zutage. Die Lage der estnischen und lettischen Bauern hatte sich im 18. Jahrhundert so verschlechtert, daß praktisch nur von einer partiell durchlöcherten Leibeigenschaft gesprochen werden konnte. Und das bezog sich in gleichem Maße sowohl auf die wirtschaftlichen Verhältnisse der Bauern als auch auf die Gerichtsbarkeit. Daß einige liberal eingestellte Gutsbesitzer ihren Bauern Sonderrechte gewährten, änderte nichts am allgemeinen Zustand. Katharina II. hat einerseits mehrfach versucht, die Lage der Bauern durch Schutzbestimmungen zu verbessern, andererseits aber auch durch die Ausdehnung der russischen Reichsgesetze auf das Baltikum eine entgegengesetzte Wirkung erzielt. So war es nicht verwunderlich, daß es 1784 zu einem Bauernaufstand der Esten und Letten gegen ihre deutschen Gutsherren kam, der nicht unblutig verlief.

Eine Änderung trat erst um die Jahrhundertwende ein, als eine Reformpartei innerhalb der Ritterschaften erste Schritte zur Verbesserung der Lage der Bauern einleitete. Erleichtert wurden diese Schritte durch den Thronwechsel in Sankt Pe-

71

tersburg. Der baltische Historiker Reinhard Wittram schreibt dazu: »Als Alexander I., jung, empfindsam, enthusiastisch und reformfreudig, den russischen Thron bestieg, brach ein neuer Abschnitt an: Es war ein warmer Föhn, der jetzt alle Reformbestrebungen belebte.« Die Bauernverordnungen der Landtage von 1802 bis 1804 brachten den Esten und Letten zwar noch keine persönliche Freiheit, regelten jedoch ihre Rechte sowie Abgabepflichten und verboten den Verkauf von Bauern ohne Land. Die Bindung an die Scholle wurde erst in der Zeit von 1816 bis 1819 aufgehoben, wobei das Eigentumsrecht am Lande in jedem Fall bei den Gutsbesitzern blieb, die lediglich Pachtverträge mit den Bauern schließen mußten. Bemerkenswert ist, daß die Bauernbefreiung in den drei Ostseeprovinzen mehrere Jahrzehnte früher als im übrigen Rußland erfolgte.

Die neue Regelung erfüllte allerdings nicht die in sie gesetzten Hoffnungen. Da es zudem um die Mitte des Jahrhunderts Mißernten und damit auch Hungersnöte gab, kam es zu Unruhen, die ihrerseits neue Reformversuche auslösten. Nach erheblichen Auseinandersetzungen zwischen konservativen und liberaleren Strömungen innerhalb der Ritterschaften, bei denen sich insbesondere der livländische Landmarschall Baron Fölkersahm für mehr Bauernrechte einsetzte, kam es bis 1865 zu neuen Verordnungen, die den Bauern die Möglichkeit gaben, eigenes Land zu erwerben.

*Nicht irgendeine Universität*

Die Regentschaft Alexanders I. brachte den Deutsch-Balten und in der Folge den Esten und Letten auch die so wichtige Wiederbegründung der Universität Dorpat. Im 18. Jahrhundert hatten alle baltischen Akademiker in Deutschland studieren müssen, und unter Zar Paul I., der den Besuch ausländischer Hochschulen verbot, war auch das nicht mehr möglich gewesen. Zunächst als eine wissenschaftliche Einrichtung der Ritterschaften gedacht, wurde die Universität schon bald nach ihrer Eröffnung im Frühjahr 1802 verstaatlicht. Der Dichter der Sturm-und-Drang-Periode, Goethes Jugendfreund Maximilian (von) Klinger (1780 bis 1831), war ihr erster Kurator, der aus Württemberg kommende Physiker Georg Friedrich Parrot (1767–1852) ihr erster Rektor. Die Universität begann mit 7 Professoren und 19 Studenten und sollte im Einvernehmen zwischen Zar und Rektor auch politischen Zielen dienen; sie sollte soziale Reformen vorbereiten und dabei den Esten und Letten Bildungschancen eröffnen.

Über Klingers Wirken in Dorpat schreibt Christoph Hering in seinem Buch »Friedrich Maximilian Klinger«:

»Als Kurator der Universität Dorpat sorgte er nicht nur für die Erweiterung und den Ausbau der Institute und Forschungsstätten, sondern bemühte sich bei Berufungen auf Lehrstühle, das Vorwalten liberaler Ideen gegen mystisch-klerikalen Einfluß zu sichern. Reizvoll ist es, im Briefwechsel mit dem fortschrittlich gesinnten Physiker Georg Parrot und dem Altphilologen Karl Morgenstern zu beobachten, wie Klingers Haltung den Umständen entsprechend bald den Vorgesetzten, bald den Freund herauskehrt. Denn immer geht es ihm um die Sache; Sondervergünstigungen tritt er unerbittlich entgegen. Seine Strenge bei Disziplinarverstößen der Studenten oder gegen den Verkauf juristischer Doktordiplome an den Schneider Walter und den Kaufmann Weber aus Dorpat brachte manchen Professor gegen ihn auf, zudem Klinger, als Diener seines Staates, für die Einführung russischer Studien an der baltischen Universität eingetreten war.«

Klinger war nach seiner Weimarer Zeit, seinen Wanderjahren und der Teilnahme am Bayerischen Erbfolgekrieg durch Vermittlung des Württembergischen Hofes nach Sankt Petersburg gekommen, wo die württembergische Prinzessin Sophie Dorothea als Maria Feodorowna mit dem russischen Thronfolger Paul verheiratet war. Dort heiratete er eine natürliche Tochter Katharinas II. und gewann nach der Ermordung Pauls I. das Vertrauen von Zar Alexander I. Dazu schreibt Hering:

»Klinger wurde mit Verwaltungsaufgaben betraut, die ihm zeitweilig acht verschiedene Ämter übertrugen. Seit 1801 Generalmajor und Leiter des Kadettenkorps, 1802 nach seinen Vorschlägen zur Reorganisation des Pagenkorps zu dessen Leiter ernannt, wirkte er daneben auch als Mitglied der Hauptschulversammlung beim Ministerium für Volksbildung und im Rat der Lehranstalten für weibliche Zöglinge, dem Smolni-Institut und der Sankt Katharinenschule. Außerdem wurde er 1803 Kurator der Universität Dorpat.«

Schon bald hatte die »Alma mater Dorpatensis« einen weit über die Landesgrenze reichenden guten Ruf. Hervorragende Wissenschaftler haben an ihr gelehrt oder sind aus ihr hervorgegangen, beispielsweise der Biologe Karl Ernst v. Baer, der Chirurg Ernst v. Bergmann, der Theologe Adolf v. Harnack, der Astronom Wilhelm v. Struve, der Chirurg Nikolai Pirogow, der Historiker Theodor Schiemann und die drei Brüder v. Oettingen — der eine Physiker, der zweite Theologe und der dritte Mediziner.

Auch das sich allmählich ausweitende russische Hochschulwesen hat aus Dorpat wesentliche Impulse bezogen. Dabei ist es im wahrsten Sinne des Wortes eine akademische Frage, was für die baltischen Lebensformen wichtiger gewesen ist, das wissenschaftliche Wirken der Professoren oder das soziologisch einen viel weiteren Bereich erfassende studentische Leben im Bannkreis dieser Universität.

Als ehemaliger Dorpater Student (auch wenn Dorpat damals bereits Tartu hieß) mag mein Urteil subjektiv erscheinen, aber ich bin tatsächlich der Ansicht, daß das Dorpater Studentenleben an sich und in seinen Auswirkungen irgendwie einzigartig war. Das mag viele Gründe haben, historisch bedingte, solche des Zusammenlebens mit zwei anderen Völkern auf engstem Raum, das Dasein im großen Schatten des Russischen Reiches, die Rolle als sehr weit in den Osten hineinreichender deutscher »Außenposten« — der entscheidende Grund war wohl, daß es in den drei baltischen Provinzen im Unterschied zum übrigen Europa bis 1918 eben nur eine einzige Universität gab: Dorpat. Nichts ging ohne Dorpat, und nichts ging, soweit innerbaltische Angelegenheiten betroffen waren, gegen Dorpat. Das gebar eine Geisteshaltung der Dorpater Korporationsstudenten, die irgendwo zwischen Stolz und Arroganz eingestuft werden muß.

Dazu ein Beispiel. Die ältesten baltischen Korporationen waren, den drei Provinzen entsprechend, die »Curonia« (seit 1808), die »Estonia« (seit 1821) und die »Livonia« (seit 1822). Irgendwann in der ersten Hälfte des 19. Jahrhunderts war der Theologiestudent Prätorius, seines Zeichens Dorpater Curone, unterwegs nach Kurland, wohl um dort seine Kasse aufzubessern. Auf einer Poststation, beim Pferdewechsel, teilte ihm der Postmeister voller Erregung mit, daß er den Großfürsten Konstantin erwarte, den damaligen russischen Statthalter in Polen, und Prätorius infolgedessen nicht im großen Gastzimmer speisen könne, sondern sich mit einem kleinen Nebenraum begnügen müsse. Dieser ließ sich aber auf keinerlei Handel ein, nahm in vollem »Wichs«, mit hohen gespornten Stiefeln und dem grün-blau-weißen Deckel auf dem Kopf, im Gastzimmer Platz und sagte, man möge ihm jetzt bitte das bestellte Menu servieren.

Hans von Schroeder, der Herausgeber der bereits erwähnten »Rodomontaden«, schildert den weiteren Verlauf wie folgt:

»Und so saß denn Prätorius, als der Großfürst eintraf, gemächlich vor seinem Mittagessen, und der Postmeister suchte sich ob dieses Gastes möglichst zu entschuldigen. Der Großfürst betrat darauf das Zimmer, grüßte den Studenten durch ein kurzes Kopfnicken und erhielt von ihm ein ebenso kurzes ›Moijen‹ als Gegengabe. Darauf entspann sich zwischen dem auf und ab gehenden Großfürsten und dem behaglich ›futternden‹ Prätorius folgendes Gespräch.

›Sind Sie Dorpater Student?‹

›Jawohl.‹

›Was studieren Sie denn?‹

›Theologie.‹

›Und wie heißen Sie?‹

›Prätorius, Curonus!‹ erfolgte die knappe Vorstellung.

›Sagen Sie, Herr Studiosus, trug unser Herr und Heiland, als er auf Erden wandelte, auch eine bunte Mütze und gespornte Stiefel?‹

›Nööh, aber er ist auch nie Dorpater Curone gewesen.‹

Diese unerschütterliche Impertinenz muß dem Großfürsten gefallen haben, denn es erfolgte das ehrenvolle Angebot, Prätorius in eines der Warschauer Garderegimenter aufzunehmen. Prätorius, Curonus, lehnte dankend ab, er hätte anderes vor . . .«

Es wäre noch daran zu erinnern, daß diese merkwürdige Unterhaltung nicht in der demokratischen Zeit des studentischen Aufbegehrens von 1968 stattfand, sondern rund 150 Jahre früher, innerhalb der Grenzen einer absolutistischen Monarchie.

Amüsant ist auch das Urteil des Dramatikers August von

Kotzebue über die Dorpater Studenten. Kotzebue, der um die Jahrhundertwende vorübergehend in russischen Staatsdiensten stand und unter anderem auch Präsident des Gerichtshofes in Reval und Direktor des Deutschen Theaters in Sankt Petersburg war, schreibt in seinen »Erinnerungen von einer Reise aus Liefland nach Rom«:

»Daß Dorpat jetzt eine Universität ist, bemerket man sehr bald beim Hereinfahren, weil man alle Augenblicke Jünglingen begegnet, welche *Helme* tragen ohne Soldaten zu seyn; eine Mode, die natürlich nur Studenten aufbringen konnten. Indessen kleiden diese Helme nicht übel, zumal da eine Art von Uniform die Täuschung unterstützt. Sie ist geschmackvoll, dunkelblau mit schwarzsammtnen Aufschlägen und Kragen, auf dem letzteren gestickte goldene Schleifen, dabei die Unterkleider weiß ... Wenn die Jünglinge über dem *Helme* der *Minerva* die *Eule* nicht vergessen, so kann man ihnen die Spielerei wohl gönnen. Uebrigens sind sie, trotz ihres kriegerischen Ansehens, wohl so fein, gesittet, als man sie schwerlich auf einer deutschen Universität im *Ganzen* findet, wenigstens waren es die, mit welchen ich in Gesellschaft war.

Überhaupt wird man wohl schon längst in Deutschland die Bemerkung auch gemacht haben, daß auf allen Universitäten die jungen Lief- und Ehstländer, die Gesittetsten sind, die man ohne Anstand in jeder Gesellschaft produciren kann. Der Grund ist klar. In Lief- und Ehstland lassen blos Edelleute, Prediger (die dort in allen Ständen dem Adel gleich sind) und angesehene Civilbeamten ihre Söhne studieren, nicht aber Bürger oder gar Bauern. Jene Alle kommen, durch die gastfreie, weil liberalere Lebensart, welche diese Provinzen so vorteilhaft auszeichnet, von Jugend auf beständig in gute Gesellschaften, haben hingegen fast gar keine Gelegenheit, unter den Pöbel zu geraten und dort schlechte Sitten anzunehmen.«

*Russifizierung*

Die erste Blütezeit der Universität Dorpat fand ein Ende, als Alexanders I. Bruder, Nikolai I., im Jahre 1825 den Thron bestieg. Dieser überaus reaktionäre Zar, der in der Universität eine Brutstätte revolutionärer Ideen vermutete, verfügte drakonische Überwachungsmaßnahmen und Reglementierungen: Mehreren Professoren wurde die »Venia legendi«, die Lehrerlaubnis, entzogen, der Kreis der Studenten wurde begrenzt, das Korporationsleben eingeschränkt, ein General als Kurator eingesetzt.

Erst die Regierungszeit Alexanders II. bescherte der Dorpater Universität eine zweite Blütezeit, die dann beim nächsten Thronwechsel wieder ihr Ende fand. Alexander III. ist als der Zar der Russifizierung des Baltikums in die Geschichte eingegangen, wenngleich Anfänge derselben bereits während der Regierungszeit Nikolais I. sichtbar geworden waren. Russisch wurde zur Unterrichtssprache der Schulen erklärt, der gesamte Behördenverkehr durfte nur noch in Russisch abgewickelt werden, die deutsche Gerichtsbarkeit wurde aufgehoben, alle Richter mußten Russen sein. Zudem begann die russisch-orthodoxe Kirche mit staatlicher Unterstützung auf die lettischen und estnischen Bauern einzuwirken, zum »rechten (russisch-orthodoxen) Glauben« überzutreten. Dabei machte man sich oft wirtschaftliche Notlagen der Bauern zunutze und versprach ihnen im Falle des Glaubenswechsels eigenes Land. Das waren eindeutig leere Versprechungen, denn die Kirche hatte überhaupt kein Land zu vergeben und hat es demzufolge auch nie getan. Von den ungebildeten und unwissenden Bauern sind einige auf diesen Schwindel hereingefallen.

Die Universität Dorpat wurde durch die Russifizierung insoweit direkt betroffen, als alle Vorlesungen nur noch in russischer Sprache stattfinden durften. Eine Ausnahme wurde lediglich mit der theologischen Fakultät gemacht. Gleichzeitig wurde den deutschen Korporationen das Farbentragen verboten und Dorpat selbst in Jurjew umbenannt.

Kein Wunder, daß als Reaktion auf die Regierungszeiten von Nikolai I. und Alexander III. innerhalb der deutschen Stände zunehmend nationalistische Strömungen der Selbstverteidigung Raum gewannen. Es kam zu öffentlichen Polemiken, es wurden Aufrufe erlassen und Denkschriften verfaßt. Am bekanntesten ist die »Livländische Antwort« des Dorpater Professors Carl Schirren, mit der dieser 1869 auf eine politische und eindeutig übertreibende Flugschrift des bekannten russischen Panslawisten Samarin reagierte. Samarin hatte im Hinblick auf die deutsch-baltischen Politiker die Frage aufgeworfen: »sind wir denn verpflichtet, vor allen untauglichen Einrichtungen (zu kapitulieren) deren einziges Verdienst ... darin besteht, daß sie unser baltisches Küstenland, in Erwartung besserer Zeiten für Deutschland zusammenhalten?«

Die scharfe »Livländische Antwort« Schirrens, die hundert Jahre lang in deutsch-baltischen Kreisen als fast unumstritten galt, ist in jüngster Zeit vor allem vom Kieler Staatsrechtler Dietrich Loeber kritisiert worden. Nicht zu leugnen ist jedenfalls, daß diese Schrift auf weite Strecken auch Überholtes gegen Modernes verteidigt und zudem eine Terminologie aufweist, die Elemente eines nationalen oder gar rassischen Überlegenheitsgefühles enthält. Dazu einige Auszüge aus der Schrift Schirrens an den Russen Samarin:

»Wir haben außer der Reichsgemeinschaft nichts mit Ihrem Volke gemein. Alles ist anders an ihm und an uns: Anlage des Leibes und Gemüthes, Temperament, Grad der Ausdauer, Rhythmus der individuellen Entwicklung, Familie, Eigenthumsverhältnisse, Recht, Sprache, Gesellschaft, politische

Traditionen, Vergangenheit und Gegenwart (...) Wer wollte Ihrem Volk glückliche Anlagen abstreiten? Aber an seinem Charakter finde ich nichts, was zu herrschen berechtigte: weder Ernst, Maass, Ausdauer, noch eine gewisse Uebung, Erfahrungen zu nutzen, um nicht immer in dieselben Illusionen zu fallen; Stimmungen finde ich genug; aber nicht einen männlichen Grundsatz (...) Man schmeichelt sich bei Ihnen in unheilvoller Verblendung eines gewissen Parallelismus mit Amerika. Das amerikanische Volk ist in eminentem Sinne arbeitsam, praktisch, voll der lebendigsten Initiative: das russische Volk fahrlässig, genügsam bis zur Liebenswürdigkeit, bis zur Barbarei und völlig unfähig, etwas bedeutsam Dauerndes aus sich selbst zu schaffen. So ist es zu allen Zeiten gewesen und noch liegt nicht das entfernteste Anzeichen vor, daß seine Natur sich geändert habe (...) Schwerlich gibt es ein zweites Volk, welches sich über den Abstand zwischen Wollen und Können, Wünschen und Vollbringen in gleichem Grade täuscht.«

Gewiß entstand die Schrift Schirrens als Antwort auf eine Provokation und angesichts einer forcierten Russifizierung der baltischen Provinzen; in ihrer weiterführenden Argumentation klang aber doch vieles nach »ewigem Kampf gegen den Osten«, und so sah sich denn auch der damalige Kurator der Dorpater Universität und Vorgesetzte Schirrens, Graf Keyserling, genötigt, die Amtsentlassung des Professors zu beantragen.


*Kalevipoeg erwacht*

Ein besonderes Kapitel der Russifizierungsbestrebungen bilden die Auswirkungen derselben auf das Verhältnis der Esten und Letten zu ihrer deutsch-baltischen Oberschicht. Da erstere verständlicherweise an einer Schwächung des deutschen Einflusses auf die Geschicke ihres Landes interessiert waren, ließen sich ihre Intellektuellen bis zu einem gewissen Grade vor den Karren der antideutschen Russifizierung spannen, ohne dabei zu erkennen, daß sie dieses Verhalten der erstrebten eigenen Selbständigkeit keineswegs näherbrachte. Der Zarenhof war nicht bereit, die deutsche ständische Selbstverwaltung im Baltikum gegen einen wie auch immer gearteten autonomen Status der Esten und Letten einzutauschen. Die Lage komplizierte sich zudem dadurch, daß die forcierten Bemühungen Sankt Petersburgs, deutsche Privilegien abzubauen, mit dem nationalen Erwachen der Esten und Letten zusammenfielen.

Dieses nationale Erwachen, dieses Sichbesinnen auf die eigenen Kräfte und die eigenen Wurzeln, hatte mehrere Gründe. Einer davon war sicherlich die zunehmende Kenntnis vom Vordringen liberaler Staatsideen in Deutschland und der dortigen bürgerlichen Revolution im Umfeld der Paulskirche. Zwar bestanden damals noch keine direkten Verbindungen estnischer oder lettischer Intellektueller nach Deutschland, wohl aber gab es Kontakte mit Sankt Petersburg, wo man in den russischen liberalen Kreisen natürlich über die Geschehnisse in Deutschland gut informiert war. Eine noch größere Rolle hat das ansteigende Bildungsniveau der beiden Völker gespielt. Der Schulbesuch war zwar schon seit 1819 obligatorisch, aber es gab zu dieser Zeit nur Volksschulen mit wenigen Klassen. Wer höher hinauf wollte, mußte deutsche Gymnasien besuchen und dann an der Dorpater Universität studieren. In einzelnen Fällen sind estnische und lettische Studenten auch in deutsche Korporationen eingetreten. So beispielsweise Friedrich Reinhold Kreutzwald, der Herausgeber und gewissermaßen Verfasser des estnischen Heldenepos »Kalevipoeg«, das er Mitte des vorigen Jahrhunderts veröffentlichte. Kreutzwald war ein typisches Beispiel für einen Esten, der durch seinen Bildungsweg (Deutsches Gymnasium, Corpsstudent der »Estonia«) in deutsche Traditionen hineinwuchs, ohne dabei je seine estnische Herkunft zu verleugnen.

Sein »Kalevipoeg«, den er im Auftrage der »Gelehrten Estnischen Gesellschaft« herausgab, ist eine Sammlung und Verdichtung estnischer Sagen und Lieder, in deren Mittelpunkt der Sohn des mythischen Estenkönigs Kalev steht (»poeg« ist das estnische Wort für Sohn). Anders als das in vielem ähnliche finnische Epos »Kalevala« bietet der »Kalevipoeg« keinen Überblick über einen von vielen Gestalten belebten heidnischen Götterstaat, sondern das Bild eines äußerst naturverbundenen estnischen Recken, dessen Körperkraft jedes Maß überschreitet. Der nationale Charakter des Epos, die Verbindung zwischen dem Freiheitskampf der Esten und den Heldentaten des Kalevipoeg wird schon zu Beginn des Werkes sichtbar gemacht:

»Für des Vaterlandes Freiheit
Kämpfend mit den Unterdrückern
Wurden ganze Heldenstämme,
Die Bewohner ganzer Gaue
Hingemäht in grauer Vorzeit.
Welches Elend sie erlitten,
Welchen Qualen sie erlagen,
Oh, das bleibt uns ewig heilig,
Bleibt uns ewig unvergesslich.
Oben in der Himmelswohnung
In Gesellschaft weiser Götter
Saßen kräft'ge Männer einstmals,
Helden, die zu Gast gekommen,
Um den Feuerherd gelagert

Und gedachten alter Zeiten.
Kalev's Sohn, der Starken Stärkster,
Weltberühmter Königsprößling,
Saß in dieser Männer Mitte,
Auf die Hand gestützt die Wange
Und vernahm der Sänger Lieder
Und der Harfenspieler Weisen,
Die von seinen Heldenthaten,
Seinen Abenteuern sangen,
Seine Wunderkämpfe priesen
Und die ries'ge Kraft des Leibes,
Die er bis zur letzten Stunde
Seines Lebens sich bewahret.«

Und dies die erste Strophe des ersten Gesanges:

»Lenke, du beredter Sänger,
Lenke des Gesanges Schifflein,
Deiner Lieder schlankes Fahrzeug,
Lenk' es dorthin an das Ufer,
Wo die Adler goldne Worte,
Wo die Raben Silbermärchen,
Schwäne kupferne Gesänge
Alter Zeit verborgen haben,
Ausgestreut in frühen Tagen.
Thuet kund, ihr klugen Vögel,
Saget's laut, ihr Meereswogen,
Winde, theure, offenbarct's:
Wo der Kaleviden Wiege,
Wo der Helden Jugendstätte,
Ihre Heimat ist zu finden?
Singe, Sänger, ei, so singe!«
    (Verdeutscht von C. Reinthal, 1857)

In die Zeit der Jahrhundertmitte fielen auch die Gründungen der ersten estnischen und lettischen Korporationen an der Universität Dorpat (Tartu) und am Polytechnikum in Riga. Die erste estnische Verbindung war der »Verein estnischer Studenten« (1883), die älteste lettische Korporation die »Lettonia« (1872). Die erste estnische Korporation, die »Vironia«, entstand in Riga und wurde erst 1920 nach Tartu — wie Dorpat seit 1918 hieß — verlegt. Sie alle und die ihnen folgenden wurden natürlich schnell zu Trägern der nationalen Selbstbesinnung, und fast alle maßgeblichen estnischen und lettischen Politiker der kommenden Jahrzehnte sind aus ihnen hervorgegangen. Dabei war die Situation der nichtdeutschen Studenten in dem von Deutschen dominierten gesellschaftlichen Umfeld der Dorpater Universität keineswegs leicht. Gewiß, es gab keinen deutschen Orden und keine Ordensbrüder mehr, aber bei diesem neuen Nebeneinander von deutschen und nichtdeutschen Akademikern zeigte sich deutlich, wie sehr das soziologische Gefüge mit allen seinen Standesunterschieden über die Jahrhunderte hinweg erhalten geblieben war. Spannungen der verschiedensten Art waren unvermeidlich. Dazu ein Beispiel:

In einem bekannten Dorpater Restaurant treffen zwei farbentragende Studenten aufeinander, ein adliger Deutscher und ein Este bäuerlicher Herkunft. Der Deutsche: »Herr Kommilitone, man sagt, wir hätten Ähnlichkeit miteinander. War nicht Ihre Mutter Stubenmädchen auf unserem Gut?« Darauf der Este: »Das nicht, Herr Kommilitone. Aber ich weiß, daß mein Vater vorübergehend Kutscher Ihrer Mutter war.«

Dorpat wurde immer mehr zu einem intellektuellen Zentrum für alle aufstrebenden estnischen Nationalisten. Das trifft für den Lehrer Johann Waldemar Jannsen zu, der in Dorpat das erste nationale Sängerfest organisierte und die erste estnische Zeitung herausgab, für den Sprachforscher Pastor Jakob Hurt, der 1871 den »Estnischen literärischen Verein« gründete, und indirekt auch für den Lehrer Carl Robert Jakobson, der zunächst eine Zusammenarbeit mit liberaleren deutschen Elementen angestrebt hatte, sich dann aber enttäuscht in Sankt Petersburg um russische Unterstützung für die nationalen estnischen Belange bemühte. Seine spätere radikale Haltung den Deutsch-Balten gegenüber führte zu erheblichen Differenzen unter den estnischen Intellektuellen. Dazu Jakobson selbst:

»Gott weiß, daß ich den ernsthaften Willen hatte, Hand in Hand mit den Deutschen zu arbeiten, als einzigen Lohn erhielt ich aber von Angesicht zu Angesicht gute Worte, hinter dem Rücken aber tödliche Wunden... Eine Freundschaft zwischen Deutschen und Esten wird es erst dann geben, wenn die Partei und die Rechte der Esten größer sind als die der Deutschen. Dann werden die Deutschen gezwungen sein, Freundschaft mit uns zu halten, sonst nicht.«


## Umbruch und Aufbruch

Parallel zum nationalen Erwachen der Esten und Letten in der zweiten Hälfte des 19. Jahrhunderts verlief eine Entwicklung, die durch wesentliche Veränderungen der sozialen Strukturen gekennzeichnet war. Auch in den drei baltischen Provinzen brach das industrielle Zeitalter an, Fabriken wurden gebaut, der Handel der großen Städte stieg sprunghaft an, Riga entwickelte sich zu einem der drei größten Seehandelsplätze Rußlands. Es enstand ein estnisches und lettisches Industrieproletariat.

Die aus Deutschland, aber auch aus Rußland damals in

großen Mengen ins Baltikum kommende illegale sozialdemokratische Literatur wurde von diesem Industrieproletariat begierig aufgenommen. Als Agitatoren wirkten auch in Dorpat und Riga studierende Russen. Um die Jahrhundertwende entstanden dann sowohl in Estland wie auch in Lettland illegale sozialrevolutionäre Organisationen, die eigene Zeitungen herausgaben. Diese sozialistischen Strömungen wurden von der russischen Regierung noch härter bekämpft als die nationalautonomistischen. Nach einer Verhaftungswelle flohen einige der Revolutionäre ins Ausland, setzten aber von da ihre Tätigkeit fort. 1904 kam es in Riga zur Gründung der illegalen sozialdemokratischen Partei Lettlands, während die estnische sozialdemokratische Partei ein Jahr später in Dorpat (Tartu) entstand. Beide Parteien unterschieden sich zwar von den nationalistischen Kräften ihrer Länder, doch waren die politischen und taktischen Trennungslinien zwischen Sozialdemokraten und Nationalisten nicht immer klar zu erkennen.

Das war die Situation unmittelbar vor Ausbruch der russischen Revolution von 1905, eine Situation, in der die deutschbaltischen Stände bei weitem nicht mehr ihren alten Einfluß besaßen. Das Konglomerat aus Russifizierung, nationalem Erwachen der autochthonen Bevölkerung, Deutschfeindlichkeit und sozialistischen oder sogar kommunistischen Vorstellungen wurde für die, die seit Jahrhunderten Herren des Landes waren, zu einer realen Gefahr. Jede dieser Erscheinungen für sich genommen trug schon dazu bei, die Fundamente, auf denen die Herrschaft der Deutsch-Balten beruhte, zu untergraben. Erst recht mußte die Verbindung aller dieser nationalen und sozialen Faktoren früher oder später zu revolutionären Veränderungen führen — wie auch anderswo in Europa.

Als dann im Januar 1905 die Revolution in Rußland ausbrach, schlossen sich ihr die lettischen und estnischen Sozialdemokraten tatsächlich sehr bald an. Es kam zu erheblichen Ausschreitungen, wobei der Aufstand sehr schnell von den städtischen Revolutionären auch aufs flache Land getragen wurde; Gutshöfe wurden zerstört, Gutsherren ermordet. Die Unruhen und Demonstrationen fanden auch nach Erlaß des kaiserlichen Oktobermanifestes, das dem Lande Versammlungsfreiheit und eine fast parlamentarische Vertretung, die »Duma«, zugestand, im Baltikum kein Ende. In Dorpat (Tartu) kam es zu einem Kongreß von Vertretern aller Berufsschichten, auf dem der Führer der national-fortschrittlichen Partei und spätere estnische Ministerpräsident Jaan Tönisson einen administrativen Zusammenschluß aller estnisch besiedelten Gebiete sowie Estnisch als Amtssprache forderte, gleichzeitig aber die Revolution ablehnte. Ähnliche Demonstrationen für mehr nationale Selbstverwaltung fanden auch in Riga statt. Da es daneben aber immer noch blutige Zusammenstöße gab, verhängte die Regierung in Sankt Petersburg im Baltikum den Kriegszustand und ließ russische Gardetruppen einrücken, die dem Aufstand schnell ein Ende bereiteten.

Die Deutschen, die sich als Landeskundige an diesen Strafexpeditionen gegen die Esten und Letten beteiligen mußten oder auch freiwillig an ihnen teilnahmen, haben vielleicht hier und da versucht, das Schlimmste zu verhüten. Aber allein schon die Tatsache, daß sie bei diesen Aktionen des russischen Militärs mitmachten, hat sie in den Augen vieler Esten und Letten auf Jahrzehnte hinaus diskreditiert, um nicht zu sagen hassenswert gemacht. Dazu einige Zahlen (nach Reinhard Wittram): Während und nach der Revolution von 1905/06 wurden in Est-, Liv- und Kurland von den Aufständischen 184 Gutshöfe zerstört. Die Gesamtzahl der ermordeten Deutschen betrug 82. Als Reaktion der Staatsgewalt wurden aufgrund kriegsgerichtlicher Urteile insgesamt 908 Personen hingerichtet, außerdem einige Hundert zu Gefängnisstrafen verurteilt und 2652 nach Sibirien verbannt. Bei den Strafexpeditionen wurden mehr Bauernhöfe niedergebrannt als vorher Herrenhäuser zerstört worden waren. Unter den zum Tode Verurteilten befand sich auch der spätere Staatspräsident Estlands, Konstantin Päts, dem es aber gelang, in die Schweiz zu fliehen.

Die Deutsch-Balten haben im Grunde die Bedeutung des Revolutionsgeschehens nicht erkannt und deshalb auch nicht die notwendigen Konsequenzen gezogen; sie versuchten nicht, die sozialen Spannungen dadurch abzubauen, daß sie die Esten und Letten stärker am politischen Leben im Lande beteiligten. Der einzige derartige Versuch des estländischen Ritterschaftshauptmanns Baron Dellingshausen kam erstens zu spät und wurde zudem vom Zarenhof abgelehnt. Wohl aber haben sich die Deutsch-Balten in den Jahren bis zum Ersten Weltkrieg in Estland, Livland und Kurland um eine gewisse Selbsthilfe bemüht, indem sie näher aneinander heranrückten, und das gelegentlich auch mit einer klaren Frontstellung gegen Russen, Esten und Letten. Es wurden zahlreiche Vereine gegründet, kleinere Schulvereine und Vereine der einzelnen Berufszweige, als wichtigste aber die drei großen »Deutschen Vereine« in Estland, Livland und Kurland, die 1908 insgesamt etwa 37000 Mitglieder hatten. Ihr vordringliches Ziel war die deutsche Bildungspflege im weitesten Sinne des Wortes; sie gründeten Schulen und Büchereien, veranstalteten Vorträge und Theateraufführungen. Daneben kümmerten sie sich aber auch um die wirtschaftliche Stärkung des Deutschtums, beispielsweise durch die Gründung von Genossenschaften. Die tragenden Elemente der Deutschen Vereine waren der Adel und der Literatenstand, während das Handwerk und der bürgerliche Mittelstand eindeutig unterrepräsentiert waren.

Parallel dazu liefen Bemühungen, das deutsche Element

auch in der Landwirtschaft zu stärken. Auf Initiative vor allem kurländischer Gutsbesitzer wurden in den Jahren 1905 bis 1914 insgesamt 20000 rußlanddeutsche Bauern aus Wolhynien und von der unteren Wolga ins Baltikum geholt. Einem Teil von ihnen wurde die Möglichkeit geboten, eigenes Land zu erwerben, andere wurden als Pächter eingesetzt — verteilt auf Dutzende von Gütern oder in eigenen Siedlungen zusammengefaßt. Vermittelt wurden diese Umsiedlungen der Bauern vor allem durch die in den wolhynischen Gemeinden tätigen baltischen Pastoren. Den dortigen deutschen Bauern waren nach der Revolution von 1905 ihre staatlichen Pachtverträge gekündigt worden, auch war für sie natürlich die Möglichkeit, in Kurland und Livland eigenes Land erwerben zu können, sehr verlockend. Bei diesen Bauern aus Wolhynien handelt es sich zumeist um Schlesier, Brandenburger und Pommern, die in der ersten Hälfte des 19. Jahrhunderts nach der preußischen Bauernbefreiung besitzlos nach Polen und Rußland ausgewandert waren.

Mittlerweile veränderte sich das soziale Gefüge der Esten und Letten immer mehr. In den Städten entstand zusätzlich zum bereits vorhandenen Industrieproletariat ein kaufmännischer und gewerblicher Mittelstand, und zwar bei allmählich ansteigendem Bildungsniveau. Daneben entwickelte sich ein gut funktionierendes landwirtschaftliches Genossenschaftswesen. Von Bedeutung war natürlich, daß es den Esten und Letten seit 1905 erlaubt war, auch höhere muttersprachliche Schulen zu gründen sowie andere Möglichkeiten einer kulturellen Entfaltung zu nutzen. So entstanden Theater und Büchereien, und es entwickelte sich eine nationale Dichtung und Literatur.

Als zentrale Gestalt der national-estnischen Bewegung um die Jahrhundertwende trat immer stärker der Jurist Jaan Tönisson hervor, der spätere Ministerpräsident Estlands. Als Chefredakteur der Zeitung »Postimees« sprach er den Leitgedanken aus, die Esten seien zwar ein kleines Volk, aber immerhin ein Volk, und sie müßten daher den Kopf hoch tragen. Wenn es ihnen schon nicht möglich sei, die große Politik mitzubestimmen, dann müßten sie ihre Kultur, ihre geistigen Fähigkeiten und ihr Selbstbewußtsein weiterentwickeln. Es war auch Tönissons Vorschlag, beim Singen des Liedes »Mein Heimatland, du mein Glück und meine Freude« aufzustehen und den Kopf zu entblößen und somit eine, damals noch illegale, Nationalhymne zu schaffen. Auch der Bau des Vanemuine-Theaters in Dorpat (Tartu) geht auf seine Initiative zurück.

Ein zweiter nationalpolitischer Kreis, allerdings mit weit stärkeren sozialistischen Elementen, scharte sich um den jungen Rechtsanwalt Konstantin Päts, den späteren Staatspräsidenten von Estland, und dessen Zeitung »Teataja«. Zur Redaktion der Zeitung gehörten auch die jungen Publizisten Eduard Wilde und Anton Hansen Tammsaare, die sich in den kommenden Jahren zu den bekanntesten estnischen Schriftstellern entwickeln sollten — Tammsaare mit seinen beiden großen Romanen »Wahrheit und Recht« (»Töde ja öigus«) und »Ich liebte einen Deutschen« (»Ma armastasin sakslast«).

1905 schlossen sich viele Träger der neuen estnischen Literatur unter Führung des Lyrikers Gustav Suits zur Gruppe »Junges Estland« zusammen. In ihr gab es naturalistische, sozialkritische und neoromantische Strömungen. Die Einweihung des Theater- und Konzerthauses »Estonia« im Sommer 1913 in Reval (Tallinn) bezeichnete auch äußerlich das Ende einer Entwicklung, die fünf Jahre später in die selbständige nationale Kultur Estlands münden sollte.

Da die politischen Ziele und Probleme der Letten denen der Esten in vielem glichen, verliefen auch die Entwicklungen im geistigen Bereich ähnlich. Zu erwähnen wäre, daß Lettland mit dem Epos »Lačplesis« (»Bärentöter«) von Adrejs Pumpurs im Jahr 1888 sein Gegenstück zum estnischen »Kalevipoeg« erhielt.

Zur Abrundung des Bildes gehört aber auch, daß in den Jahren zwischen der Revolution von 1905 und dem Ausbruch des Ersten Weltkrieges viele Kulturträger des Baltikums — Deutsch-Balten, Esten und Letten — ihre Heimat verlassen haben beziehungsweise verlassen mußten, zum Teil vorübergehend, zum Teil für immer. Unter dem Eindruck der Revolutionswirren und aufgeschreckt durch eine gewisse Vorahnung der künftigen auf den deutschen Adel und die deutschen Literaten zukommenden Ereignisse, verließen viele von ihnen das Land, in dem sie jahrhundertelang die Herren gewesen waren. Ebenso wanderten aber auch mehr als 10 000 Esten und Letten aus Enttäuschung über den Verlauf der Revolution nach Amerika oder nach Westeuropa aus — darunter der wohl bekannteste lettische Dichter und Übersetzer, Janis Rainis, und die späteren Ministerpräsidenten Ulmanis und Skujenieks.

*Drei neue Staaten*

Der Erste Weltkrieg hat im Baltikum alles auf den Kopf gestellt: Nichts blieb so, wie es früher war. Vor allem hat er den Esten und Letten erstmalig und den Litauern nach längerer Pause die ersehnte Selbständigkeit gebracht. Gleich zu Beginn des Krieges wurden die baltischen Deutschen besonders hart getroffen. Die russische Regierung schloß alle deutschen Schulen, löste alle Vereine auf, verbot, daß öffentlich Deutsch gesprochen und deutsche Briefe geschrieben wurden. Es folgten Hausdurchsuchungen, Verhaftungen und Verbannungen. Und das alles, obwohl die Deutsch-Balten getreu ihrem Fahneneid in der russischen Armee gegen Deutschland kämpfen mußten. Im Frühjahr 1915 wurde Kurland dann auch noch Kriegsschauplatz, und endlose lettische Flüchtlingsströme wälzten sich in das Innere Rußlands. Im Herbst 1917 eroberten die deutschen Truppen auch Livland und die estnischen Inseln. Inzwischen hatte es in Rußland die Februarrevolution gegeben, der Zar hatte abgedankt und die bürgerliche Übergangsregierung Kerenskij hatte in Tallinn und Riga nicht etwa Deutsch-Balten, sondern einen Esten und einen Letten an die Spitze der Gouvernements gestellt. Gleichzeitig konstituierten sich nationale estnische und lettische Gremien, die in zunehmendem Maße die staatliche Selbständigkeit für ihre Länder forderten. Im Sommer 1917 fanden in Estland die von der bürgerlichen russischen Regierung gestatteten Wahlen zum Landtag (Parlament) statt, dem viele der bisherigen Rechte der Ritterschaft und der russischen Gouvernementsverwaltung übertragen wurden. Bereits zuvor hatte man von estnischer Seite auch beschlossen, eigene nationale Streitkräfte aufzustellen. Bei der Beratung dieser Frage fiel der einprägsame Satz: »In der Geschichte eines jeden Volkes gibt es Augenblicke, in denen ausgestellte Wechsel nur mit Blut eingelöst werden können. Ein solcher Zeitpunkt ist jetzt gekommen.«

Auch in Lettland kam es im Juli 1917 zur Bildung eines Landesrates, der zunächst allerdings nur die Forderung nach nationaler Selbstbestimmung im Verbande eines republikanischen Rußlands stellte.

Parallel zu diesen nationalpolitischen Entwicklungen gewannen in beiden Ländern aber auch revolutionäre kommunistische Kräfte immer mehr an Boden. Vielerorts kam es zur Bildung sogenannter Arbeiter- und Soldatenräte, die kurz nach der russischen Oktoberrevolution in Tallinn, Tartu und Narva die Macht ergriffen. Die Führung des Landes übernahm für sechs Wochen der estnische Kommunist Viktor Kingisepp. Die Proklamation der ebenso kurzlebigen lettischen Sowjetrepublik erfolgte, da Riga von deutschen Truppen besetzt war, in Moskau.

Als dann die deutschen Truppen im Februar 1918 nach dem Stillstand der Brester Friedensverhandlungen an allen Fronten zum Angriff übergingen und auch nach Nordestland vordrangen, ergriffen die nationalen Kräfte Estlands erneut die Initiative. Während die letzten russischen Truppen aus dem Hafen von Tallinn flohen, hißten estnische Soldaten auf dem »Langen Hermann« die blau-schwarz-weiße Fahne. Und noch am selben Tage, am 24. Februar 1918, fand in Tallinn auch die Proklamation der unabhängigen Republik Estland statt. Am 18. November 1918 wurde die Republik Lettland gegründet. Die Gründung der Republik Litauen war bereits ein Jahr zuvor gewissermaßen etappenweise erfolgt, und das bei maßgeblicher Beteiligung des Deutschen Reiches. Am 29. November 1917 verkündete Reichskanzler Graf Hertling im Reichstag die Unabhängigkeit des seit Kriegsbeginn von deutschen Truppen besetzten Litauen, während der Landesrat Litauens, die »Taryba«, am 11. Dezember 1917 »die Wiederherstellung eines unabhängigen litauischen Staates mit der Hauptstadt Vilnius (Wilna)« bekanntgab und gleichzeitig den Schutz und die Hilfe des Deutschen Reiches erbat. Eine weitere Proklamation eines selbständigen Litauen durch die Taryba, und diesmal ohne jegliche Bindungen an andere Staaten, erfolgte am 16. Februar 1918. Dagegen erhob Berlin Einspruch, und so wurde Litauen vom deutschen Kaiser erst einen Monat später offiziell anerkannt, nachdem die Taryba zuvor sehr enge Bindungen an das Deutsche Reich akzeptiert hatte, insbesondere im militärischen und wirtschaftlichen Bereich. Im Juli des gleichen Jahres wählte die Taryba dann Herzog Wilhelm von Urach, Grafen von Württemberg, zum litauischen König und schlug eine konstitutionelle Monarchie als Regierungsform vor. Angesichts von Streitigkeiten und Rivalitäten sowohl auf deutscher als auch auf litauischer Seite, ist es aber nicht zur Verwirklichung dieser Pläne gekommen. Litauen erhielt eine demokratische Verfassung und im November 1918 schließlich seine erste Regierung mit Professor Voldemaras als Ministerpräsidenten.

Die baltischen Ritterschaften glaubten im Sommer 1918 noch an einen Sieg der deutschen Truppen und hegten die Hoffnung auf eine, wie immer geartete, Angliederung des Baltikums an das Deutsche Reich. Und das um so mehr, als die Sowjetunion in den Friedensverträgen von Brest-Litowsk am 3. März 1918 bereits auf die staatliche Oberhoheit über Estland, Livland und Kurland verzichtet hatte.

Eine erneute Wende trat ein, als die Sowjetregierung im November 1918 erklärte, daß sie sich nicht mehr an die Bestimmungen der Brester Friedensverträge gebunden fühle, und sich die Rote Armee, unterstützt von örtlichen kommunistischen Einheiten, in Richtung auf Tallinn und Riga in Marsch setzte. Eine besonders unrühmliche Rolle spielten bei diesem Vormarsch die kommunistischen lettischen sogenannten Schützenregimenter. Als das deutsche Oberkommando nach dem Zusammenbruch des Kaiserreiches seinen Truppen den Befehl gab, das Baltikum zu räumen, waren die jungen Republiken buchstäblich auf sich selbst gestellt. Es kam noch hinzu, daß auch im Lande selbst überall einheimische Kommunisten darauf lauerten, das Land mit Terror zu überziehen und das Baltikum endgültig der Herrschaft des Proletariats zu unterwerfen. Das erste Opfer dieses Terrors wurde Riga, in das die kommunistischen Verbände Anfang Januar 1919 einzogen.

Angesichts dieser Lage wurden in Estland und Lettland nationale Truppenverbände aufgestellt. Deutsch-Baltische Freiwillige schlossen sich in Lettland zur Landeswehr, in Estland zum Balten-Regiment zusammen, letzteres unter dem Kommando des ehemaligen kaiserlich-russischen Gardeobersten Constantin v. Weiß. Noch im Laufe des Februars wurde die Rote Armee von den Esten, Deutsch-Balten und finnischen Freiwilligen aus Estland zurückgedrängt, während die entscheidende Wende in Lettland im Mai 1919 durch die Wiedereroberung Rigas durch einen Stoßtrupp der baltischen Landeswehr und lettischer Verbände erfolgte. Bei diesem kühnen Überraschungsangriff fiel der junge Kommandeur der deutsch-baltischen Landeswehr, Hans Baron Manteuffel, an der Spitze seiner Truppe. In den Kampf um Riga hatten zuvor auch eine Einheit antikommunistischer, weißgardistischer russischer Truppen und Freiwilligenverbände aus Deutschland erfolgreich eingegriffen. Diese Verbände gehörten zur sogenannten »Eisernen Division« des Grafen Rüdiger von der Goltz, Oberbefehlshaber der deutschen Truppen, die nach der deutschen Kapitulation auf Wunsch der neuen Reichsregierung und mit Genehmigung der Westmächte im Baltikum geblieben waren, um ein weiteres Vordringen der kommunistischen Revolution nach Westen zu verhindern.

Abgesehen von allen Verwüstungen und Menschenopfern, die der Freiheitskampf der Esten und Letten von 1918 bis 1920 mit sich brachte, hat es in diesem Kriege gelegentlich leider auch tragische Frontstellungen gegeben, die in der Erinnerung der dortigen Bevölkerung haften blieben und sich nachteilig auf die Beziehungen zwischen den beiden neuen Staatsvölkern und den Deutsch-Balten ausgewirkt haben. Am eklatantesten trifft das für die Schlacht bei Cesis (Wenden), nordöstlich von Riga, zu, die am 22. Juni 1919 stattfand.

Anstatt sich gegen den gemeinsamen Feind, die Rote Armee und ihre örtlichen Hilfstruppen, zu wenden, standen sich in dieser Schlacht auf der einen Seite Esten und in geringerer Anzahl auch Letten, auf der anderen die deutsch-baltische Landeswehr und reichsdeutsche Truppen des Generals von der Goltz gegenüber. Vermittlungsversuche des englischen Generals Gough und des amerikanischen Oberstleutnants Green, die damals als Vertreter der alliierten Militärmissionen der Westmächte eine Art Kontrollfunktion im Baltikum ausübten, scheiterten. Die Esten und Letten gewannen die Schlacht, und der zehn Tage später bei Riga abgeschlossene Waffenstillstand sah vor, daß alle reichsdeutschen Truppen Lettland zu verlassen hätten. Das gab der provisorischen lettischen Regierung des späteren Staatspräsidenten Ulmanis, die zwei Monate zuvor von der deutsch-baltischen Landeswehr gestürzt worden war und auf ein englisches Kriegsschiff hatte fliehen müssen, die Möglichkeit, nach Riga zurückzukehren und die oberste Staatsgewalt im Lande zu übernehmen. Den Befehl über die Landeswehr übernahm der englische Oberst und spätere Feldmarschall Lord Alexander, Sieger im Zweiten Weltkrieg gegen Feldmarschall Rommel bei El-Alamein.

In Estland war die provisorische Regierung des späteren Staatspräsidenten Päts bereits seit November 1918 im Amt. Sie war inzwischen auch von einem Sonderbevollmächtigten Deutschlands und von der englischen Regierung de facto anerkannt worden.

Während der letzten Monate vor den endgültigen Friedensverträgen zwischen Estland und Lettland einerseits und Sowjetrußland andererseits haben antikommunistische, weißgardistische russische Truppen eine etwas undurchsichtige und zugleich tragische Rolle gespielt. Teils gemeinsam mit den Esten und Letten, teils gegen diese, unternahmen sie vom

Baltikum aus einen Angriff gegen die verhaßte Sowjetmacht und gelangten dabei bis kurz vor Leningrad, das damals noch Petrograd (Petersburg) hieß. Dieser verzweifelte Versuch, bei dem übrigens auch General v. d. Goltz eine recht fragwürdige Rolle spielte, brach Ende 1919 endgültig zusammen, und die sogenannte Nord-West-Armee des weißgardistischen Generals Judenitsch, die vorübergehend 20000 Mann stark war, mußte sich nach Estland zurückziehen. Dort wurde sie entwaffnet und interniert, während die Rote Armee auf Lenins Befehl am alten Grenzfluß Narva stehenblieb. Da inzwischen auch die letzten deutschen Truppen das Baltikum verlassen hatten, waren nun alle Voraussetzungen für die Friedensverträge gegeben.

Die ersten diesbezüglichen Fühlungnahmen zwischen Sowjetrußland und Estland hatten bereits im Frühjahr 1919 begonnen. Ein konkretes sowjetisches Verhandlungsangebot, das auch an Lettland, Litauen und Finnland gerichtet war, erfolgte im August. Wegen interner Uneinigkeiten der baltischen Staaten, neuer Aggressionen der Roten Armee an der Narva-Front und neuer sowjetischer Gebietsansprüche zogen sich die Verhandlungen in die Länge. Schließlich beschloß die estnische Regierung, eigenständig zu handeln, und unterzeichnete am 2. Februar 1920 in Tartu ihren Friedensvertrag mit der Sowjetunion. In diesem Vertrag erkannte Sowjetrußland die unabhängige Republik Estland an und verzichtete auf alle Estland betreffenden Souveränitätsrechte — und zwar, wie es im russischen Text expressis verbis heißt, »na wetschnyje wremena«, »für alle Zeiten«. Lenin bezeichnete damals diesen separaten Friedensvertrag mit Estland als einen Sieg der Sowjetmacht gegen den aggressiven Weltimperialismus. Tatsächlich aber bedeutete er eine Niederlage für die Weltrevolution, denn alle Moskauer Pläne, auch das Baltikum in sein Herrschaftsgebiet einzubeziehen, mußten zunächst einmal im Kremlkeller auf Eis gelegt werden.

Die Friedensverträge Lettlands und Litauens mit Sowjetrußland wurden im Sommer 1920 unterzeichnet. Sie ähnelten dem estnisch-sowjetischen Vertrag, und auch sie sollten nur genauso lange Bestand haben wie dieser, nämlich 20 Jahre, bis zum Juli 1940.

## Neue Herren

Dies war der historische Hintergrund meiner Heimat, und hier nun treffen sich Anfang der zwanziger Jahre europäische Geschichte und von mir erlebte Geschichte. Damals standen die Menschen im Baltikum wieder einmal vor einem neuen Abschnitt ihres so wechselhaften Schicksals, und in den folgenden sieben Jahrzehnten konnte ich oft Zeuge einschneidender Veränderungen sein. Weil ich glaube, daß die Wiedergabe persönlicher Erlebnisse wesentlich dazu beiträgt, Schulweisheit und objektive Geschichtsdarstellung anschaulich zu machen, ihnen Farbe zu verleihen und sie zu vertiefen, will ich im folgenden so oft wie möglich eigene Erinnerungen einflechten. Das muß zwangsläufig zu einer bunten Mischung von persönlich erlebtem Detail und objektiver Gesamtsicht führen. Ich hoffe, daß der Leser diesen Weg in dem Maße akzeptiert, wie er mir als der einzig gangbare erscheint.

An die Anfangszeit der estnischen Selbständigkeit habe ich keine Erinnerungen. Mir ist auch während meiner ersten Schuljahre, also bis etwa 1932, nie so recht klargeworden, was für furchtbare Kämpfe noch kurz zuvor im Lande getobt hatten, wie viele Morde und andere Brutalitäten es gegeben hatte. Natürlich blieb mir auch verborgen, welche Rolle dem kleinen

Baltikum in dieser Periode des Unterganges der deutschen und der russischen Monarchie zugefallen war, die mit der Entstehung der Sowjetunion sowie dem politischen Eingreifen der westlichen Siegermächte in den damaligen Kampf gegen den Kommunismus einherging. Undeutlich entsinne ich mich einer Erzählung meines Vaters, der als einziger Sohn der Familie nach russischem Recht nicht zum Militärdienst eingezogen worden war und den ganzen Krieg über in Tallinn bleiben konnte: Irgendwann, wahrscheinlich war es im Winter 1918/19, habe er zusammen mit anderen Männern in einem Motorboot zu der Tallinn vorgelagerten Insel Naissaar (Nargen) fahren müssen, wo aufständische Kommunisten erschossen werden sollten. Als das Boot dort ankam, war die Exekution allerdings schon vollzogen. Damals konnte ich mir unter dem Begriff »Kommunist« nur sehr wenig vorstellen. Ich wußte nur, daß es »etwas ganz Schlimmes« war, daß es etwas mit Rußland zu tun hatte und daß die Kommunisten in Tartu den Pastor Traugott Hahn ermordet hatten. Er war der Vater des langjährigen Kultusministers von Baden-Württemberg, Professor Wilhelm Hahn. Und als ich schon etwas älter war, hörte ich, daß die Mutter einer meiner Schulkameradinnen als Frau eines antibolschewistischen Kommandeurs hoch zu Roß, an der Seite ihres Mannes, mit ihrer Pistole gefangengenommene kommunistische Soldaten erschossen habe.

Sehr bewußt war mir seit früher Jugend die wirtschaftliche Not des Landadels nach der sogenannten Güterenteignung. Als städtischer Apothekenbesitzer war mein Vater davon nicht betroffen, doch als wir später auf dem Lande wohnten, wo ich das Leben auf den verstümmelten Gutshöfen kennenlernte und es mit dem Bilde herrschaftlichen Wohlstandes vergleichen konnte, das mir aus Erzählungen und Büchern vertraut war, wurde ich mir des ganzen Ausmaßes dieser sozialen Umwälzung sehr schnell bewußt. Dabei wurden auch die Generationsunterschiede zuweilen sehr deutlich. Während der eine oder andere alte Gutsherr, einfach weil er es sich nicht anders vorstellen konnte, noch mit Stehkragen, Hut, Stock und Gamaschen die wenigen ihm verbliebenen Felder inspizierte, mußten seine Söhne, um das tägliche Brot zu verdienen, selber pflügen, mähen und den Stalldünger auf die Felder fahren. Die alten Gutshäuser hatte man dem Landadel häufig belassen, wenngleich sie bisweilen halbzerstört oder aus anderen Gründen nicht mehr voll benutzbar waren. Und wo es finanziell irgendwie möglich war, gab es auch noch ein oder zwei Knechte, die auf den Feldern mitarbeiteten, und ein Dienstmädchen für die Küche, aber alles in allem wirkte dieses Leben unnatürlich, manchmal geradezu grotesk: Der herkömmliche ritterschaftliche Rahmen kontrastierte hart mit dem entbehrungsreichen Alltag. Ich sehe noch den etwa fünfzigjährigen Baron H. vor mir, der auf seinem Restgut eine kleine Hühnerzucht betrieb, wie er einmal in der Woche in einem kleinen Leiterwagen auf einem Strohsack sitzend zur nächsten Ortschaft kutschierte, um dort auf dem Markt Eier zu verkaufen. Am Abend des gleichen Tages aber mußte das lettische Küchenmädchen den Directoire-Speisetisch mit dem noch erhaltenen Familiensilber decken, wo die Familie dann kärglich, aber sonst doch so speiste, wie es die Generationen vor ihr getan hatten.

Die Güterenteignung in Estland erfolgte aufgrund eines Gesetzes vom 10. Oktober 1919, das vom Parlament mit 63 gegen 9 Stimmen angenommen worden war. Aus der Sicht der Esten gab es dafür mehrere Gründe. Erstens konnte sich der Staat nur auf diese Weise eigenen Land- und Forstbesitz beschaffen. Zweitens war es notwendig, den Landarbeitern und Kleinbauern zu eigenem Grundbesitz zu verhelfen. In Estland gehörten damals fast 60 Prozent des Landes den vornehmlich adligen Großgrundbesitzern, während zwei Drittel der gesamten Landbevölkerung überhaupt kein eigenes Land besaß. Zu diesen agrarpolitischen Überlegungen trat die Notwendigkeit, mit Hilfe eines gesunden, eigenständigen Bauerntums einen gewissen Schutzwall gegen die aus der benachbarten Sowjetunion herüberkommenden kommunistischen Locktöne zu schaffen, das heißt, der Entstehung eines revolutionären ländlichen Proletariats entgegenzuwirken. Einen weiteren Grund umreißt der baltische Historiker Georg von Rauch wie folgt:

»Der dritte Motivkomplex war nationalpolitischer Art. Es galt, der bisherigen deutschen Führungsschicht die wirtschaftliche Basis für ihren politischen Einfluß zu entziehen; eine Beibehaltung der bisherigen Besitzverhältnisse wurde vielfach geradezu als mögliche Gefährdung der Eigenstaatlichkeit angesehen. Für Estland war in dieser Hinsicht auch der frühe Zeitpunkt der Beratungen (des Gesetzes) von Bedeutung: Als diese in der Konstituierenden Versammlung einsetzten, ereignete sich gerade der Zusammenstoß zwischen Teilen der estnischen Armee und der Landeswehr bei Wenden. Schon bei der ersten Lesung des Gesetzes wurde offen geäußert, (...) daß es gelte, die deutsche Oberschicht wirtschaftlich und politisch zu entmachten.«

Die Entschädigungszahlungen waren infolgedessen minimal, und die Restgüter durften nicht mehr als 50 Hektar umfassen.

Das entsprechende lettische Enteignungsgesetz war insoweit noch schärfer, als es überhaupt keine Entschädigung vorsah. Insgesamt wurden 1300 Güter in Lettland enteignet; der den ehemaligen Großgrundbesitzern verbliebene Landbesitz machte weniger als zwei Prozent ihres früheren Besitzes aus. Im

Gegensatz zu Estland und Lettland lag der Großgrundbesitz in Litauen vor allem in polnischer oder russischer und weniger in deutscher Hand. Die litauische Agrarreform war die am stärksten gemäßigte, unter anderem auch, weil die litauische Regierung sich von einem deutsch-baltischen Agrarexperten beraten ließ.

## Verteidigung der Freiheit

Alle drei baltischen Republiken verstanden sich von ihrer Gründung an als parlamentarisch-demokratische Staatswesen und wiesen viele Gemeinsamkeiten auf. Ihre politische Haltung war weitgehend von den jüngsten geschichtlichen Ereignissen bestimmt, durch den Zusammenbruch des Zarenreiches und den antikommunistischen Freiheitskampf. Daraus resultierte auch ihre eindeutig ablehnende Haltung der Sowjetunion gegenüber. Ebenso unverkennbar war ihr Bekenntnis zu den politischen Vorstellungen Westeuropas.

Die im Sommer 1920 angenommene Verfassung Estlands sah neben dem Parlament an der Spitze der Exekutive einen Staatsältesten (Ministerpräsidenten) vor, der zugleich auch Staatsoberhaupt war. Das Parteienspektrum, das in etwa dem lettischen und litauischen glich, enthielt gewissermaßen drei Säulen – eine konservative Agrarpartei, eine national-liberale Partei und eine sozialdemokratische Partei, um die sich weitere kleinere linke Parteien gruppierten. Die ersten verfassungsmäßigen Parlamentswahlen brachten einen Sieg des Bundes der Landwirte. Hauptstadt und Regierungssitz wurde Tallinn, die alte Residenz des Deutschen Ordens. Auf dem »Langen Hermann«, dem höchsten Turm der mittelalterlichen Stadtmauer, wehte nun bis 1940 die neue blau-schwarz-weiße Staatsfahne Estlands.

Die lettische Verfassung wurde erst zwei Jahre später verabschiedet und sah im Unterschied zur estnischen auch das Amt eines Staatspräsidenten vor, der zugleich Oberbefehlshaber der Streitkräfte war. Die Staatsfahne zeigte einen weißen Streifen in dunkelrotem Tuch, das Staatswappen, den Greif der alten Provinz Livland und den Löwen Kurlands vor einer aufgehenden Sonne. Der historische Brückenschlag in die Zeit des Deutschen Ordens war somit unübersehbar. Auch das neue litauische Staatswappen stellte historische Bezüge her, wenngleich in anderer Art. Der weiße Ritter mit Schwert und Schild war bereits im 13. Jahrhundert ein ureigenes litauisches Emblem gewesen; litauische Staatsfahne wurde das gelb-grünrote Tuch. Diese drei Fahnen der baltischen Republiken wehen, nachdem sie 40 Jahre lang geächtet waren, heute wieder in ihren Ländern.

Der Erste Weltkrieg und insbesondere auch die Freiheitskämpfe von 1918 bis 1920 hatten die Bevölkerung der drei Länder erheblich dezimiert. Alles in allem verloren die baltischen Länder durch Kriegsverluste und Abwanderung rund 1 Million Menschen. Die amtlichen Volkszählungen Mitte der dreißiger Jahre ergaben folgendes Bild:

Estland hatte damals 1,1 Millionen Einwohner, davon waren 88% Esten, 8% Russen, 1,5% Deutsche und 0,7% Schweden; die jüdische Minderheit betrug 0,5%. Die entsprechenden Zahlen für Lettland lauteten: insgesamt fast 2 Millionen Einwohner, davon 75% Letten, 11% Russen, 5,2% Juden, 3,2% Deutsche, 2,5% Polen und 2,5% Weißrussen. Und die Zahlen für Litauen: Gesamtbevölkerung 2,4 Millionen, davon 85% Litauer, 7% Juden, 5% Polen, 1,5% Deutsche. Der Rest verteilte sich auf Letten und Weißrussen. Die Bevölkerung Estlands und Lettlands war mehrheitlich evangelisch-lutherisch (78% bzw. 55%). Daneben gab es in Estland 18% und in

Lettland 12% griechisch-orthodoxe Staatsbürger, in Lettland daneben auch noch etwa 20% Katholiken. Litauen war zu 86% katholisch.

Die ersten Jahre der Selbständigkeit bescherten Litauen ein Grenzproblem, das es nie zu seiner Zufriedenheit hat lösen können. Vorangegangene kleinere Grenzstreitigkeiten zwischen Estland und Lettland sowie zwischen Lettland und Litauen, bei denen es beispielsweise um das Schicksal der estnisch-lettischen Grenzstadt Valga (Walk) und um einen litauischen Zugang zur Ostsee ging, waren durch Schiedssprüche unter dem Vorsitz englischer Politiker schnell beigelegt worden.

Das eigentliche litauische Grenzproblem hieß Vilnius (Wilna). Die historische Hauptstadt Litauens war im Winter 1919 von russisch-kommunistischen Truppen besetzt worden. Einige Monate später wurde Vilnius von polnischen Truppen erobert, die sich bis zum Sommer 1920 dort halten konnten. Nach kurzer litauischer und ebenso kurzer erneuter sowjetischer Herrschaft wurde Vilnius im August 1920 erneut als Hauptstadt Litauens proklamiert. In einem Vertrag vom 7. Oktober 1920 verzichtete Polen, wie es schien endgültig, auf Vilnius und das Gebiet um Vilnius, doch schon wenige Tage später eroberte ein polnischer General auf Befehl des polnischen Staatschefs Marschall Pilsudski die Stadt erneut. Die verschiedenen Schlichtungsbemühungen des Völkerbundes scheiterten, darunter auch der vom ehemaligen belgischen Außenminister Hymans ausgearbeitete Plan einer polnisch-litauischen Union mit gemeinsamer Außen- und Wirtschaftspolitik. Recht fragwürdige Wahlen in einem eigens dafür geschaffenen Wahlgebiet im Januar 1922 ergaben eine ebenso fragwürdige polnische Mehrheit für den Anschluß des Gebietes um Vilnius an Polen. Die litauische Regierung verlegte daraufhin ihren Sitz in das nördlicher gelegene Kaunas (Kowno) und stellte gleichzeitig klar, daß es sich nur um eine provisorische Verlegung handele.

Dieser polnisch-litauische Grenzstreit hatte zur Folge, daß die Westmächte zunächst nicht bereit waren, Litauen, das ebenso wie Estland und Lettland bereits seit 1921 Mitglied des Genfer Völkerbundes war, de jure anzuerkennen. Diese Anerkennung erfolgte schließlich Ende 1922, ohne daß die »Wilna-Frage« als endgültig gelöst betrachtet werden konnte.

Für Litauen war die »Wilna-Frage« aufs engste mit der sogenannten »Memel-Frage« verknüpft. Sich auf den Versailler Vertrag berufend, hat die litauische Regierung schon sehr früh Ansprüche auf das deutsche Memelland (das Gebiet um die Stadt Memel, seit 1924 Klaipeda) angemeldet. Dieses wurde jedoch als unter alliierter Gemeinherrschaft stehendes Gebiet einem französischen General unterstellt. Im Januar 1923 drangen litauische Truppen schließlich in das Memelland ein und besetzten es. Einen Monat später wurde dieser gewaltsame Anschluß an Litauen von den Siegermächten akzeptiert. Es besteht kein Zweifel, daß die litauische Gewaltaktion unter anderem auch eine Reaktion auf die polnische Gewaltaktion Vilnius (Wilna) gegenüber war. Die »Wilna-Frage« hat die beiden beteiligten Staaten übrigens noch jahrelang beschäftigt: 1927 eskalierte sie bis zur akuten Kriegsgefahr, die nur dank dem Eingreifen des Völkerbundrates gebannt werden konnte. Auch die vom Genfer Rat initiierte Konferenz von Königsberg (seit 1945 Kaliningrad) im Jahre 1928 brachte keine Ergebnisse. Die Eisenbahn- und Schiffsverbindungen zwischen Polen und Litauen blieben gesperrt, selbst der grenzüberschreitende Postverkehr mußte über Deutschland und Lettland abgewickelt werden. Die nach der Besetzung des Memellandes stark abgekühlten litauisch-deutschen Beziehungen verbesserten sich allerdings nach der Königsberger Konferenz merklich, und bis 1929 konnten schließlich sogar ein Grenz- und ein Handelsvertrag zwischen beiden Staaten abgeschlossen werden.

Es ist verständlich, daß sich die drei baltischen Republiken angesichts der bedrohlichen sowjetischen Nachbarschaft schon bald nach ihrer Gründung erstens um eine stärkere politische Zusammenarbeit untereinander und zweitens auch um Allianzen mit anderen Anrainerstaaten der Ostsee bemüht haben — insbesondere mit Finnland und Polen. Es gab mehrere Konferenzen, beispielsweise in Helsinki und Warschau, in deren Verlauf die verschiedensten Bündnisprojekte diskutiert wurden. In diese Diskussion schaltete sich schließlich auch, wenngleich erfolglos, die Sowjetunion ein. Als einziges greifbares Ergebnis gab es aber lediglich einen bilateralen estnisch-lettischen Bündnisvertrag.

Ein politisches Ereignis besonderer Art war für Estland der kommunistische Aufstand im Dezember 1924. Als Partei verboten, haben die Kommunisten ihre illegale Tätigkeit seit der estnischen Staatsgründung nie aufgegeben. Es gelang ihnen sogar, eine Reihe von Abgeordneten, die sich entsprechend tarnten und ihre wahren Absichten verschwiegen, in örtliche Stadtverordnetenversammlungen und in das Parlament einzuschleusen. Nachdem der Kommunistenführer Kingisepp 1922 wegen staatsfeindlicher Aktionen zum Tode verurteilt worden war, verstärkten die von Moskau geleiteten kommunistischen Tarnorganisationen ihre Aktivitäten. Es gab Arbeiterdemonstrationen und konkrete Putschpläne. In einem Prozeß gegen 149 Kommunisten wurden hohe Freiheitsstrafen verhängt, darunter 39 lebenslängliche. Nach scharfen Moskauer Reaktionen kam es dann am 1. Dezember 1924 in Tallinn zum Aufstand. Versuche der Aufständischen, das Regierungsgebäude auf dem Domberg und andere strategisch wichtige Punkte zu besetzen, scheiterten. General Laidoner, der estnische Oberbefehlshaber im Freiheitskrieg, erhielt Sondervollmachten und hatte die Situation schon nach wenigen Stunden unter Kontrolle. Als Folge der Schießereien waren 20 Tote zu beklagen, darunter auch ein estnischer Minister. 140 Putschisten konnten verhaftet werden, unter ihnen Angehörige der sowjetischen Gesandtschaft. Anderen gelang es, sich mit Flugzeugen in die Sowjetunion abzusetzen. Im Prozeß gegen die Anführer des Putsches, der im Sommer 1925 stattfand, gab es 70 lebenslängliche Freiheitsstrafen und ein Todesurteil.

Obwohl der Kommunistenaufstand die estnisch-sowjetischen Beziehungen erheblich belastet hatte und auch in Lettland und Litauen mit Sorge zur Kenntnis genommen worden war, bemühte sich die Sowjetunion in der zweiten Hälfte der zwanziger Jahre erneut um Verträge mit den baltischen Republiken. Das traf besonders für Litauen zu. Dort war im Mai 1926 eine Linksregierung an die Macht gekommen. Moskau nutzte sofort die sich bietende Chance, und es kam bereits im Herbst zur Unterzeichnung eines litauisch-sowjetischen Nichtangriffspaktes. Diese Entwicklung löste nicht nur in Polen, Estland und Lettland, sondern verständlicherweise auch in rechten litauischen Kreisen Besorgnis aus. So stürmten im September des gleichen Jahres nationalbewußte, antikommunistische Offiziere das Parlament, lösten es auf, setzten den Staatspräsidenten ab und übertrugen einem General diktatorische Vollmachten. Später kam es zur Bildung der rechtsgerichteten Regierung Voldemaras und der Wahl von Antanas Smetona zum Staatspräsidenten, der bis zur sowjetischen Annexion im Jahre 1940 im Amt blieb.

Gleichzeitig mit Litauen hatte Moskau auch Estland und Lettland Nichtangriffspakte vorgeschlagen. Die Verhandlungen mit diesen Ländern zogen sich jedoch in die Länge, nicht

zuletzt deshalb, weil Estland und Lettland ihr Vorgehen aufeinander abstimmen wollten. Nachdem auch in Lettland eine
Linksregierung ans Ruder gekommen war, konnte im März
1927 ein lettisch-sowjetischer Vertrag paraphiert werden. Als
dann aber in Litauen der ehemalige Generalstabschef Klešin-
skij der Spionage zugunsten der Sowjetunion überführt und
hingerichtet wurde und es auch in Lettland vier Todesurteile
gegen sowjetische Spione gab, ist dieser Vertrag angesichts der
antisowjetischen Stimmung im Lande nie unterzeichnet worden. Estland hatte sich von vorneherein vorsichtiger verhalten
und sich grundsätzlich geweigert, einen bilateralen Vertrag mit
der Sowjetunion abzuschließen.

*Bildungsreform*

Zur bildungspolitischen und kulturellen Szene in Estland und
Lettland zu Beginn ihrer Eigenstaatlichkeit schreibt Georg von
Rauch:

»Das nationale Erwachen der baltischen Völker in der
zweiten Hälfte des 19. Jahrhunderts trug bereits alle Züge eines
elementaren Durchbruchs junger Triebkräfte. Sie waren freilich in ihrer freien Entfaltung abhängig von den gesellschaftlichen und politischen Gegebenheiten ihrer Zeit. Die materiellen Voraussetzungen waren beschränkt, die Grenzen
abgesteckt durch die Einordnung in die Lebensbedingungen
der provinziellen und gesamtstaatlichen Ordnung. Noch immer lag ein gewisser Anreiz vor, sich bei einem sozialen Aufstieg in die Bildungsschichten dem jeweiligen älteren kulturellen Milieu der Deutschen, Russen oder Polen anzupassen.
Diese Einschränkungen entfielen 1918 mit einem Schlag. Die
20 Jahre Selbständigkeit der baltischen Völker sind die Zeit

eines stürmischen Aufstiegs des Bildungs- und Kulturlebens. Die Emanzipation vollendete sich.«

Die Voraussetzungen dafür wurden in allen drei Ländern durch einen forcierten Ausbau des Schulwesens und eine Reform des Hochschulwesens geschaffen. In Estland wurde ein obligatorischer Schulbesuch von mindestens sechs Jahren vorgesehen, während es bis dato nur drei Jahre gewesen waren. Die Analphabetenrate sank im Laufe von zwölf Jahren von 5,9 Prozent auf 3,9 Prozent. Hinzu kam die Gründung vieler Gymnasien und höherer Fachschulen, in deren Netz nun auch die Kleinstädte miteinbezogen wurden.

Die alte Universität Dorpat wurde als estnische Landesuniversität Tartu neueröffnet und hatte bald 4600 Studenten, was, auf die Bevölkerungsmenge umgerechnet, eine Relation von 1:280 ergibt. Die entsprechenden Zahlen für Deutschland, Schweden und Finnland lagen damals um 50 bis 60 Prozent niedriger. In Tallinn wurde zudem die bereits bestehende Ingenieurschule zu einer Technischen Hochschule ausgebaut. Die Gründungen neuer wissenschaftlicher Institute und literarischer Gesellschaften rundeten das Bild ab.

Die Entwicklung in Lettland verlief ähnlich, allerdings mußte in Riga erst eine Universität gegründet werden. Sie entstand durch den Ausbau des bereits vorhandenen Polytechnikums. Anders als in Estland, wo sich das wissenschaftliche und literarische Leben auf Tallinn und Tartu verteilte, konzentrierte sich in Lettland dies in der Hauptstadt Riga.

Eine eigene neue Universität mußten sich auch die Litauer schaffen, da ihre bereits im 16. Jahrhundert gegründete Universität Wilna (Vilnius) zum polnisch besetzten Gebiet gehörte. Sitz der neuen Universität wurde die provisorische Landeshauptstadt Kaunas (Kowno). In bezug auf das Schulwesen nahm Litauen insoweit eine Sonderstellung ein, als der Analphabetenanteil nach der Staatsgründung etwa ein Drittel der Bevölkerung ausmachte und überhaupt erst der obligatorische Schulbesuch eingeführt werden mußte. Zusammenfassend kann dennoch gesagt werden, daß das durchschnittliche Bildungsniveau in den baltischen Republiken während der dreißiger Jahre beträchtlich über dem der Nachbarstaaten Polen und Sowjetunion lag.

## Die eigene Kultur erhalten

Als ich in Estland, nach anfänglichem häuslichen Privatunterricht, zunächst in Viljandi (Fellin) und später in Tartu eine deutsche Schule besuchte, war ich mir gar nicht dessen bewußt, daß ich als Angehöriger einer nationalen Minderheit eigentlich keinen selbstverständlichen Anspruch darauf hatte. Das von der estnischen Regierung ihren Minderheiten, also den Deutschen, Russen und Schweden, eingeräumte Recht auf muttersprachlichen Unterricht wurde von den betroffenen Schülern als völlig natürlich empfunden. Dieser muttersprachliche Unterricht war Bestandteil der den Minderheiten garantierten Kulturautonomie, die ihrerseits auf dem ebenfalls in der Verfassung festgeschriebenen Recht auf freie Bestimmung der Nationalität basierte.

Die Geburtsstätten dieser verschiedenen Minderheitenrechte waren die nationalen Parlamente, in denen auch die Deutschen ihr Mitspracherecht hatten. In Estland beispielsweise schwankte die Zahl der deutschen Abgeordneten zwischen vier und einem, wobei es auch zu Wahlbündnissen mit den Russen und Schweden kam. Die Zahl der deutschen Abgeordneten in Lettland war, dem größeren Bevölkerungsanteil entsprechend, höher. Im litauischen Parlament gab es ab 1926 zusätzlich zur deutsch-baltischen auch eine memeldeutsche Fraktion.

Das besonders liberale estnische Minderheitengesetz, an dessen Ausarbeitung deutsch-baltische Abgeordnete wesentlichen Anteil hatten, ist vom Genfer Völkerbund als die Visitenkarte des estnischen Volkes zum Eintritt in die Familie der freien Völker bezeichnet worden. Sich auf dieses Gesetz und seine Ausführungsbestimmungen stützend, hat die deutsche Kulturverwaltung in Estland 1925 ihre Tätigkeit aufgenommen. Sie gründete örtliche Kulturkuratorien in den Städten und übernahm die Verwaltung aller deutschen Schulen.

So geregelt und klar wie in Estland war die Situation der deutschen Minderheit in Lettland keineswegs. Zwar hatte das lettische Parlament 1919 ein Schulgesetz für die Minderheiten verabschiedet, aber das bot diesen bei weitem nicht die rechtlichen Möglichkeiten, die den Minderheiten in Estland im Rahmen ihrer Kulturselbstverwaltung zur Verfügung standen. Was die Deutschen betraf, so waren diese auch nicht, wie in Estland, in einer Partei und einer Parlamentsfraktion zusammengeschlossen, sondern in weit stärkerem Maße politisch zersplittert. Zeitweilig gab es in Lettland sechs verschiedene deutsche Parteien.

Von Bedeutung für die deutsche Volksgruppe in Lettland war auch die Gründung einer privaten deutschen Hochschule im Jahre 1927, des Herder-Instituts. Es hatte drei Fakultäten: eine evangelisch-theologische, eine philosophische sowie eine rechts- und staatswissenschaftliche. Im Unterschied zu Estland hat Lettland in den ersten Jahren seiner Selbständigkeit auch drei deutsche Minister gehabt. Das ist um so erstaunlicher, als die Beziehungen der Deutschen in Lettland zu den Letten generell gespannter waren als die Beziehungen der estländischen Deutschen zu den Esten. In einem glichen sich jedoch die Situationen hier und da: Oberbefehlshaber der Kriegsmarine waren in beiden Staaten lange Jahre Deutsche — Admiral Graf Keyserling in Lettland und Admiral Baron Salza in Estland.

# II JUGEND IN ESTLAND

Abgesehen von der grauen Stadtmauer Tallinns und einem ebenfalls grauen, moosbedeckten und von Linden umgebenen Gebäude in Viljandi, wo mein Bruder geboren wurde, sind meine frühen Kindheitserinnerungen alle mit der südestländischen Ortschaft Pölva verbunden. Dort lernte ich, was es bedeutet, ein schönes eigenes Haus zu haben, dort wurde mir bewußt, daß ich Deutscher und nicht Este bin, dort hatte ich meine ersten Freunde, dort habe ich meinen ersten Fisch gefangen und meinen ersten Vogel geschossen.

Pölva lag in einem Talkessel, der von einem Fluß durchschnitten wurde, welcher an Wiesen und Sandsteinfelsen vorbei dem Peipus-See zustrebte. Oberhalb des Tales wuchsen Birken und Kiefern. In der Ortsmitte stand eine weiße Kirche mit grüngedecktem Turm, und davor gab es einen Platz, auf dem allerhand geschah. Wenn Jahrmarkt war, wurde dort ein buntes Karussel aufgebaut, es präsentierte sich ein Zauberkünstler, und auf einfach zusammengezimmerten Holztischen lagen herrliche Sachen — verschiedene Tiere aus farbigem Teig, kleine Blechpistolen mit den dazugehörigen Knallkorken, Taschenmesser und vieles mehr. Damals merkte ich auch zum erstenmal, was es heißt, Geld zu besitzen. Während die meisten estnischen Bauern- und Arbeiterkinder diese Herrlichkeiten nur mit sehnsuchtsvollen Blicken anstarren durften, konnte ich wählen und kaufen. Die 50 Sent »Jahrmarktsgeld«,

die ich von meinem Vater bekam, reichten für zwei Karussell-
fahrten, einen roten Löwen und zehn Knallkorken. Um auch
die Blechpistole zu erstehen, mußte ich meinen jüngeren Bruder anpumpen oder irgendein Tauschgeschäft mit ihm machen. Solcher Reichtum machte mich für die estnischen Jungen einerseits zu einem umworbenen Spielgefährten, denn
schließlich hatte ich auch noch einen Gummiball und später
sogar einen richtigen ledernen Fußball, andererseits löste der
schiere Neid aber auch soziale und nationale Ressentiments
aus, deren Herkunft wir Kinder natürlich erst viel später erkannten. Immerhin erinnere ich mich noch genau an den Tag,
an dem ich zum erstenmal in bewußt feindseliger Art als
Deutscher angesprochen wurde.

Auf einer großen Waldwiese war zu Johanni, das war gleichzeitig auch der Tag der Schlacht von Vönnu (Wenden), ein
hoher Holzstoß errichtet und angezündet worden. Im flackernden Schein des Feuers wurde, je nach Alter, Temperament und
Laune, Polka getanzt, gesungen, Schnaps getrunken oder auch
nur miteinander geredet. Junge Burschen verschwanden hin
und wieder mit einem Mädchen im Haselnußgebüsch. Nach
einer zunächst noch harmlosen Rauferei stand ich plötzlich,
damals wohl zehn bis zwölf Jahre alt, einem estnischen Jungen
gegenüber, der einen kantigen Stein in der Hand hielt. Ich trug
meine grüne Pfadfinder-Uniform und hatte meinen kleinen
finnischen Dolch gezogen. Hinter mir hatten sich meine estnischen Fußballfreunde aus Pölva drohend aufgebaut, hinter
ihm, mit Stöcken bewaffnet, einige Jungen aus seinem Dorf.

»Kuradi parun, verfluchter Baron, denk an die Schlacht von
Wenden!«

Nun war ich zwar kein Baron, aber das war nun mal ein
beliebtes estnisches Schimpfwort, und was Vönnu bedeutete,
wußte ich sehr wohl. Ich habe tatsächlich einen Moment

überlegt, ob ich mit dem Dolch auf ihn losgehen sollte. Schließlich war die südestnische Gegend am Peipus-See dafür bekannt, daß den Männern das Messer recht locker im Stiefelschaft saß — und welcher Zehn- oder Zwölfjährige will nicht ein Mann sein! Vor Volksfesten, beispielsweise auch auf dieser Waldwiese, gab es gelegentlich handgeschriebene, wenngleich nicht ganz ernst gemeinte Ankündigungen: ». . . zum Schluß Tanz, unanständige Lieder und Messerstecherei.«

Nun, diesmal kam es nicht zur Messerstecherei. Gerade noch rechtzeitig tauchte ein älterer Bruder meines Kontrahenten auf und scheuchte uns auseinander. Am nächsten Tag standen wir wieder einträchtig bis zum Knie im Wasser des Flusses und suchten unter großen Steinen nach Krebsen.

Die Jahrmarktsfeste waren nicht alles, was der Platz vor der Kirche zu bieten hatte. Hier fanden auch die Übungen und Paraden der Feuerwehr und des nationalen, nach dem Kommunistenaufstand von 1924 gegründeten Selbstschutzverbandes statt. Die Feuerwehrleute trugen blitzende Helme aus Messing, und der Helm ihres Hauptmanns war sogar versilbert. Die Selbstschutzleute hatten Gewehre mit Bajonetten und eine graue Uniform. Sehr prächtig sah ihre Reiterstaffel aus, in die nur besonders kräftige Burschen aufgenommen wurden. Nach jahrhundertelanger Unterdrückung und erst zehnjähriger staatlicher Unabhängigkeit war es verständlich, daß auch die estnische Landbevölkerung darauf aus war, sich in verschiedenen gesellschaftlichen Formen zu verwirklichen und somit eine eigene Identität zu gewinnen. So waren die jungen Reiter ungemein stolz auf ihre Uniformen, und wir Kinder waren ebenso stolz, wenn wir an Festtagen ihre schnaubenden Rosse am Zügel halten durften, die alltags brav ihre Pflüge zogen.

Rund um den Kirchenplatz standen die Häuser der Handwerker, Kaufleute und wenigen kommunalen Angestellten. Sie alle waren aus Holz, in den verschiedensten Farben angestrichen und ein- oder zweistöckig. Mit Kopfsteinen gepflastert war nur die Hauptstraße, die im Norden nach Tartu und im Süden nach Võru (Werro) führte, alle anderen Wege verwandelten sich nach starken Regengüssen und während der Schneeschmelze in knöcheltiefe Schlammbahnen. Dann wurden größere Steine auf die Straßen gerollt, über die man, springend und mühsam balancierend, seinen Weg finden mußte.

Eine Eisenbahnverbindung hatte Põlva in den zwanziger Jahren noch nicht. Die nächsten Bahnhöfe lagen in Tartu und Võru, das eine 50 Kilometer, das andere 25 Kilometer entfernt. Wer in die Stadt wollte, mußte sein Pferd anspannen oder anspannen lassen oder den zweimal wöchentlich verkehrenden Omnibus benutzen. Diese Omnibusfahrten gehören zu meinen schlimmsten Kindheitserinnerungen, denn beide Straßen waren holprig und sandig, im hochrädrigen, uralten, knallroten Bus stank es fürchterlich nach Benzin, und der Bus rüttelte und schüttelte seine Fahrgäste so durcheinander, daß mir regelmäßig schlecht wurde. Da meine Eltern dem Fahrer vorsorglich immer ein gutes Trinkgeld zusteckten, hielt er dann später auf ihre Bitte auch an, so daß ich käsebleich aus dem Bus stürzen konnte, um mich zu übergeben. Und ich war nicht der einzige.

In unmittelbarer Nähe des Kirchplatzes von Põlva standen auch die drei deutschen Häuser des Ortes: das Pfarrhaus, im Baltikum das Pastorat genannt, in dem Propst Johann Schwartz residierte; das Haus, in dem der Arzt Werner v. Glasenapp wohnte und seine Praxis betrieb; und schließlich unser Haus, die Apotheke meines Vaters. Wenn Propst Schwartz, eine äußerst patriarchalische, aber bei den Bauern sehr beliebte Persönlichkeit, sonntags in vollem Ornat vom Pastorat zur Kirche schritt, mußte er den Platz überqueren, auf dem dann alles mucksmäuschenstill war. Das Pferd, mit dem er gelegentlich in die Kreisstadt fuhr, wurde der »heilige Olaf« genannt. Heilig, weil der faule Gaul außer vom Propst beziehungsweise seinem Kutscher von niemandem sonst und zu nichts anderem benutzt werden durfte.

Alle Schwartzschen Kinder waren viel älter als ich, und die beiden Glasenappschen Söhne waren wiederum zu jung. So waren es vor allem estnische Jungen, mit denen ich spielte, angelte, schwimmen ging oder durch die Wälder streifte. Mein zwei Jahre jüngerer Bruder Gunnar war meistens dabei, und meine in Pölva geborene Schwester Sigrid hatte ihre eigenen estnischen Freundinnen. Solange wir noch klein waren, hatten meine Eltern gegen diesen Umgang mit estnischen Kindern nichts einzuwenden. Das sollte sich später, als ich älter wurde und mich zunehmend für estnische Mädchen zu interessieren begann, ändern.

Mein einziger deutscher Freund dieser Jahre war Heinz-Peter v. Lilienfeld, dessen Vater das fünf Kilometer entfernte Gut Perrist gehörte. In den Sommerferien kam Heinz-Peter, mal mit dem Fahrrad, mal hoch zu Roß, nach Pölva, und wir heckten dann zusammen so manchen Streich aus. Ihm verdanke ich vor allem auch meine ersten jagdlichen Versuche.

Das Verhältnis der älteren bäuerlichen Bevölkerung zu uns Deutschen war damals noch weitgehend von den sozialen Gegebenheiten der vergangenen Zeit geprägt. Mein Vater wurde von den Apothekenbesuchern nur »vanahärra«, »alter Herr«, genannt, und ich schon sehr früh »noorhärra«, »junger Herr«. Das traf natürlich nicht auf Leute aus höheren ländlichen Schichten zu und ebenfalls nicht auf die städtische Bevölkerung.

Da es in Pölva nur eine estnische Volksschule gab, wurde ich zunächst von einer Privatlehrerin zu Hause unterrichtet, die zugleich als Gouvernante uns drei Kinder zu betreuen hatte. Mit zehn Jahren kam ich dann in die deutsche Schule nach Fellin, estnisch Viljandi, einem Städtchen von etwa 10000 Einwohnern und einer herrlichen Ordensschloßruine mit zum Teil verschütteten unterirdischen Gängen, in denen man als Zehnjähriger natürlich irgendwelche geheimnisvollen Schätze vermuten mußte. Allein schon die Fahrt nach Viljandi war aufregend. Es gab nur einen Nachtzug, der streckenweise, gewissermaßen plombiert, durch Lettland fuhr und zweimaliges Umsteigen erforderte. Dabei betrug die Luftlinie zwischen Pölva und Viljandi höchstens 100 Kilometer.

In Viljandi zeigte mir meine Tante, bei der ich nun vier Jahre leben sollte, auch das sogenannte alte Schloß, das Geburtshaus meines Bruders. Kurz nach dem Großen Nordischen Krieg — und der totalen Verwüstung Livlands — von der alten Adelsfamilie Ungern-Sternberg erbaut, war es inzwischen schon reichlich verfallen, und wahrscheinlich waren meine Eltern acht Jahre vorher die letzten Mieter gewesen. Wie alt die Familie Ungern-Sternberg tatsächlich war, erfuhr ich erst Jahre später, ich glaube nach einer Tanzstunde oder beim Rodeln in den Schloßbergen von Viljandi von meiner Schulfreundin Ruth Ungern-Sternberg:

Als Noah seine Arche voll beladen hatte und gerade in See stechen wollte, sah er, wie sich ein Mann vom Ufer ins Wasser stürzte, verzweifelt hinter der Arche herschwamm und laut schrie: »Noah, Noah, nimm mich mit!« Noah erkannte ihn, es war der Besitzer des Gutes Sternberg, und sagte: »Ungern nehme ich dich mit, Sternberg. Aber meinetwegen, komm an Bord.« So sei der Name Ungern-Sternberg entstanden und es gebe im Baltikum keinen älteren.

Meiner Ansicht nach hat die junge Baronesse aber geschwindelt, denn die Argumentation der ebenfalls baltischen

118

Familie von Uexküll erscheint mir glaubhafter: Noah, der natürlich, wie alle anständigen Menschen, Estnisch sprach, habe dem ebenfalls hinter der Arche Herschwimmenden und um Mitnahme Flehenden dieser Familie zugerufen: »Üks küll!« »Einen ja!«. So sei der Name entstanden, und da Noah bekanntlich ein konsequenter Mann gewesen sei, müsse davon ausgegangen werden, daß er keinen zweiten Menschen an Bord genommen habe, auch keinen Baron Sternberg.

Wie fast alle deutschen Schulen in den kleineren Städten des Baltikums war auch die »Deutsche Schule zu Fellin«, wobei der Lehrkörper auf das »zu« großen Wert legte, äußerlich nicht mehr sehr repräsentativ. In jedem der elf kleinen Klassenzimmer des zweistöckigen Holzhauses wurden in den dreißiger Jahren fünf bis fünfzehn Schüler und Schülerinnen unterrichtet. Der Kontrast zum etwa 100 Meter entfernt liegenden stattlichen Ziegelbau des früheren livländischen Landesgymnasiums, in dem noch mein Vater sein Abitur gemacht hatte und der jetzt das estnische Knabengymnasium beherbergte, war eklatant. Wie der grundbesitzende Adel, so war auch die deutsche Lehrerschaft verarmt. Wenn ich mir meine Lehrer von damals vergegenwärtige, kann ich mich noch heute an die Anzüge erinnern, die sie jahraus jahrein trugen. Genauso erinnere ich mich aber auch an ihr souveränes Auftreten, die Art, in der sie sich einfach über alle unerfreulichen materiellen Dinge hinwegsetzten.

Viljandi lag an einem langgestreckten See, dessen Ufer zu sanften Hängen anstiegen. Diese 150 Meter hohen Hügel waren im Winter das beliebteste Skigelände Estlands. Auf der Sprungschanze von Viljandi wurde der estnische Rekord aufgestellt. Wenn ich mich richtig erinnere, waren es 29 Meter, und wir Schüler übten auf den Hängen von Dezember bis Februar fast täglich unsere Telemark- und Christiania-

Schwünge. Die guten Erfolge, die ich dabei aufzuweisen hatte, verführten mich sechs Jahre später, als ich längst in Wien studierte, zu einem bodenlosen Leichtsinn: Ich beschloß, in der Mannschaft der Wiener Hochschule für Welthandel bei den studentischen Skimeisterschaften anzutreten, ohne jemals zuvor einen Berg gesehen zu haben, der höher war als der Munamägi, mit 318 Metern der höchste Berg Estlands. Zum Glück fand am Vorabend der alpinen Wettkämpfe noch eine Besichtigung der Abfahrts- und Slalomstrecke in 2000 Metern Höhe statt . . . Kurz und gut, ich fuhr jedenfalls am nächsten Morgen in aller Herrgottsfrühe ganz still und leise nach Wien zurück.

A propos Munamägi: Mit seinen 318 Metern war er höher als der höchste Berg Lettlands. Da die Beziehungen zwischen den Esten und Letten während der Zeit ihrer kurzen Unabhängigkeit nicht immer die allerfreundschaftlichsten waren, gab der hohe Munamägi der Regierung in Riga keine Ruhe. Sie ließ auf ihrem etwas niedrigeren Gaisingkalns einen Aussichtsturm errichten, und in einigen geographischen Prospekten war hinfort zu lesen, daß der höchste Berg Lettlands soundso hoch sei — wobei der Turm einfach hinzuaddiert wurde. Das wiederum wollten die Esten nicht hinnehmen, und so entstand auch auf dem Munamägi ein Aussichtsturm von etwa 30 Metern Höhe. Und ich muß gestehen, daß ich, wenn ich nach dem höchsten Berg meiner Heimat gefragt wurde, dazu neigte, stolz zu sagen: »348 Meter«.

Heute, nachdem die fast fünfzigjährige sowjetische Besatzung zu einer früher nie dagewesenen Solidarität der drei baltischen Staaten geführt hat, kann man sich derartig geringfügige, aber durchaus ernst gemeinte Rangeleien der zwanziger und dreißiger Jahre überhaupt nicht mehr vorstellen.

1934, nachdem alle jüdischen Schüler aus guten Gründen das deutsche Gymnasium in Viljandi verlassen hatten, in estnische Gymnasien übergewechselt waren und die Schülerzahl auch aus anderen Gründen zu sehr geschrumpft war, wurden die obersten Gymnasialklassen in Viljandi geschlossen. Ich kam auf das Dorpater Deutsche Neuhumanistische Gymnasium, zunächst in die Privatpension eines Lehrers, dann in ein Knabeninternat. Diese vier Schuljahre in Tartu waren für mich in jeder Hinsicht eine glückliche und unbeschwerte Zeit. Da ich leicht lernte, konnte ich über den Nachmittag fast frei verfügen. Es gab einen deutschen Sportplatz und deutsche Jugendvereine, häufig fanden irgendwelche Fußball-, Basketball- oder Tischtenniswettkämpfe und an Samstagen auch schon einmal eine Tanzveranstaltung statt — dies alles in einer fast vollkommenen deutschen »splendid isolation«. So sehr ich vom Landleben in Pölva an den Umgang mit estnischen Kindern gewöhnt war, in der städtischen Gesellschaft gab es nichts dergleichen. Man hatte keine estnischen Freunde, und man durfte schon gar nicht mit estnischen Mädchen »gehen«. Der Besuch von Tanzcafés oder Restaurationen war selbst Primanern nur in Begleitung der Eltern gestattet, jeglicher Alkoholgenuß war verboten. Diese überaus rigorosen Bestimmungen der estnischen Schulbehörde haben später, gewissermaßen in letzter Stunde, sogar noch mein Abitur gefährdet. Nach Abschluß aller Prüfungen, aber noch vor Aushändigung des Reifezeugnisses, schloß ich mich eines Abends einer Gruppe von Mitschülern und Mitschülerinnen an, die ganz spontan beschlossen hatten, im elegantesten Nachtlokal von Tartu, im »Vanemuine«, das Ende der Schulzeit zu feiern. Auf dem Wege holte ich noch schnell eine Freundin aus dem russischen Gymnasium ab, versteckte meine grün-goldene Schülermütze unter einem Busch in ihrem Garten und hatte dann, ebenso wie meine Klassenkameraden, das Gefühl, damit das letzte Schülerhafte abgestreift zu haben und ganz den Eindruck eines erfahrenen Lebemannes zu erwecken — mit siebzehneinhalb Jahren. Wir bestellten Kaffee und Liqueur für unsere Damen, Tee und Cognac für uns Herren, tanzten Tango, Quickstep und Lambethwalk und fühlten uns in der völlig ungewohnten Atmosphäre unter Studenten und reichen Kaufleuten »sauwohl«, bis plötzlich unser stellvertretender Schuldirektor und Deutschlehrer Max Lunin vor uns stand. Was war passiert? Eine zufällig anwesende estnische Lehrerin hatte uns (woran wohl?) als Schüler erkannt und unseren Schuldirektor angerufen. Dieser holte Max Lunin aus dem Bett, und das Verhängnis nahm seinen Lauf. Am nächsten Morgen gab es dann eine Lehrerkonferenz, zu der auch mein Internatsleiter hinzugezogen wurde, sowie Gespräche mit Eltern. Auf Grund der geltenden Bestimmungen stand die Frage unseres »Hinausschmisses« aus der Schule ernsthaft zur Diskussion. Wie ich Jahrzehnte später gehört habe, war es Direktor Karl v. Zeddelmann selbst, der schließlich alles Gerede vom Tisch wischte, die Bestrafung auf totalen Stubenarrest bis zur Aushändigung der Reifezeugnisse beschränkte und die persönliche Verantwortung für diese Entscheidung übernahm.

Sonst bin ich, Jahre zuvor, nur einmal mit der Schulleitung in Konflikt geraten. Wir hatten eine Religionslehrerin, die allein schon durch ihr Äußeres, alles grau in grau, das schüttere Haar zu einer sogenannten Glaubenszwiebel hochgedreht, kundtat, wie moralisch und fromm sie war. Um sie dafür zu »bestrafen«, bastelte ich mit ein paar Freunden eine technisch geniale Konstruktion: Unter dem Katheder wurde ein Grammophon versteckt, von dem an der Wand entlang bis zu meinem Pult ein Draht führte, mit dem ich den Plattenteller mit der Schallplatte in Bewegung setzen konnte. Und als nun

eines Tages Frau P. gerade den Satz interpretierte ».. . und
führe uns nicht in Versuchung ...«, erklang der herrliche
Tenor des damals berühmten Sängers Richard Tauber: »Ich
küsse Ihre Hand Madame, und denk es wär Ihr Mund!« Nachdem ich glaubhaft beweisen konnte, daß sich eine Obertertia
der Revaler Domschule den gleichen Schabernack schon vor
Jahren geleistet hatte und ich also nur ein verführter Nachah-
mungstäter war, kam ich mit Nachsitzen und einer Strafarbeit
glimpflich davon.

## Die »Machtergreifung« — ein Widerhall im Baltikum

Es konnte nicht ausbleiben, daß nationalsozialistische Ideen
Mitte der dreißiger Jahre auch das Baltenland erreichten. Da
das dortige deutsche Kulturleben in vieler Hinsicht auf Kontakte zum Deutschen Reich angewiesen war, insbesondere
auch unter dem Aspekt finanzieller Hilfe, und diese Beziehungen nach der Machtergreifung Hitlers von verschiedenen
reichsdeutschen Instanzen unter dem Gesichtspunkt der
Volkstumspflege im Ausland ganz bewußt gefördert wurden,
kam es damals im Baltikum zu einer gewissen Erneuerungsbe-
wegung mit eindeutig nationalsozialistischem Anstrich. Dazu
trug vieles bei: die Zurückstufung der Deutschen im jungen
estnischen Nationalstaat, das mangelhafte Funktionieren der
parlamentarischen Demokratie, die Sehnsucht nach einem erneuten »völkischen« Erwachen und die etwas euphemisti-
schen Schilderungen von Studenten, die einige Semester an
reichsdeutschen Universitäten studiert hatten. Äußere Anzeichen dafür machten sich auch in der Öffentlichkeit bemerkbar:
Die »völkisch erwachten« baltischen Mädchen trugen zunehmend weiße Wadenstrümpfe, blaue Röcke und braune Kletter-

westen nach dem Vorbild des reichsdeutschen BDM (Bund Deutscher Mädel); ebenfalls »erwachte« Jungen sah man in schwarzen Schaftstiefeln und Reithosen. Und an völkischen Lagerfeuern oder bei Wanderungen hörte man Lieder wie »Tapferes Baltenland, Rigas Türme zum Himmel ragen, Herrgott, reck Deine Hand, daß sie bald unsre Fackeln tragen«; und dazu auch Lieder der HJ (Hitler-Jugend).

Diese »Bewegung«, wie sie genannt wurde, trug eindeutig nationalsozialistische Züge, wobei sie in Lettland in viel stärkerem Maße in Erscheinung trat als in Estland. Der Versuch des Führers der »Bewegung« in Estland, Rittmeister a. D. der zaristischen Armee und überzeugter Antikommunist, Viktor von zur Mühlen, die politische Kontrolle über die Deutsch-Balten in Estland zu erringen, scheiterte 1934.

Der Führer der »Bewegung« in Lettland, Erhard Kröger, war »erfolgreicher«. Maßgebliche liberale Persönlichkeiten der deutsch-baltischen Volksgemeinschaft mußten unter seinem Druck politische Posten räumen, und für die Zeit ab 1938 kann davon gesprochen werden, daß die Volksgemeinschaft von der »Bewegung« kontrolliert wurde. Die Leistung Erhard Krögers um diese Entwicklung wurde 1939, nach der Umsiedlung der deutsch-baltischen Volksgruppe ins Deutsche Reich, mit einem hohen SS-Dienstgrad belohnt. Allerdings muß dazu bemerkt werden, daß die radikalere Ausformung der »Bewegung« in Lettland (stärkere ideologische Indoktrinierung, intensivere Volkstumsarbeit, straff organisierte Hilfsdienste) zum Teil auch eine Reaktion auf die zunehmend repressiver werdende Minderheitenpolitik der lettischen Regierung sowohl im kulturellen wie auch im wirtschaftlichen Bereich war. Wie überhaupt diese Annäherung an nationalsozialistisches Denken viel damit zu tun hatte, daß in Estland, Lettland und Litauen selbst zunehmend autoritäre Strömungen Raum gewannen.

Die parlamentarische Krise Estlands hatte zwei Wurzeln: Da gab es zum einen in diesem kleinen Staat insgesamt 27 Parteien, die sich bei der gesetzgeberischen Arbeit gegenseitig im Wege standen. Zum anderen führte die Weltwirtschaftskrise von 1933/34 zu erheblichen Absatzschwierigkeiten für die estnischen landwirtschaftlichen Erzeugnisse; es kam zu ernsthaften Außenhandelsrückschlägen und zu steigender Arbeitslosigkeit. Angesichts dieser Entwicklung erhielt der Verband der »Freiheitskämpfer«, eine politische Organisation mit eindeutig faschistischen Zügen, immer mehr Zulauf. Unter der Leitung ihres Vorsitzenden, des Generalmajors a. D. Andres Larka, kam es sogar zu einer Uniformierung und Einteilung der »Freiheitskämpfer« in militärische Formationen. Ein von Artur Sirk, ihrem eigentlichen Führer, ausgearbeiteter undemokratischer Verfassungsentwurf erhielt nach Diskussionen, wie sie Estland bis dahin noch nicht erlebt hatte, bei einer Volksabstimmung die klare Mehrheit. Die neue Verfassung, die dem zu wählenden Staatspräsidenten ein Höchstmaß an Rechten einräumte — Auflösung des Parlaments, Erklärung des Ausnahmezustandes, Einsetzung und Entlassung der Regierung —, trat zwar im Januar 1934 in Kraft, führte aber nicht mehr zu den von den »Freiheitskämpfern« angestrebten politischen Veränderungen. Am 12. März 1934 ernannte Konstantin Päts, der damals zum fünftenmal Staatsältester und somit auch Regierungschef war, General Johan Laidoner zum Oberbefehlshaber der Armee, erteilte ihm außerordentliche Vollmachten und löste den Verband der »Freiheitskämpfer« wegen »Gefährdung der öffentlichen Sicherheit« einfach auf. Es gab politische Prozesse gegen 37 Freiheitskämpfer, die jedoch mit geringen Haftstrafen davonkamen. Aber auch das Parlament wurde von Päts aufgelöst, und er regierte bis zum Jahre 1938 mit Hilfe von Dekreten.

Der aus dem Gefängnis geflohene und von dem deutschbaltischen Sportflieger Heinz Baron Ungern-Sternberg nach Finnland gebrachte Artur Sirk unternahm von dort aus noch den Versuch eines Staatsstreiches, nach dessen Gelingen er in Estland die Macht übernehmen wollte. Dieses Vorhaben scheiterte jedoch, und die 20 führenden Rebellen erhielten hohe Zuchthausstrafen. Um seiner zweijährigen autoritären Regierung endlich eine rechtliche Grundlage zu geben, ließ Päts im Februar 1936 eine Volksabstimmung zu, als deren Ergebnis eine Nationalversammlung zusammentreten konnte, die eine neue Verfassung ausarbeitete. Diese Verfassung wurde im Januar 1938 wirksam, und das neugewählte, aus zwei Kammern bestehende Parlament bestätigte die beträchtlichen Rechte des Präsidenten, die allerdings nicht ganz so weit gingen wie die zuvor von den »Freiheitskämpfern« befürworteten. Die Opposition gegen dieses Präsidialregime kam im Parlament kaum zum Tragen. Die sozialistische Linke und die liberaldemokratische Mitte um den früheren Staatsältesten Jaan Tönisson hatten in der ersten, von der Bevölkerung direkt gewählten Kammer des Parlamentes nur 17 von insgesamt 80 Sitzen inne.

In noch stärkerem Maße als in Estland wurde die politische Entwicklung in Lettland von den Geschehnissen in Deutschland beeinflußt. Es bildeten sich zum Beispiel Parteien wie die »Nationalrevolutionäre Arbeiterschaft«, die »Lettische Nationalsozialistische Partei« und das »Donnerkreuz«. In unterschiedlichem Ausmaß und in unterschiedlichen Formen forderten sie den Kampf gegen Judentum und Kommunismus und bezeichneten das parlamentarisch-demokratische System als Anarchie. Einige dieser Organisationen trugen sogar braune Hemden und grüßten mit erhobenem rechten Arm und »Kampf-Heil«. Die Bewunderung für Hitler hinderte sie aber nicht, im Lande selbst einen chauvinistisch-antideutschen

Standpunkt zu vertreten. In dieser sich zuspitzenden Situation proklamierte Regierungschef Karlis Ulmanis im Frühjahr 1934 den Ausnahmezustand und legte die Arbeit des Parlaments und der Parteien lahm. 1936 übernahm Ulmanis zusätzlich auch noch das Amt des Staatspräsidenten. Ähnlich wie in Estland Päts, duldete auch Ulmanis in Lettland keine nennenswerte Opposition gegen sich. Immerhin konnten beide sich und ihrem autoritären Regime eine eindeutige Stabilisierung der wirtschaftlichen und politischen Lage in ihren Ländern zugute halten. Und schließlich muß auch noch gesagt werden: Was in den dreißiger Jahren wie ein diktatorisches Schalten und Walten aussah, kann nach den späteren Erfahrungen mit den wirklichen Diktatoren Hitler und Stalin eigentlich nur als ein verhältnismäßig demokratisches Regieren bezeichnet werden.

Auch Litauen entwickelte sich in den dreißiger Jahren zu einem autoritären Einparteienstaat. Die Nationale Partei (Tautininkai) gewann immer mehr Macht, während alle anderen Parteien ihren Einfluß einbüßten und schließlich 1935 ganz verboten wurden. Bezeichnend für diese Entwicklung ist auch das Entstehen der Organisation »Eiserner Wolf«, eines viele faschistoide Züge aufweisenden nationalen Zusammenschlusses, an dessen Spitze zeitweilig Ministerpräsident Voldemaras stand. Bezeichnend ist auch, daß Litauen zwischen 1918 und 1936 insgesamt fünf Verfassungen hatte, und zwar mit der Tendenz stetig erweiterter Rechtsbefugnisse des Staatspräsidenten Antanas Smetona, der damit eine vergleichbare Rolle zu Päts in Estland und Ulmanis in Lettland spielte.

Es liegt auf der Hand, daß diese politische Entwicklung in Estland, und zwar besonders im Hinblick auf die »Bewegung«, nicht ohne Auswirkungen auf die deutsch-baltische Jugend bleiben konnte. Nachdem bis 1933 der Christliche Verein

Junger Männer (CVJM) als Schülervereinigung die dominierende Rolle gespielt hatte, schob sich ab 1934 das Deutsch-Baltische Pfadfindercorps immer mehr in den Vordergrund. Diese Organisation wies unübersehbare Parallelen zur Hitler-Jugend auf: ähnliche Uniformen, ähnliche Dienstgrade, die gleiche Grußform, das gleiche Koppelschloß. Nach einer vom CVJM organisierten wunderschönen Sommerfreizeit an der estländischen Nordküste war ich zunächst dort eingetreten — nicht zuletzt auch deshalb, weil der CVJM die besten Tischtennisspieler hatte. 1936 schloß ich mich aber, vielleicht unter dem Gesamteindruck der Berliner Olympiade, zu der ich hatte fahren dürfen, dem Pfadfindercorps an — allerdings nicht für lange. Als wir einmal während einer Exerzierstunde über einen regennassen Hof robben mußten, drückte mir ein etwas älterer Scharführer mit seinem gestiefelten Fuß den Bauch in den Dreck und sagte, ich solle gefälligst nicht so dreck- und wasserscheu sein! Eine Woche später erklärte ich meinen Austritt aus dieser zackigen Organisation ideologisch Verblendeter, allerdings ohne mich ernsthaft zu fragen, warum ich denn überhaupt eingetreten war.

Meiner Schule muß ich hoch anrechnen, daß das ganze bräunlich angehauchte Tun und Denken in ihr keinen Einlaß fand, was nicht zuletzt ein Verdienst des Lehrerkollegiums und insbesondere des Direktors war. Diesen Standpunkt hat Karl von Zeddelmann nach der Umsiedlung ins Deutsche Reich mit einigen beruflichen Schwierigkeiten bezahlen müssen.

Der »Bewegung« und den ihr nahestehenden Organisationen kann aber auch zugute gehalten werden, daß ihr Treiben keineswegs immer und in jeder Hinsicht den Berliner Idealvorstellungen entsprach. Es war alles viel lascher, von christlichem und konservativem Gedankengut durchsetzt. Man nahm alles nicht so ernst, und baltische Lebensformen blieben weitgehend erhalten. Wie andererseits einige in ihrem Wesen durchaus konservative Persönlichkeiten glaubten, durch kleine Konzessionen an äußere Formen in irgendeiner Weise ihr Mitgehen mit der neuen Zeit bekunden zu müssen.

Ein Beispiel dafür bot mein Internat. Vor 22 Jahren, aus Anlaß eines Jubiläums, habe ich das so geschildert:

»Das Haus lag in einem verwilderten Garten, versteckt hinter Hecken und hohen Bäumen. Die Farben schwankten zwischen Ocker, Grün und Grau, nichts war grell, nichts war laut. Dieses deutsche Knabeninternat in Dorpat entstand im Jahre 1937. Damals sah sich unsere Kulturverwaltung gezwungen, einige deutsche Schulen in Kleinstädten zu schließen und die Gymnasialausbildung auf Reval und Dorpat zu beschränken. Dietrich Abels und seine Frau Trude wurden mit der Leitung des Internats beauftragt, das vom Herbst 1937 bis zur Umsiedlung insgesamt etwa 20 Schüler aufgenommen hat. Die von der Kulturverwaltung bewilligten Mittel waren knapp, die Einrichtung der Räume demzufolge fast spartanisch. Vieles hatten Abels und seine Frau in den Rumpelkammern ihrer Bekannten zusammengesucht, einiges auch aus ihrem eigenen Haushalt beigesteuert.

Dietrich Abels wurde von uns ›der Turm‹ genannt. Das große Verdienst dieses hochgewachsenen Historikers und Psychologen bestand darin, daß er es vermochte, unser Internat vor dem abzuschirmen, was Ende der dreißiger Jahre auch in weiten Kreisen des Baltikums als zeitgemäß und völkisch wertvoll galt. In der Dorpater Mühlenstraße 65 geschah nichts, was das Herz der ›Bewegten‹ hätte höher schlagen lassen. Als einzige Konzession an das damals so hoch im Kurse stehende paramilitärische Gehabe fällt mir lediglich der abendliche Appell ein. Abwechselnd mußte einer von uns um 21.30 Uhr in das Zimmer des ›Turmes‹ gehen und ihm melden, daß die neun

129

Zöglinge angetreten seien. Da es das ganze Jahr lang immer
neun waren, nie mehr und nie weniger, fragte ich Abels einmal
unter vier Augen, ob er sich denn die Zahl nicht endlich
merken könne. Er lachte schallend, klopfte mir auf die Schulter, erzählte eine passende russische Anekdote und wandte
sich wieder seiner Doktorarbeit zu, die, wenn ich mich recht
erinnere, der Schlacht von Poltawa gewidmet war.

Und auch dieses Detail spricht für die liberale Leine, an der
man uns laufen ließ: In den Weihnachtsferien wurde mein
Bruder Gunnar, ebenfalls ein Internatler der ersten Stunde, zu
Hause mal gefragt, was ihm denn in Dorpat besonders gut
gefalle. ›Wir dürfen alles auf den Kachelofen schmeißen. Einmal im Monat muß dann jemand raufkriechen, das ganze Zeug
zusammenkratzen und wegschaffen. Das finde ich fabelhaft.‹

Es konnte nicht ausbleiben, daß ein so ›unvölkisches‹ Haus
unter den ›Bewegten‹ Mißfallen erregte. So wurde 1938 das
bösartige Gerücht in Umlauf gesetzt, im Abelsschen Internat
geschähe Unerlaubtes und es würde gesoffen. Zwei Herren der
Kulturverwaltung reisten aus Reval an, überprüften alles und
hatten nichts zu beanstanden. Auf der Strecke blieb lediglich,
mehr prophylaktisch als post festum, das hübsche junge Stubenmädchen. Sie mußte gehen und ihre Kammer einer tüchti-
gen alten Hexe überlassen. Die trauernden Zurückbleibenden
intonierten im Kaminzimmer ›o jerum, jerum, jerum, quae est
mutatio rerum!‹ Immerhin, es war ein Knabeninternat und nur
natürlich, daß Eros mit sanftem Flügelschlag und einer kleinen
Flasche unter dem Arm gelegentlich auch durch unsere Räume
schwebte. Dabei blieb stets offen, wieviel Dietrich und Trude
Abels davon wußten oder wissen wollten. Sie, in die mindestens einer von uns hoffnungslos verliebt war, präsidierte souverän und wohlgeformt am Speisetisch, teilte jedem seine
Suppe zu, hatte für jeden ein freundliches Wort, und man

mußte ihr schon sehr genau auf die Lippen oder in die Augen sehen, um kleine Neckereien oder versteckte Anspielungen auszumachen.

Wie gesagt, es war in jeder Beziehung ein Haus ohne grelle Töne — und das, obwohl die Temperamente seiner Bewohner durchaus der Heiterkeit und nicht der Tristesse zugeneigt waren. Es war, kurzum, ein gutes Haus.«

In Pölva, auf dem Lande, war von »Bewegung« und ähnlichen Dingen nichts zu spüren. Das einzige, was so interpretiert werden könnte, aber diesen Kern der Dinge keineswegs trifft, war der sogenannte Landdienst: In den Semesterferien kamen Studenten und gelegentlich auch ältere Schüler freiwillig auf die deutschen Gutshöfe, um dort bei der Ernte zu helfen, feuchte Wiesen zu entwässern oder Wald zu roden. Man schlief im frischen Heu, arbeitete tagsüber hart und hatte abends seinen Spaß bei Bier und Gesang. Wenn es dann noch eine schöne »Filia hospitalis« oder einige junge Damen der deutschen Gesellschaft gab, die kochten und Wäsche wuschen — um so besser. Natürlich saß man gelegentlich auch am Lagerfeuer und ließ Wandervogel-Romantik anklingen, aber mit völkisch-nationalem Erwachen hatte das nichts zu tun.

Ein ganz besonderes, einmal jährlich wiederkehrendes Erlebnis waren die Fahrten in der »schwarzen Wanne« zu den schönsten Stellen Südestlands: zum Berge Munamägi, zum Peipus-See, nach Odenpäh. Diese »schwarze Wanne« war ein Unikum von Automobil, das 20 bis 25 Personen faßte, kein Dach hatte, in dem man enggedrängt auf langen Bänken sitzen mußte und das nur mit Hilfe einer Art Hühnerleiter zu besteigen war. Das beste an allem aber war, daß dieses uralte Vehikel mindestens alle zwei Stunden eine Panne hatte und bei Steigungen gelegentlich auch geschoben werden mußte. Es gehörte dem benachbarten Gutshof Schwarzenhof und wurde auch von den beiden bereits erwachsenen Schwarzschen Jungen gefahren, beziehungsweise ständig repariert.

Die meisten Teilnehmer dieser abenteuerlichen Fahrten kamen aus Saarjärv, einem Gut, das etwa zehn Kilometer von Pölva entfernt lag. Die dortige Gutsbesitzerin verstand es, im Sommer einen Kreis von überaus fröhlichen Menschen, Verwandten und Bekannten um sich zu scharen. Eine besonders sangesfrohe junge Dame kam mit ihren beiden Schwestern aus Tallinn, eine Tutti genannte Schönheit reiste aus Riga an, und Dorpat steuerte seine trinkfesten und stets zu irgendeinem Schabernack aufgelegten Corpsstudenten bei. Immer, wenn die »schwarze Wanne« eine Panne hatte, wurde sofort ein Picknick im Grünen arrangiert. Speisekörbe wurden ausgepackt, man aß, trank, sang, spielte irgendein Gesellschaftsspiel oder lauschte dem Grammophon, aus dessen riesigem Messingtrichter beispielsweise ein Modeschlager der damaligen Zeit ertönte: »Komm in mein Paddelboot, bald naht das Abendrot, und nur ein letzter Schwan folgt leise uns'rem Kahn.«

*Jagdnovelle*

Als ich älter wurde, kamen in den Sommerferien aus nationalen und auch sozialen Gründen Spannungen zwischen meinen Eltern und mir auf. So sehr sie sich über jede Geselligkeit in deutschen Kreisen freuten, so skeptisch standen sie meinen Beziehungen zu estnischen Jungen gegenüber. Sportliche Kontakte, die Teilnahme an Wettkämpfen und gemeinsame Entenjagden ließen sie gerade noch gelten, aber sie wurden unerbittlich, wenn der Tag sich neigte und fast unmerklich in die helle nordische Sommernacht überging. Nach dem Abendessen durfte ich noch ein bis zwei Stunden mit älteren estnischen Jungen und Mädchen auf dem Kirchplatz Volleyball spielen, aber wenn es dann am schönsten war, mußte ich allein nach Hause ins Bett. Es ist alter estnischer Brauch, daß die Mädchen, die heiratsfähigen und auch die noch nicht ganz heiratsfähigen, im Sommer für die Nacht aus ihren kleinen Bauernhäusern ausziehen, um auf dem Boden einer Scheune im frischen Heu zu schlafen. Und es ist verständlich, daß die jungen Burschen dann am nächsten Tag die aufregendsten Dinge über ihre nächtlichen Abenteuer erzählen. So auch in Pölva. Und ich mußte immer nur zuhören und konnte selbst nichts zum besten geben. Als mir einmal eines Abends ein etwas älterer estnischer Junge mit einer Flasche Bier in der Hosentasche und eindeutigen Absichten spöttisch nachrief »Geh doch nach Hause, da kriegst du deine Milchflasche und kannst schlafen«, hatte ich meine erste und auch wohl letzte lautstarke Auseinandersetzung mit meiner Mutter. Wenn ich mich recht erinnere, schrie ich »Ich möchte auch ein Este sein!« oder »Alle Menschen sind gleich, ich will nicht anders sein als die anderen!«

Natürlich führte alles Sich-Aufbäumen zu nichts. Meine Eltern hielten mir vor, um wieviel besser ich es doch sonst hätte als die estnischen Bauernjungen. Sie erzählten mir Altbekanntes über die besondere Rolle der Deutschen im Baltikum, wiesen auf die Bildungsunterschiede hin und konfrontierten mich mit weiteren hehren Begriffen und Traditionen. Und zum Schluß wurde mir auch noch für das nächste Jahr ein Motorrad versprochen.

Trotz allem war ich damals nicht bereit, mit der Lösung des »Mysteriums Weib« bis zum Motorrad zu warten. Und wenn es zutreffen sollte, daß wahre Lebenskunst darin besteht, Notwendiges mit Angenehmem zu verbinden, mit einem Hobby, einer Leidenschaft oder überhaupt etwas Schönem, dann muß ich bereits in früher Jugend das Gespür für eine noch gesteigerte Lebenskunst gehabt haben: die Verbindung von zwei angenehmen Dingen. So fanden der seit langem geplante Abschuß meines ersten Auerhahnes und die erste Liebesnacht mit einem estnischen Mädchen auf ganz natürliche Weise zueinander.

Etwa auf halber Strecke zwischen Pölva und Tartu lag in der Nähe eines Gutshofes ein großes Moor, von dem unheimliche Dinge erzählt wurden — Menschen seien hineingegangen und nie mehr herausgekommen. Tatsache war, daß sich in der Mitte des morastigen Kiefernwaldes ein sogenanntes Schwingmoor befand, also ein kleiner, von den Rändern her überwachsener See, der als solcher nur schwer auszumachen war. Wer ein solches Schwingmoor und die Festigkeit seiner dünnen Grasnarbe nicht genau kennt, kann tatsächlich leicht einbrechen und dann jämmerlich im Schlamm versinken.

Da ich wußte, daß am Rande des Schwingmoores, in einem fast undurchdringlichen Kiefernbestand, Auerhähne balzten, schlug ich meinem Schul- und Jagdfreund Gert Lipping vor, dort den ersten großen Hahn anzuspringen. Weil der Auerhahn in der letzten Phase seines Balzgesanges fast taub ist, nutzen die Jäger diesen Moment, um mit großen Sprüngen auf Schußweite heranzukommen, den Hahn »anzuspringen«.

Gerts Vater war einige Jahre lang Verwalter des Gutes gewesen, zu dem das Moor gehörte, und der dort lebende alte Forstgehilfe Jaan hatte für Gert gewissermaßen die Rolle des jagdlichen Lehrmeisters gespielt. Dieser Jaan war einige Monate vorher gestorben und hatte eine etwa zwanzigjährige Tochter hinterlassen, die nun als Waise in der kleinen Waldhütte wohnte. Sie hieß Aino. Ich hatte mit ihr im vorausgegangenen Sommer nach irgendeinem Volksfest auf einer Waldwiese viele Polkarunden gedreht, und ihr schlanker, fester

Körper, eng umschlossen von einem blau-weiß-punktierten, durchgeschwitzten Baumwollkleidchen, war seitdem mehr als einmal in meinen nächtlichen Halbträumen aufgetaucht.

Zu Beginn der Osterferien, die Hähne balzten bereits, war Gert zum Gut gefahren und hatte mit Aino gesprochen. Ich weiß nicht, was er ihr alles versprechen mußte, jedenfalls hatte sie sich bereit erklärt, uns abwechselnd so lange zum Balzplatz zu führen, bis jeder von uns seinen Auer- oder Urhahn im Rucksack hatte. Daß sie das Moor und die Balzplätze seit frühester Kindheit fast so gut kannte wie ihr Vater, das wußten wir. Immerhin, der Anmarsch bei totaler Dunkelheit am Rande des Schwingmoores war nicht ungefährlich.

Gert und ich hatten uns schlecht und recht in einem leerstehenden Nebengebäude des Gutshauses einquartiert; Lebensmittel hatten wir mitgebracht, auch ein paar Flaschen Bier. Sein Drilling und meine belgische Doppelflinte, die mein Vater kurz zuvor einem russischen Wilderer abgekauft hatte, hingen liebevoll geputzt an der rohen Balkenwand. Im Herd prasselten Birkenscheite. Gert war gerade hinausgegangen, um neues Holz zu holen, da klopfte es an der Tür, und Aino trat ein. Ich hatte sie ein dreiviertel Jahr nicht gesehen, und sie erschien mir jetzt noch begehrenswerter als damals beim Tanzen — trotz der dicken, grauen Kleidung und unförmigen Stiefel, die sie trug. Sie nahm ihr Kopftuch ab, setzte sich, strich sich ihren schönen flachsblonden Zopf zurecht und sah mich an. So saßen wir wohl eine Weile stumm da. Schließlich durchbrach ich das Schweigen.

»Erinnerst du dich noch an das Tanzen?«

»Ja.«

»Hat es dir gefallen?«

»Ja.«

Dann senkte sie den Kopf und spielte mit ihrem Zopf.

Nachdem Gert gekommen war, aßen wir noch zusammen einen Teller vorgekochter Erbsensuppe und besprachen die Jagd. Aino meinte, es wäre nicht nötig, den einfallenden Hahn noch am gleichen Abend zu »verhören«, denn sie hätte das bereits zweimal während der letzten Tage getan und wüßte, wo wir ihn finden würden. Ich sagte ihr, Gert und ich hätten beschlossen zu losen, und einer von uns beiden würde dann morgen früh um halb drei an ihr Fenster klopfen.

Als Aino ging, trat ich aus der Tür und sah ihr nach. In der Ferne glaubte ich, Kraniche rufen zu hören. Plötzlich stand mein Entschluß fest. Ich lief schnell hinter ihr her, legte ihr die Hände auf die Schultern und drehte sie sanft um.

»Wenn ich beim Losen gewinnen sollte, darf ich dann schon heute kommen?«

Sie gab keine Antwort. Da es schon sehr dämmrig geworden war und ein leichter Nieselregen fiel, konnte ich weder ihre Augen noch ihren Gesichtsausdruck sehen. Schließlich nickte sie unbestimmt, wandte sich ab und ging langsam auf den Wald zu.

Nachdem wir noch zwei Flaschen Bier getrunken hatten, fragte ich Gert, ob er bereit sei, auf das Losen zu verzichten und mir den Vortritt zu lassen, denn morgen wäre der Siebzehnte und somit ein Glückstag für mich.

»Wieso Glückstag?«

»Ich bin, wie du weißt, an einem Siebzehnten geboren, mein Vater und meine Mutter ebenfalls. Am 17. August 1917 haben sie geheiratet und vieles ähnliche mehr. Ich möchte meinen ersten Auerhahn auch an einem Siebzehnten schießen, und zwar mit 17 Jahren.«

»Einverstanden. Ich wollte es dir sowieso vorschlagen, denn hier bist du gewissermaßen mein Gast. Außerdem balzen im Moor mehrere Hähne, ich werde also auch meinen noch bekommen.«

136

Dann saß ich noch eine Weile still und nachdenklich vor dem Herd und blickte in das offene Feuer. Das Blockhaus hatte kein elektrisches Licht. Die flackernde Petroleumlampe und die tanzenden Flammen des Herdes zauberten herrliche Schattenspiele auf die Wände. Gert hatte sich auf seinen Strohsack gelegt und döste vor sich hin. Schließlich stand ich auf, packte meine Jagdsachen zusammen und sagte ihm:

»Ich habe beschlossen, schon jetzt zu Ainos Hütte zu gehen.«

»Warum? Du hast doch noch massig Zeit.«

»So ist es. Und darum gehe ich jetzt.«

Als ich aus dem Hause trat, war es schon fast dunkel. Aber ich kannte den Weg, denn ich war schon einmal dort gewesen, als der alte Jaan noch lebte. Langsam strich ein quorrendes Waldschnepfenmännchen am Walde entlang — auf der Suche nach einem Weibchen. Instinktiv nahm ich die Flinte hoch, aber nicht um zu schießen, sondern um dem Vogel mitziehend das Geleit zu geben, bis er sich im Dunkel des Waldes zur Paarung verlor.

Ainos Hütte war recht kümmerlich. Ein einziger Raum mit festgestampftem Lehmboden. Ein Tisch, ein Schrank, ein paar Stühle, eine Waschschüssel und in der Ecke eine Strohschütte, über die eine aus verschiedenen Wildfellen zusammengenähte Decke gebreitet war. Auf einem der Stühle lagen eine weitere Decke und ein Leinenlaken. Hinter einem breit herabhängenden Tuch gab es noch einen Verschlag, in dem Aino wahrscheinlich geschlafen hatte, als ihr Vater noch lebte.

Sie hatte Kartoffeln gekocht und zwei Heringe saubergemacht. In einem kleinen Samowar, sicherlich eine Kriegsbeute ihres Vaters, summte das Teewasser. Ihre dicke, graue Jacke hatte sie ausgezogen und ihre Stiefel gegen die typischen estnischen Lederpasteln vertauscht. Wir aßen und tranken schweigend, gehemmt. Schließlich hielt ich das Schweigen nicht mehr aus. Ich stand auf, ging um den Tisch herum zu ihr hinüber, hob langsam ihren Kopf hoch und küßte ihre Augen. Zuerst ihre Augen, dann ihren Mund, dann ihr Haar und wieder ihren Mund. Dann lief ich zu meinem Stuhl zurück und sah sie lachend an.

Alle Befangenheit war wie weggewischt. Ich holte noch eine Bierflasche aus meinem Rucksack, wir plauderten über dies und das, waren fröhlich, und ab und zu streichelte ich mit meinem Fuß unter dem Tisch ihr Knie. Immer wenn ich dabei ihren dicken, selbstgewebten Wollrock etwas höher zu schieben versuchte, bekam ich einen Klaps auf den Fuß.

»Später.«

»Was später?«

»Das mußt du selbst wissen.«

Ich wußte es und wußte auch, daß alles nicht leicht sein würde. Hatte ich Angst? Das eigentlich nicht. War sie mit ihren 19 oder 20 Jahren noch unschuldig, so wie ich? Wahrscheinlich ja.

Je länger wir am Tisch saßen, um so mehr kehrte die anfängliche Befangenheit zurück. Also stand ich auf, hängte mir meine Lodenjoppe um die Schultern und ging hinaus. Es hatte aufgehört zu regnen, einzelne Sterne waren zu sehen und mein Auerhahn hatte sicherlich längst seinen Balzbaum gefunden. Ich spürte förmlich die Nähe des großen Vogels, aber noch mehr spürte ich Ainos Nähe.

Als ich ins Zimmer zurückkehrte, hatte sie den Tisch abgeräumt und stand etwas unschlüssig mit einer Wasserkanne vor dem Herdfeuer.

»Was willst du machen?«

»Das Feuer löschen. Damit es dunkel ist.«

Ich nahm ihr die Kanne aus der Hand. Ich wollte sie sehen,

nackt sehen, im flackernden Feuerschein. Ich wollte ihren schönen Körper küssen und streicheln und all das tun, wonach ich mich schon so lange sehnte. Und ich wollte es nicht auf dem Leinentuch tun, das sie inzwischen auf der Strohschütte ausgebreitet hatte, sondern auf den Fellen, die aus dem Walde stammten, in dem die Hütte stand.

Irgendwann in der Nacht wachte ich auf. Das Feuer war niedergebrannt, es glimmten nur noch ein paar Kohlen. Draußen schrie eine Eule, aber es war kein Waldkauz. Sollte es ein Uhu sein? Kurz schweiften meine Gedanken nach Pölva hinüber. Wenn meine Eltern das wüßten! Ich nahm mir vor, nach dem Abitur oder besser noch, wenn ich bereits Student sein würde, mit meinem Vater darüber zu sprechen. Dann dachte ich noch an den Auerhahn, strich Aino über das jetzt entflochtene Haar, legte meine Hände auf ihre Brüste und schlief wieder ein.

Als sie mich weckte, brannte in der Hütte die Petroleumlampe, und auf dem Tisch standen zwei Tassen mit dampfendem Roggenkaffee. 20 Minuten später waren wir im Wald. Sie ging voran, ich hinterher. Ich hatte ihr gesagt, daß ich seit einer Mittelohroperation nicht gut hörte, und wir waren übereingekommen, daß sie mich in der letzten Phase des »Anspringens« an der Hand fassen sollte, denn ich war mir nicht sicher, ob ich den Übergang vom Hauptschlag der Balz-Arie zum »Schleifen«, also zum sogenannten Taubsein des Hahnes, richtig mitbekommen würde.

Der Anmarsch war wirklich nicht leicht. Mehrere Mal versank ich bis zu den Knien in einem Moorloch, ständig peitschten uns in der Dunkelheit Zweige der niedrigen Kiefern ins Gesicht. Als wir einmal etwas zu sehr nach links abgekommen waren, flüsterte Aino mir zu, wenn wir so weitergingen, würden wir versinken, und zog mich mehr nach rechts hinüber.

Und plötzlich stand sie still. Sie hatte einen Hahn gehört, ich nicht. Es war noch ziemlich dunkel und der Balzbaum auch noch ein Stück entfernt, aber jetzt hatte Aino die Richtung und trieb mich voran. In der Hütte hatten wir uns noch die Gesichter und besonders die Augenlider mit Ruß geschwärzt. Sie sagte, ihr Vater hätte sie das gelehrt.

Und dann hörte auch ich den Hahn, zuerst den Hauptschlag und dann die ganze Balz-Arie: das Knappen, den Triller, den Hauptschlag und das Schleifen. Aber sehen konten wir ihn immer noch nicht. Schließlich meinte Aino, er müsse in einer großen Kiefer sitzen, die noch etwa 80 Meter von uns entfernt war. Als wir auf 50 Meter herangekommen waren und der Hahn eine Pause einlegte, kauerten wir uns nieder und hofften, der Hahn würde sich vielleicht von einem Ast zum anderen »überstellen« und dabei sichtbar werden. Aber es passierte nichts. Dann nahm der Hahn sein Balzlied wieder auf, und plötzlich sah ich ganz deutlich seinen Hals und seinen Kopf. Beim nächsten Schleifen kamen wir fünf Meter voran, beim übernächsten weitere fünf Meter.

Nach dem Schuß hörte ich zunächst nur das Fallen des schweren Vogels durch die Äste, dann weitere Geräusche am Fuß der Kiefer. Als ich ihn hochhob, war er bereits tot. Was für ein Tag! Und es war der Siebzehnte des Monats, und ich war 17 Jahre alt.

*Politische Umarmungsversuche*

Die außenpolitische Lage der baltischen Republiken Ende der zwanziger und während der dreißiger Jahre war durch die Bemühungen der Sowjetunion gekennzeichnet, sie durch kollektive oder bilaterale Verträge an sich zu binden. Ein erster

Schritt auf diesem Wege war die Unterzeichnung des sogenannten Litwinow-Protokolls in Moskau im Februar 1929, in
dem sich die baltischen Staaten, Polen, Rumänien und die
Sowjetunion im Rahmen des Briand-Kellogg-Paktes zur Ächtung des Krieges verpflichteten. Es folgte noch im gleichen Jahr
ein sowjetisch-estnisches Handelsabkommen, nachdem Lettland einen entsprechenden Vertrag bereits zwei Jahre zuvor
abgeschlossen hatte.

Gewissermaßen als Gegengewicht zu diesen Verträgen bemühte sich insbesondere Estland in der Folge um stärkere
Bindungen an Finnland und Schweden, und das um so mehr,
als auch von einem schwedischen Reichstagsabgeordneten der
Entwurf eines skandinavisch-baltischen Blocks vorgelegt worden war. Alle diese Bemühungen scheiterten letztlich jedoch
an der strikten schwedischen Neutralitätspolitik. Immerhin
nahm die Sowjetunion diese Aktivitäten zum Anlaß, ihr politisches Werben um die baltischen Staaten noch mehr zu vestär-
ken. So schloß sie im Frühjahr 1932 Nichtangriffspakte sowohl
mit Lettland als auch mit Estland. Ein entsprechender Pakt mit
Litauen existierte bereits seit 1926.

Drei weitere Initiativen der Sowjetunion, ihren Einfluß auf
das Baltikum zu verstärken, schlugen allerdings fehl. Unter
dem Eindruck der Machtübernahme Hitlers in Deutschland
und mit dem Hinweis auf mögliche deutsche Aggressionspläne
schlug der damalige sowjetische Außenminister Litwinow allen drei Republiken Moskauer Garantieerklärungen vor, die
aber als unerwünscht angesehen und nicht akzeptiert wurden.
Im Jahr darauf machte die sowjetische Regierung der deutschen Reichsregierung das Angebot, in einer gemeinsamen
deutsch-sowjetischen Erklärung den baltischen Staaten ihre
Unabhängigkeit zu garantieren. Dieses Angebot wurde wiederum von Hitler abgelehnt. 1935 versuchte Litwinow schließ-

lich, das kollektive Abkommen von 1929 in neu abzuschlie-
ßende bilaterale Verträge umzumünzen, und holte sich auch
dabei eine Abfuhr: Die Außenminister Estlands, Lettlands
und Litauens stellten nach einer gemeinsamen Konferenz lakonisch fest, daß für derartige Verträge kein Bedürfnis bestehe.

Es ist verständlich, daß die wiederholten Umarmungsversuche des russischen Bären, ebenso wie die völlige Unge-
wißheit in bezug auf Hitlers osteuropäische Pläne, in den
baltischen Republiken den Gedanken einer engeren Zusammenarbeit entstehen lassen mußten. So kam es im Herbst 1934
zu einem Konsultativvertrag der drei Staaten, der in der Folge
als baltische Entente verstanden wurde. Es wurden regelmä-
ßige Außenministerkonferenzen vereinbart, und ein gemeinsames Büro erhielt den Auftrag, die politische, wirtschaftliche
und kulturelle Zusammenarbeit der drei Republiken zu verstärken. Die anfangs in diese Entente gesetzten Erwartungen
haben sich allerdings im Laufe der folgenden Jahre nicht erfüllt.
Das lag zum Teil an den verschieden starken nationalistischen
Strömungen in den drei Staaten, zum Teil an einer unterschiedlichen politischen Einstellung zu den Nachbarvölkern, beispielsweise zu Polen und zu Finnland, und schließlich auch, so
lächerlich es klingen mag, am Sprachenproblem. Für den Gebrauch von Englisch und Französisch bestanden damals noch
keine hinreichenden Voraussetzungen, gegen Russisch wehrte
man sich aus nachvollziehbaren historischen Gründen, und
auch gegen die deutsche Sprache gab es entsprechende Ressentiments.

Infolge der sehr begrenzten Effektivität dieser baltischen
Entente waren die folgenden Jahre weitgehend gekennzeichnet
durch die Wahrnehmung eigener Interessen, durch Einzelak-
tionen und Einzelinitiativen der baltischen Staaten innerhalb
des Kräftedreiecks Berlin—London—Moskau.

Das Abitur lag hinter mir, das ersehnte Motorrad hatte ich auch bekommen, und im Familienrat war beschlossen worden, daß ich zunächst Medizin oder Pharmazie studieren sollte, um die Apotheke meines Vaters übernehmen zu können. Mein Bruder war daran nicht interessiert, und ich eigentlich auch nur insoweit, als ich mir für meine weiteren beruflichen Pläne eine gute materielle Basis sichern wollte.

Das Studium an der medizinisch-pharmazeutischen Fakultät der Universität von Tartu war aber für einen Deutschen nicht problemlos. Es existierte ein Numerus clausus, und die Zahl der Bewerber war viermal so hoch wie die der Zulassungen. Wer angenommen werden wollte, mußte sich in einem Konkurrenzexamen qualifizieren. Vorgesehen waren je eine mündliche Prüfung in Zoologie und Botanik und eine schriftliche Arbeit über ein Thema, das dem gewählten Studium entnommen wurde. Und dieser estnische Aufsatz, für den man im Auditorium maximum der Fakultät fünf Stunden Zeit bekam, war natürlich für die Nicht-Esten, also die Deutschen und Russen, doch eine sprachliche Hürde. Ich sprach zwar für einen Deutschen sehr gut Estnisch, aber immerhin war es nicht meine Muttersprache, und angesichts der harten estnischen Konkurrenz konnte man bei der Prüfungskommission keineswegs mit einem Bonus rechnen; eher war es umgekehrt.

Ich hatte zwei Monate Zeit zur Vorbereitung, den Juli und August; am 1. September begannen die Examina. Nachdem ich unter Verzicht auf viele schöne Motorradtouren, vor und nach Sonnenuntergang, genügend Botanik und Zoologie gebüffelt hatte, setzte ich mich auf meine 250cr TWN und fuhr nach Pärnu (Pernau). In diesem bekanntesten estnischen Seebad wohnte mein Estnischlehrer, zu dem ich während der ganzen Schulzeit in Tartu ein besonders gutes Verhältnis gehabt habe.

Ich sagte ihm, ich würde zehn Tage in Pärnu bleiben und in dieser Zeit fünf Aufsätze zu Themen schreiben, von denen anzunehmen sei, daß sie von der Prüfungskommission der medizinisch-pharmazeutischen Fakultät gestellt werden könnten. Dann fragte ich ihn, ob er bereit wäre, diese estnischen Aufsätze sprachlich zu korrigieren und dazu vielleicht noch mit mir zusammen einige »Kautschuk«-Einleitungen zu formulieren, mit denen ich notfalls bei ähnlichen Themenstellungen den Brückenschlag zu meinen vorbereiteten Elaboraten vollziehen konnte. Er lachte über meinen Plan, fand ihn gut und war sofort damit einverstanden, die Korrekturen zu übernehmen. Also machte ich mich, meistens am Strand in der prallen Sonne liegend, an die Arbeit und wählte als erstes Thema »Die Bedeutung der Gesundheitsfürsorge im Zusammenleben der Menschen«.

Drei Wochen später. Im Hörsaal, der wie ein Amphitheater anstieg, warteten die 200 Studienplatzanwärter auf die Bekanntgabe des Themas. Den Deutschen und Russen waren die hintersten, höchsten Sitzreihen zugewiesen worden, und beim Hinaufsteigen hatte mich mancher etwas mitleidige Blick getroffen. Der Vorsitzende der Prüfungskommission, ein weißbärtiger Medizinprofessor, öffnete umständlich einen Umschlag und las vor: »Wie muß ich leben, um gesund zu bleiben?« Darauf konnte ich alle meine »Kautschuk«-Einleitungen und Sorgen vergessen und fließend losschreiben. Ich hatte meinen vorbereiteten Aufsatz zwar nicht auswendig gelernt, aber ihn mir doch ausreichend eingeprägt, war also bereits nach zweieinhalb Stunden fertig und stieg seelenruhig, diesmal von ganz anderen Blicken begleitet, zum Tisch der Kommission hinab, wo mich der Professor erstaunt ansah.

»Sie kommen doch von ganz oben? Wieso sind Sie schon fertig?«

»Ich weiß nicht. Ich habe alles geschrieben; mehr fällt mir nicht ein.«

»Nun gut, dann gehen Sie wieder hinauf, ich habe doch vorhin angekündigt, daß die maximale Schreibzeit fünf Stunden und die Mindest-Schreibzeit drei Stunden beträgt. Nach einer halben Stunde können Sie wieder runterkommen.«

So saß ich denn Äpfel essend auf meiner hintersten Bank, beobachtete meine zukünftigen Kommilitonen und hatte den Eindruck, nicht gerade sehr beliebt zu sein.

Für die schriftliche Arbeit habe ich eine 5, für Zoologie ebenfalls eine 5 und für Botanik eine 4 bekommen, was den deutschen Wertungen 1, 1 und 2 entspricht. Damit gehörte ich zur Spitzengruppe, die den Numerus clausus übersprang. Ein paar Tage später begegnete ich in der Mensa der deutschen Studenten dem Psychologen Dr. Hippius. Dieser hatte ein halbes Jahr vorher im Auftrag reichsdeutscher Dienststellen alle Abiturienten der deutschen Gymnasien Estlands auf ihre Intelligenz getestet und ihnen dann wissenschaftlich fundierte Ratschläge für die Berufswahl gegeben. Mir hatte er von einem akademischen Studium abgeraten und sich dabei vielleicht auf den bekannten Rorschach-Test gestützt, bei dem ich miserabel abgeschnitten hatte. Das schlimmste war wohl gewesen, daß ich ein kleines Quadrat, das andere zu griechischen Tempeln oder ähnlichen Kunstwerken inspiriert hatte, einfach schwarz gemacht, dann ein dickes Komma darunter gesetzt und das Ganze zufrieden als Semikolon betrachtet hatte.

Nun stand Dr. Hippius in der Mensa vor dem Schwarzen Brett und las die Liste der deutschen Abiturienten durch, die den Sprung in die Universität geschafft hatten.

»Nanu, Nielsen, Sie sind ja auch dabei.«

»So ist es, und das trotz gegenteiliger Prophezeiungen, Herr Doktor.«

»Ja, sehen Sie mal . . .«, und es folgte eine lange Erklärung dafür, warum sowohl seine Beurteilung als auch die Widerlegung derselben durch mich als völlig normal zu betrachten seien.

Ich war also Student und trug schon wenige Tage später den »Fuchsdeckel« der »Baltonia«, der Corporation, der auch mein Vater angehört hatte. Unter einem »Fuchs« — auch »Fux« geschrieben — versteht man einen Neuling in einer studentischen Verbindung; und mit »Deckel« bezeichnet man die flache Mütze der Corporationsmitglieder. Den weißen klassizistischen Bau der Universität mit dem schlichten Portikus und den sechs toskanischen Säulen bekam ich während der nächsten Monate allerdings nur selten zu sehen, denn der schwarze Fuchsdeckel setzte andere Prioritäten.

Einmal in der Woche fand ein Convent statt, das heißt eine Versammlung aller farbentragenden Corpsbrüder und Füchse im Conventsquartier, abgekürzt C!Q!. Sonnabends gab es Bierabende, die natürlich für alle Füchse obligatorisch waren und nicht vor Mitternacht verlassen werden durften. Anschließend ging man oft noch mit älteren Corpsbrüdern oder mit dem Oldermann der Füchse auf einen sogenannten Paletot-Schluck ins schon erwähnte »Vanemuine«. Dieser Schluck sollte eigentlich so kurz sein, daß man dazu nicht einmal seinen Paletot auszuziehen brauchte, de facto aber dauerte er manchmal so lange, wie die gerade verehrten Bardamen Dienst hatten, also bis vier Uhr morgens. Und auch dann fand man nicht immer gleich ins eigene Bett.

An den Wochentagen habe ich noch gelegentlich meinen Wecker auf acht Uhr gestellt, denn um neun las Professor Weinberg allgemeine Anatomie. Müde und verkatert stellte

146

ich dann um acht die Uhr auf neun, denn um zehn war Anorganische Chemie dran. Um neun rutschte der Zeiger weiter auf zehn, in der Hoffnung, dann um elf noch Organische Chemie hören zu können. Um elf gab ich das grausame Spiel meistens auf, denn es war ohnehin Zeit für ein Katerbier im Conventsquartier.

Um ein Uhr trafen sich diejenigen, die nicht in Tartu zu Hause waren, sondern eine »Studentenbude« bewohnten, das heißt ein möbliertes Zimmer gemietet hatten, in der Mensa zum Mittagessen. Wer wie ich über den Domberg kam, mußte dabei die sogenannte Engelsbrücke passieren, die dem ersten Rektor der 1802 wiedereröffneten Universität von Tartu, Georg Friedrich von Parrot gewidmet ist. Sie trägt außer dem Relief Parrots auch den Satz »Otium reficit vires«, »Ruhe erneuert die Kräfte«. Nachdem in der Zeit der Russifizierung von Zar Alexander III. ein russischer General zum Kurator der Dorpater Universität ernannt worden war, machte dieser zusammen mit dem deutschen Rektor seinen ersten Rundgang durch die Musenstadt, wobei die Herren auch zur Engelsbrücke kamen. Der General, des Lateinischen natürlich unkundig, deutete auf die Inschrift und fragte: »Magnifizenz, was bedeutet das?« Darauf der Rektor: »Bitte nicht rauchen.« Worauf die russische Exzellenz ihre Zigarre in hohem Bogen in den Schnee warf.

Wir waren sieben Füchse (»F!F!«) und bildeten den »Coetus 38/II« der »Baltonia«. Die anderen deutschen Corporationen, also die »Estonia«, die »Livonia«, die »Neobaltia« und die »Fraternitas Academica« hatten alle zusammen ebensoviele Füchse. Das erste große Ereignis im F!F!-Leben war die sogenannte F!-Flucht. Sie bestand darin, daß mindestens ein obligatorischer Abend im Conventsquartier von allen Füchsen gemeinsam geschwänzt wurde, und zwar als Ergebnis einer

»Flucht«. Bei dieser Flucht reiste man, viel Schnaps und Bier trinkend, im Lande herum, von Philister zu Philister, wie im Baltikum die Alten Herren der Verbindung genannt wurden, wobei die letzteren Verbündete der F!F! waren und sie nicht verraten durften. Das Ziel der Füchse war es, »ungefaßt« wieder ins C!Q! zurückzukehren; die Aufgabe der älteren Farbenträger war, mindestens einen Fuchs zu »fassen«, das heißt, ihm den Deckel wegzunehmen, bevor er das C!Q! wieder betreten konnte. Handgreiflichkeiten waren dabei nicht zugelassen, und die L!L! durften sich auch nicht näher als 500 Meter vom C!Q! entfernt auf die Lauer legen.

Wir hatten die grandiose Idee, die Flucht diesmal ins Ausland zu verlegen, das heißt, nach Riga zu fahren, wo wir viele Philister hatten. Bei Valga (Walk) überquerten wir die estnisch-lettische Grenze, wurden in Riga mit Hallo und selbstverständlicher Gastfreundschaft empfangen, zechten drei Tage mörderisch und waren sicher, daß keiner unserer Farbenträger uns in Lettland vermuten und bei der Rückkehr am Grenzbahnhof fassen könnte. Bis dann die furchtbare Nachricht eintraf, der 1. Chargierte und der F!-Major hätten Wind von unserer Riga-Fahrt bekommen und säßen seit Tagen in Valga, ebenfalls zechend, aber doch jeden der zweimal täglich die Grenze passierenden Züge kontrollierend.

Da unter unseren Rigaer Philistern mehrere gutsituierte Apotheker waren, entstand der Plan, parallel zur Eisenbahnlinie mit zwei Taxen bis zur Grenze zu fahren und dort zu nächtlicher Stunde einen anderen, kleineren Übergang zu benutzen. So geschah es auch. Um zwei Uhr nachts waren wir schließlich bei mir zu Hause, in Pölva, das auf halber Strecke zwischen Valga und Tartu liegt. Dort taten wir uns an Gänsebraten und Apothekerschnaps gütlich, konnten gerade noch drei Stunden schlafen und trafen um sieben Uhr früh unbehelligt im C!Q! ein. Die Flucht war gelungen, der Strafe waren wir entgangen. Einer von uns fuhr noch schnell nach Valga, um die immer noch brav im Bahnhofsrestaurant Wache haltenden Farbenträger von ihrem hoffnungslosen Tun zu erlösen.

Die Fuchserziehung war hart, wobei durchaus die Möglichkeit bestand, sich einiges zu ersparen, — was allerdings sehr selten in Anspruch genommen wurde. Man konnte sich beispielsweise als Antialkoholiker deklarieren und durfte dann das Trinkritual mit Mineralwasser absolvieren. Ebenso konnte man sich auch zum Antiduellantentum bekennen, was einen vom »Einpauken« befreite, das heißt vom Vergnügen, von den Farbenträgern zweimal in der Woche mit Rapieren — Fechtwaffen — bearbeitet zu werden, ohne selbst zuschlagen zu dürfen. Letzteres konnte man erst, wenn man »freigepaukt« war. Dann durfte man auch als F! an den sogenannten Rapierjungen teilnehmen, bei denen beide Paukanten Lederhelme sowie den Unterleib schützende, gepolsterte Binden tragen und, während sie sich um einen imaginären Mittelpunkt drehen, bemüht sind, ihre Terzen und Quarten — besondere Hiebe beim Fechten — zu schlagen.

Ich wurde im November 1938 freigepaukt und war damit satisfaktionsfähig geworden, das heißt, ich konnte nun Mensuren schlagen. Im Unterschied zu den Rapierjungen waren bei den Mensuren die Klingen der Schläger scharf, und es entfiel der leichte Schutz des Oberkörpers und der Oberarme durch ein Hemd aus Sackleinen. Meine erste Mensur schlug ich noch als Fuchs gegen einen Kommilitonen der »Fraternitas Academica«, aber diese sieben Gänge verliefen nicht sehr aufregend. Drei oder vier Gänge gingen an mich, ebensoviele an meinen Wiedersacher. Die auch heute noch gut sichtbaren Narben auf der Brust pflege ich bei dummen Fragen in der Sauna gelegentlich als Bajonettstiche des Zweiten Weltkrieges auszugeben.

Wesentlich aufregender verlief meine zweite Mensur, die eine komische Vorgeschichte hatte.

Es gab in Estland bis zur Umsiedlung 1939 eine sogenannte höhere Töchterschule, das Stift Finn, in dem unsere jungen Damen, vor oder nach dem Abitur, im Laufe eines Jahres alles lernen konnten, was zu einem baltischen Gutshaushalt gehörte — einschließlich Bienenzucht. Wir Studenten nannten Finn nur den Jungfernzwinger, und in der Tat führte die jeweilige Priorin dort ein sehr strenges Regiment. Immerhin, jeden Winter gab es den Finnschen Ball, mit Frackzwang, allem Drum und Dran und den Dorpater Studenten als begehrten Tänzern für heute so exotisch klingende Tänze wie Mazurka, Vengerka, Krakowiak und Polonaise. Im Februar 1939 war auch ich als frischgebackener Farbenträger der »Baltonia« dabei und saß mit einem etwas älteren Livonen an einem Tisch. Beim Tanzen mußten wir unsere Farbdeckel artig in der linken Hand und somit auf der rechten Hand der Dame halten. Der Livone Hollmann vergaß nun, wahrscheinlich betört von der Huld seiner Dame, bei einer Polonaise seinen roten Balldeckel auf unserem Tisch, und ich steckte ihn angesichts dieses völlig commentwidrigen Betragens einfach in eine auf dem Tisch stehende Blumenvase. Das war eine »schwere Beleidigung«, und das Schicksal nahm seinen Lauf. Hollmann ließ mich noch am gleichen Abend von seinem Sekundanten »fordern«. In Dorpat tagte ein Ehrengericht, ich wurde »verdonnert«, und das Urteil lautete auf sieben verschärfte Gänge.

Eine Woche später saß ich also zur Mensur »getakelt«, alle Schlagadern gut verpackt, mit dem scharfen Schläger auf den Knien im roten Backsteinbau der »Livonia«. Meine L!L! standen im Halbkreis um mich herum und sangen das traditionelle »Drei Lilien, drei Lilien, die pflanzt ich auf sein Grab« — wahrlich ein besonders sinniges Liedchen unmittelbar vor einer scharfen Mensur. Mein Sekundant gab mir noch die letzten Ratschläge und erinnerte mich daran, daß Hollmann sogenannte Seconden schlagen würde. Diese galten als besonders schwierig, wurden nur selten geschlagen und mußten ausdrücklich angekündigt werden.

Nach dem feierlichen Einzug beider Parteien in den wappenbehangenen großen Saal tönte das Kommando des Unparteiischen:

»Zum ersten Gang die Klingen bindet . . .!«

Nach 30 Sekunden war alles vorüber. Hollmann hatte eine Seconde geschlagen, also die Klinge von unten in Richtung der Achselhöhle hochgezogen. Entweder war der Schlag zu kurz angesetzt, oder aber ich hatte die Schulter instinkiv etwas zurückzgezogen, jedenfalls fuhr mir die Klinge über die rechte Wange und das rechte Augenlid. Die beiden »Flicker«, Medizinstudenten im höheren Semester, wagten sich an das blutende Auge nicht heran, und so wurde ich mit einer Taxe in die Klinik gebracht. Nachdem das Augenlid zwei Nähte und die Wange deren drei erhalten hatte, erklärte mir der Chirurg, selbst ehemaliger Dorpater Corpsstudent, vorwurfsvoll:

»Es fehlten keine zwei Millimeter, sondern nur einer, und Sie hätten Ihr rechtes Auge verloren.«

25 Jahre später haben sich Maskenbildnerinnen des ZDF vor einer Live-Sendung gelegentlich bemüht, die verbliebene Furche auf der Wange mit Creme und Puder unkenntlich zu machen.

Aber zurück zum Stift Finn. Ein großes Vergnügen nach durchtanzter Ballnacht waren am nächsten Vormittag die traditionellen Schlittenpartien durch den verschneiten Winterwald. Diese Schlittenfahrten wurden auch deshalb von den Studenten so geschätzt, weil der kutschierende Kommilitone natürlich nur zu gern bereit war, die aus je zwei Damen und zwei Herren bestehende Schlittengesellschaft bei erstbester Gelegenheit durch ein bewußtes Abweichen vom Wege in den frischen Schnee zu kippen, was allen Beteiligten die sonst so selten gebotene Gelegenheit zu etwas intimerem Körperkontakt bot. Es versteht sich, daß sich die passenden Paare auch unter diesem Gesichtspunkt in den einzelnen Schlitten zusammenfanden. Nur in einem Jahr sollen die vergnüglichen Schlittenfahrten ausgefallen sein — zur Strafe. Zur Strafe dafür, daß Mitte der dreißiger Jahre ein Estone zu sehr vorgeschrittener Stunde nicht seine eigene Tür fand, sondern plötzlich im Schlafzimmer der Priorin stand. Frau v. R., in ihrem mit lila Schleifchen versehenen blütenweißen Nachtgewand, hatte sich angeblich so steil in ihrem Bett aufgesetzt und so schrill geschrien, daß der arme Studiosus noch tagelang ganz verstört herumgelaufen sei.

Gewiß läßt sich gegen die F!-Erziehung der Dorpater Corporationen aus heutiger Sicht eine ganze Menge einwenden, aber auch sie ist nur vor dem Hintergrund der historischen und sozialen Gegebenheiten zu verstehen. Jahrhundertelang waren im Baltikum die Begriffe »Deutscher« und »Herr« synonym. Und wenn auch vom Adel behauptet wurde, man werde zum Herren geboren, so kennzeichnet es wiederum gerade den Standpunkt der nichtadligen baltischen Oberschicht, daß zum Herrsein auch eine entsprechende Erziehung gehöre. Diese Erziehung, die im Elternhaus begann und in der Schule fortgesetzt wurde, fand in den Corporationen ihren Abschluß. Und sie war in vielem liberaler als die Erziehung vergleichbarer reichsdeutscher Verbindungen: Wir kannten keinen Saufzwang, und vor allem gab es keine Bestimmungsmensuren. Jeder sogenannte Ehrenhändel kam vor ein sogenanntes Ehrengericht, und dessen Schiedsspruch ließ dem Beleidigten immer die Wahl zwischen der Mensur und einer vom Beleidiger auszusprechenden Entschuldigung. Niemand wurde gezwungen, sich die »Drei Lilien« anzuhören, und in der Regel wurde auch niemandes Gesicht durch »Schmisse« verunziert.

»Fuchs, du mußt stets wissen, was du zu tun hast, was du zu sagen hast und wie du in unerwarteten Situationen zu reagieren hast.« Dies war eine der ersten Belehrungen, die ich vom F!-Major erhielt. Und um der Theorie auch gleich die Praxis folgen zu lassen, gab er mir beim nächsten F!-Abend im C!Q! den Befehl, auf unseren schönen Kachelofen zu kriechen und aus luftiger Höhe fünf Minuten zum Thema »Ich und das Liebesleben der Frösche« zu sprechen. Was sollte ich tun? Gleich »fordern«? Ich bestieg den Ofen und rügte zunächst einmal die Formulierung des Themas durch den F!-Major: »Ich und . . .« Es gebe doch die schöne Redensart: »Ich und der Esel gehen immer voran«; Esel stünden ja in der Regel in einem Stall, aber sie könnten sich ausnahmsweise auch in ein C!Q! verirren, sich zum Spaß einen schwarz-blau-roten Deckel auf den Kopf setzen, den Füchsen irgendwelche Befehle erteilen und so weiter und so fort.

Das Ergebnis meiner Rede waren zwei Schoppen Bier. Den einen erhielt ich als sogenannten Verschiß, als Strafe dafür, daß ich offensichtlich einen Farbenträger mit einem Esel verglichen hätte. Den zweiten aber als »Fuhrmann«, als Belohnung für gutes Reagieren. Äußerlich gesehen bestand zwischen dem »Verschiß« und dem »Fuhrman« folgender Unterschied: Bei ersterem mußte man sich in eine Ecke stellen, den Fuchsdeckel ziehen und das Bierglas in einem Zuge leeren, während die ganze Corona, die Runde, das schöne Lied sang, »Der Fuchs, der hat Verschiß gemacht, drum lirum larum leier . . .« Beim »Fuhrmann« durfte man am Kneiptisch sitzen bleiben, den Deckel aufbehalten, und die Corona sang: »Es zog ein Fuhr-

153

mann durch das Land . . .« Die Menge des getrunkenen Bieres war in beiden Fällen gleich.

Die größte Menge des als Anerkennung, möglichst in einem Zuge, zu vertilgenden Bieres wurde »Pokal« genannt. Das war eine ganze Käseglocke voll, und sie wurde nur aus ganz besonderem Anlaß »verhängt«, bei Verlobung, Geburt eines Kindes oder bei einem anderen spektakulären Ereignis. Ein frecher Fuchs verlangte einen solchen mit der Begründung, er habe sich seinen ersten »Tripper« geholt, und das wäre doch für einen jungen Mann ein besonderes Ereignis. Er erhielt allerdings nur eine »Wanze« — einen wunderschönen Cocktail aus lauwarmem Wasser, ein paar Löffeln Salz und Heringslake.

Pistolenduelle waren theoretisch möglich, kamen aber in der Praxis kaum vor. Ich habe zu meiner Zeit nur von zweien gehört, beide mit tödlichem Ausgang; bei beiden ging es um eine Dame der Gesellschaft, und beide Überlebende mußten sich nach Deutschland absetzen, denn in Estland hätten sie für die tödlichen Schüsse Festungshaft bekommen. Bei schweren Korporationsbeleidigungen entschied das Ehrengericht gelegentlich auch auf eine Mensur mit der »Plempe«, also mit einem schweren Reitersäbel. Das wurde dann meistens eine recht »rote« Angelegenheit.

Mit einer »Plempe« hat sich aber ein Dorpater Studiosus auch einen tollen Streich geleistet, der ihm die Relegierung von der Universität eintrug. Der stud. phil. A. hatte, nachdem er am Vortage durch ein Examen gefallen war, in seinem C!Q! eine ganze Nacht lang gezecht. Zu früher Morgenstunde beschloß er, der Universität den Krieg zu erklären. Er schnappte sich von der Wand des C!Q! eine dort hängende »Plempe« und zog, derart bewaffnet, in die Schlacht. Nun war es gerade die Zeit, in der sich die Universität Tartu anschickte, ihr 300jähriges Jubiläum zu feiern. Zum Festakt erwartete man auch den estnischen Ministerpräsidenten und den schwedischen Kronprinzen. Ihnen zu Ehren war in der Aula eine von der Tür bis zum Podium führende Allee aus Lorbeerbäumen aufgebaut worden. Diese Allee entlang schritt nun mutterseelenallein stud. phil. A. durch die um sechs Uhr morgens noch leere Aula und säbelte eines nach dem anderen, mal rechts, mal links, alle Lorbeerbäumchen nieder, dabei aus der Ballade »Schwäbische Kunde« von Uhland zitierend: ». . . Zur Rechten sieht man, wie zur Linken einen halben Türken niedersinken.«

Abgesehen von einigen Vorlesungen und naturwissenschaftlichen Praktika, um die man selbst als Fuchs nicht ganz herumkam, konzentrierte sich das studentische Leben im großen und ganzen doch auf das eigene Conventsquartier beziehungsweise auf Unternehmungen im Kreise der Corpsbrüder. Pauken, Bierabende, Conventssitzungen, gemeinsame Cafébesuche, lange Diskussionen und Sport bestimmten den Tagesablauf. In unserem Garten stand eine große alte Linde, in deren Krone ein F!-Coetus vor Jahren das sogenannte Storchennest gebaut hatte. Es bestand aus einem runden, von Bretterbänken gesäumten Tisch, an dem vier bis sechs Personen Platz fanden. Über eine Strickleiter gelangte man hinauf, für die Bierflaschen gab es einen Flaschenzug. Das alte Burschenlied »Trinkt unter duftenden Zweigen, Brüder, der Abend ist schön, spät, wenn die Sterne sich neigen, halle noch Bechergetön« habe ich nie so inbrünstig und so falsch gesungen wie dort in der luftigen Höhe des Storchennestes. Warum erhöhtes Sitzen den Bier- oder Weinkonsum zu verstärken scheint, mag eine Frage für Psychologen sein. Tatsache ist jedenfalls, daß alle Dorpater Verbindungen den »Olymp«, eine terrassenförmig ansteigende Pyramide kannten, die aus Tischen aufgetürmt wurde. Dort oben, auf dem kleinsten Tisch, thronte dann der hartnäckigste Zecher mit seinem Trinkhorn und sang: »Ich bin der Fürst von

Thorn, zum Saufen auserkorn!« Selbiger Olymp wurde allerdings immer erst nach Mitternacht errichtet, wenn alle schon ziemlich betrunken waren. Die lakonische Begründung für diesen Brauch: Katzen und Besoffene fallen weich.

Der Verkehr mit den anderen deutschen Korporationen beschränkte sich im wesentlichen auf Kneipenbesuche zu nächtlicher Stunde oder auf besondere Anlässe, wie beispielsweise Stiftungsabende. Zu Besuchen bei den acht estnischen und den zwei russischen Verbindungen kam es noch seltener, am ehesten noch am allgemeinen Studentenfeiertag, dem 1. Mai. Die einen waren 700 Jahre die Herren im Lande gewesen, die anderen nahmen diese Rolle erst 20 Jahre ein. Diese Relation belastete den gesellschaftlichen privaten Umgang stärker als man es selbst glauben wollte. Übersprungen wurde diese Schranke eigentlich nur von denen, die sich seit frühester Jugend kannten, zum Beispiel als Nachbarskinder. Das gleiche galt übrigens auch für den Verkehr zwischen deutschen Studenten und estnischen Studentinnen. Man sah sich in der Universität, plauderte auch mal hier und da ein wenig miteinander, grüßte sich in den Cafés — aber das war dann in der Regel auch alles. Mit estnischen Bardamen zu tanzen war nicht so verpönt, eine estnische Kommilitonin ins Restaurant einzuladen oder mit ihr eine Tanzveranstaltung zu besuchen, fiel zumindest auf, und am nächsten Tage beim Mittagessen wurde man mit Sicherheit darauf angesprochen.

In der ersten Mainacht war aber alles ganz anders, da waren alle nationalen Ressentiments oder Herrenschrullen weitgehend vergessen, man war Dorpater Student und sonst gar nichts. Es gab einen gemeinsamen Fackelzug aller Korporationen durch die Stadt. Dann wurden die Fackeln zu einem großen Scheiterhaufen aufgeschichtet und das Maifeuer entfacht. Anschließend waren alle Conventsquartiere für Gäste geöffnet, man besuchte sich gegenseitig, und in den Räumen der beiden estnischen Damen-Corporationen durfte nicht nur getanzt, sondern auch getrunken werden. Besonders beliebt war in dieser Mainacht das C!Q! der weiß-grün-rot bemützten »Filiae Patriae«, der sonst so reservierten estnischen »Töchter des Vaterlandes«. Den Ausklang dieses bunten Treibens bildeten oft frühmorgendliche Bootspartien auf dem Embach, der Tartu in Richtung Peipus-See durchfloß. Ihr Ziel waren ländliche, direkt am Flußufer gelegene Wirtshäuser mit schönen Gärten und alten Bäumen. Als besonders sangesfreudig taten sich dort bei aufgehender Sonne die russischen Studenten hervor. Einer von ihnen wurde aufgrund seines herrlichen Basses nur »Schaljapin« genannt.

Für die meisten deutschen Studenten war das fröhliche Leben während der F!-Semester angesichts des kargen »Monatswechsels« natürlich auch eine finanzielle Frage. Eine gewisse Linderung der Situation ergab sich aus dem alten Brauch, daß Corpsstudenten ihre Rechnungen, zumindest in einigen Restaurants, bei mangelnder Liquidität notfalls unbezahlt unterschreiben durften. Wenn dann ein Philister oder auch der eigene Vater mal nach Tartu kam, führte man ihn in das Lokal, in dem man unbezahlte Rechnungen liegen hatte. Einige Schnäpse, ein reumütiges Geständnis, der neueste Klatsch und aufgewärmte Erinnerungen des Alten Herren ließen dann eine Stimmung aufkommen, in welcher der mit dem Studenten verbündete Kellner eine Gesamtrechnung präsentieren konnte, die auch bezahlt wurde. In dieser glücklichen Lage waren aber gewiß nicht sehr viele.

Ebenso wie die deutschen Schülerorganisationen wurden natürlich auch die studentischen Verbindungen der dreißiger Jahre von der baltischen Spielart des nationalsozialistischen Denkens erfaßt. Abgesehen vom Verein theologischer Studenten, der eine Sonderrolle spielte und am Corporationsleben nicht beteiligt war, kam es in allen Verbindungen zu Diskussionen um die Frage: farbentragende traditionelle Corporation oder nicht-farbentragende, völkisch eingestellte »Kameradschaft«. Eine von den fünf Corporationen legte ihre Farben nieder, vier behielten sie. Die Abstimmung in meiner »Baltonia« war knapp, ergab aber doch eine Mehrheit für die Corporation. Als Konzession an den Zeitgeist entstand eine neue studentische Verbindung, das »Kameradschaftsheim«. Diese Kameraden liefen, wie man im Baltikum zu sagen pflegte, mit »kahlem Kopf« herum, trugen dafür aber schwarze Reithosen und Schaftstiefel.

In Riga gab es mittlerweile noch mehr deutsche Reithosen- und Schaftstiefelträger. Infolgedessen wurden auch noch weitere Korporationen in Kameradschaften umgewandelt. In Lettland durften die deutschen Korporationen ihre Farben ohnehin nur in den eigenen Conventsquartieren tragen. Bei den Kameradschaften entfiel auch das. Dieses Verhalten der Rigaschen Kommilitonen entsprach der wesentlich stärkeren Unterwanderung der dortigen Studentenschaft durch die »Bewegten«, die in den nationalsozialistischen Kameradschaften des Deutschen Reiches ihre Vorbilder sahen.


*»Eine Aufteilung der Interessensphären hat bereits stattgefunden«*

Für mich ist erstaunlich, wie wenig ich seinerzeit von der außenpolitischen Entwicklung in West- und Osteuropa Ende der dreißiger Jahre zur Kenntnis genommen habe. Man spürte das starke Interesse Hitlers an den deutschen Volksgruppen in Osteuropa, ebenfalls seinen »Drang nach Osten«, man empfand auch die Nähe der Sowjetunion als bedrohlich, aber man war weit davon entfernt, alles, was sich im Umfeld des »Anschlusses« von Österreich, der Sudetenkrise und der Annexion der Tschechoslowakei ereignet hatte, als konkrete Vorboten eines möglichen Krieges zu deuten. Daß die drei baltischen Republiken mittlerweile zum Objekt einer ganzen Reihe diplomatischer wie auch anderer Aktivitäten geworden waren, war uns Studenten ebenfalls nicht bekannt. Dabei hat es damals einen forcierten Ausbau der sowjetischen Grenzbefestigungen gegeben, belehrende Noten des Moskauer Außenministeriums, kleine Grenzzwischenfälle und anderes. Auch die Besetzung des Memel-Landes durch Hitler, obwohl er noch im September 1938 erklärt hatte, daß er nach der Lösung der Sudetenfrage keine territorialen Forderungen mehr in Europa habe, schreckte in den Dorpater Conventsquartieren niemanden auf.

Das änderte sich ein wenig, als der sowjetische Außenminister Litwinow in jeweils gleichlautenden Erklärungen vom 28. März 1939 allen drei baltischen Staaten kundtat, daß die Sowjetunion ein »besonderes Interesse« an ihrer Integrität habe. Ich kann mich erinnern, daß wir über die estnische Antwortnote diskutierten und sie für gut befanden. In dieser Note erklärte die estnische Regierung, sie werde niemals, auch nicht unter Druck, eine Beschränkung ihrer Unabhängigkeit zulassen, und sie allein habe das Recht, ein Urteil über ihre außenpolitischen Handlungen abzugeben.

Die lettische Antwort fiel nicht so scharf aus. Überhaupt schien man in Riga der Ansicht zuzuneigen, daß die größere Gefahr für das Land aus Berlin und nicht aus Moskau kommen könne, während man in Tallinn die Dinge genau umgekehrt beurteilte. In diesem Zusammenhang weist Georg von Rauch in seinem Buch »Geschichte der baltischen Staaten« vor allem auf Gespräche hin, die der damalige estnische Generalstabschef General Reek im Sommer 1938 mit dem deutschen Gesandten in Tallinn geführt hat. Reek habe erklärt, Estland werde sich jedem sowjetischen Durchmarschversuch mit Waffengewalt widersetzen, man werde bis zum Äußersten kämpfen und hoffe dabei auf deutsche Unterstützung, vor allem, was das Kriegsmaterial betreffe. Sowohl Reek als auch der estnische Gesandte in Berlin haben gleichzeitig erhebliche Zweifel an der Bereitschaft Lettlands angemeldet, im Ernstfall den sowjetischen Truppen entschlossenen Widerstand zu leisten. Dabei verwies man von estnischer Seite auch auf eine gewisse russophile Einstellung des lettischen Militärs. Die estnische Beurteilung erfuhr insoweit eine Bestätigung, als der lettische Generalstabschef seinem estnischen Kollegen bei einem Treffen im Sommer 1939 klipp und klar erklärte, bei Kriegsgefahr würden die lettischen Truppen an der südlichen Grenze des Landes aufmarschieren, denn von da, das heißt aus Deutschland, käme die größere Bedrohung. Diese skeptische Haltung dem Deutschen Reich gegenüber hatte ihre Wurzeln in den bereits angesprochenen negativen historischen und neueren Erfahrungen der Letten mit den Deutschen, nämlich in der deutschen Okkupationszeit während des Freiheitskrieges, im Konflikt mit der Landeswehr und schließlich wohl auch in den besonders engen Beziehungen der »Bewegung« zu Berlin, mit allen daraus resultierenden Verdächtigungen und Befürchtungen.

Die Situation Litauens am Vorabend des Zweiten Weltkrieges war von besonderer Art. Obwohl zuvor von der Sowjetunion durchaus umworben, fühlte es sich in der Stunde der Gefahr, das heißt, als die Memel-Frage ihrem Kulminationspunkt zustrebte, von allen im Stich gelassen, von der Sowjetunion ebenso wie von Großbritannien. »Tiefste Sympathie in dieser leidvollen Stunde« war alles, was man der litauischen Regierung damals aus London zu bieten hatte. Als Hitler am 22. März 1939 an Bord eines Kriegsschiffes in Memel eintraf, hatte Litauen seinen einzigen Seehafen verloren und nach der Besetzung von Vilnius im Jahr 1921 durch polnische Truppen die zweite große Niederlage seiner jüngsten Geschichte erlitten. Dieses Debakel mußte auch innenpolitische Folgen haben. Der Sturz der bisherigen autoritären Regierung Mironas und die Bildung eines neuen Kabinetts unter Beteiligung bisher verbotener Oppositionsparteien konnte sich aber auf die Geschicke des Landes nicht mehr auswirken, denn vom 23. August an bestimmten Hitler und Stalin das Geschehen. Zuvor hatte Hitler noch im Juni mit Estland und Lettland Nichtangriffspakte abgeschlossen, nicht aber mit Litauen.

Der Sommer 1939 war für mich ein schöner Sommer. Mit der Beute meiner ersten beiden Studiensemester konnte ich aus der Sicht eines Achtzehnjährigen zufrieden sein: die Verleihung der Farben in der Corporation, drei Examen (organische Chemie, Zoologie, Botanik), einige Praktika und drei gut überstandene Mensuren. Wenn ich damals doch geahnt hätte, daß es mein letzter Sommer in einem unabhängigen Estland sein sollte. Dann wäre ich mit meinem Motorrad kreuz und quer durch das Land gefahren, hätte alle estnischen Inseln besucht, hätte mir mehr Ordensburgen und alte Schlösser angesehen, wäre über noch unbekannte Seen gerudert, hätte alles viel bewußter und intensiver genossen. Aber so ließ ich mich einfach treiben, mal allein, mal nicht allein. Die hellen nordischen Sommernächte schienen in diesem Jahr besonders hell zu sein, der Duft des frisch eingefahrenen Heus besonders stark. Meine Eltern hatten sich notgedrungen mit meinem Erwachsensein abgefunden, und so waren auch einige zuvor vorhandene Spannungen entfallen. Während sich im Spiel der politischen Zentralen Europas die Katastrophe abzuzeichnen begann, war ich nur glücklich und zufrieden.

Inwieweit die drei baltischen Staaten in Hitlers osteuropäischen Plänen nur die Funktion einer Tauschmasse hatten, die man zuerst an sich zu binden versucht, um sie dann bei passender Gelegenheit zu opfern, wird wohl nie ganz zu klären sein. Irgendwann zwischen Mai und August 1939 muß er jedenfalls den Beschluß gefaßt haben, Estland und Lettland der Sowjetunion »zum Fraß« vorzuwerfen, um sich damit die Eroberung von halb Polen und die Rückendeckung im Kriege gegen die Westmächte zu sichern. Ebenso unklar ist meiner Ansicht nach, mit welchen Absichten Stalin sein Doppelspiel mit Berlin und London/Paris begann. Fest steht jedenfalls, daß es nicht nur die Frage des von Stalin für die Rote Armee geforderten Durchmarschrechtes durch Polen war, sondern ebenso auch die von England nicht völlig akzeptierte Einmischung der Sowjetunion in die inneren Angelegenheiten der baltischen Staaten, die das Zustandekommen des sowjetisch-englisch-französischen Sicherheitspaktes erschwerte. Das Interesse der Westmächte an dieser Anti-Hitler-Koalition war zwar beträchtlich, nachdem Hitler unter Verletzung des Münchener Abkommens vom September 1938 bereits im März 1939 auch die »Rest-Tschechei« besetzt hatte. Aber Stalin überreizte seine Karten. Er brachte den äußerst fragwürdigen Begriff einer »indirekten Aggression« der baltischen Staaten ins Spiel und schnitt bei den Verhandlungen der Militärexperten auch die Frage sowjetischer militärischer Stützpunkte auf den estnischen Inseln und in estnischen Hafenstädten an. Kurz bevor die Westmächte sich endgültig mit den Moskauer Bedingungen einverstanden erklären konnten, akzeptierte Hitler die von Stalin präsentierten Auflagen für das Zustandekommen eines deutsch-sowjetischen Nichtangriffspaktes und gab Stalin damit die Möglichkeit, sein geheimes Doppelspiel zu beenden. Den Grund für die deutschen Konzessionen sah Botschafter Graf von der Schulenburg, wie er es Molotow gegenüber formulierte, in der »Respektierung lebenswichtiger sowjetischer Westinteressen«.

Die Geheimhaltungsstrategie und die bewußte Irreführung der Weltöffentlichkeit, die das Spiel der beiden Diktatoren seit dem Mai 1939 gekennzeichnet hatten, nahmen mit der Unterzeichnung des deutsch-sowjetischen Nichtangriffspaktes am 23. August keineswegs ein Ende. Veröffentlicht wurde nur der Text dieses Vertrages, nicht aber das am gleichen Tage von Molotow und Ribbentrop in Gegenwart von Stalin im Kreml unterzeichnete »Geheime Zusatzprotokoll«, mit dem die Teilung Polens und das Schicksal Estlands, Lettlands und Litauens besiegelt wurden. Dieses Protokoll, dessen Existenz von der sowjetischen Regierung ganze 50 Jahre lang, bis zum Sommer 1989, bestritten wurde und dessen Original in Moskau angeblich nicht aufgefunden werden kann, ist auf den Seiten 164 bis 167 in deutscher und russischer Sprache abgedruckt.

Die einzigen beim Aushandeln des Protokolltextes auftretenden Meinungsverschiedenheiten betrafen Lettland. Ribbentrop hatte von Hitler die Anweisung mitbekommen, die quer durch Lettland fließende Düna als Grenze der deutschen und sowjetischen Interessensphären im Baltikum durchzusetzen, doch das war für Molotow zu wenig. Die Verhandlungen wurden unterbrochen, und Ribbentrop schickte folgendes Telegramm nach Berlin:

»Bitte sofort Führer melden . . . daß entscheidender Punkt für Endergebnis Anspruch der Russen ist, die Häfen Libau und Windau als ihre Interessensphäre von uns anerkannt zu sehen. Ich wäre dankbar für Bestätigung noch vor 20 Uhr deutscher Zeit, daß Führer hiermit einverstanden.«

Geheimes Zusatzprotokoll.

Aus Anlass der Unterzeichnung des Nichtangriffs-
vertrages zwischen dem Deutschen Reich und der Union
der Sozialistischen Sowjetrepubliken haben die unterzeichneten Bevollmächtigten der beiden Teile in streng
vertraulicher Aussprache die Frage der Abgrenzung der
beiderseitigen Interessensphären in Osteuropa erörtert.
Diese Aussprache hat zu folgendem Ergebnis geführt:

1. Für den Fall einer territorial-politischen Umgestaltung in den zu den baltischen Staaten (Finnland,
Estland, Lettland, Litauen) gehörenden Gebieten bildet
die nördliche Grenze Litauens zugleich die Grenze der
Interessensphären Deutschlands und der UdSSR. Hierbei
wird das Interesse Litauens am Wilnaer Gebiet beider-
seits anerkannt.

2. Für den Fall einer territorial-politischen
Umgestaltung der zum polnischen Staate gehörenden Gebiete
werden die Interessensphären Deutschlands und der UdSSR
ungefähr durch die Linie der Flüsse Narew, Weichsel und
San abgegrenzt.

Die Frage, ob die beiderseitigen Interessen die
Erhaltung eines unabhängigen polnischen Staates erwünscht
erscheinen lassen und wie dieser Staat abzugrenzen wäre,
kann endgültig erst im Laufe der weiteren politischen

Die Übereinstimmung des vor/
umstehenden Taxtes mit der bei
den Akten des Politischen Archivs
des Auswärtigen Amts befindlichen
Vorlage wird bescheinigt.

Bonn, den          17. Mai 1963

Entwickelung geklärt werden.

    In jedem Falle werden bei beide Regierungen diese Frage im Wege einer freundschaftlichen Verständigung lösen.

    3) Hinsichtlich des Südostens Europas wird von sowjetischer Seite das Interesse an Bessarabien betont. Von deutscher Seite wird das völlige politische Desinteressement an diesen Gebieten erklärt.

    4) Dieses Protokoll wird von beiden Seiten streng geheim behandelt werden.

                 Moskau, den 23.August 1939.

Für die
Deutsche Reichsregierung.

*v. Ribbentrop*

In Vollmacht
der Regierung
UdSSR:

*W. Molotow*

Die Übereinstimmung des vor / umstehenden Textes mit der bei den Akten des Politischen Archivs des Auswärtigen Amts befindlichen Vorlage wird bescheinigt.

Bonn, den 17. Mai 1965

*Ueberschär*

## СЕКРЕТНЫЙ ДОПОЛНИТЕЛЬНЫЙ ПРОТОКОЛ.

При подписании договора о ненападении между Германией
и Союзом Советских Социалистических Республик нижеподписав-
шиеся уполномоченные обоих сторон обсудили в строго конфи-
денциальном порядке вопрос о разграничении сфер обоюдных интересов в Восточной Европе. Это обсуждение привело к ниже-
следующему результату:

1. В случае территориально-политического переустройства
областей, входящих в состав Прибалтийских государств (Фин-
ляндия, Эстония, Латвия, Литва), северная граница Литвы одно-
временно является границей сфер интересов Германии и СССР.
При этом интересы Литвы по отношению Виленской области при-
знаются обоими сторонами.

2. В случае территориально-политического переустройства
областей, входящих в состав Польского Государства, граница
сфер интересов Германии и СССР будет приблизительно проходить
по линии рек Нарева, Вислы и Сана.

Вопрос, является ли в обоюдных интересах желательным со-
хранение независимого Польского Государства и каковы будут
границы этого государства, может быть окончательно выяснен
только в течение дальнейшего политического развития.

Во всяком случае, оба Правительства будут решать этот
вопрос в порядке дружественного обоюдного согласия.

3. ~~Касательно юго-восточной Европы~~ с советской стороны подчеркивается интерес СССР'а в Бессарабии. С германской стороны заявляется о ее полной политической незаинтересованности в этих областях.

4. Этот протокол будет сохраняться обоими сторонами в строгом секрете.

Москва, 23 августа 1939 года.

По уполномочию
Правительства СССР
В. Молотов

За Правительство
Германии
И. Риббентроп

Das Antworttelegramm des Auswärtigen Amtes an Ribbentrop bestand aus einer einzigen Zeile:

»Antwort lautet: ja, einverstanden.«

Wie ernst es die deutsche Regierung mit der Geheimhaltung nahm, geht aus einer Depesche hervor, die Ribbentrop drei Tage später an die deutsche Botschaft in Moskau schickte:

»Ich weise nochmals darauf hin, daß das dort am 23. August unterzeichnete geheime Zusatzprotokoll nebst den dort etwa vorhandenen Entwürfen auf das strengste zu sekretieren ist. Alle dortigen Beamten und Angestellten, die bisher davon Kenntnis erhalten haben, sind auf Geheimhaltung zu verpflichten und haben diese Verpflichtung durch persönliche Unterschrift zu bestätigen. Andere Personen dürfen von der Existenz des Dokumentes und von seinem Inhalt keinerlei Kenntnis mehr erhalten.«

Dieser totalen Geheimhaltung und Irreführung entsprach auch die Antwort, die der estnische Gesandte am 23. August im Berliner Auswärtigen Amt erhielt, als er sich dort nach Einzelheiten des deutsch-sowjetischen Nichtangriffspaktes erkundigte. Man erklärte ihm, daß dieser Vertrag nicht die Interessen dritter Länder berühren werde und die Freunde Deutschlands auch weiterhin Deutschlands Freunde sein würden.

Der gleichen Geheimhaltung unterlag natürlich auch das zweite, von Molotow und Ribbentrop am 28. September in Moskau unterzeichnete Zusatzprotokoll, mit dem die beiden Diktatoren ihr Schachern um fremde osteuropäische Territorien fortsetzten. Der entscheidende Passus hat folgenden Wortlaut:

»Die unterzeichneten Bevollmächtigten stellen das Einverständnis der Deutschen Reichsregierung und der Regierung der UdSSR über folgendes fest:

Das am 23. August 1939 unterzeichnete geheime Zusatzprotokoll wird in seiner Ziffer 1 dahin geändert, daß das Gebiet des Litauischen Staates in die Interessensphäre der UdSSR fällt, weil andererseits die Woiwodschaft Lublin und Teile der Woiwodschaft Warschau in die Interessensphären Deutschlands fallen.«

Damit hatte Stalin freie Bahn für die stufenweise Annexion aller drei baltischen Staaten, und er schritt auch umgehend zur Tat.

Der Untergang eines souveränen Staates ist selten mit einer so fadenscheinigen Begründung eingeleitet worden wie im Falle Estlands. Dem polnischen U-Boot »Orzel«, das vor der deutschen Kriegsmarine in den Hafen von Tallinn geflohen und dort interniert worden war, gelang es am 18. September nach England zu fliehen. Diese Flucht wurde von der sowjetischen Regierung zum Anlaß genommen, die Souveränität Estlands über seine Küstengewässer nicht mehr anzuerkennen und den »Schutz« dieses Seeraumes selbst zu übernehmen. In der Folge wurde der estnische See- und Luftraum von sowjetischer Seite mehrfach verletzt. In realistischer Einschätzung des Kräfteverhältnisses beschloß die estnische Regierung, äußerst zurückhaltend zu reagieren und auf alle militärischen Gegenmaßnahmen zu verzichten. Statt dessen wurde der estnische Außenminister Selter beauftragt, die Lage in Moskau in einem unmittelbaren Gespräch mit Molotow zu klären.

In Moskau wurde Selter jedoch sofort mit der Forderung nach unverzüglicher Genehmigung sowjetischer Stützpunkte an der estnischen Küste konfrontiert. Außerdem forderte Molotow ultimativ den Abschluß eines Militärbündnisses. Zur Begründung erklärte er, daß die Sowjetunion nicht daran denke, sich mit ihrer derzeitigen Stellung an der Ostsee abzufinden. Das habe sie auch nie ernsthaft vorgehabt, sie sei 1919 lediglich mit Gewalt dazu gezwungen worden. Jetzt sei sie stark genug, um diese Lage revidieren zu können. Nach weiteren Drohungen, diese Forderungen notfalls auch mit Gewalt durchzusetzen, stellte Molotow dem estnischen Außenminister ein Ultimatum von drei bis vier Tagen.

Da sowohl der estnische Staatspräsident Päts als auch der estnische Oberbefehlshaber General Laidoner die Ansicht vertraten, daß das estnische Volk im Falle eines Krieges nach verzweifeltem Widerstand letztlich doch überwältigt und vernichtet werden würde, beschloß die Regierung in Tallinn, der sowjetischen Forderung im Grundsatz nachzugeben. Außenminister Selter, der estnische Parlamentspräsident und ein bekannter Völkerrechtler kehrten mit dem Auftrag nach Moskau zurück, gerade noch akzeptable Vertragsbedingungen auszuhandeln. Nach weiteren Provokationen und zusätzlichen Forderungen von sowjetischer Seite war Stalin schließlich doch zu einigen Konzessionen bereit. Dazu mag beigetragen haben, daß gleichzeitig Ribbentrop im Kreml das zweite geheime Zusatzprotokoll aushandelte und dabei in bezug auf Litauen den Stalinschen Wünschen nachgegeben hatte. So kam es dann am 28. September zu der von Moskau erzwungenen Unterzeichnung des sowjetisch-estnischen Beistandspaktes.

Dieser Pakt sah, abgesehen von der gegenseitigen Beistandsverpflichtung im Kriegsfall, auch die Verpflichtung Estlands vor, der Sowjetunion auf den Inseln Saaremaa (Ösel), Hiiumaa (Dagö) und in der Stadt Paldiski (Baltischport) Stützpunkte für die sowjetische Kriegsmarine und Luftwaffe einzuräumen. Außerdem erhielt die Sowjetunion das Recht, im Umfeld dieser Stützpunkte begrenzte Kontingente an Luft- und Landstreitkräften zu stationieren. Artikel V des Paktes hielt fest, daß dieser Vertrag in keiner Weise die souveränen Rechte der vertragschließenden Parteien, insbesondere nicht ihre Wirtschaftssysteme und ihre Staatsordnungen beeinträchtigen dürfe.

Unter ähnlichem Druck und zu ähnlichen Bedingungen erzwang Stalin auch den Abschluß von Verträgen mit Lettland und Litauen. Im Verlauf der sowjetisch-lettischen Verhandlungen erklärte Stalin dem lettischen Außenminister Munters unter anderem:

». . . Peter der Große sorgte seinerzeit für einen Zugang zum Meer. Wir haben jetzt keinen solchen Zugang. Wir wollen uns aber die Benutzung solcher Häfen, die Wege zu ihnen und deren Verteidigung sichern. Ich sage Ihnen ganz offen, eine Aufteilung der Interessensphären hat bereits stattgefunden . . . Was Deutschland betrifft, so könnten wir Ihr Land okkupieren. Dennoch, wir wollen keine Übergriffe. Ribbentrop ist ein sensibler Mensch . . . Sie glauben, daß wir Lettland erobern wollen. Wir könnten es tun, aber wir tun es nicht.«

Lettland mußte der Sowjetunion Marine- und Küstenartilleriestützpunkte in Liepaja (Libau) und Ventspils (Windau) und deren Umgebung einräumen. Ebenso wie Estland mußte es sowjetische Truppen auf seinem Territorium akzeptieren, die das eigene stehende Heer an Zahl und technischer Ausrüstung übertrafen.

Am 3. Oktober wurde als letzter auch der litauische Außenminister Urbšys nach Moskau zitiert. Der am 10. Oktober unterzeichnete sowjetisch-litauische Vertrag war ähnlich abgefaßt wie die vorangegangenen Verträge mit Estland und Lettland und sah auch die Errichtung von sowjetischen Land- und Luftstützpunkten vor. Gleichzeitig gab die Sowjetunion Litauen aber das seit 1920 von Polen besetzte Gebiet um Vilnius (Wilna) zurück. Auch in diesem Vertrag wurde die Unantastbarkeit der litauischen Souveränität expressis verbis von der Sowjetunion garantiert.

Angesichts der sowohl innerhalb wie auch außerhalb der baltischen Staaten weitverbreiteten Zweifel an diesen sowjetischen Garantien gab Molotow Ende Oktober vor dem Obersten Sowjet in Moskau folgende Erklärung ab:

»Der besondere Charakter dieser gegenseitigen Beistandspakte bedeutet in keiner Weise eine Einmischung der Sowjetunion in die inneren Angelegenheiten Estlands, Lettlands und Litauens, wie manche ausländischen Zeitungen es zu sehen glauben. Im Gegenteil: alle diese gegenseitigen Beistandspakte implizieren die strikte Unverletzlichkeit der Souveränität der Signatarstaaten und das Prinzip der Nichteinmischung in die Angelegenheiten des jeweils anderen Staates.«

Molotow hat damals kalt gelogen. Die Pläne für die totale Annexion der drei baltischen Staaten durch die Sowjetunion waren im Kreml längst gefaßt.


*Heimatlos*

Ribbentrop hatte am 28. September in Moskau nicht nur den deutsch-sowjetischen Grenz- und Freundschaftsvertrag sowie das zweite geheime Zusatzprotokoll, mit dem auch das Schicksal Litauens besiegelt wurde, unterzeichnet, sondern darüber hinaus auch noch ein drittes geheimes Protokoll, das sich auf die im Baltikum lebenden Deutschen bezog. Es hatte folgenden Wortlaut:

»Die Regierung der UdSSR wird den in ihren Interessengebieten ansässigen Reichsangehörigen und anderen Personen deutscher Abstammung, sofern sie den Wunsch haben, nach Deutschland oder in die deutschen Interessengebiete umzusiedeln, hierbei keine Schwierigkeiten in den Weg legen. Sie ist damit einverstanden, daß diese Übersiedlung von Beauftragten der Reichsregierung im Einvernehmen mit den zuständigen örtlichen Behörden durchgeführt wird und daß dabei die Vermögensrechte der Auswanderer gewahrt bleiben . . .«

Mit den sowjetischen »Interessengebieten« waren natürlich die damals noch selbständigen Staaten Estland und Lettland gemeint (für Litauen folgte eine spätere Regelung) und mit den »örtlichen Behörden« die Regierungen von Estland und Lettland. Dieser von Ribbentrop bei Stalin durchgesetzten Ausreiseerlaubnis für die etwa 80000 Deutsch-Balten waren nach dem 23. August intensive Kontakte zwischen Berlin und den Leitern der deutschen Volksgruppen im Baltikum vorausgegangen.

Obwohl das geheime Zusatzprotokoll vom 23. August, das zunächst nur Estland und Lettland der Sowjetunion überließ, weder den Deutsch-Balten noch der estnischen und lettischen Regierung bekannt war, kursierten doch schon sehr bald, auch über London kommend, Gerüchte von einem »Verkauf« beider Staaten an die Sowjetunion. Wenn man an die Erfahrungen denkt, die das baltische Deutschtum von 1918 bis 1920 und auch schon früher mit russischen Invasionstruppen gemacht hatte, sind die allergrößten Befürchtungen, die man jetzt hegte, nur zu verständlich. Und das um so mehr, als sich das Deutsche Reich seit dem 1. September 1939 im Krieg befand und man nicht wissen konnte, zu welchen Hilfeleistungen Berlin in seiner eigenen, so ungewissen Situation im Falle einer Sowjetisierung Estlands und Lettlands überhaupt in der Lage sein würde.

In dieser Situation entschlossen sich der Präsident der deutschen Kulturverwaltung in Estland und der Präsident der deutschen Volksgemeinschaft in Lettland, nach Berlin zu fahren. Beide erfuhren nicht viel Neues und konnten somit auch nicht viel erreichen. Ein direkter Kontakt zur deutschen Führung gelang nur Dr. Kröger, dem Führer der »Bewegung« in Lettland, der dank seiner SS-Verbindungen am 25. September, zwei Tage vor Ribbentrops zweiter Moskaureise, im Führerhauptquartier in Zoppot von Reichsführer SS Himmler empfangen wurde. Dabei erfuhr er von Himmler streng vertraulich von der Existenz des geheimen Zusatzprotokolls. Kröger trug Himmler, seinem späteren Vorgesetzten, sofort die Sorgen der Deutsch-Balten vor, plädierte für ihre Umsiedlung ins Reich und erhielt von diesem die Zusage, er werde die Frage dem Führer zur Entscheidung vorlegen. Die Entscheidung erfolgte bereits am nächsten Tag. Himmler teilte Kröger streng vertraulich mit, Hitler sei im Grundsatz mit der Evakuierung der gesamten deutsch-baltischen Bevölkerung einverstanden, wünsche aber, daß sich diese Aktion im Einvernehmen mit der Sowjetunion vollziehe; Ribbentrop werde, so sagte er, für seine Moskauer Verhandlungen entsprechende Instruktionen erhalten.

Zum schnellgefaßten Entschluß, die gesamte deutsche Volksgruppe aus Estland und Lettland umzusiedeln, mag in Berlin auch die Befürchtung beigetragen haben, es könne sofort nach dem Einmarsch der ersten sowjetischen Truppen nach Estland und Lettland doch noch zu Kämpfen und Unruhen oder zu Übergriffen der Roten Armee kommen. Die Unsicherheit der Reichsregierung wurde dadurch verstärkt, daß sie nicht wissen konnte, wann und in welchem Umfang Stalin von seinem generellen Zugriffsrecht Gebrauch machen würde, das Hitler ihm gewährt hatte.

Als Hitler dann am 6. Oktober in einer Reichstagsrede die Weltöffentlichkeit von seinem Plan unterrichtete, eine neue Ordnung der ethnographischen Verhältnisse in Osteuropa, das heißt eine Umsiedlung der deutschen Minderheiten, durchzuführen, wurde dies vielfach als Beweis dafür angese-

174

hen, daß er Stalin grünes Licht für die Annexion der baltischen Staaten gegeben hatte. Die »Neue Zürcher Zeitung« schrieb damals:

»Es ist nicht schwer zu erraten, daß der auffallend schnelle Abtransport der deutschen Minderheiten mit der Gefahr der Absorbierung der (baltischen) Randstaaten durch das bolschewistische Russland zusammenhängt ... Deutschland für seinen Teil hält es jedenfalls für besser und vorsichtiger, seine Rassegenossen in Estland und Lettland der Berührung mit dem Bolschewismus von Anfang an zu entziehen und rechtzeitig für die Rettung ihres Besitzes zu sorgen.«

Bei der Bekanntgabe des Umsiedlungsbeschlusses an die unmittelbar Betroffenen in Estland und Lettland durch die inzwischen aus Berlin zurückgekehrten offiziellen Vertreter Dr. Weiss und Intelmann sowie Dr. Kröger war demgegenüber nie von der drohenden sowjetischen Gefahr die Rede, sondern nur von den neuen Aufgaben der Deutsch-Balten im Deutschen Reich. In einem von Dr. Weiss am 14. Oktober erlassenen Aufruf heißt es:

»Dem Ruf des deutschen Volkes und seines Führers folgend, wird unsere Volksgruppe als erste im Rahmen einer gewaltigen Umsiedlung deutscher Menschen im Osten und Südosten Europas vor neue Aufgaben an der östlichen Volkstumsgrenze des Großdeutschen Reiches gestellt. Wir sind entschlossen, dem an uns ergangenen Ruf zu folgen und mit aller Kraft an die Lösung der uns erteilten Aufgaben heranzutreten, in Fortführung der geschichtlichen Mission, die wir und unsere Vorfahren durch viele Jahrhunderte auf dem Boden zu erfüllen hatten, den wir jetzt verlassen.«

Ungeachtet dieser und ähnlicher Darstellungen war sich die große Mehrheit aller Deutsch-Balten nach der überraschenden Bekanntgabe des Umsiedlungsplanes der sowohl den

Esten und Letten als auch ihnen selbst von sowjetischer Seite drohenden Gefahr sehr wohl bewußt. Und diese Erkenntnis war auch der entscheidende Grund dafür, daß sich fast die gesamte Volksgruppe bereit fand, die angestammte Heimat zu verlassen.

Ebenso überrascht von dieser in Berlin beschlossenen und von Moskau abgesegneten Massenumsiedlung ihrer Staatsbürger waren auch die estnische und die lettische Regierung. Dabei ist interessant, daß die erste Unterrichtung der estnischen Regierung nicht durch den deutschen Gesandten in Tallinn erfolgte, sondern durch Persönlichkeiten der deutschbaltischen Führung. Baron Wrangell, der damals als deutscher Vertreter dem estnischen Staatsrat angehörte, hat berichtet, der estnische Ministerpräsident Kaarel Eenpalu sei, als er vom Umsiedlungsplan erfuhr, in Tränen ausgebrochen und habe gesagt:

»Das ist das Ende von Estland.«

Allerdings haben damals keineswegs alle estnischen und lettischen Politiker aus der Tatsache der Umsiedlung derart realistische Schlüsse auf die sowjetische Politik ihren Staaten gegenüber gezogen.

Eine Woche nach der Bekanntgabe der Umsiedlung unterzeichneten der deutsche Gesandte in Tallinn und ein Bevollmächtigter der estnischen Regierung ein Protokoll, in dem alle Modalitäten der Umsiedlung grundsätzlich geregelt wurden: der in Frage kommende Personenkreis, was mitgenommen werden durfte und was nicht, die Erfassung und Verrechnung der hinterlassenen Vermögenswerte. Letztere wurden vorübergehend von einer eigens dafür gegründeten »Deutschen Treuhandverwaltung«, einer Dienststelle des Deutschen Reiches, übernommen. Aufgrund der von ihr erstellten Listen und Bewertungen sollten die Umsiedler dann in ihren neuen Siedlungsgebieten eine Entschädigung für ihre Hinterlassenschaften erhalten; ein Gutsbesitzer also ein ehemaliges polnisches Gut, ein Geschäftsinhaber ein entsprechendes Geschäft und so weiter.

Anders als in Estland, kam es in Lettland zu einer wesentlich umfangreicheren und intensiveren Umsiedlungskampagne innerhalb der Volksgruppe. In unzähligen Handzetteln wurde den »Volksgenossen« nahegelegt, dem Ruf des Führers zu folgen. Dazu Textproben aus einigen dieser Handzettel:

»Dein Volk erwartet dich mit offenen Armen. Hier aber bleibst du ein Fremdling unter Fremdlingen!«

»Warum ruft uns der Führer? Weil er unsere Arbeitskraft beim Wiederaufbau des schönen, von den Polen verwahrlosten Posener Landes braucht.«

»Wer dem Ruf des Führers jetzt nicht folgt, den nimmt das Reich nicht auf, wenn es ihn später reuen sollte.«

Das sind Texte, wie sie in Estland meiner Meinung nach in dieser Form nicht möglich gewesen wären.

Das erste Schiff mit Umsiedlern verließ Tallinn bereits drei Tage nach der Unterzeichnung des deutsch-estnischen Protokolls, das letzte im Dezember. Insgesamt siedelten 13 000 Deutsche um, 2000 blieben zurück. Mit den Deutschen verließen auch rund 1000 Esten, die vom estnischen Innenministerium eine Sondererlaubnis erhalten hatten, aus familiären und anderen Gründen ihre Heimat.

Die ganze Organisation verlief reibungslos, das Land war nach den Unterlagen der Kulturselbstverwaltung in 32 Kreise eingeteilt worden, und die beiden deutschen Zeitungen veröffentlichten laufend alle Mitteilungen der Umsiedlungsleitung (Umfang des erlaubten Gepäcks, Zeitpunkt der Einschiffung, Ratschläge für die Abwicklung von Vermögensfragen und so weiter).

Mich erreichte die Nachricht von der Umsiedlung mitten im Dorpater Studentenleben. Da nicht alle deutschen Güter und Höfe in den ländlichen Bezirken Telefonanschlüsse hatten, stellte ich mich als Motorradbesitzer für die Nachrichtenübermittlung zur Verfügung. Ich erhielt eine Liste mit etwa 20 Namen und fuhr dann im strömenden Regen drei Tage lang über verschlammte Waldwege von Gut zu Gut. Dann blieben mir nur noch etwa zehn Tage zum Abschiednehmen, denn im Familienrat war beschlossen worden, daß ich vorausfahren und mich dort, wo immer wir angesiedelt werden würden, rechtzeitig um eine gute Apotheke für meinen Vater kümmern sollte. Hinzu kam, daß alle Medizinstudenten gebeten wurden, sich als Hilfspersonal für den Transport der Alten und Kranken zur Verfügung zu stellen, die Ende Oktober mit der 11 000 Tonnen schweren »Sierra Cordoba« von Tallinn nach Gdynia (Gdingen, Gotenhafen) — westlich von Danzig (Gdansk) — verschifft werden sollten.

Zehn Tage — und das für einen recht sentimentalen Menschen wie mich. Alles war plötzlich anders geworden, ich sah Dinge, die ich früher nie gesehen, und hörte Worte, die ich früher nie gehört hatte, von Freunden wie auch von völlig Fremden.

In Pölva saß ich stundenlang ganz allein am Fluß, neben einem Erlenbusch, wo ich meinen ersten großen Hecht gefangen hatte, oder ich besuchte den alten Wilderer, von dem meine Flinte stammte. Ich fuhr zu Bauernhöfen, mit deren Söhnen oder Töchtern mich irgend etwas verband, verschenkte einige meiner Sachen, auch meinen Jagdhund, oder bekam selbst Abschiedsgeschenke — einen besonders schönen silbernen Schnapsbecher mit einem Wappen und einem Stück Bernstein, bei dem ich schon meine Phantasie arg strapazieren mußte, um mir auszumalen, wie der seinen Weg von Sankt

178

Petersburg oder sonstwoher in dieses Bauerngehöft gefunden hatte. Ich weiß es nicht mehr genau, aber wahrscheinlich habe ich damals, abgesehen von meinen frühen Kindertagen, auch zum erstenmal geweint. Und auf dem Weg nach Tartu war ich noch eine Stunde bei Aino. Es war das letzte Mal, daß ich sie gesehen habe, denn als ich drei Jahre später als Soldat der deutschen Wehrmacht nach Estland zurückkehrte, stand ihre Waldhütte nicht mehr; sie war abgebrannt, und niemand konnte mir sagen, wo Aino geblieben war. Sollte sie beim Einmarsch der Rotarmisten ins Moor gelaufen sein?

Die Stimmung unter den estnischen Studenten in Tartu war zwiespältig. Neben Trauer über das Nachgeben gegenüber Moskau und Sorge um die Zukunft machte sich auch eine Tanz-auf-dem-Vulkan-Stimmung breit. In Nachtlokalen herrschte eine hektische Atmosphäre. Es gab auch antideutsche Töne. Als ich eines Tages in das altvertraute »Vanemuine« kam, hörte ich zur Melodie des Lambeth-Walk den Text:

»Kauft Butter ein, kauft Butter ein,
Adolf Hitler ruft euch heim!«

Die wenigen Tage vergingen in einem Rausch, einem schmerzvollen Rausch. Der Convent der »Baltonia« löste sich auf, wir verteilten unsere Silberpokale, Paraderapiere, Alben und andere Erinnerungsstücke untereinander, statteten einigen estnischen und russischen Conventsquartieren Besuche ab, nahmen herzlichen Abschied von Kellnern, die uns bei leeren Brieftaschen Kredit eingeräumt hatten, und von so manchem Droschkenkutscher, der uns zu früher Morgenstunde sicher und wohlbehalten zu unseren Studentenbuden gebracht hatte. Es floß auch so manche weibliche Träne. Und immer wieder die gleiche Frage: Werden wir uns je wiedersehen? Und vielleicht das Wichtigste: Mir war nie so klargeworden wie in diesen Oktobertagen des Jahres 1939, wie nah mir die Esten eigentlich standen. War es nicht doch Verrat, jetzt dieses Land zu verlassen, wo die ersten sowjetischen Truppen bereits einmarschbereit hinter der Narova standen? So wie ich dachten damals viele Deutsch-Balten, und ich bin sicher, daß viele auch geblieben wären, wenn die estnische Führung damals beschlossen hätte, Widerstand zu leisten und zu kämpfen, wie es die Finnen zwei Monate später taten, als Stalin auch ihnen sein Ultimatum stellte.

Die Reaktionen der offiziellen Stellen und der Presse waren unterschiedlich. Der estnische Wirtschaftsminister Sepp erklärte in einer Rede:

»Wir haben beschlossen, unsere deutsche völkische Minderheit in der geschichtlichen Abschiedsstunde ebenso korrekt und großzügig zu behandeln, wie wir das während der ganzen Zeit unserer Selbständigkeit getan haben ... Wollen wir das Schlechte, das zwischen uns war, vergessen und das, was gut war, in Erinnerung behalten.«

Und General Laidoner, der Oberbefehlshaber der estnischen Streitkräfte, sagte bei einem Abschiedsempfang für die scheidenden deutsch-baltischen Offiziere nach Worten des aufrichtigen Dankes:

»Dienen Sie Ihrem neuen Vaterland so, wie Sie es der Estnischen Republik gegenüber getan haben.«

In privaten Gesprächen haben viele estnische Politiker die Abwanderung der Deutschen als großen wirtschaftlichen und kulturellen Verlust bezeichnet. Natürlich gab es daneben auch negative Stimmen in der Gesellschaft wie auch in der Presse. Ein estnischer Schriftsteller zitierte Jahre später in seinen Memoiren eine junge, extrem nationalistisch eingestellte Dame wie folgt:

»Die fühlen sich ja nicht als estnische Staatsbürger, sondern als Deutsche, die vorübergehend in einem selbständigen Estland wohnen. Vorübergehend erst, seit sie in Estland nicht mehr mit der Reitpeitsche kommandieren und estnischen Bauern die Mütze vom Kopf schlagen können! Und jetzt, wo es gefährlich wird, gehen sie heim ins Reich!«

Natürlich lieferte die Umsiedlung der Deutschen auch für die Boulevardpresse viel bunten Stoff. Einiges läßt sich unter Titeln subsumieren wie »Baron erschießt eigenhändig seine sieben reinrassigen Jagdhunde« oder »Bankierstochter R. S. geht mit fünf Flaschen Wodka an Bord ihres Umsiedlerschiffes«. Dazu gehören auch sentimentale Reportagen, in denen viel Mitgefühl anklingt. So beispielsweise Berichte darüber, daß viele Umsiedler estnische Heimaterde und Schallplatten mit der Nationalhymne mitgenommen und an Bord ihres Schiffes ein dreifaches »Er-lebe-hoch« auf den estnischen Staatspräsidenten ausgebracht hätten. Eine Zeitung unterzog sich sogar der Mühe, die Angehörigen größerer Adelsfamilien zusammenzuzählen, und kam zu dem Ergebnis, daß insgesamt 89 Stackelbergs, 75 Maydells, 56 Dehns, 55 Mühlens, 52 Schillings und 49 Buxhoevedens nach Deutschland abgereist wären.

Die Umsiedlung der Deutschen aus Lettland verlief ähnlich, nur erfaßte sie viel mehr Menschen und erstreckte sich auch auf Schichten, die einer stärkeren Führung und Betreuung bedurften. Ein besonderes Problem bildeten dabei lettische Staatsbürger, die irgendwo zwischen dem deutschen und lettischen Volkstum standen, familiäre Bindungen zu beiden Seiten hatten und infolgedessen in ihren Entschlüssen hin und her schwankten. Erleichternd für die Umsiedlung wirkte sich in Lettland die viel straffere Organisation der dortigen Volksgemeinschaft aus. Von lettischer Seite wurde, ganz dem gespannten Verhältnis entsprechend, allen Deutschen und Deutschstämmigen zur Umsiedlung geraten. Ebenso wurde

Personen die Ausreise gestattet, die sich bislang als Letten ausgegeben hatten und nun plötzlich ihr Deutschtum entdeckten. Rundgerechnet wurden bis Mitte Dezember 50000 Deutsch-Balten umgesiedelt, dazu kamen noch etwa 3000 Staatenlose, Halbletten und Reichsdeutsche. Das heißt, daß etwa 90 Prozent aller Deutschen umsiedelten. Dazu eine Stellungnahme des damaligen lettischen Staatspräsidenten Ulmanis:

»Welches auch immer die Gründe sein mögen, wenn jemand fahren will, so möge er fahren. Er soll aber wissen, daß ein Wegfahren in diesen Tagen nur so möglich ist wie auch bei den deutschen Bürgern Lettlands — auf Nimmerwiederkehr.«

Besonders schwierig waren in beiden Ländern die Verhandlungen über die Überführung des deutsch-baltischen Kulturbesitzes nach Deutschland und die Verrechnung der von den Umsiedlern hinterlassenen Vermögenswerte. Grundsätzlich gingen die Vermögenswerte in den Besitz des estnischen und lettischen Staates über, wobei die deutsche Regierung das Verrechnungs- und Verkaufsverfahren übernahm. Auf beide Länder wurde von Berlin erheblicher Druck ausgeübt, wobei es in der Frage des deutsch-baltischen Kulturbesitzes (Silberschätze, Archive, Gemälde, historische Bauten und so weiter) zur Bildung paritätisch besetzter Verhandlungskommissionen kam. Die Lage verschlechterte sich noch mehr, nachdem Estland und Lettland Sowjetrepubliken geworden waren und die neuen Machthaber sogar die Realisierung bereits beschlossener Regelungen zu sabotieren begannen. Auch verschiedentliche diplomatische Interventionen bei Molotow in Moskau halfen nichts. Das Problem der Überführung des von deutscher Seite beanspruchten deutsch-baltischen Kulturbesitzes ins Deutsche Reich konnte nicht endgültig gelöst werden. Auch die Verhandlungen über die hinterlassenen Vermögenswerte fanden keinen befriedigenden Abschluß. Zwar erklärte sich die Sowjetunion im Moskauer Vertrag vom 10. Januar 1941 zu einer Pauschalzahlung von 200 Millionen Reichsmark als Abgeltung für das gesamte deutsche Vermögen in Estland, Lettland und Litauen bereit, doch diese Summe entsprach keineswegs dem Wert.

Die Hektik der beiden letzten Tage in Tallinn führte dazu, daß der Abschied von meiner Geburtsstadt heute in einen Nebelschleier des Sich-nicht-Erinnern-Könnens eingehüllt ist. Ich weiß nicht mehr, wo ich überall war und mit wem ich gesprochen habe. Ich entsinne mich aber eines Gesprächs mit einem estnischen Offizier, irgendwann in der Nacht, auf irgendwelchen kalten Steinstufen sitzend. Das Licht der alten Gaslaternen konnte kaum den Nieselregen durchdringen, alles verschwamm in einem feuchten Grau. Und so auch meine damaligen Empfindungen. Mit dem bereits im Hafen liegenden Schiff war neben die Trauer natürlich auch eine gute Portion von Erwartungsstimmung getreten. Aber was erwartete mich schon im besetzten polnischen Gebiet, was würde das kriegführende Deutschland mit mir anfangen? Undeutlich glaube ich mich an Worte des estnischen Leutnants erinnern zu können, die dem Sinne nach besagten, daß wir beide wohl fallen würden: er beim Kampf gegen die Sowjetunion, ich irgendwo im Westen. Ob er überlebt hat?

Bis zur Flucht meiner Eltern aus dem damals so benannten Warthegau oder Wartheland im Winter 1945 existierte ein Foto, das mich zeigt, wie ich einer alten, offenbar gehbehinderten Dame aus dem Revaler adligen Damenstift behilflich bin, über den Laufsteg an Bord der »Sierra Cordoba« zu gehen. Es könnte eine Freundin der Fürstin K. gewesen sein, die kurz nach der Umsiedlung ein schönes Beispiel dafür geliefert hat, wie wenig einige der älteren Umsiedler von dem wußten, was sie erwartete, und wie weltfremd sie den Machtstrukturen des nationalsozialistischen Deutschland gegenüberstanden. Von der Fürstin erzählt man sich folgende Geschichte:

Die Damen des Revaler Stiftes kamen in ein Heim im west-preußischen Schwetz an der Weichsel. Da sich verschiedene Erwartungen der Umsiedler gleich während der ersten Wochen nicht erfüllten, ein Teil des Gepäckes ausblieb, die Versorgung mit Lebensmitteln bereits der Kriegslage entsprach und so weiter, wurde unter den Umsiedlern schon sehr bald gemurrt und geschimpft. Dies meldeten die örtlichen SS-Dienststellen oder sonstigen Überwachungsorgane natürlich nach Berlin. Dort beschloß man daraufhin, die Stimmung der Umsiedler durch ein Weihnachtsgeschenk aufzubessern, das die Bezeich-nung »Führerpaket« erhielt.

So machte sich kurz vor Weihnachten der NSDAP-Kreislei-ter von Schwetz auf den Weg, um die ersten »Führerpakete« höchstpersönlich zu überreichen. Im kleinen Zimmer der Für-stin K. knallte er die Hacken zusammen und rief:

»Frau Fürstin, ich habe die Ehre, Ihnen das ›Führerpaket‹ zu überreichen!«

Nun war die alte Durchlaucht schon seit Jahrzehnten fast stocktaub. Allerdings besaß sie ein wunderschönes, mit Tula-Silber verziertes Hörrohr aus Elfenbein, das man in drei Schü-ben ausziehen konnte — mit angeblich sich steigernder Hörlei-stung. Obwohl die Stufe eins bereits ausgefahren war, verstand die Fürstin kein Wort, sondern fragte nur:

»Was, bitte, sagten Sie doch, junger Mann?«

Der gestiefelte »Goldfasan« schaute entsetzt drein und wie-derholte dann seine Rede noch lauter. Durchlaucht, die ihr Hörrohr inzwischen um weitere zehn Zentimeter verlängert hatte, meinte:

»Verzeihen Sie, ich habe Sie immer noch nicht verstanden. Sprechen Sie doch etwas lauter.«

Der Kreisleiter brüllend:

»Ich darf Ihnen, ich muß Ihnen, Frau Fürstin, das ›Führerpaket‹ überreichen, das Paket unseres geliebten Führers, Adolf Hitler!«

Die Fürstin hatte mittlerweile ihr Hörrohr auf die äußerste Länge gebracht, und so zog schließlich ein erfreutes Lächeln des Verstehens über ihr runzliges Gesicht:

»Ach so, Sie sind Herr Hitler. Angenehm!«, und sie reichte dem Sprachlosen gnädig ihre Hand zum Kuß.

Von den Deutsch-Balten, die 1939/40 in den besetzten polnischen Gebieten angesiedelt wurden — seit dem 1. September 1939 herrschte, wie gesagt, Krieg —, ahnten wohl nur die wenigsten, daß sie fünf Jahre später noch weiter nach Westen würden ziehen müssen, diesmal auf der Flucht vor der Roten Armee, ohne Habe und in endlosen Trecks — zu Fuß, auf Pferdefuhrwerken oder im Laster zusammengepfercht, genau so, wie es auch die Ostpreußen, die Schlesier und viele andere tun mußten. Nach diesen Erfahrungen, nach dieser zweimaligen Entwurzelung in so kurzer Zeit, wanderte über die Hälfte von ihnen nach Übersee aus, vor allem nach Kanada und in die USA. In der Bundesrepublik leben heute noch rund 50000 Deutsch-Balten, die sich zu ihrer baltischen Herkunft bekennen und sich zu einer Landsmannschaft zusammengeschlossen haben. In elf Landesverbänden und entsprechenden Bezirks- und Ortsgruppen versuchen sie, das baltische Erbe und seine Tradition zu pflegen, die Erinnerung an die Heimat wachzuhalten und so den Brückenschlag zu den nachwachsenden Generationen zu vollziehen. Es gibt ein »Jahrbuch des baltischen Deutschtums« und die Monatszeitschrift »Baltische Briefe«. Eigene Publikationen haben der »Deutsch-baltische Jugend- und Studenten-ring« und der »Deutsch-Baltische Kirchliche Dienst«. Daneben existieren caritative Vereinigungen und drei baltische Studen-tenverbindungen. Als wichtigste wissenschaftliche Gesell-schaften wäre zu nennen die »Carl-Schirren-Gesellschaft«, das eigentliche Kulturzentrum der Balten in Lüneburg, und die »Baltische Historische Kommission« in Göttingen. Ein wei-teres kulturelles Zentrum ist das Zinnkann-Haus in Darmstadt, der Patenstadt der »Deutsch-Baltischen Landsmannschaft«. Alle genannten Organisationen haben ihre regelmäßigen Ta-gungen, es gibt Balten-Bälle, baltische Jugendfreizeiten und ähnliches mehr. Die vier baltischen »Ritterschaften« haben sich, abgesehen von ihrer Zugehörigkeit zur Landsmannschaft, zu einem eigenen Verband zusammengeschlossen, geben ein eigenes Nachrichtenblatt heraus und veranstalten ihre eigenen Bälle. Als standesgemäße Unternehmung besonderer Art wer-den vom Verband unter anderem Radtouren für jugendliche Ritter und »Ritterinnen« angeboten. An diesen baltischen Sternfahrten dürfen sich auch ausländische Adelsvereinigun-gen beteiligen; es ist ein ebenso geschlossener wie die Landes-grenzen überschreitender Kreis.

# III  SPIELBALL DER MÄCHTIGEN

*Wie man ein Teil der Sowjetunion wird — ein Lehrstück*

Kaum hatten die sowjetischen Truppen Ende 1939 ihre Stützpunkte in den drei baltischen Staaten bezogen — womit sie
praktisch ein militärisches Übergewicht über die estnischen,
lettischen und litauischen Streitkräfte besaßen —, setzte auch
schon der politische Druck aus Moskau ein. In immer stärkerem Maße mischten sich die sowjetischen Diplomaten in die
inneren Angelegenheiten der formal noch souveränen Staaten,
es gab Provokationen und unberechtigte Vorwürfe. Eine, Jahre
später gefundene, streng geheime Direktive des Generals des
Geheimdienstes NKWD, Serow, vom Dezember 1939 enthält
praktisch das gesamte Szenario für den Terror und die Erpres-
sung, die dann im Juli 1940 zum Sturz der legalen Regierungen
führen sollten, dazu gehörten beispielsweise vom sowjetischen
Geheimdienst inszenierte Sabotageakte und Anschläge auf
sowjetische Soldaten, die alle als Vorwand für die spätere
Okkupation herangezogen werden konnten. Gewiß war die
Stimmung in der Bevölkerung sowjetfeindlich, aber aufgrund
strenger Anweisungen sowohl der Regierungsstellen als auch
der militärischen Führung bewiesen die Esten, Letten und
Litauer in diesen kritischen Monaten äußerste Zurückhaltung
und ließen sich nicht provozieren. Was sie nicht hinderte, die
fremden Offiziere und Soldaten zu verfluchen und sich über
deren Frauen und ihre Umgangsformen zu mokieren.

Obwohl die Kontakte zwischen den sowjetischen Truppen und den Einheimischen auf ein Minimum reduziert waren, konnte ein gelegentliches Auftreten der Fremden in der Öffentlichkeit nicht ausbleiben, sei es bei offiziellen Empfängen, sei es bei Theaterbesuchen. Die estnische Gesellschaft in Tallinn hat sich vor Lachen den Bauch gehalten, als sowjetische »Damen« zum erstenmal im Estonia-Theater in seidenen Nachthemden erschienen, die sie kurz zuvor in der eleganten Viru-Straße in dem Glauben gekauft hatten, es seien Abendkleider.

Die erste massive Drohung traf Litauen. Moskau warf den litauischen Behörden vor, sowjetische Soldaten festgenommen und von ihnen militärische Geheimnisse erpreßt zu haben. Zur Klärung des Falles wurde Ministerpräsident Merkys am 7. Juni 1940 nach Moskau zitiert. Dort wurde er von Molotow lediglich mit neuen unsinnigen Vorwürfen konfrontiert, so beispielsweise mit der Behauptung, Litauen habe mit Estland und Lettland einen geheimen Militärpakt abgeschlossen.

In richtiger Interpretation dieses sowjetischen Vorgehens haben damals alle drei baltischen Regierungen ihren Auslandsvertretungen besondere Vollmachten für den Fall erteilt, daß ihre Länder eines Tages ihre Souveränität verlieren würden. Und der nächste Schlag erfolgte auch schon sieben Tage später. Kurz vor Mitternacht wurde der in Moskau zurückgebliebene litauische Außenminister Urbšys in den Kreml zitiert und von Molotow mit einer Note konfrontiert, die in ultimativer Form sowohl die sofortige Bildung einer neuen sowjetfreundlichen litauischen Regierung als auch die Zustimmung zur Besetzung der wichtigsten Städte Litauens durch zusätzliche sowjetische Truppen verlangte. Dieses Ultimatum mußte im Laufe von genau zehn Stunden beantwortet werden. Noch in der gleichen Nacht beschloß die litauische Regierung unter Vorsitz des

Staatspräsidenten Smetona, das Ultimatum anzunehmen — unter anderem auch deshalb, weil vorsorgliche litauische Sondierungen in Berlin ergeben hatten, daß von deutscher Seite keine Hilfe zu erwarten war.

Aber auch die neugebildete litauische Regierung wurde von Molotow nicht akzeptiert, und er kündigte entsprechende Maßnahmen an. Darauf verließen Staatspräsident Smetona und viele andere führende Persönlichkeiten noch am gleichen Tage das Land.

Am Tag darauf, als die angekündigten sowjetischen Truppen bereits in Litauen eindrangen, erhielten auch die Gesandten Estlands und Lettlands von Molotow ultimative Noten, für deren Beantwortung der Kreml diesmal sogar nur acht Stunden Zeit ließ. Auch diesmal mußte das Gespenst eines beabsichtigten geheimen estnisch-lettisch-litauisch-finnischen, gegen die Sowjetunion gerichteten Militärpaktes als Begründung herhalten. In Wahrheit hat es im Dezember 1939 und im März 1940 Konferenzen der drei Außenminister gegeben, die aber keineswegs geheimgehalten wurden und bei denen auch keinerlei antisowjetische Beschlüsse gefaßt wurden, schon gar nicht solche militärischer Art.

Nachdem eindeutig feststand, daß die Sowjets mittlerweile insgesamt etwa 500000 Mann an den Grenzen der drei Republiken hatten aufmarschieren lassen, beugten sich auch Estland und Lettland den ihnen gestellten Ultimaten. Am Tage darauf, am 17. Juni 1940, begann der Einmarsch eines Teils dieser sowjetischen Truppen. In Estland standen den etwa 15000 Mann starken eigenen Streitkräften nach Abschluß des sowjetischen Einmarsches ungefähr 120000 sowjetische Soldaten gegenüber. Nach verbürgten Berichten hat der estnische Staatspräsident buchstäblich noch in letzter Stunde versucht, die deutsche Reichsregierung zu bewegen, in Moskau zu intervenieren und die

Integrität Estlands zu retten. Aber auch dieser Versuch ist vergeblich gewesen. Gegenüber dem deutschen Botschafter in Moskau, Graf von der Schulenburg, begründete Molotow das sowjetische Vorgehen mit der Behauptung, es wäre nötig gewesen, die Intrigen zu durchkreuzen, mit denen die Westmächte im Baltikum versucht hätten, einen Keil zwischen die Sowjetunion und Deutschland zu treiben.

Gleichzeitig mit den sowjetischen Truppen trafen drei hohe Sowjetfunktionäre im Baltikum ein, die von Stalin mit der Regie des »Anschlusses« beauftragt worden waren: Andrej Schdanow in Tallinn, Andrej Wyschinskij in Riga und Wladimir Dekanossow in Kaunas. Vom ersten Tage ihres Auftretens an ließen sie keinen Zweifel daran, daß sie, auf die Bajonette ihrer weit überlegenen Truppen gestützt, hinfort das Sagen in den drei Ländern haben würden. Charakteristisch dafür war das Verhalten Schdanows in Tallinn.

Der vom estnischen Staatspräsidenten vorgeschlagene neue Ministerpräsident wurde von Schdanow schlichtweg abgelehnt. Statt dessen schlug er Päts den Arzt und Schriftsteller Vares-Barbarus als Regierungschef vor. Als sich Päts vier Tage lang weigerte, das sowjetfreundliche Kabinett zu akzeptieren, erteilte Schdanow den örtlichen kommunistischen Kräften und dem in den sowjetischen Truppenstützpunkten beschäftigten Hilfspersonal den Befehl, unter dem Schutz der Roten Armee Straßendemonstrationen durchzuführen und wichtige Gebäude zu besetzen. Es kam auch zur gewaltsamen Befreiung politischer Häftlinge und zur Hissung einer roten Fahne auf dem Wahrzeichen der Stadt, dem »Langen Hermann«. Päts mußte schließlich nachgeben und geriet trotz laufender Sympathiekundgebungen seitens der Bevölkerung zunehmend in die politische und auch physische Isolierung. Auch der lettische Staatspräsident Ulmanis erhielt vom deutschen Gesandten auf seine Anfrage, ob die lettischen Streitkräfte im Konfliktfall mit deutschen Waffenlieferungen rechnen könnten, eine negative Antwort. Mit ähnlichen Demonstrationen und Drohungen wie Schdanow in Estland, setzte Wyschinskij — über den es noch viel zu sagen gäbe — nun auch in Lettland gegen den Willen des Präsidenten die Bildung einer ihm genehmen »Volksregierung« durch. Dabei gab es blutige Straßenkämpfe, in die auch Matrosen des sowjetischen Kreuzers »Marat« eingriffen. Die Entwicklung in Litauen verlief ähnlich.

Auf die Bildung der »Volksregierungen« folgten einen Monat später in allen drei Ländern »Volkswahlen«. Es waren unter sowjetischer Regie abgewickelte Akklamationswahlen, die völkerrechtlich eine Verfälschung des Wählerwillens darstellten und zudem auch in Widerspruch zu den noch geltenden Wahlgesetzen der baltischen Staaten standen. Die bei diesen »Volkswahlen« als treibende Kraft auftretenden örtlichen kommunistischen Parteien hatten sich nachweislich der Befehlsgewalt der Moskauer Parteiführung unterworfen. Der Bevölkerung wurde keine Gelegenheit gegeben, gegen die auf dem Dekretwege kurzfristig abgeänderten Wahlbestimmungen zu protestieren. Die vorgeschriebenen Wahlfristen wurden verkürzt, bürgerliche Kandidaten nicht zur Wahl zugelassen, das Wahlgeheimnis verletzt und das Wahlergebnis gefälscht.

Parallel zu dieser politischen Entmachtung der nationalen estnischen Führung erfolgte auch die vom sowjetischen Militärbefehlshaber durchgesetzte Entwaffnung der estnischen Streitkräfte. Diese mußten zudem ihre Kasernen räumen, sie den einrückenden sowjetischen Truppen überlassen und in leerstehende Schulgebäude umziehen. Der estnische Oberbefehlshaber General Laidoner wurde auf Verlangen Schdanows von Staatspräsident Päts abgesetzt, einen Monat später verhaftet und in die russische Stadt Pensa verschleppt. Dort verlieren sich seine Spuren. Nach nichtoffiziellen Angaben ist er in einem Gefangenenlager gestorben.

In Estland erhielt die kommunistische Einheitsliste 92,9 Prozent, in Lettland 97,6 Prozent und in Litauen 99,2 Prozent der Stimmen. Infolge eines Moskauer Regiefehlers wurden diese Wahlergebnisse allerdings schon einen Tag vor der Wahl von der sowjetischen Nachrichtenagentur TASS bekanntgegeben. Am 21. und 22. Juli traten die drei Scheinparlamente zu ihren ersten Sitzungen zusammen und beschlossen die Umwandlung der drei baltischen Republiken in Sowjetrepubliken. Auch bei der Verabschiedung der entsprechenden Deklarationen wurden die formell noch gültigen Verfassungen verletzt. Es fand auch kein Volksentscheid statt, und die erforderliche Verkündung durch den Staatspräsidenten blieb aus. Sie mußte allein schon deshalb ausbleiben, weil der litauische Präsident Smetòna bereits das Land verlassen hatte, der estnische Präsident Päts bereits verhaftet und der lettische Präsident Ulmanis schon in die Sowjetunion verschleppt worden war.


*Konstantin Päts*


Verwandte von Konstantin Päts versuchten noch in letzter Stunde unter Einschaltung der amerikanischen Gesandtschaft vergeblich seine Ausreise ins westliche Ausland zu erreichen. Am 30. Juli 1940 wurde er in die Ural-Stadt Ufa verschleppt. Beide, Ulmanis und Päts, sind nach langer Haftzeit in der Verbannung gestorben.

Päts hat auf fast gespenstische Weise noch zweimal auf sich aufmerksam machen können, nachdem sich seine Spuren zunächst im Ungewissen aufgelöst hatten. Kennzeichnend für seine Haltung ist eine Antwort, die er unmittelbar vor dem

Abtransport in die Sowjetunion seinem Enkel Matti gab. Dieser hatte ihn, als die Familie weinend unter den wachsamen Augen von NKWD-Offizieren ein paar Sachen für die lange Reise zusammenpacken mußte, gefragt:

»Großvater, warum weinst du nicht auch?«

»Kind, ich habe alle meine Tränen bereits für das estnische Volk vergossen; ich habe keine mehr.«

Ein schriftliches Lebenszeichen des Präsidenten erreichte den Westen im Jahre 1977, also bereits nach seinem Tode — wohl um 1956. Im estnischen Generalkonsulat in New York, das nach wie vor besteht, gingen drei von ihm selbst geschriebene und aus der Sowjetunion herausgeschmuggelte Botschaften von Konstantin Päts ein. In der an den Generalsekretär der UNO gerichteten Botschaft heißt es:

»Ich wende mich an die UNO und an die gesamte zivilisierte Welt mit der Bitte, den Völkern Estlands, Lettlands und Litauens zu helfen, gegen die von den russischen Beherrschern Gewalt angewandt wird und die infolgedessen Gefahr laufen unterzugehen. Ich erkläre den Anschluß der baltischen Staaten, der im Jahre 1940 durchgeführt wurde, als grobe Verfälschung des internationalen Rechts und als Verfälschung des Willens der eingegliederten Völker.«

Und in einer Botschaft an das estnische Volk heißt es:

»Ich grüße Euch in unserer kämpfenden Heimat wie auch in den Gefängnissen Rußlands, im Ausland und in Euren Geburtsorten, und wünsche Euch alles Gute, Festigkeit und Kraft zu Eurem gerechten Kampf . . . Seit dem Jahre 1940 werde ich ohne Gerichtsurteil und ohne jegliche Anklage in Rußland als Gefangener in einem jüdischen Armenkrankenhaus festgehalten . . . Als Folge meines Greisenalters und der unbeschreiblich schweren Lebensumstände hat sich meine Gesundheit hier sehr verschlechtert. Es ist schwer zu schildern, wie man hier

Gewalt gegen mich angewandt hat. Man hat mir alles fortgenommen, was ich an eigenen Dingen bei mir hatte, man verbot mir sogar, meinen Namen zu gebrauchen. Hier bin ich nur die Nummer 12. Ich habe zu meinem Schutz nicht einmal die Hilfe, wie sie anderswo von Tierschutzvereinen geboten wird. Ich bin jetzt fast 80 Jahre alt. Es bleiben mir noch wenige Lebenstage übrig ... Dabei bin ich noch immer der Präsident des Freistaates Estland und habe das Recht ... (unleserlich) auch eine entsprechende Behandlung zu erwarten ...«

Die Botschaften, für deren Echtheit sich der Estnische Generalkonsul in New York, Ernst Jaakson, verbürgt, tragen die Unterschriften »K. Päts« und sind in der rechten unteren Ecke mit einem Fingerabdruck des Präsidenten versehen. Sie wurden, wenn man vom Hinweis auf seinen 80. Geburtstag ausgeht, 1953 oder 1954 geschrieben. Als Todesdatum wird jetzt von sowjetischer Seite, allerdings ohne nähere Angaben, das Jahr 1956 genannt, als Todesort die russische Stadt Tver (Kalinin), nordwestlich von Moskau.

Das zweite, diesmal persönliche Auftreten von Päts fand im Dezember 1954 in der psychiatrischen Anstalt Jämejala bei Viljandi statt. Zwei Krankenschwestern und zwei Sanitäter, die damals in der Anstalt beschäftigt waren, haben den Ablauf der Dinge wie folgt geschildert:

Anfang Dezember 1954 traf aus dem Gesundheitsministerium in Tallinn die Nachricht ein, aus Kasan an der Wolga werde demnächst ein Geisteskranker mit Namen Konstantin Päts eingeliefert werden. Am Abend des 18. Dezember traf tatsächlich in einem Krankenwagen ein bis auf die Knochen abgemagerter Greis in Jämejala ein und wurde von einem Teil des Pflegepersonals als der ehemalige Staatspräsident erkannt. Er kam in ein Zimmer mit verhängten Fenstern, Freunde oder Verwandte durften nicht zu ihm gelassen werden, und das

Personal wurde zum Schweigen verpflichtet. In den aus Kasan mitgekommenen Begleitpapieren stand, daß der Patient an altersbedingter Geistesschwäche leide, sich für den Präsidenten von Estland halte und äußerst aufbrausend sei. Nach Ansicht des Personals in Jämejala war er sehr schwach, gelegentlich depressiv, in der Regel aber ohne Sinnestäuschungen. Er besaß auch noch das örtliche und zeitliche Orientierungsvermögen. Dieses setzte nur gelegentlich aus, beispielsweise wenn er ganz plötzlich erklärte, er müsse nun nach Schloß Oru (das ehemalige Präsidentenschloß) fahren und Regierungsgeschäfte wahrnehmen. Einmal, als der behandelnde Arzt ihn zu sich zitierte, ließ Päts ihm ausrichten:

»Der Berg wird nicht zu Mohammed gehen. Soll dieser zum Berge kommen!«

Natürlich verbreitete sich die Nachricht von Päts' Anwesenheit in Jämejala trotz aller Geheimhaltungsverpflichtungen sehr schnell. Unter anderem meldete sich auch ein alter Bauer und bat, daß man ihm den Präsidenten zur Pflege überlassen möge. Seine Pension sei ausreichend, und Päts würde es bei ihm gut haben. In den Abendstunden des 29. Dezember, also nach elf Tagen, tauchten in drei schwarzen SIM-Limousinen einige NKWD-Obersten auf. Päts mußte aufstehen, bekam Wegzehrung und warme Bekleidung mit, darunter auch Handschuhe, die ihm ein Arzt geschenkt hatte, und wurde mit unbekanntem Ziel weggebracht. Seine Krankenpapiere mußten auf Anweisung der NKWD-Offiziere gefälscht werden: Er erhielt einen anderen Vor- und Vatersnamen. Das Personal erhielt den Befehl, auf alle Fragen zu antworten, der ehemalige Präsident sei nie in Jämejala gewesen.

Am 21. und 22. Juli hatten die Scheinparlamente aber nicht nur beschlossen, ihre Staaten in Sowjetrepubliken umzuwandeln, sondern auch, sich der brüderlichen großen Sowjetunion anzuschließen. Es existiert ein Foto, auf dem diese Beschlußfassung der estnischen Abgeordneten festgehalten ist: Zwischen den Abgeordneten und der erhöhten Präsidiumstribüne stehen, über die ganze Breite des Saales verteilt, zwei Reihen sowjetischer Offiziere und Soldaten aller Waffengattungen, angeblich als Ehrenformationen, tatsächlich aber als nicht übersehbare Drohung an die Adresse der Abgeordneten.

Der formal letzte Akt dieser Schmierentragödie fand zwei Wochen später im Moskauer Kreml statt. Auf einer Sitzung des obersten Sowjets baten eine litauische, eine lettische und eine estnische Delegation am 3., 5. und 6. August 1940 offiziell um Aufnahme in die Sowjetunion. Dieser Bitte wurde einstimmig entsprochen. Litauen wurde als 14., Lettland als 15. und Estland als 16. Unionsrepublik in die UdSSR aufgenommen.

Westliche Völkerrechtler haben den Verlauf und die Begleitumstände dieser »Anschlüsse« der baltischen Republiken an die Sowjetunion als völkerrechtswidrige Besetzung und Annexion eingestuft und vertreten dementsprechend auch die Ansicht, daß die drei Republiken als, freilich nicht handlungsfähige, Völkerrechtssubjekte bis zum heutigen Tage weiterbestehen. Abgesehen von den unter militärischem Druck und Terror erzwungenen Wahlergebnissen, hat die Sowjetunion bei ihrem Vorgehen gegen die baltischen Staaten insgesamt auch 15 bilaterale und multilaterale Verträge oder Konventionen verletzt, darunter:

1. Die Völkerbundskonvention vom 10. 1. 1920, die später

auch von der Sowjetunion und den drei baltischen Staaten unterzeichnet wurde.

2. Die drei Friedensverträge mit den baltischen Staaten von 1920.

3. Den Nichtangriffspakt mit Litauen vom 28. 9. 1926.

4. Den Pariser Vertrag über die Ächtung des Krieges als Mittel nationaler Politik vom 27. 8. 1928, der von 63 Staaten, darunter auch die Sowjetunion, Estland, Lettland und Litauen, unterzeichnet wurde.

5. Den Nichtangriffspakt mit Lettland vom 5. 2. 1932.

6. Den Nichtangriffspakt mit Estland vom 4. 5. 1932.

7. Die drei Beistandspakte zwischen der Sowjetunion und den baltischen Republiken vom September und Oktober 1939.

Angesichts dieser völkerrechtlichen Lage haben fast alle nichtkommunistischen Staaten die Einverleibung der baltischen Staaten in die Sowjetunion bis zum heutigen Tage de jure auch nicht anerkannt, darunter alle NATO-Staaten bis auf die Niederlande. So erklärte beispielsweise der amerikanische Delegationsleiter auf der KSZE-Nachfolgekonferenz in Madrid am 15. 12. 1980:

»Die USA erkennen die illegale Vereinnahmung der Staaten Estland, Lettland und Litauen durch Waffengewalt seitens der Sowjetunion nicht an. Ich weise in diesem Zusammenhang auch auf das Prinzip IV (territoriale Integrität aller Staaten) der Schlußakte von Helsinki hin, nach dem keine völkerrechtswidrige Okkupation oder Gebietsaneignung als legal anerkannt werden darf. Ich möchte den beharrlichen Rechtsstandpunkt meiner Regierung wiederholen, daß diese Bestimmung auch auf die baltischen Staaten Anwendung finden muß.«

Und am »Tag der baltischen Freiheit 1987«, der in den USA feierlich begangen wurde, erklärte Präsident Reagan:

»Die Vereinigten Staaten verteidigen standhaft das Recht

Litauens, Lettlands und Estlands auf ihre Existenz als unabhängige Staaten. Wir wollen fortfahren, jede Gelegenheit wahrzunehmen, um der Sowjetunion unsere Unterstützung der baltischen Völker in ihrem Recht auf nationale Unabhängigkeit und in ihrem Recht, ihr Schicksal wieder frei von Fremdherrschaft selbst bestimmen zu können, zu verdeutlichen.«

Der offizielle Standpunkt der Bundesregierung wurde am 18. März 1987 in einem Schreiben des Auswärtigen Amtes an den Präsidenten des Baltischen Weltrates in New York wie folgt formuliert:

»Die Bundesregierung hat die Annexion der baltischen Staaten durch die Sowjetunion im Jahre 1940 nicht anerkannt und wird es auch in Zukunft nicht tun. Bei der Aufnahme diplomatischer Beziehungen zur Sowjetunion im Jahre 1955 hat Bundeskanzler Adenauer daher Ministerpräsident Bulganin in einem Schreiben Vorbehalte hinsichtlich der Anerkennung territorialer Besitzstände angemeldet ... Auch der Moskauer Vertrag zwischen der Bundesregierung und der Sowjetunion vom 12. 8. 1970 hat an der Rechtslage nichts geändert.«

Vor fast 50 Jahren, als Lettland gerade eine Sowjetrepublik geworden war, stattete der deutsche Gesandte in Riga, Ulrich von Kotze, dem dortigen Vertreter der Moskauer Parteiführung, Djerewjanskij, einen Höflichkeitsbesuch ab. In seinem Bericht an das Auswärtige Amt schrieb Herr von Kotze:

»Zuerst habe ich ihn beglückwünscht, daß die Angliederung und Realisierung der damit verbundenen offiziellen Akte ungehindert und ohne Opfer zu einem befriedigenden Ende durchgeführt wurden. Und ich fügte hinzu, daß wir ebenso wie die befreundete russische Nation Grund haben, uns über die erfolgreiche Aktion zu freuen.«

Die strikte Weigerung der Westmächte, die Annexion der baltischen Staaten anzuerkennen, bedingt auch, daß es ihren Ministern und ihren in Moskau akkreditierten Botschaftern verboten ist, die drei Sowjetrepubliken zu besuchen. Das führte beispielsweise dazu, daß es dem langjährigen deutschen Botschafter in Moskau, dem in Tallinn geborenen Andreas Meyer-Landrut, nicht gestattet war, seine Geburtsstadt zu besuchen.

*Deportationen, Bücherverbrennungen und Volkskommissare*

Sofort nach der Vereinnahmung der baltischen Republiken begann Moskau auch mit deren systematischer Sowjetisierung. Der erste Schritt auf diesem Wege war die konsequente Beseitigung aller »Klassenfeinde« und »Volksfeinde«, die vom bereits erwähnten General Serow geleitet wurde. Eine von ihm erstellte Liste umfaßte unter anderem folgende Kategorien von Personen, die zunächst registriert und überwacht werden sollten, um sie dann zu verhaften und in das Innere der Sowjetunion zu verschleppen: Angehörige der bisherigen nationalen Parlamente und prominente Mitglieder der politischen Parteien; Offiziere, die am Freiheitskrieg teilgenommen hatten; Regierungsmitglieder und höhere Beamte der Lokalverwaltungen; Staatsanwälte, Richter und Rechtsanwälte; Angehörige der Polizei- und Gefängnisverwaltung; Bürgermeister; Grenzschutztruppen und Wachpersonal; Redakteure der Zeitungen und Zeitschriften; Besitzer von Wirtschaftsunternehmen; Reeder; Aktienbesitzer; Großgrundbesitzer; Hoteliers und Restaurationsbesitzer; Mitglieder rechtsextremer Organisationen; Mitglieder der nationalen Selbstschutzorganisationen; aktive Mitglieder aller antibolschewistischen Organisationen, politischen Parteien und Vereinigungen; Verwandte von Personen, die sich weigerten, aus dem Ausland zurückzukehren; Familien von Personen, gegen die von sowjetischer Seite irgendwelche Vergeltungsmaßnahmen ergriffen wurden; Personen, deren Verwandte sich im Ausland antikommunistisch betätigten; Geistliche und aktive Mitglieder kirchlicher Organisationen.

Die Verhaftung und Deportation dieser Personen diente einem dreifachen Ziel:

1. Die Bevölkerung sollte nicht nur von allen patriotischen, sondern überhaupt von allen aktiven und einflußreichen Elementen »gesäubert« werden.

2. Der Widerstandswille der Bevölkerung sollte gebrochen werden, indem man ihr das grausame Schicksal, das alle Nonkonformisten erwartete, vor Augen führte.

3. Die Nationen als solche sollten geschwächt werden. Dabei gab es sowohl Deportationen aufgrund von Gerichtsurteilen als auch heimliche Verschleppungen, bei denen nicht einmal die Familienangehörigen unterrichtet wurden. Besonders gefürchtet waren die sogenannten »Troikas«, Sondergerichte aus drei Personen, darunter der örtliche NKWD-Offizier und der Parteisekretär, die ausschließlich Schuldsprüche fällten. Diese erfolgten meist nach dem § 58/13 des sowjetischen Strafgesetzbuches vom Jahre 1926, der folgenden Wortlaut hat:

»Aktive Handlungen oder aktiver Kampf gegen die Arbeiterklasse und gegen die revolutionäre Bewegung, ausgeführt auf verantwortlichem Posten oder im Geheimdienst (Agentur) während des zaristischen Regimes oder unter gegenrevolutionären Regierungen während des Bürgerkrieges, ziehen die im § 58/2 dieses Gesetzbuches genannten Maßnahmen des sozialen Schutzes nach sich.«

Diese Maßnahmen des »sozialen Schutzes« bestanden in

Erschießung und Einziehung des Vermögens oder, bei leichteren Fällen, in einer Freiheitsstrafe nicht unter drei Jahren.

Die Anwendung dieses Paragraphen ging davon aus, daß es die selbständigen baltischen Staaten und deren eigene Gesetzgebung überhaupt nicht gegeben hatte oder daß deren 20 Jahre während Existenz lediglich als eine Verlängerung des Bürgerkrieges von 1918 bis 1920 zu betrachten war. Als besonders grotesk muß die Tatsache bezeichnet werden, daß auch der estnische Staatsrechtler Professor Ants Piip, der am 2. Februar 1920 den sowjetisch-estnischen Friedensvertrag unterschrieben hatte — in dem Sowjetrußland auf »ewige Zeiten« die Souveränität Estlands anerkannte —, nach diesem Artikel 58/13 verurteilt wurde. Piip, der übrigens auch wesentlichen Anteil am Zustandekommen des sowjetisch-estnischen Beistandspaktes vom September 1939 hatte und nach der Unterzeichnung desselben von Stalin durch ein Foto mit eigenhändiger Widmung geehrt wurde, erhielt nun aufgrund »aktiver Handlungen gegen die Arbeiterklasse« zehn Jahre Zwangsarbeit.

Ähnliche Urteile bekamen auch die ehemaligen estnischen, lettischen und litauischen Ministerpräsidenten Tönisson und Eenpalu, Skujenieks, Mironas und Voldemaras. Insgesamt wurden 115 ehemalige estnische Minister und Parlamentsabgeordnete Opfer der NKWD-Repressionen. In Lettland waren es 55 (darunter 3 Staatsoberhäupter und 15 Minister), in Litauen 43 (darunter 3 Ministerpräsidenten und 24 Minister). Die gesamten Bevölkerungsverluste der drei Länder von 1940 bis 1941 betrugen in Estland 60000 Personen (6 Prozent der Bevölkerung) in Lettland 36000 (1,8 Prozent) und in Litauen 75000 (3,7 Prozent).

Allein im Laufe von zwei Tagen, am 14. und 15. Juni 1941, wurden während einer sorgsam vorbereiteten Nacht- und Nebelaktion des NKWD 11 000 Personen in Estland, 15 000 in Lettland und 21 000 in Litauen festgenommen und in sowjetische Straflager verschleppt. Diese Zahlen wurden anhand von Listen und Karteien erstellt, die von den NKWD-Dienststellen beim überhasteten Rückzug der sowjetischen Truppen im Juli/August 1941 zurückgelassen wurden. Damals wurden zu nächtlicher Stunde völlig unerwartet ganze Stadtteile und Dörfer hermetisch abgeriegelt. Die auf Listen vermerkten Männer und Frauen, aber auch alte Leute und Kinder, brachte man mit Lastwagen zu Bahnhöfen und verfrachtete sie in Viehwaggons. Die schrecklichen Erlebnisse der Verschleppten, von denen viele infolge von Hunger und Krankheiten bereits auf dem Wege nach Sibirien oder Nordrußland umkamen, waren jahrzehntelang ein absolutes Tabu für alle estnischen, lettischen und litauischen Medien und Schriftsteller. Das gleiche gilt natürlich auch für die in den drei Ländern zum Teil auf sadistische Weise ermordeten politischen Häftlinge. Ihre Zahl betrug allein in Litauen 1114.

Parallel zu diesen Repressionen erfolgte vom Juli 1940 an die Anpassung aller politischen Strukturen an die der Sowjetunion. An die Stelle der Regierung trat ein Rat der Volkskommissare, an die Stelle des Parlaments ein Oberster Sowjet. Bis auf die KP wurden alle anderen Parteien sowie die meisten Vereine, Verbände und Genossenschaften aufgelöst. Es fand eine vollständige »Säuberung« der Kultur und des Informationswesens statt. Während dieses »Kulturmordes« wurden in Estland fast alle 30 000 existierenden Buchtitel verboten und insgesamt zehn Millionen Bücher vernichtet. Die Liste der verbotenen Bücher umfaßte beispielsweise so harmlose Titel wie »Der Graf von Monte Cristo« oder »Tarzan«. Die Begründung lautete, daß es sich um Werke einer »Ideologie der bürgerlichen Ausbeuterzeit« handele. Alle verbotenen Bücher wurden mit Äxten oder großen Messern zerhackt und dann auf Scheiterhaufen verbrannt. Die Gleichschaltung der Presse war total. Sie, die Schriftsteller und alle übrigen Kulturschaffenden hatten nur noch eine Aufgabe: das Volk in der Liebe zur sozialistischen sowjetischen Völkerfamilie und zu ihrem großen Führer Stalin zu erziehen.

Wenngleich die deutsche Reichsregierung den baltischen Völkern unmittelbar vor und während der Sowjetisierung jegliche Unterstützung versagt hat, so konnte ihr doch das Schicksal der nach der Umsiedlung in Estland, Lettland und Litauen verbliebenen Deutschen nicht gleichgültig sein. In dem Maße, in dem sich der sowjetische Terror im Jahre 1940 allmählich verstärkte, begannen die zurückgebliebenen Deutschen um ihr Leben zu bangen. Zusammen mit ihnen wurden aber auch Esten und Letten, die von 1918 bis 1920 gegen die Rote Armee gekämpft hatten, bei den deutschen Gesandtschaften in Tallinn und Riga vorstellig und baten um eine Nachumsiedlung. Der vom Auswärtigen Amt in Berlin bezogene Standpunkt war zunächst eindeutig negativ. Der für Umsiedlungsfragen zuständige Abteilungsleiter erklärte, es handele sich lediglich um »Konjunkturdeutsche«, auf die man angesichts der guten Beziehungen zur Sowjetunion keine Rücksichten zu nehmen brauche. Die Ansicht, daß man die rund 3000 in Estland und 10000 in Lettland Zurückgebliebenen nicht dem sicheren Untergang preisgeben dürfe, setzte sich auch in der SS nur langsam durch. Nachdem schließlich auch Himmler als sogenannter »Reichskommissar für die Festigung des deutschen Volkstums im Osten« seine Zustimmung zu einer Nachumsiedlung gegeben hatte, begannen im September 1940 in Riga entsprechende Verhandlungen zwischen deutschen und sowjetischen Regierungsvertretern. Diese führten am 10. Januar 1941 zu einer Vereinbarung, nach der im Laufe von zweieinhalb Monaten alle Deutschen aus der lettischen und estnischen Sowjetrepublik ausreisen durften, wobei ein Bevollmächtigter des Deutschen Reiches unter Beteiligung von Vertretern der Sowjetunion darüber befinden sollte, wer als Deutscher anzusehen sei und wer nicht. Nach den Worten dieses deutschen Bevollmächtigten kam es dann zu einem »ständigen, zermürbenden Kampf« um jeden einzelnen Antragsteller, bei dem mit Bluffs, Tricks und den verschiedensten Täuschungsmanövern gearbeitet wurde. Dabei gab es regelrechte Treibjagden des NKWD auf ausreisewillige Deutsche sowie Esten und Letten, die sich als solche ausgaben. Durch eine extrem großzügige Auslegung der vereinbarten Bestimmungen gelang es der deutschen Seite schließlich doch, eine ganze Reihe gefährdeter estnischer und lettischer Persönlichkeiten des politischen Lebens vor dem sowjetischen Zugriff zu retten, darunter auch mehrere Personen, die während der späteren deutschen Besatzungszeit in der estnischen und lettischen Selbstverwaltung eine Rolle spielen sollten. Die ursprünglich von deutscher Seite ins Auge gefaßten Zahlen wurden, insbesondere in Estland, bei weitem überschritten. Obwohl keine genauen Daten vorliegen, kann davon ausgegangen werden, daß aus Estland etwa 7000 und aus Lettland etwa 10000 Personen als Nachumsiedler ausreisen durften, unter ihnen 3000 bis 4000 reine Esten und Letten.

Parallel zu dieser Nachumsiedlung aus Estland und Lettland fand auch eine Erstumsiedlung der Deutschen aus Litauen statt, auf die sich die Aktion im Herbst 1939 nicht erstreckt hatte. Die Reichsregierung war damals wohl der Ansicht gewesen, daß eine Rettung der dortigen Deutschen angesichts der gemeinsamen Grenze mit Litauen notfalls auch später möglich sein würde. Im Frühjahr 1941 siedelten dann etwa 50000 Litauendeutsche ins Reich um.

Irgendwann im schneereichen und frostklirrenden Januar 1942 betrat ich wieder estnischen Boden. Nach einjährigem Studium in Wien war ich dort im Frühling 1941 zur deutschen Wehrmacht eingezogen worden und hatte mich bald nach Beginn des Rußlandfeldzuges, wie ich es in einem Gesuch an meinen Kommandeur formulierte, »angesichts meiner estnischen Sprachkenntnisse, der Kenntnisse des Landes und aus dem Wunsche heraus, meine Heimat zu befreien«, zur in Estland kämpfenden Truppe gemeldet. Das hatte zunächst allerdings zur Folge, daß ich, weil ich auch etwas Russisch sprach, zu einer Nachrichten-Dolmetscher-Einheit versetzt wurde. Sechs Monate lang erhielt ich dort russischen Sprachunterricht, wurde an verschiedenen Spezialgeräten ausgebildet und ansonsten stundenlang über den Kasernenhof oder durch das Gelände der Meißener Elbufer gescheucht. Obwohl mein Russisch damals noch miserabel war, glaubte man, mich im Januar 1942 an der Ostfront einsetzen zu können, wo ich bei Divisionsstäben den sowjetischen Funk- und Fernsprechverkehr abhören und übersetzen sollte. Meine Marschroute lautete Königsberg — Tilsit — Riga — Dorpat — Pleskau. In Pleskau, heute Pskow, mußte ich mich beim Kommandeur des Nachrichten-Aufklärungsregiments der Heeresgruppe Nord melden, und dort sollte ich dann auch meinen endgültigen Einsatzort erfahren.

An einem späten Nachmittag traf ich in Tartu (Dorpat) ein. Alles war ungewohnt, die Gesichter der Menschen waren irgendwie anders, überall sah man Uniformen, und es war unsäglich kalt. In meinem dünnen Wehrmachtsmantel, der kaum Wolle, aber viel deutschen Wald enthielt, fror ich erbärmlich. Sollte ich wirklich zur Nacht ins Soldatenheim gehen, ausgerechnet in meinem Dorpat? Und dann sah ich plötzlich nicht weit vom alten »Vanemuine« Urwe K., eine Arzttochter vom Peipus-See, eine als Schülerin umworbene Schönheit. Wir umarmten uns, und ich schmiegte mein Gesicht an ihren hohen Fuchskragen.

»Urwe, morgen früh muß ich weiter nach Pleskau und von da wahrscheinlich an die Leningrader Front. Kann ich bei dir schlafen?«

»Nein, das geht leider nicht. Weißt du, es gibt da einen deutschen Hauptfeldwebel, der ist für mich wichtig; er versorgt mich mit Dingen, die ich brauche. Bitte hab Verständnis dafür.«

»Dann muß ich jetzt in Estland zu den Reichsdeutschen ins Soldatenübernachtungsheim gehen?«

»Komm zuerst noch zu mir, ich will dir etwas geben.«

Sie gab mir einen herrlichen langen Schafspelz, genau das richtige für die minus 40 Grad, die mich vor Leningrad erwarteten. Aber es sollte anders kommen. Zwei Tage später saß ich in Pskow, 30 Kilometer ostwärts der alten estnisch-russischen Grenze, im Soldatenheim an einem aus rohen Brettern zusammengehauenen Tisch und spielte Siebzehnundvier. Die 100 Reichsmark, die ich an die Front mitgenommen hatte, waren weg, der Raum vollgeraucht, auf der Tischplatte war Bier ausgeflossen, und hinter den fünf Spielern hatten sich Neugierige aufgebaut. Ein rotgesichtiger Bayer hielt die Bank, in der sich 150 Mark angesammelt hatten. Ich hatte ein Pik As bekommen, eine meiner Glückskarten.

»Gehst du mit, und wieviel?«

»Ich habe keine Piepen mehr. Was ist mit diesem Pelz?«

Er sah ihn sich genau an und meinte, für 100 Mark würde er ihn in Zahlung nehmen.

»Nein, hundertfünfzig, die ganze Bank.«

Ich bekam einen Buben, zögerte etwas und nahm dann noch eine Karte. Es war die Pik Zehn. Also war ich »kaputt«! Urwes schöner Pelz, das einzige, was Estland mir in diesem kalten Januar 1942 an Wärme hatte bieten können, war weg.

Der erste Ostfrontwinter lag hinter mir. Ein halbes Jahr lang hatte ich am Oranienbaumer Kessel, wenige hundert Meter vom Zarenschloß Peterhof entfernt, in einem Bunker gehockt. Dort mußte ich, abwechselnd mit einem anderen Nachrichten-Dolmetscher, im vordersten Graben rund um die Uhr den Fernsprechverkehr der vor uns liegenden sowjetischen Regimenter abhören und, sobald wichtiges anfiel, dem zuständigen Ic der Division — das ist der Stabsoffizier für militärische Sicherheit und Feindnachrichten — melden. Das war ein ebenso gefährliches wie auch nervtötendes Geschäft für mich, denn das, was der Niederfrequenzverstärker von sich gab, war meistens zu leise und kaum zu verstehen. Und wenn dann die sogenannten Lausch-Schleifen, die wir zwischen den beiden Grabensystemen im sogenannten Niemandsland ausgelegt hatten, zerschossen waren, mußten wir sie, oft unter Beschuß, wieder flicken. 1959, während des Besuches von USA-Vizepräsident Nixon in der Sowjetunion, habe ich diesen kleinen Bunker wiedergesehen. Nixon besichtigte damals auch das restaurierte Schloß Peterhof, und ich konnte mich für eine halbe Stunde von dem ihn begleitenden Pressetroß lösen. Der Bunker war jetzt voller Wasser, ein dicker Frosch glotzte mich an. Es standen auch noch die Stümpfe der beiden hohen, von Granaten zerfetzten Fichten daneben. Aber da, wo damals eine vereiste Schneefläche gewesen war, erstreckte sich nun eine grüne Wiese mit gelben Blumen. Dazwischen lagen 17 Jahre.
Zurück zum Jahr 1942. Als Ausgleich für den winterlichen Fronteinsatz durfte ich während der Sommermonate in der

Zentrale unserer Aufklärungseinheit, beim Stabe der 18. Armee, an einem bequemen Schreibtisch sitzend, verschlüsselte Funksprüche entziffern und übersetzen. Estland war inzwischen seit einem Jahr deutsches Okkupationsgebiet und unterstand einem Generalkommissar mit Sitz in Reval, wie Tallinn nun offiziell wieder hieß. Wie hinkommen? Irgendwann im Juli hatte ich eine Idee: Ich ließ meinen Abteilungskommandeur über einen befreundeten Leutnant wissen, daß ich als gebürtiger Revalenser in der Lage wäre, in Reval für das Offizierscasino Liqueur und Cognac aufzutreiben, mit Sicherheit 20 Flaschen, vielleicht sogar noch mehr. Der Major biß an. Ich wurde formell zu einem kurzen Gasschutz-Lehrgang nach Reval abkommandiert, brauchte mich dort aber nur zu melden und durfte dann drei Tage lang meiner Schnapsjagd nachgehen.

Von Leningrad bis Tallinn sind es etwa 350 Kilometer, das war mit Wehrmachtslastern in einem Tag zu schaffen. So stand ich also an einem schönen Julitage im Zentrum von Reval und wußte nicht so recht, wo und wie anfangen. Als Wiener Student sagte ich mir schließlich, geh ins Café, da kommen einem die besten Gedanken, und da trifft man die wichtigsten Leute. Und in der Tat, kaum hatte ich das »Café Feischner« am Freiheitsplatz betreten, sah ich auch schon die großen abstehenden Ohren von Herbert Petersen, dem ehemaligen Chefredakteur der »Dorpater Zeitung«. Das letztemal hatte ich ihn 1940 in einem Wiener Nachtlokal getroffen, wo er mir mit seinen überdimensionalen Ohren die Sicht auf eine afrikanische Nackttänzerin — damals eine nur in Österreich mögliche Kabarettsensation — geraubt hatte.

»Petersen, was machst du hier?«

»Ich bin Chefredakteur der wiedererstandenen ›Revalschen Zeitung‹. Du kommst wohl aus dem vordersten Graben, sonst wüßtest du das.«

Ich klärte ihn auf und flehte ihn an, mir zu helfen.

»Geh ins Generalkommissariat, zu Hunnius, der leitet die Wirtschaftsabteilung und kann dir vielleicht deine 20 Flaschen besorgen. Beruf dich auf mich.«

Ich kannte diesen Herrn von Hunnius nicht. Zudem kam ich mir als lumpiger Gefreiter der Wehrmacht im ehemaligen Schloß der estnischen Regierung auf dem Domberg, wo jetzt so viele hohe Offiziere und andere wichtigtuerische »Goldfasane« herumliefen, ohnehin höchst deplaziert vor. Immerhin, die Sperre am Tor konnte ich passieren, und als ich dann einen langen Gang durchwanderte und die Namensschilder an den Türen studierte, traf mich plötzlich fast der Schlag: »Dr. Dietrich Abels, Beauftragter für die Sicherstellung deutschen Kulturgutes«. Es war wirklich der »Turm« aus unserem Internat in Dorpat. Er fand meinen Plan hinreißend, meinte aber, Hunnius sei kein Typ wie er oder ich, und es wäre wohl besser, er würde mich telefonisch anmelden. Das geschah dann auch, und ich konnte Herrn von Hunnius mit ergreifenden Worten die Sehnsucht des Frontsoldaten nach seiner Geburtsstadt und das daraus resultierende Versprechen schildern.

»Da haben Sie sich den Mund Ihrem Kommandeur gegenüber aber ziemlich voll genommen, mein Lieber. Aber was solls, ich werde bei Dellingshausen ein gutes Wort für Sie einlegen.«

Baron Dellingshausen, ein weiterer Balte in der Schar derjenigen, die damals im besetzten Estland nicht nur reichsdeutsche Interessen vertraten, sondern auch dazu beitrugen, das Los der Esten erträglicher zu gestalten, war kommissarischer Leiter der ehemaligen Rosenschen Cognacfabrik, der größten des Landes.

Um es kurz zu machen: Ich bekam insgesamt 22 Flaschen Cognac und Liqueur, besorgte mir eine Droschke, verlud meine Herrlichkeiten und ließ mich von dem recht mageren Gaul die Narvasche Straße entlang ziehen.

»Pändi!«

Mein Gott, hatte sich denn die ganze Welt in diesem Kriege in Tallinn versammelt. Das konnte nur ein estnischer Freund sein, denn wie allen finno-ugrischen Völkern fällt es auch den Esten schwer, die Konsonantenfolge »rnd« auszusprechen. Und da die estnische Sprache, abgesehen von Fremdworten, zudem an Wortanfängen auch kein »B« kennt, hieß ich seit meiner Kindheit statt Bernd immer nur Pändi, wobei das »i« am Ende ein gewisses Vertrautsein ausdrückt.

Es war Kalju Lina, ein Leutnant der estnischen Armee aus einem Nachbardorf von Pölva, der auch jetzt noch stolz seine alte olivfarbene Uniform trug. Aus Jux salutierte ich zackig, darauf fielen wir uns in die Arme. Das Allernotwendigste war schnell erzählt, und dann roch Kalju auch schon den Alkohol, so wie ein guter Setter die Witterung von einem schottischen Moorhuhn auch dann bekommt, wenn man dieses in zehn Plastiktüten verpackt.

»Meine Cousine Monika hat heute Geburtstag, es sind ein paar Leute eingeladen, wir wollen tanzen und feiern, und du kommst natürlich auch hin: Zur Not kannst du auch dort übernachten.«

Nachdem er mir noch die Adresse genannt und ich ihm gesagt hatte, ich würde was zu trinken mitbringen, sprang er aus der Droschke. Ich ließ mich ins Soldatenheim kutschieren, wickelte meinen Schnapskarton in eine herumliegende alte Zeltplane, schob ihn unters Bett und hatte dann noch Zeit, einige Stunden durch Tallinn zu schlendern. Die Stadt war bei der Eroberung durch die deutsche Wehrmacht nur wenig zerstört worden. In der Innenstadt fiel mir nur die Ruine des ausgebrannten »Bristol« auf, eines der ehemals elegantesten

Hotels von Tallinn. Zerstörungen gab es auch in der Umgebung des Hafens. Die sowjetischen Truppen, denen der Landweg nach Leningrad abgeschnitten worden war, hatten unter heftigem Beschuß übers Meer fliehen müssen.

Alles in allem machte Tallinn jetzt den Eindruck einer relativ friedlichen Etappenstadt. Abgesehen von den estnischen Zivilisten und den Matrosen der deutschen Kriegsmarine, sah man auf den Straßen fast mehr Offiziere als niedere Dienstgrade; ich mußte ständig grüßen. Dazwischen tauchten auch immer wieder die goldgelben Uniformen der Angehörigen des Generalkommissariats sowie die grauen der SS auf. Die Schaufenster der Geschäfte entsprachen dem Kriegszustand, das meiste war rationiert, und die Menschen auf der Straße waren noch genauso gekleidet wie vor drei Jahren.

Estnische Bauarbeiter nahmen mich in ihrem Lastwagen nach St. Brigitten mit und setzten mich bei der Klosterruine ab. Ich ging zum Strand, der für einen warmen Julitag verhältnismäßig leer war, zog meine Stiefel aus, watete eine Weile durch das seichte Wasser und setzte mich dann unter eine Kiefer in den weißen Sand. Drei Jahre lang hatte ich kein Meer gesehen, die rissige Eisfläche vor dem Schloß Peterhof, die ich hin und wieder mit dem Feldstecher betrachtet hatte, zählte nicht. Jetzt lagen zwischen mir und Tallinn ein paar Kilometer richtige blaue Ostsee. Das Meer, die vertraute Stadtsilhouette, der sonnige Sommertag — was für ein Kontrast zu den eisigen Wintermonaten an der Leningrader Front. Mich ergriff ein Glücksgefühl, wie ich es zuvor und auch nachher nur selten empfunden habe. Es sind dies die Augenblicke, an die man sich noch nach Jahrzehnten erinnern kann, an alle Einzelheiten, an alle Begleitumstände. Oft liegen diese Erinnerungen wie verschüttet am Boden des Gedächtnisses, um dann plötzlich, aus unerklärlichem Anlaß, wieder deutliche Konturen anzunehmen. Man sieht alles ganz klar, kann es geradezu sinnlich wahrnehmen.

Als die Sonne sank und das Meer sich zu verfärben begann, fuhr ich in die Stadt zurück. Im Soldatenheim nahm ich zwei der 22 Flaschen, sagte dem diensthabenden Unteroffizier, daß ich wahrscheinlich anderswo übernachten würde, und reagierte abweisend auf eine anzügliche Bemerkung von ihm, denn nach der einsamen Stunde in St. Brigitten gingen mir andere Dinge durch den Kopf.

Das Haus von Monikas Mutter lag in Lilleküla, zu deutsch »Blumendorf«. Dieser neue Stadtteil von Tallinn hieß so, weil alle seine Straßen Blumennamen hatten. Es waren weißumzäunte Holzhäuser mit einem kleinen Garten davor und einem größeren dahinter. Die ganze Siedlung ist beim sowjetischen Bombenangriff auf Tallinn am 9. und 10. März 1944 abgebrannt. Finnische Freunde haben mir später erzählt, sie hätten über das Meer hinweg einen riesigen brennenden Scheiterhaufen gesehen.

In der Heidekraut-Straße 16 war das lautstarke Fest bereits in vollem Gange, und als ich den Vorgarten durchschritt, fragte ich mich einen Augenblick lang, ob ich dafür überhaupt in der richtigen Stimmung sei. Doch dann schüttelte ich alle Sentimentalität ab, schob alle ernsten Gedanken einfach beiseite, vergaß die Monate, die hinter mir lagen, und auch, daß ich auf Menschen geschossen hatte. Hier war kein Krieg mehr, hier waren nur fröhliche Menschen, und ich wollte zu ihnen gehören.

Monika war 19 Jahre alt, fast so groß wie ich, eher vollschlank als schlank, hatte braunes lockiges Haar, braune Augen und einen dunklen Teint. Ihr ruhiges, ausgeglichenes Wesen empfand ich als angenehm, nicht als erregend. Ihr Vater, ein Richter, war im Sommer 1940 von den Sowjets verschleppt worden und irgendwo östlich des Ural-Gebirges gestorben. Eine offizielle Todesnachricht hatte ihre Mutter nie erhalten, aber ein guter Freund, der aus der Verbannung zurückgekehrt war, hatte glaubwürdig davon berichtet.

Ein Zimmer des zweistöckigen Hauses war an einen deutschen Hauptmann der Pioniertruppe vermietet, oder vielleicht war er auch auf Anordnung der Stadtkommandantur einfach einquartiert worden, jedenfalls hatte er offensichtlich dazu beigetragen, daß die Geburtstagstafel so reichlich gedeckt war. Außer mir war er der einzige deutsche Gast.

Das estnische, wie auch jedes andere östliche Eßritual sieht zuerst salzige oder weniger salzige Fische vor; dazu wird klarer, eiskalter Schnaps getrunken. Erst dann gibt es Fleischwaren oder Fleisch, und man bleibt beim Schnaps oder trinkt Bier dazu. Eine gute alte Regel empfiehlt, zwischen den vielen Schnäpsen immer wieder Mineralwasser zu trinken, um nicht vorzeitig betrunken zu werden. Als ich Ende der fünfziger Jahre als Moskauer dpa-Korrespondent bei einem der damals noch üblichen großen Kreml-Empfänge mit dem schnauzbärtigen, legendären Reitermarschall Semjon Budjonnyj größere Mengen von Wodka trank und Ministerpräsident Chruschtschow dies lächelnd bemerkte, riet auch er mir gutmütig:

»Herr Korrespondent, trinken Sie genau viermal soviel Mineralwasser wie Wodka, sonst rutschen Sie unter den Tisch, und der arme Marschall muß allein weitersaufen.«

Unter den Tisch rutschte ich in dieser Nacht in Tallinn zwar nicht, aber als später im Garten unter einem klaren Sternenhimmel zu Grammophonmusik getanzt wurde, beschränkte ich mich auf Tango und Slowfox, denn etwas Schnellerem oder Leidenschaftlicherem fühlte ich mich nicht mehr gewachsen. Wohlig schläfrig schaute ich zu den Sternen hinauf, gab mich der Melodie hin und war rundum zufrieden.

Die letzten Gäste waren gegangen, und der Horizont begann sich bereits rötlich aufzuhellen, als mir im Wohnzimmer auf einem Diwan ein Lager bereitet wurde. Kurz bevor ich einschlief und ihre Mutter sich offenbar auch schon zurückgezogen hatte, kam Monika in einem bodenlangen Nachthemd noch schnell hineingehuscht, beugte sich über mich und fragte, ob ich alles habe, was ich brauche. Ich griff mit den Händen nach dem, was sich mir darbot, sagte lachend ja, küßte sie und dachte mir, morgen wäre ja auch noch ein Tag.

Am nächsten Morgen, er begann für mich erst um die Mittagszeit, bummelten wir durch die Stadt, schauten auch in die Olai-Kirche hinein und gingen zum Bahnhof, wo ich mir eine passende Zugverbindung nach Siverskaja, meinem Einsatzort, heraussuchte. Dann rief ich Dietrich Abels, den »Turm«, an, denn ich hatte ihm versprochen, mich noch einmal zu melden.

Abends fuhr ich dann mit einer Droschke zu ihm. Sein Argument, daß wir nicht wüßten, ob wir uns je wiedersehen würden, hatte mich überzeugt: Monika mußte zurückstehen. Es wurde eine lange Nacht in der früheren Villa eines estnischen Fabrikanten. Es gab so viel zu berichten; ich wollte Authentisches über die derzeitige Situation in Estland erfahren, ihn interessierte die Lage an der Leningrader Front. Zudem erschien uns beiden die Zukunft völlig ungewiß. Würde Estland ein Teil des Deutschen Reiches werden? Was würde mit Rußland geschehen, wenn Hitler den Krieg gewinnen sollte? An der Front hatte ich wenig Zeit, mir derartige Gedanken zu machen, denn das unmittelbar Lebenswichtige hatte Vorrang. Zudem fehlten mir dort auch die passenden Gesprächspartner. Jetzt, auf einer schönen Terrasse sitzend, gut essend und viel trinkend, nahmen die Gedanken freien Lauf. Was mir Abels darüber erzählte, wie die deutsche Führung das Land regiere, bewegte mich sehr. Ich nahm mir vor, zur Abrundung des Bildes aber auch noch mit einem gut informierten Esten zu sprechen — davon später mehr.

So verflogen die Stunden. Dazwischen dachte ich mal mit schlechtem Gewissen an Monika, versuchte auch aufzubrechen, aber dann mußte immer wieder doch noch ein allerletztes Glas geleert werden. Um zwei Uhr nachts waren wir jedenfalls beide völlig »blau«. Als ich dann schließlich die Treppe zum Vorgarten hinunterwankte und das Gartentor passierte, schmetterte der »Turm« noch ein letztes »Stoß an, Dorpat soll leben!«

Was sollte ich in diesem Zustand tun? An eine Droschke war um diese Nachtzeit nicht zu denken, bei Abels zu schlafen, hatte ich abgelehnt; andererseits betrug der Fußmarsch bis nach Lilleküla fast eine Stunde. Über dem Meer sah ich undeutlich die Silhouette des Russalka-Denkmals, diesen großen, dunklen, eisernen Engel, der seine ausgebreiteten Arme segnend über den Finnischen Meerbusen erhebt und dorthin weist, wo Ende des vergangenen Jahrhunderts der russische Panzerkreuzer »Russalka« mit Mann und Maus unterging. Zu Füßen des Engels, auf seinem Granitsockel sitzend, wollte ich nachdenken.

Ich weiß nicht, wie lange ich sozusagen nachgedacht habe, ebenso weiß ich auch nicht genau, wie ich schließlich doch nach Lilleküla gekommen bin. Das Frühstück verlief erwartungsgemäß ziemlich schweigsam. Wir nahmen es zu zweit ein, denn Monikas Mutter hatte, wie ich erst jetzt erfuhr, bereits am Abend zuvor dringend zu einer Tante aufs Land fahren müssen. Trotz meines »reduzierten Zustandes« dämmerte mir, daß diese Reise zur Tante vielleicht doch nicht ganz so zufällig war. Sollte hier ein estnisches Mädchen unter einen deutschen Stahlhelm gebracht werden — was angesichts der Kriegslage durchaus verständlich gewesen wäre?

Wir haben dann während der folgenden zwei Jahre noch gelegentlich Briefe gewechselt, hin und wieder schickte sie mir auch ein Lebensmittelpaket an die Front. Aber gesehen habe ich Monika nie mehr. Nach Krieg und Gefangenschaft erfuhr ich aus Estland, daß sie zusammen mit ihrer Mutter im Hafen von Tallinn den Tod gefunden hatte. Unmittelbar vor der Wiedereroberung Tallinns durch sowjetische Truppen waren beide an Bord eines Schiffes gegangen, das estnische Zivilisten und Soldaten nach Deutschland bringen sollte. Dieses Schiff wurde, kurz nachdem es ausgelaufen war, von sowjetischen Bombern versenkt — in Sichtweite des schwarzen Russalka-Engels.

Der Zug nach Gatschina und Siverskaja war halb leer, so daß ich mich auf einer Bank ausstrecken und ein paar Stunden schlafen konnte. Während eines kurzen Aufenthaltes in Narva stiegen estnische Soldaten und ein Leutnant des 2. Estnischen Ost-Bataillons zu, das sich bei den Kämpfen an der Wolchow-Front besonders ausgezeichnet hatte. Ich war sofort hellwach, opferte eine freiherrliche Cognac-Flasche und bat den Leutnant zu erzählen, was vor und nach dem Einmarsch der Wehrmacht in Estland geschehen war. Da ein Onkel von ihm im Innendirektorat der estnischen Selbstverwaltung arbeitete und er diesen erst vor wenigen Tagen in Tallinn gesprochen hatte, war er nicht nur über das militärische, sondern auch über das politische Geschehen gut informiert. Ich merkte aber sehr bald, wie er mit sich rang: Sollte er mir volles Vertrauen schenken oder lieber alles etwas vorsichtiger formulieren? Als wir uns Kingisepp (Jamburg) näherten, das in den zwanziger Jahren den Namen des bekanntesten estnischen Kommunistenführers erhalten hatte, zog ich das Abteilfenster herunter und schlug dem Leutnant vor, gemeinsam aus dem Fenster zu spucken. Darauf sah er mich lange an.

216

»Gut, ich habe einen Entschluß gefaßt. Ich werde mit Ihnen so reden, als wären Sie einer von uns.«

Und schon sehr bald brach es aus ihm heraus:

»Ihr seid wirklich Idioten. Wie kann man nur so dumm sein, wie kann man nur solche Fehler machen, wie kann man politisch alles verspielen, was man zuvor militärisch gewonnen hat. Ihr wißt offenbar gar nicht, mit welchen Erwartungen wir die Wehrmacht begrüßt haben und wie sehr uns die deutsche Zivil- und Militärverwaltung dann enttäuscht hat!«

Daraufhin bekam ich Einzelheiten zu hören. Teils deckte sich das Gesagte mit dem, was mir Abels erzählt hatte, teils ging es weit darüber hinaus.

Unmittelbar nach der Zerstörung aller politischen und wirtschaftlichen Strukturen aus der Zeit der Selbständigkeit hatten die Sowjets damit begonnen, die nationale estnische Armee als selbständige militärische Einheit zu zerschlagen. Aus ihr entstand das 22. Schützenkorps der Roten Armee, das anfangs noch großenteils sein estnisches Offizierskorps behalten durfte. Im Juni 1941 wurden dann alle Kommandeure und Stabschefs des Korps angeblich zu einem Fortbildungslehrgang nach Moskau abkommandiert und russische Offiziere auf ihre Posten gesetzt. Kurz vor Kriegsausbruch erging dann der Befehl, fast alle noch verbliebenen estnischen Offiziere in der Stadt Petseri zu Manövern zusammenzuziehen. Dort wurden sie in der Nacht vom 13. auf den 14. Juni entwaffnet, festgenommen und über Riga in die Sowjetunion gebracht. In Riga stießen die inzwischen ebenfalls festgenommenen lettischen und litauischen Offiziere zu ihnen, und in Moskau schließlich trafen diese Transporte mit den zuvor dorthin verbrachten »Lehrgangs«-Kommandeuren zusammen. Von da verlieren sich alle Spuren irgendwo im Inneren der Sowjetunion, in größeren oder kleineren Gefangenenlagern. Von dem estnischen Oberst Ahmann ist bekannt, daß er in einem Lager weit hinter dem Ural landete, in Norilsk, dort wo der Jenissei in das Eismeer mündet. In diesem Lager ist er 1943 an Unterernährung und Typhus gestorben.

## Der »Generalplan Ost« — noch ein Lehrstück

Gleich nach Kriegsausbruch ordneten die Sowjets in Estland die Mobilmachung an. Viele junge Leute konnten sich ihr entziehen, indem sie einfach in den Wäldern verschwanden und damit zu Keimzellen der später sogenannten Waldbrüder wurden. Aber 20000 bis 30000 wurden doch erfaßt und ins Innere der Sowjetunion transportiert. Gleichzeitig wurden vom »Volkskommissariat für Innere Angelegenheiten« (NKWD), besondere Vernichtungsbataillone geschaffen, die eine dreifache Aufgabe hatten: den deutschen Truppen »verbrannte Erde« zu hinterlassen, sowjetfeindliche Elemente zu exekutieren und die Waldbrüder, die sich inzwischen notdürftig bewaffnet hatten, aufzuspüren und zu vernichten. Diesen Vernichtungsbataillonen fielen im Sommer 1941 etwa 2000 Zivilisten zum Opfer, darunter auch Frauen und Kinder — letztere als Vergeltung dafür, daß ihre Männer, Väter oder Brüder zu den Waldbrüdern gegangen waren.

Als sich die deutschen Truppen der estnischen Grenze näherten, war die Zahl der Waldbrüder auf etwa 20000 Mann angewachsen. Es kam zu regelrechten Gefechten mit den zurückweichenden sowjetischen Truppen. In kleineren Städten und Ortschaften übernahmen die Waldbrüder die Macht. Ganze Dörfer, einschließlich der Großväter und der Halbwüchsigen, zogen mit Jagdflinten bewaffnet in den Kampf. Als dann am 7. Juli 1941 Vorausabteilungen der deutschen 61. und

267. Infanteriedivision die südestnische Grenze überschritten, schlossen sich die Verbände der Waldbrüder ganz selbstverständlich und von den deutschen Kommandeuren voll akzeptiert der vorrückenden Wehrmacht an.

An der Eroberung von Tallinn am 28. August, wie überhaupt an den Kämpfen in Nordestland, war auch das estnische Sonderkommando »Erna« beteiligt, das sich aus zuvor nach Finnland geflohenen estnischen Offizieren und Soldaten zusammensetzte. Truppweise kamen diese Männer in Motorbooten nachts über den Finnischen Meerbusen, wuchsen zu Bataillonsstärke an und operierten vor allem auch hinter den ohnehin sehr beweglichen Frontlinien.

Nach dem Fall von Tallinn wurden auch die estnischen Inseln eine nach der anderen erobert, als letzte Hiiumaa (Dagö) im Oktober 1941. Fast die Hälfte aller in Richtung Leningrad fliehenden sowjetischen Schiffe wurde von der deutschen Luftwaffe versenkt, allein in Tallinn gerieten 12000 Rotarmisten in Gefangenschaft. Damit war die Sowjetherrschaft in Estland nach einjähriger Dauer beendet. Aber die Verluste des kleinen Landes waren enorm: Insgesamt 61000 Menschen waren ermordet, verschleppt oder zwangsmobilisiert worden, und von letzteren kehrten nur wenige zurück. Es war die Zeit, in der die deutschen Truppen von der estnischen Bevölkerung überall mit Blumen empfangen wurden, als willkommene Befreier von der sowjetischen Gewaltherrschaft.

Das änderte sich aber, als die Esten merkten, daß das Deutsche Reich überhaupt nicht daran dachte, dem Lande seine frühere Selbständigkeit zurückzugeben. Schon bald, nachdem die deutschen und estnischen Truppen in Tallinn, auf dem »Langen Hermann«, neben der deutschen auch die estnische Fahne gehißt hatten, wurde die blau-schwarz-weiße wieder heruntergeholt. Und als der letzte estnische Ministerpräsident Uluots eine Versammlung von Vertretern der estnischen Vorkriegsparteien einberief, der deutschen Militärverwaltung ein Memorandum zur Wiederherstellung der Republik Estland unterbreitete und dazu den Vorschlag machte, die estnische Armee solle neben der Wehrmacht am Kampf gegen den gemeinsamen Feind teilnehmen, erhielt er von deutscher Seite nicht einmal eine offizielle Antwort. Privat wurde er aufgefordert, alle diesbezüglichen Bemühungen sofort einzustellen.

Die antideutsche Stimmung wuchs noch weiter, als bekannt wurde, daß Alfred Rosenberg, der nach dem Nürnberger Kriegsverbrecherprozeß hingerichtete Reichsminister für die besetzten Ostgebiete, und SS-Reichsführer Heinrich Himmler sich auf den sogenannten Generalplan Ost geeinigt hatten. Dieser Plan sah vor, 50 bis 80 Prozent aller Esten, Letten und Litauer nach dem Kriege in die weiter östlich gelegenen Gebiete zwischen Onega- und Ilmensee umzusiedeln. Nur die, wie es damals hieß, rassisch wertvollen Balten sollten in ihren Heimatländern bleiben dürfen. Als Ersatz für die Evakuierten plante man, deutsche und holländische Bauern in die baltischen Lande zu »verpflanzen«, um damit den germanischen Lebensraum nach Osten auszudehnen.

Einen Rückschlag für die deutsch-estnischen Beziehungen gab es auch, als die relativ estenfreundliche deutsche Militärverwaltung von einer Alfred Rosenberg unterstehenden Zivilverwaltung abgelöst wurde. Jedes der baltischen Länder erhielt die Bezeichnung Generalbezirk und wurde einem Generalkommissar unterstellt, der wiederum einem Reichskommissar mit Sitz in Riga unterstand. Dieser Reichskommissar, Hinrich Lohse, der frühere NSDAP-Gauleiter von Schleswig-Holstein, war der eigentliche Vollstrecker der Hitlerschen Pläne im Baltikum, und die sahen für die Dauer des Krieges vor allem die gezielte Ausbeutung des dortigen »Menschen- und Wirtschaftspotentials« vor.

Zum Generalkommissar von Estland wurde der SA-Obergruppenführer Litzmann ernannt — eine besonders gelungene Wahl, wenn man bedenkt, daß der erste Teil des Namens dem estnischen Wort für »Hure« entspricht. Insbesondere wohl auch im Hinblick auf die Frau des Generalkommissars wurde der estnischen Verwaltung nahegelegt, in ihrem Schriftverkehr durch Zuhilfenahme eines »e« aus »Litzmann« »Lietzmann« zu machen. Allerdings muß gesagt werden, daß der SA-Obergruppenführer alle seine Anordnungen stets nur mit der richtigen Schreibweise seines Namens unterzeichnete.

Dem Generalkommissar unterstellt war eine estnische Quasi-Regierung, eine Selbstverwaltung, die administrieren, aber nicht regieren durfte. Der entsprechende Erlaß des Reichsministers für die besetzten Ostgebiete vom 7. März 1942 legte folgendes fest:

»1. Der Generalkommissar übt unter der Leitung des Reichskommissars die deutsche Hoheit und die politische Führung im Generalbezirk aus. Er führt die Aufsicht über die gesamte Landesverwaltung.

2. Die Landesverwaltung wird im Rahmen der gegebenen Bestimmungen durch estnische Organe und Behörden mit eigenen Amtsträgern wahrgenommen. Ihre Leitung obliegt dem Ersten Landesdirektor und den Landesdirektoren, deren Zahl und Aufgabengebiete durch den Generalkommissar bestimmt werden.«

Unter diesen Umständen und angesichts der sich immer mehr ausbreitenden Enttäuschung über die deutsche Besatzungspolitik war es nicht leicht, namhafte estnische Politiker für die Mitarbeit in der Selbstverwaltung zu gewinnen. Dabei spielte auch eine Rolle, daß sich die provisorische nationale

Regierung Litauens, die sofort nach Kriegsausbruch gebildet worden war, sofort geweigert hatte, diese Ja-Sager-Rolle unter einem deutschen Generalkommissar zu spielen. Diese Weigerung ist zum Teil auch darauf zurückzuführen, daß Litauen bereits seit dem Oktober 1940 über eine landesweit koordinierte Widerstandsbewegung verfügte. Den Kern dieser »Front der Litauischen Aktivisten« (LAF) bildeten katholische Akademiker und Studenten, denen es auch gelang, eine Verbindung zur litauischen Exilorganisation in Berlin aufzunehmen. Unmittelbar nach Ausbruch des deutsch-sowjetischen Krieges leitete die LAF den seit längerem vorbereiteten Aufstand gegen das Sowjetregime ein und gab schon am folgenden Tag im Rundfunk die Wiedererrichtung der unabhängigen Republik Litauen bekannt. Die gleichzeitig gebildete provisorische Koalitionsregierung aller nationalen politischen Kräfte des Landes annullierte sämtliche in der sowjetischen Besatzungszeit erlassenen Gesetze und stellte auch sonst den rechtlichen Status quo ante wieder her. Das mußte sie in immer stärkeren Gegensatz zu den deutschen militärischen und zivilen Dienststellen bringen. Mit der Forderung konfrontiert, sich der deutschen Verwaltung zu unterstellen, löste sich die provisorische Regierung nach sechs Wochen wieder auf. Zum Ersten Generalrat, ein Titel, der dem Ersten Landesdirektor in Estland entsprach, wurde vom deutschen Generalkommissar von Renteln der litauische General Kubiliunas ernannt, eine sehr militant-nationalistische Persönlichkeit, die 1934 durch einen erfolglosen Staatsstreich bekanntgeworden war. Nur drei Generalräte der von ihm jetzt geführten litauischen Selbstverwaltung hatten zuvor auch der provisorischen Regierung gedient, die acht übrigen konnten erst nach längeren und schwierigen Verhandlungen gefunden werden.

Auch die Ernennung der Selbstverwaltung Lettlands war

nicht problemlos verlaufen. Die Wahl fiel schließlich ebenfalls auf eine Militärperson, den General Oskars Dankers, der 1941 nach Deutschland umgesiedelt war und dort auch die deutsche Staatsangehörigkeit erworben hatte.

In Estland hatten sich alle populären und profilierten Politiker aus der Zeit der Unabhängigkeit ebenso beharrlich geweigert, das undankbare Amt der Landesdirektoren zu übernehmen. So mußte Generalgouverneur Litzmann auch hier auf Esten zurückgreifen, die sich 1941 für die Umsiedlung nach Deutschland entschieden hatten. Zum Ersten Landesdirektor wurde schließlich Hjalmar Mäe ernannt, ein Angehöriger der faschistoiden »Freiheitskämpfer« der dreißiger Jahre, der wegen seiner Beteiligung am damaligen Staatsstreichversuch auch im Gefängnis gesessen hatte. In ihm und den übrigen Landesdirektoren fand der Generalgouverneur loyale Mitarbeiter, die aber natürlich alle darunter litten, sich immer wieder deutschen Anordnungen beugen zu müssen und nicht mehr für ihr Land tun zu können.

Die Zusammenarbeit dieser Esten mit der Besatzungsmacht wurde zusätzlich auch noch dadurch erschwert, daß im Gefolge der Wehrmacht und Zivilverwaltung natürlich auch sehr bald die Gestapo und andere SS-Stäbe sowie SS-Einsatzgruppen in Estland auftauchten. Der in Tallinn residierende Gestapochef, SS-Obersturmbannführer Sandberger, ist für das, was er dort angeordnet oder zugelassen hat, auf einem der Nürnberger Kriegsverbrecher-Prozesse zum Tode verurteilt und später zu einer langen Zuchthausstrafe begnadigt worden.

Von den insgesamt 5000 Juden, die 1939 in Estland gelebt hatten, gab es nach der ersten Emigration ins westliche Ausland, nach den Verschleppungen durch die Sowjets und dem freiwilligen Mitgehen mit der sich zurückziehenden Roten Armee zur Zeit des Einmarsches der deutschen Truppen nur noch

800 bis 1000. Von diesen hat kaum jemand überlebt, sie wurden im Konzentrationslager Klooga bei Tallinn ermordet.

In Lettland hatte es 1939 etwa 90000 und in Litauen etwa 200000 Juden gegeben. Allein während der ersten vier Monate nach dem deutschen Einmarsch wurden in Lettland 30000 und in Litauen 70000 Juden ermordet. Von den insgesamt etwa 60000 Juden, die nach dem sowjetischen Rückzug in Lettland übriggeblieben waren, überlebten nur 3000 bis 4000 die deutsche Okkupationszeit. Von den 200000 litauischen Juden haben 170000 auf diese oder andere Weise den Tod gefunden. Die relativ hohe Zahl von 30000 Überlebenden erklärt sich dadurch, daß viele litauische Juden 1941 zur Roten Armee eingezogen oder von den Sowjets ins Innere des Landes evakuiert worden waren.

Ihren Blutzoll an die SS haben aber auch die Esten, Letten und Litauer entrichten müssen, über 10000 von ihnen wurden im Bereich der drei Generalbezirke in Konzentrationslagern getötet. Die Zahl der nach Deutschland Abtransportierten und dort Umgekommenen ist nicht genau zu ermitteln.

Dieses Bild muß ergänzt werden durch die radikale wirtschaftliche Ausbeutung der drei Länder. Alle von den Sowjets verstaatlichten Industrie-, Handels- und Landwirtschaftsbetriebe wurden nicht ihren früheren Eigentümern zurückgegeben, sondern zum Besitz des Deutschen Reiches erklärt und von den unterschiedlichsten deutschen Dienststellen verwaltet. Was in den Ländern an Rohstoffen vorhanden war, floß der deutschen Kriegswirtschaft zu. Bereits im Herbst 1941 erging Rosenbergs erster Befehl zur Zwangsmobilisierung aller Arbeitskräfte im Alter von 18 bis 45 Jahren. Und in einer späteren Denkschrift teilte er Himmler mit, daß insgesamt 126000 Menschen aus den drei Generalbezirken zur Arbeit ins Reich verbracht worden seien. Dabei war es, das muß man den

1 (oben) Riga, Anfang
des 19. Jahrhunderts

2 (unten) Hermanns-
burg des Deutschen
Ordens (rechts) und
russische Feste Iwango-
rod an der Narova

3 (links) Kirche und Freiheitskämpferdenkmal in Pölva

4 (unten) »Altes Schloß« der Familie Ungern-Sternberg in Viljandi (Fellin), in dem der Autor als kleines Kind lebte

5 (rechte Seite oben) Pölva im Jahr 1932

6 (rechte Seite unten) Festcommers der Baltonia Dorpatensis in Tartu (Dorpat)

7 (nächste Seite oben) Ruine der Tollsburg des Deutschen Ordens an der estländischen Küste. Erbaut 1471 gegen skandinavische Seeräuber

8 (nächste Seite unten) Hügel der 1213 zerstörten Estenburg bei Otepää (Odenpäh)

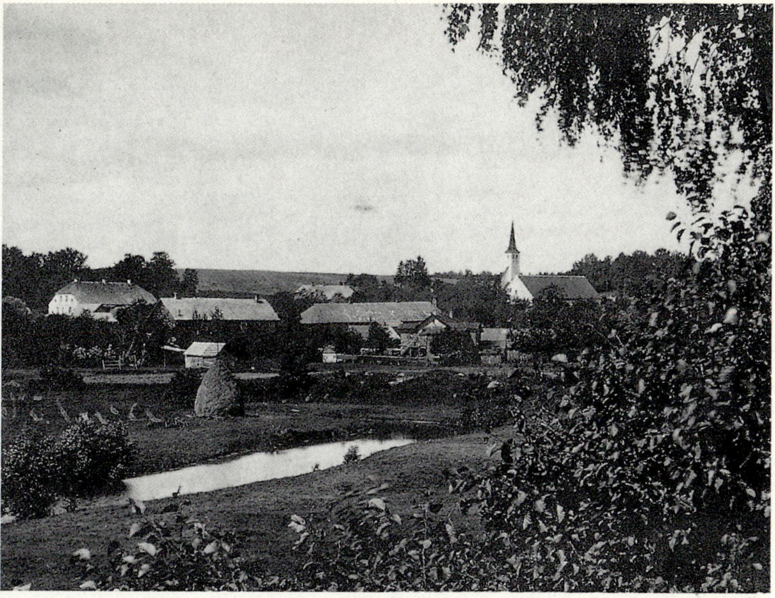

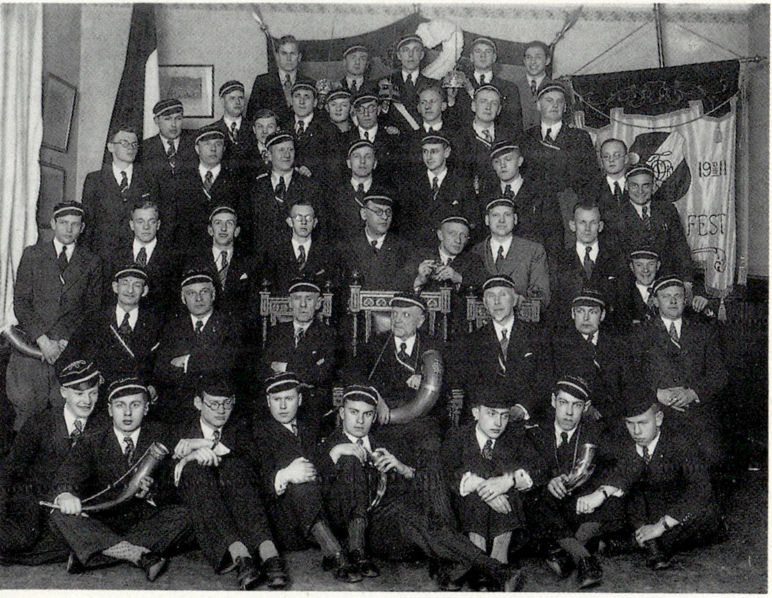
FEST

9  Petri-Kirche in Riga,
1209 als Holzkirche
erbaut

10 (links) Bauernhof
auf der estnischen Insel
Saaremaa (Ösel)

11 (unten) Pflügende
estnische Bäuerin auf
der Insel Hiiumaa
(Dagö)

12 (rechts)
Windmühlen auf der
estnischen Insel
Vormsi (Worms)

13 (unten) Gutshaus
der gräflichen Familie
Rehbinder in Saku
(Sack)

14 (oben) Das alte
Rathaus von Kaunas
(Kowno). Erbaut Ende
des 18. Jahrhunderts

15 (rechte Seite oben)
Kathedrale von Vilnius
(Wilna) aus dem 18. Jahr-
hundert mit gotischem
Baukern. Dahinter

Türme mittelalterlicher
Burgen der litauischen
Großfürsten (13. bis
15. Jahrhundert)

16 (rechte Seite unten)
Altstadt von Vilnius
mit Türmen der ehe-
maligen Klosterkirchen

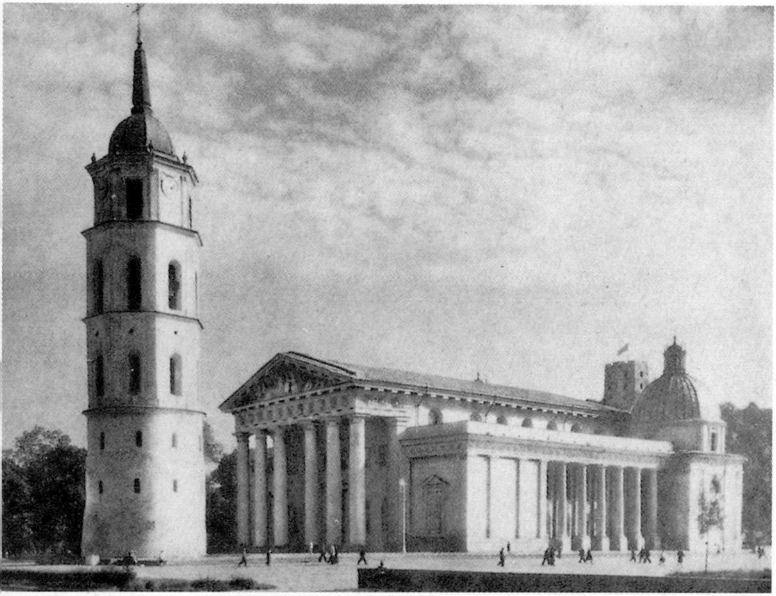

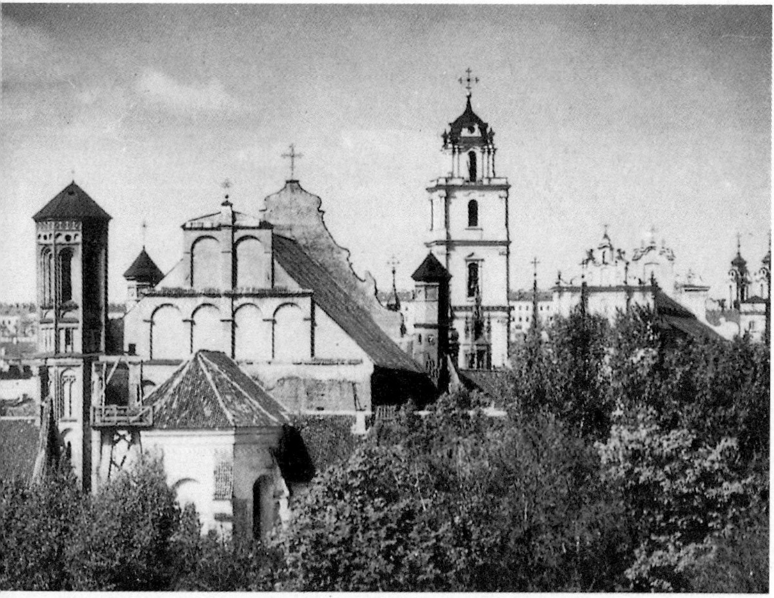

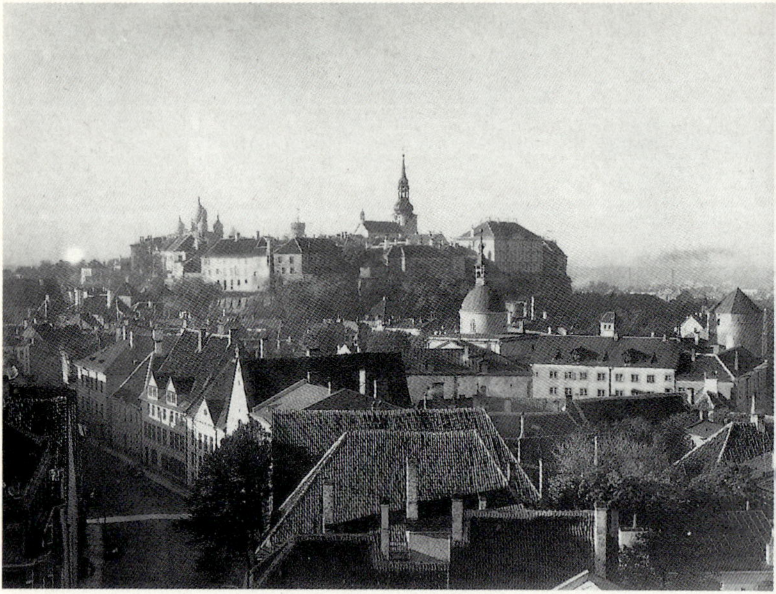

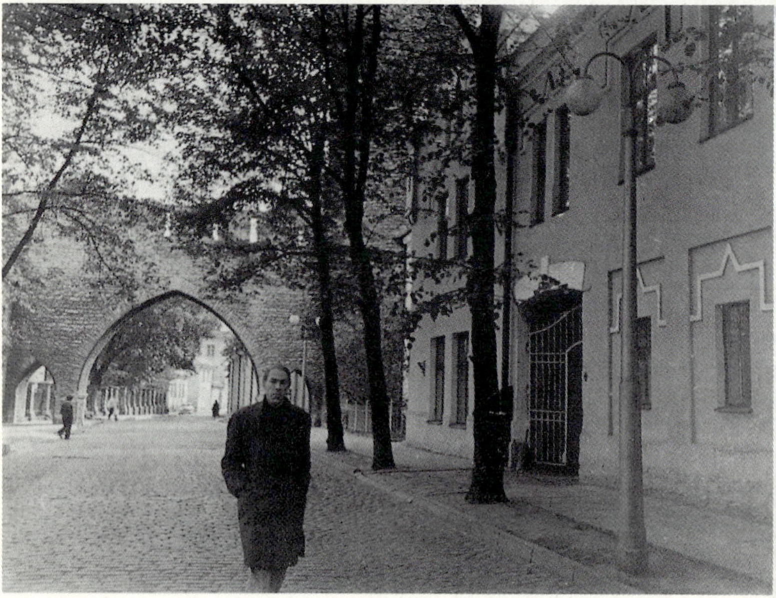

19 (rechts) Heiligen-
geistkirche in Tallinn
(Reval)

20 (unten) Hafen von
Tallinn (Reval)

17 (linke Seite oben)
Domberg von Tallinn
(Reval)

21 (folgende Doppel-
seite) Kundgebung am
lettischen Nationalfeier-
tag am 18. November
1989 mit Hundert-
tausenden von Teil-
nehmern

18 (linke Seite unten)
Autor vor seinem
Geburtshaus in Tallinn
(Reval)

22 (links) Der erste estnische Staatspräsident, Konstantin Päts, geboren 1874, gestorben 1956 (?) in sowjetischer Gefangenschaft

23 (unten) Der litauische Präsident Vytautas Landsbergis, Ministerpräsidentin Kazimiera Prunskiene und der stellvertretende Ministerpräsident Algirdas Brazauskas bei einer Kundgebung in Vilnius im März 1990

24 (rechts) Marju Lauristin, Präsidiumsmitglied des Parlamentes von Estland und Abgeordnete des Obersten Sowjets der UdSSR

25 (unten) Der estnische Präsident Arnold Rüütel (Mitte), der heutige Ministerpräsident Edgar Savisaar (rechts) und der damalige Ministerpräsident Indrek Toome (links) am 16.November 1988 nach der Verkündung der estnischen Souveränitätserklärung

26 (oben) Kundgebung
in Riga am 17. Juli 1989
zum Gedenken an die
sowjetische Okkupation
im Juli 1940

27 (unten) Autor vor
der Stadtsilhouette von
Tallinn (Reval)

nationalen Selbstverwaltungen zugestehen, zu heftigen Auseinandersetzungen zwischen diesen und den Generalkommissaren gekommen.

Unser Zug hatte unterwegs einigemal gehalten, keiner wußte warum, sowjetische Flugzeuge waren jedenfalls nicht in der Luft zu sehen gewesen.

Wolossowo lag hinter uns, Gatschina vor uns, und es wurde draußen allmählich hell. Was mir der Leutnant auch damals schon erzählt hatte, übertraf alle meine Befürchtungen. Und es war nur ein Teil von dem, was ich eben — mit heutigem Wissen — beschrieben habe. In Tallinn hatte man mir offensichtlich doch so manches verschwiegen.

»Aber wenn das so ist, wieso kämpfen dann so viele Esten an der Front Seite an Seite mit der Wehrmacht?«

»Die deutsche Besatzung ist schlimm, aber das sowjetische Terrorregime wäre noch viel schlimmer. Darum haben wir keine andere Wahl.«

In der Tat hatten sich viele der Waldbrüder nach der gemeinsam mit den deutschen Truppen erkämpften Befreiung Estlands diesen in den verschiedensten Formen als Freiwillige angeschlossen. Es bildeten sich die sogenannten Ostbataillone, hier und da auch als Sicherheitsbataillone oder Polizeibataillone bezeichnet, die sowohl an der Front als auch im rückwärtigen Gebiet gegen sowjetische Partisanen kämpften. Insgesamt stellten sich in den drei Ländern zunächst ungefähr 30000 Mann der deutschen Wehrmacht zur Verfügung.

Zu den vielen gravierenden Fehlern der politischen Verwaltung kam nun aber auch noch ein solcher des Oberkommandos der Wehrmacht: Die estnischen, lettischen und litauischen Freiwilligenverbände wurden in der Mehrzahl nicht dort eingesetzt, wo sie kämpfen wollten, nämlich im Vorfeld ihrer

Länder, also im Raum zwischen Leningrad und Belorußland, sondern man verstreute sie über die ganze Ostfront, bis hinunter nach Jugoslawien. Von den kämpfenden deutschen Soldaten und Offizieren hochgeschätzt, sahen sie sich gleichzeitig von seiten der höheren Führung so mancher Diskriminierung ausgesetzt — in bezug auf Ausrüstung, Uniform oder Anerkennung ihrer Leistungen.

»Wie äußern sich diese Diskriminierungen im konkreten Fall?« fragte ich meinen estnischen Leutnant.

»Beispielsweise darin, daß nach einem gemeinsamen Angriff oder bei einem gemeinsamen Durchbruch durch die sowjetischen Stellungen die deutschen Soldaten das Eiserne Kreuz bekamen, wir aber eine Tafel Schokolade. Das habe ich selbst erlebt.«

In Gatschina trennten sich unsere Wege, ich mußte weiter nach Süden, nach Siverskaja, die Esten weiter nach Osten, zur »Rollbahn« Leningrad—Moskau. Später erfuhr ich, daß die Esten, wenn sie dort überlebten, 1943 in der Schlacht von Kolpino sowie am Ilmensee mitgekämpft haben und im Januar 1944, als die Rote Armee den deutschen Ring um Leningrad sprengte und bei Narva wieder auf estnisches Territorium vordrang, dorthin verlegt wurden. Diese Schlacht westlich von Narva, in der sich das Schicksal Estlands entschied, brachte den estnischen Soldaten sowohl die größten Verluste des ganzen Krieges als auch die größte Anerkennung von deutscher Seite.

Mit den 16 Cognac- und Liqueurflaschen, die ich aus Tallinn mitbrachte, war mein Kommandeur höchst zufrieden. Daß sich das auf meine Beförderung zum Unteroffizier ausgewirkt hat, will ich allerdings nicht glauben. Ich bin dann bis zum Februar 1944 mit meinem Aufklärungs-Trupp bei den verschiedensten Divisionen zwischen Leningrad und Nowgorod abgestellt gewesen, um schließlich auch bei den Kämpfen um Narva zu landen. Im Sommer 1943 konnte ich nochmals ganz kurz in Südestland sein und habe auch ein paar Tage in Pölva verbracht. Unser Haus stand damals noch, aber Aino, meine frühe Liebe, hatte ich schon nicht mehr auffinden können.

Die Lage der estnischen Freiwilligenverbände hatte sich inzwischen insoweit verändert, als seit dem Herbst 1942 mehrere Mobilmachungen stattgefunden hatten, darunter auch solche zur Aufstellung nationaler Waffen-SS-Einheiten. Die meisten Eingezogenen wurden zunächst als »Estnische Legion« an die Front geschickt. Später, nachdem sich die Legion bei der Schlacht von Isjum durch besondere Tapferkeit ausgezeichnet hatte, wurde sie während der Schlacht um Narva zur Estnischen 20. Waffen-SS-Division umformiert und dabei mit den Resten verschiedener stark angeschlagener Ostbataillone aufgefüllt.

Als es den sowjetischen Truppen im Januar 1944 gelang, den estnisch-russischen Grenzfluß Narowa an zwei Stellen zu überschreiten, gab Uluots seinen bisherigen negativen Standpunkt in bezug auf die SS-Rekrutierungen auf und rief als Staatspräsident, der er der estnischen Verfassung nach immer noch war, gemeinsam mit dem Ersten Landesdirektor zur Generalmobilmachung auf. Uluots, der damals bereits mit einer deutschen Niederlage rechnete, wollte auf diesem Wege auch den Grundstock für eine eigene nationale Armee legen, die nach dem Rückzug der Wehrmacht das Land gegen die Sowjets hätte verteidigen sollen. Es war, wie es der estnische Historiker Taagepera formuliert hat, das verzweifelte Aufbäumen eines Wiesels zwischen zwei miteinander kämpfenden Wölfen. Anstatt der erwarteten 15 000 Freiwilligen meldeten sich 35 000. Es wurden sechs, allerdings nicht gut ausgerüstete, Grenzschutz-

Regimenter aufgestellt, und auch die 20. SS-Division erhielt
Verstärkung. Das erhöhte die Zahl der ihre Heimat verteidi-
genden Esten auf über 50000 Mann.

Die Entwicklung in Lettland verlief ähnlich. Dabei war die Zahl
der unter Waffen stehenden Letten angesichts der größeren
Bevölkerungszahl zum Schluß noch höher. Der Plan, auch in
Litauen eine Waffen-SS- Division aufzustellen, scheiterte allerdings angesichts der besonders schlechten Erfahrungen, die die
Litauer gleich zu Kriegsbeginn mit den Deutschen gemacht
hatten. Bereits im Frühjahr 1943 waren alle diesbezüglichen
Versuche eingestellt worden, und der Generalkommissar hatte
erklärt, die Litauer seien es nicht wert, die SS-Uniform zu
tragen. Gleichzeitig gab es die verschiedensten Repressionen
gegen die Bevölkerung. Fast alle höheren Lehranstalten wurden geschlossen, die Zwangsrekrutierungen zum Arbeitsein-
satz in Deutschland verstärkt, und drei widerspenstige Generäle der litauischen Selbstverwaltung kamen zusammen mit 43
anderen bekannten Intellektuellen in das KZ Stutthof.

Den Rückzug der deutschen Truppen aus dem Leningrader
Raum in den Raum von Narva habe ich nicht auf der direkten Ost-West-Linie miterlebt. Zusammen mit dem Stab der
18. Armee ging es zuerst östlich des Peipus-Sees nach Südestland, und erst da erfuhr ich meinen neuen Einsatzort: Narva.
Der russische Vormarsch war inzwischen an der Narova vom
3. Germanischen SS-Panzerkorps zum Stehen gebracht worden. Als ich ankam, wurde noch um einige Brückenköpfe
erbittert gekämpft. Zu diesem Panzerkorps gehörten außer der
estnischen 20. Division auch noch die SS-Divisionen Nord-
land, Norge, Danmark und Nederland. Später tauchte auch
noch der belgische SS-General Degrelle mit seiner Einheit dort

auf. Mein Trupp wurde den Niederländern zugeteilt. Ich hatte mich verbissen darum bemüht, zur estnischen Division zu kommen, aber daraus wurde nichts. Und wahrscheinlich war es auch gut so, denn die Esten, die buchstäblich mit Klauen und Krallen um jeden Quadratkilometer ihrer Heimaterde kämpften, hatten die größten Verluste, und vielleicht wäre auch ich dort gefallen. Nach dem Kampf um den strategisch wichtigen Bahnhof Auvere, nur wenige Kilometer von meinem Unterstand entfernt, erhielt nicht nur der estnische Regimentskommandeur, Oberstleutnant Riipalu, sondern auch der Unteroffizier Nugiseks das Ritterkreuz, für Nichtdeutsche eine geradezu einmalig hohe Auszeichnung. Die beiden anderen estnischen Regimentskommandeure hatten das Ritterkreuz bereits früher erhalten.

Ich blieb 1944 nur wenige Wochen bei Narva, dann wurde ich wieder in den Raum südlich des Peipus-Sees verlegt. In der Tat konnte ich dem für die Feindaufklärung zuständigen Ic-Offizier der Division Nederland auch nicht sehr nützlich sein. Auf dem Rückmarsch von Leningrad war mein bester Horchfunker, ein in Gefangenschaft geratener Oberleutnant der Roten Armee, bei einem Fliegerangriff schwer verwundet worden und in ein Lazarett gekommen. Zudem war der Funkempfang an der Narva-Front miserabel, für die hochempfindlichen Spezialgeräte gab es zu viele Störungen in der Luft. In der warmen Frühlingssonne hatte der Schnee zu schmelzen begonnen, die Straßen waren kaum noch befahrbar, und im ohnehin sumpfigen Gelände fuhren sich ständig Panzer und Sturmgeschütze fest, deren Lärm jeglichen Empfang unmöglich machte. Besonders schlimm wurde es, als das deutsche Oberkommando zur Entlastung des 3. Panzerkorps auch noch die ruhmbedeckte Panzereinheit des Grafen Strachwitz an die Narva-Front warf, für dessen »Panther« es in diesem Gelände bei der Schneeschmelze aber nur noch beschränkte Operationsmöglichkeiten gab. Eines Tages war ein »Panther« direkt vor dem Haus, in dessen Keller ich saß, vom Weg abgekommen, hatte sich festgefahren und drückte, beim Versuch wieder freizukommen, fast meine Kellerwand ein. Als ich schließlich erleichtert aufatmete, sagte Aljoscha, einer meiner »Hiwis« — so wurden die in deutschen Diensten stehenden Freiwilligen der russischen Wlassow-Armee bezeichnet — lakonisch:

»Ja, aber alle Schneeglöckchen sind kaputt.«

Vierzehn Monate später, im Mai 1945, als wir nach der Kapitulation im Kurland-Kessel in Gefangenschaft gerieten, ist Aljoscha wahrscheinlich erschossen worden. In der Nähe des Feldlazaretts, in dem ich, als Sanitätsfeldwebel getarnt, Unterschlupf gefunden hatte, hörte ich einen ganzen Tag lang Schüsse. Der sowjetische Major, den ich danach fragte, sagte nur:

»Eure Hiwis hören auf zu leben.«

Während der ersten Sommermonate 1944 verlor ich an den Ufern der Welikaja — auf deutsch »Großer Strom« —, die von Süden her in den Peipus-See fließt, einen zweiten guten Mann meines Trupps. Obwohl es strengstens verboten war, hatte der Ukrainer Georgij Timoschuk zur Aufbesserung unserer Verpflegung in der Welikaja mit Handgranaten zu fischen versucht. Dabei blieb, nachdem er eine Granate abgezogen hatte, deren Tragebügel an seinem Koppelschloß hängen, und die Sprengladung explodierte in seiner Hand. Als ich nach dem Knall und seinem Schreien zum Flußufer hinunterlief, sah ich nur noch den Holzstiel der Granate aus seiner Bauchhöhle herausragen.

Die Fahrt über holprige Sandwege zum nächsten Feldlazarett war furchtbar. Der Chirurg versprach mir zwar, so bald wie möglich zu operieren, aber da die Reihe der Verwundeten lang war, hatte ich gleich den Eindruck, daß er es nicht schaffen würde. Als ich am nächsten Tag wieder hinfuhr, um nach Georgij zu sehen, lagen auf dem Hof, im Schatten einiger Linden, mehrere Papiersäcke. Einer davon trug die Aufschrift »Iwan«. Das war mein Ukrainer.

Diesem »Iwan« verdankte ich übrigens mein Kriegsverdienstkreuz (KVK) 1. Klasse mit Schwertern. Einige Wochen vor seinem Tod hatte er einen kaum hörbaren, verschlüsselten sowjetischen Funkspruch aufgefangen. Ich konnte ihn entschlüsseln, und die Übersetzung ergab, daß die soundsovielte Schützendivision zum Sturm auf eine kleine livländische Stadt, ich glaube, es war Schwanenburg (Gulbene), in Stellung gehe. Der sofort unterrichtete Ic meiner Division sorgte für die Bereitstellung zusätzlicher Artillerie, und so brach dann am nächsten Tage der tatsächlich vorgetragene Angriff zusammen.

### »Frontbegradigung«

Nachdem die Narva-Front Ende Juli 1944 zusammengebrochen war, drangen die sowjetischen Truppen im August auch in Südestland ein. Ich lag damals ziemlich genau auf ihrem Vormarschwege in einem kleinen Bauerngehöft in der Nähe der estnisch-lettischen Grenzstadt Valga (Walk). Als ich mich eines Vormittags beim Ic der Division zur Berichterstattung meldete, sagte er mir, daß die Division sich wahrscheinlich am nächsten Tage im Rahmen einer »Frontbegradigung« zurückziehen werde. Damit war auch für mich der Zeitpunkt gekommen, Estland wieder einmal verlassen zu müssen.

Der Bauer, der den Hof bewirtschaftete, hatte zwei Töchter. Mit Koidula, der älteren von beiden, war ich einigemal im See schwimmen gewesen, und wir hatten auch schon mal, wenn meine Hiwis mit ihrem Schwitzbad fertig waren, zusammen in der Sauna gesessen. Immer wieder hatte sie dabei auch die Frage gestellt, wie nun alles weitergehen werde, was aus ihr und ihren Eltern werden würde. Die Front war immerhin nur acht bis zehn Kilometer entfernt, und die Rote Armee war auf dem Vor- und nicht auf dem Rückmarsch. Was konnte ich ihr darauf schon antworten?

Als ich nun wußte, daß es für mich der letzte Tag und die letzte Nacht auf ihrem Hof sein würde, bat ich sie, mit mir einen Waldspaziergang zu machen. Die Blaubeeren waren schon reif, wir saßen im Moos, sie legte mir ihren Kopf in den Schoß, und ich spielte mit ihren Haaren.

»Morgen früh muß ich weg, und sehr bald werden die Russen hier sein.«

»Nimmst du mich mit?«

»Dich allein könnte ich vielleicht mitnehmen, aber deine Eltern und deine Schwester — das geht nicht. Erstens ist in den beiden Fahrzeugen nicht genug Platz, zweitens würden wir wahrscheinlich schon bald von der Feldpolizei angehalten werden, und drittens ist es nicht ungefährlich. Auf der Chaussee nach Riga werden wir bestimmt Beschuß bekommen.«

»Aber wir haben Angst vor den Russen, bitte!«

»Es geht nicht, du weißt, wie gerne ich euch helfen würde, aber es ist unmöglich.«

»Willst du heute nacht bei uns im Heu schlafen?«

Ich sagte ja, half ihr hoch, legte ihr einen Arm um die Schultern, und so gingen wir zum Gehöft zurück.

Am Abend bauten meine Hiwis die Geräte ab, verstauten alles in den beiden Fahrzeugen, und dann spendierte ich noch eine Flasche estnischen Schnaps. Die gewohnte gute Stimmung kam aber nicht auf, denn auch sie wußten wohl, daß mit der Räumung Estlands der endgültige Zusammenbruch der Ostfront ein gutes Stück nähergerückt war.

Als ich die schmale Leiter der Scheune hinaufstieg, schlug mir ein betörend starker Kleeduft entgegen. Beide Mädchen lagen nebeneinander im zurechtgetretenen frischen Heu und tuschelten. Koidulas Schwester nahm sofort ihre Decke auf und sagte etwas verlegen, sie würde auf die andere Seite des Heubodens gehen und gleich einschlafen. Etwas später, als es schon ganz dunkel war, hörte ich, wie sie vorsichtig die Luke öffnete und über die etwas knarrenden Sprossen zum Hof hinunterkletterte.

Als ich am nächsten Morgen abfuhr, war Koidula nicht da. Ihr Vater sagte mir, sie sei in den Wald gegangen. Wir drückten uns stumm die Hand. In einer solchen Situation, in der jeder ahnt, was die nächste Zeit ihm bringt, kann man sich ohnehin nicht viel sagen.

Und dann sah ich Koidula doch noch. Sie stand da, wo der Wald in eine Wiese überging, am Straßenrand und hatte ein Körbchen mit Blaubeeren in der Hand.

»Nimm das, und vergiß Estland nicht. Ich bin dir nicht böse.«

Noch bevor ich etwas antworten konnte, hatte sie sich umgedreht und war in den Wald zurückgelaufen. Ich war ihr dankbar dafür, denn ich fühlte mich so furchtbar hilflos, so unfähig zu helfen.

Die Fahrt über die lettische Grenze hinweg zog sich in die Länge. Endlose Kolonnen der rückwärtigen Dienste hatten die Straßen verstopft, ständig wurden wir zur Entlastung der Rollbahn auf Nebenstraßen umgeleitet.

Das letzte, was ich von Estland sah, war das in der Nacht rot brennende Valga (Walk). Bei meinem ersten Abschied, bei der Umsiedlung 1939, hatte ich zwar ein bedrohtes, aber immer noch friedliches Estland zurückgelassen. Jetzt stand das Land

kämpfend und blutend vor der zweiten sowjetischen Okkupation. Diesmal, so dachte ich, als ich in einer endlosen Wagen-
kolonne auf Riga zufuhr, wird es wohl für mich keine Rückkehr
geben.

Am gleichen Tage, an dem ich Estland verließ, fiel Tartu,
und am 22. September drangen die ersten sowjetischen Truppen auch in Tallinn ein. In der Zwischenzeit war es, als der
Beschluß des Oberkommandos der Wehrmacht, Estland zu
räumen, endgültig feststand, noch zur Bildung einer nationalen estnischen Regierung gekommen. Ministerpräsident Oskar
Tief verkündete in seiner ersten und letzten Regierungserklä-
rung die vollständige Neutralität Estlands im deutsch-sowjetischen Krieg und forderte alle fremden Truppen auf, das Land
zu verlassen. Es waren politische Deklarationen ohne jede
faktische Bedeutung. Eine Woche später wurde er zusammen
mit den anderen Regierungsmitgliedern bei einem Fluchtversuch nach Schweden an der westestnischen Küste von sowjetischen Soldaten festgenommen. Die Mitglieder der estnischen
Selbstverwaltung — also Mäe und seine Landesdirektoren —
hatten sich schon vor der Eroberung Tallinns nach Deutschland
absetzen können. Uluots gelang die Flucht nach Schweden.

Zusammen mit den sich aus Ostestland nach Westestland
zurückziehenden deutschen und estnischen Truppen wälzte
sich in der gleichen Richtung auch ein endloser Flüchtlings-
strom. Insgesamt sind im Spätsommer 1944 rund 70000 Esten
auf dem Seewege in den Westen geflohen, nach Deutschland
und nach Schweden. Weitere Tausende ertranken nach sowjetischen Flieger- und Torpedoangriffen in der Ostsee. Nach
Schweden konnten damals auch noch die letzten Estland-
Schweden, die auf den Inseln gelebt hatten, evakuiert werden.
Insgesamt haben während der Kriegsjahre etwa 6000 Schweden Estland verlassen.

Zu den letzten Maßnahmen des verzweifelten Aufbäumens angesichts der vordringenden sowjetischen Truppen gehörte auch die Rückkehr der sogenannten Finnland-Jungen. Das waren Esten, die während des sowjetisch-finnischen Winterkrieges 1939/40 als Freiwillige dem Brudervolk zu Hilfe geeilt waren. Sie waren dort zu einem Infanterieregiment zusammengefaßt worden und hatten im Verbande der finnischen Armee zunächst in Karelien und dann an der Leningrader Front gekämpft. Jetzt, in der Stunde der größten Not, kehrte das Regiment in die Heimat zurück, um an einer Erneuerung des Freiheitskrieges von 1918 bis 1920 teilzunehmen. Obwohl von der Bevölkerung und den übrigen estnischen Truppen begeistert empfangen, durfte das Regiment als solches auf Befehl des deutschen Oberkommandos aber nicht geschlossen zum Einsatz kommen. Es wurde zersplittert und teilweise in Reserve gehalten. Dies war ein weiterer psychologischer Fehler der deutschen Führung, die offenbar Angst vor einem zu starken Anwachsen des estnischen Nationalismus hatte. Daß der Einsatz der 2000 »Finnland-Jungen« letztlich am Ausgang der Schlacht um Estland nichts geändert hätte, steht auf einem anderen Blatt.

Als letzten Teil Estlands eroberten die sowjetischen Truppen die Insel Saaremaa (Ösel), das silberweiße Ultima Thule von Lennart Meri. Als Ende November 1944 auf der äußersten Südwestspitze der Insel die rote Fahne gehißt wurde, bedeutete dies das Ende der Kämpfe um Estland. Von dort hatten sich unmittelbar zuvor die allerletzten deutschen und estnischen Soldaten nach Deutschland eingeschifft. An diesem Kampf um Estland haben in den drei Kriegsjahren ungefähr 70000 estnische Soldaten und Offiziere teilgenommen. Etwa 10000 von ihnen sind gefallen, ebensoviele fanden im Herbst 1944 den Weg nach Deutschland. Zählt man alle zusammen, die von 1940 bis 1945 Verschleppten, Ermordeten, Gefallenen und ins westliche Ausland Geflohenen, so hat Estland in diesen Jahren der sowjetischen und deutschen Besatzung etwa 150000 Menschen verloren, das sind 15 Prozent seiner Bevölkerung von 1939.

Die Verluste an Menschen in Lettland zwischen 1940 und 1944 entsprechen, auf die Bevölkerungszahl bezogen, ungefähr denen in Estland, setzen sich allerdings etwas anders zusammen. So fallen hier beispielsweise die rund 50000 während der deutschen Besatzungszeit ermordeten Juden besonders ins Gewicht. Gespannter als in Estland waren vor allem die Beziehungen zwischen dem deutschen Generalkommissar und der lettischen Selbstverwaltung. Als diese die Aufstellung einer lettischen Armee vorschlug, die mehr oder weniger selbständig gegen die Rote Armee kämpfen sollte, wurde die Ablehnung dieses Vorschlages mit einer eindeutigen Verdächtigung der lettischen Bündnistreue verbunden. In einer Stellungnahme des Generalkommissars hieß es, die politisch führenden Kreise der baltischen Staaten würden jede Art von zusätzlicher Unabhängigkeit nicht zu einer Annäherung an das Deutsche Reich nutzen, sondern vielmehr auf einen Sieg der Westmächte spekulieren.

Anders als in Estland kam es in Lettland auch schon im Sommer 1943 zur Gründung eines siebenköpfigen lettischen Zentralrates, der sich aus Vertretern der vier größten Vorkriegsparteien zusammensetzte. Diese Untergrundregierung ging in der Tat von der Voraussetzung aus, daß nach Beendigung des Krieges sowohl Deutschland als auch die Sowjetunion derart geschwächt sein würden, daß es Lettland mit Hilfe der Westmächte gelingen müßte, seine Unabhängigkeit wiederzuerlangen. Dieser Zentralrat nahm auch zu litauischen und estnischen Widerstandskreisen Kontakte auf und organisierte in Riga zwei gesamtbaltische Konferenzen, die vor der Besatzungsmacht geheimgehalten werden konnten. Den deutschen Sicherheitsorganen gelang es erst im Herbst 1944, die Tätigkeit des Rates aufzudecken. Sein führender Kopf, Konstantin Čakste, wurde verhaftet und starb an unbekanntem Ort. Ins KZ Stutthof kamen insgesamt 545 aktive lettische Widerstandskämpfer, acht lettische Offiziere wurden sofort standrechtlich erschossen.

Im Mai 1945, unmittelbar vor der Kapitulation der deutschen Truppen in Kurland, unternahm die lettische Widerstandsbewegung noch den letzten Versuch einer politischen Selbstbestimmung. Ein aus 73 Mitgliedern bestehender Nationalrat ernannte Oberst Roberts Osis zum Chef einer provisorischen Regierung, die sich aber angesichts der militärischen Lage schon wenige Tage später nach Deutschland absetzen mußte. Insgesamt haben vor und während des sowjetischen Wiedereinmarsches 1944 und 1945 etwa 240000 Letten auf irgendeine Weise versucht, in den Westen zu fliehen. Dabei glückte nur 120000 Personen die Flucht nach Deutschland oder Schweden. Von ihnen ist dann der größere Teil später nach Großbritannien, in die USA, nach Kanada, Australien und Neuseeland ausgewandert.

Die Widerstandsbewegung in Litauen konnte sich zu Beginn der deutschen Besatzungszeit auf die immer noch bestehende LAF, die »Front der Litauischen Aktivisten«, stützen. Erst als die LAF Ende September 1941 in einem an die deutsche Feldkommandantur gerichteten Memorandum vehement gegen Übergriffe der deutschen Zivilverwaltung protestierte und die Wiederherstellung der litauischen Unabhängigkeit forderte, wurde sie aufgelöst und ihr Führer, Leonas Prapuolensis, in das Konzentrationslager Dachau gebracht. In der Folgezeit bildeten sich eine ganze Reihe kleinerer Widerstandsorganisationen, die sich schließlich Ende 1943 zum Obersten Komitee für die Befreiung Litauens zusammenschlossen. Das Komitee konnte bis zum Sommer 1944 als Zentrum des Widerstandes aktiv bleiben, bis dann einer seiner nach Stockholm entsandten Kuriere in eine Falle der Gestapo geriet. Das führte zu Verhaftungen, Einweisungen in Arbeitslager und Konzentrationslager sowie in einigen Fällen auch zu Erschießungen. Damit war das Komitee weitgehend gelähmt.

Verglichen mit der schrecklichen Zahl der 170 000 ermordeten Juden waren die Menschenopfer der litauischen Zivilbevölkerung, abgesehen von den Verschickungen zur Zwangsarbeit nach Deutschland, während der Besatzungszeit von 1941 bis 1945 relativ gering. Es gab furchtbare Strafexpeditionen der SS im Zusammenhang mit der Auflösung der nationalen litauischen Truppen des Generals Plechavičius im Frühjahr 1944, doch ist die Zahl der Getöteten nicht bekannt. Zudem wurden schon bald nach dem Einmarsch der sowjetischen Truppen nach Litauen in einer ersten Welle 60 000 und in einer zweiten Welle 40 000 Menschen in die Sowjetunion verschleppt. Weitere 100 000 sollten ihnen bis 1950 folgen.

Ende August 1944 hatte ich zwar Estland verlassen müssen, blieb jedoch bis zur Kapitulation zuerst im östlichen, dann im westlichen Lettland. Während der letzten Kriegsmonate hockte ich im sogenannten Kurland-Kessel in der Nähe der Hafenstadt Liepaja (Libau) in einem Waldbunker und erlebte die fünf vergeblichen Versuche der sowjetischen Truppen, diesen Kessel einzudrücken. Einer dieser Versuche wäre vielleicht erfolgreich gewesen, hätte nicht Generaloberst Schörner auf direkten Befehl Hitlers dort sein eisernes Regime geführt. Bis zum letzten Verbandsplatz, bis zur letzten Feldküche der eingeschlossenen 16. und 18. Armee durchkämmte er täglich die Einheiten, um gerade noch frontdiensttaugliche Soldaten in die vordersten Gräben schicken zu können. Dabei erlebte ich die lächerlichste Situation meines Soldatenlebens. Eines Morgens, meine Hiwis hatten mir auf einem Ofen heißes Wasser zubereitet und ich genoß es, mich nach längerer Pause endlich wieder ordentlich waschen zu können, wurde unvermutet die Bunkertür aufgerissen, und irgendein Offizier im Schneeanzug brüllte »Achtung!«. Wenige Sekunden später war der Oberbefehlshaber der Heeresgruppe im Bunker, und ich stand splitternackt vor ihm. Es war ein Augenblick, in dem nur Reflexe möglich sind. So griff ich nach meinem weißen Stahlhelm, stülpte ihn mir über den Kopf, hob die Rechte zum »deutschen Gruß« und erstattete Meldung (nach dem Attentat auf Hitler im Juli 1944 mußte nicht nur die Waffen-SS, sondern auch die Wehrmacht mit erhobenem Arm grüßen). Schörner verzog angesichts dieser Groteske keine Miene, stellte eine Frage an mich, dann noch zwei an einen der ihn begleitenden Stabsoffiziere, sagte »weitermachen« und »rauschte« wieder aus dem Bunker. Der ganze Spuk hatte nicht einmal eine Minute gedauert.

Nach dem Frost kam die Schneeschmelze, dann der warme Frühling. An allen Fronten rund um und in Deutschland mußte sich die Wehrmacht zurückziehen, nur bei uns im Kurland-Kessel änderte sich nichts, allerdings standen wir auch mit dem Rücken zum Meer. Meine Eltern waren mittlerweile aus dem Warthegau geflohen, dann starb mein Vater, und meine einzige Chance, aus dem Kessel herauszukommen, um nach meiner Mutter und meiner Schwester zu sehen, bestand darin, einen Panzer abzuschießen. In diesem Fall hätte ich einen kurzen Heimaturlaub bekommen und wäre von diesem kaum nach Kurland zurückgekehrt.

Dieser sogenannte Panzer-Urlaub war, wenn ich mich nicht irre, auch eine der vielen Schörner-Ideen. Mir half er aber wenig, denn vor Panzern hatte ich mich als Angehöriger einer Nachrichteneinheit immer nur zurückziehen müssen. Und einen Panzer abzuschießen, hatte ich auch weder gelernt noch je versucht.

Der einzige Tag, an dem ich in Kurland wirklich etwas Entscheidendes getan habe, an dem ich mein Schicksal in die eigenen Hände genommen und einen Beschluß gefaßt habe, der mir das Leben retten sollte, lag noch vor mir. Anfang Mai erhielt ich den Befehl, mit meinem Trupp zum Kompaniestab zu stoßen, der irgendwo nördlich von Liepaja lag. Dort erlebte ich den Tag der Kapitulation, den 8. Mai 1945. Vor angetretener Kompanie gab unser Chef in dürren Worten die Unterzeichnung der Kapitulationsurkunde durch Generaloberst Jodl bekannt, sprach wohl auch noch ein paar Sätze des Dankes und der Anerkennung und verkündete dann, die Kompanie werde zum nächstgelegenen, vom sowjetischen Oberkommando bestimmten Gefangenensammelpunkt marschieren. Später fügte er allerdings noch hinzu, jeder könne jetzt machen, was er wolle, und da einige von uns sogenannte Geheimnisträger wären und Sonderausweise besäßen, bestünde vielleicht auch die Möglichkeit, in einem der kurländischen Häfen auf ein Schiff zu gelangen.

Ich setzte mich zunächst mit meinen sechs russischen Hiwis in den Schatten eines großen Baumes, um mit ihnen zu besprechen, was nun zu tun sei. Zu diesem Zeitpunkt war ich noch entschlossen, zusammen mit der Kompanie in Gefangenschaft zu gehen, was für die Hiwis als Angehörige der sowjetfeindlichen Wlassow-Armee, die auf deutscher Seite stand und sich aus russischen Kriegsgefangenen rekrutierte, natürlich nicht in Frage kam.

»Ich kann euch jetzt nicht mehr viel helfen. Morgen bin ich selbst sowjetischer Kriegsgefangener. Ich kann euch Geld geben und versuchen, Zivilkleidung aufzutreiben. Ihr könnt, wenn ihr wollte, auch Waffen bekommen, ebenfalls Verpflegung für ein paar Tage. Das ist aber auch alles.«

Nach einer Stunde trennten wir uns, und ich wußte, daß ich es leichter haben würde als sie — was immer da kommen möge. Mit einigen von ihnen war ich während der beiden letzten Jahre Tag und Nacht zusammengewesen — und jetzt dieser schreckliche Abschied. Als sie, einer hinter dem anderen, nun schon in Zivil und mit einem Bündel auf dem Rücken, dem nächsten Wald zumarschierten, war mir ziemlich klar, daß sie ihrem Tode entgegengingen. Und auch sie selbst dürften nur wenig Hoffnungen gehabt haben.


*Allein*

Dann saß oder lief ich eine Weile unschlüssig herum und rang mit mir selbst. Sollte ich wirklich in die Gefangenschaft gehen oder vielleicht doch irgendwie den Sprung übers Meer nach Schweden wagen? Die Insel Gotland war nur 120 bis 150 Kilometer entfernt, aber der Luftraum über der Ostsee wurde von der sowjetischen Luftwaffe beherrscht. Über die Lage in Liepaja und Ventspils (Windau), den beiden größten kurländischen Häfen, gab es stündlich neue Gerüchte: Mal hieß es, das letzte Transportschiff der Kriegsmarine sei bereits in See gestochen, mal hörte man, es lägen noch Schiffe im Hafen. Dann wieder wurde gesagt, sowjetische Zerstörer würden die Häfen blockieren und niemanden mehr herauslassen. Als mir schließ-

lich ein aus Riga stammender Unteroffizier unserer Entziffe-
rungsabteilung sagte, er würde in keinem Fall in Gefangenschaft
gehen, sondern versuchen, irgendwo an der Küste ein Motorboot aufzutreiben, waren auch bei mir die Würfel gefallen.

In meinem Geländewagen fuhren wir zum Fischerdorf Pavilosta (Paulshafen), das ungefähr auf halber Strecke zwischen
Liepaja und Ventspils liegt und von unserer Kriegsmarine zu
einem kleinen Nachschubhafen ausgebaut worden war. Als wir
dort ankamen, war es bereits später Nachmittag geworden. Der
Ort sah aus wie leergefegt. Man sah kaum Menschen, dafür viel
offene Türen, in größter Eile verlassene Häuser sowie Speicher,
die nicht mehr ganz ausgeräumt worden waren. Von unserer
Kriegsmarine war niemand mehr da, und im Hafen lag noch ein
einziges altes Fischerboot. Es war aber bereits überfüllt, in ihm
hockten etwa zwanzig Mann statt der zehn, die es normaler-
weise fassen konnte. Das Kommando hatte offenbar ein Hauptmann, und ein halbbetrunkener Maat der Marine war hektisch
bemüht, den Motor in Gang zu bringen. Das sah alles gar nicht
gut aus. Hier half nur Entschlossenheit bis zum Äußersten,
notfalls bis zur kalten Drohung.

Als wir unser Anliegen vortrugen, sagte der Hauptmann
kurzweg nein, zwei Mann mehr an Bord, das wäre schierer
Selbstmord. Dann folgte der unmißverständliche Befehl zu
verschwinden.

»Herr Hauptmann, der Krieg ist aus, Ihre Befehle können
Sie sich sparen. Ich stamme aus Estland, und das ist jetzt
wieder eine Sowjetrepublik. Außerdem gehöre ich zur Nach-
richtenaufklärung, und das kann mir von den Russen als Spionage ausgelegt werden. Ich bin also fest entschlossen, mit
diesem Boot mitzufahren, denn ein anderes gibt es nicht mehr.
Treiben Sie mich nicht zum Äußersten, immerhin habe ich ein
paar Eierhandgranaten in der Tasche.«

Es ging noch etwas hin und her, einige wollten uns aufs Boot lassen, andere waren dagegen. Schließlich saßen wir doch drin, und der Maat hatte es auch geschafft, den Motor in Gang zu setzen. So fuhren wir aus dem Hafen, auf die gerade untergehende Sonne zu.

Schon nach zwei bis drei Kilometern wußte ich, daß ich einen Fehler gemacht hatte. Der Motor lief unregelmäßig, spuckte und stotterte. Das Boot war nicht ganz dicht, vielleicht infolge der Überlastung, jedenfalls mußte ständig geschöpft werden. In der Ferne zogen die ersten sowjetischen Flugzeuge vorbei, allerdings in großer Höhe. Und schließlich der besoffene Maat: Auf dem Boden zusammengekauert stieß er alle paar Minuten ein kaum verständliches »der Kahn sackt ab« hervor. Es war zum Verrücktwerden, mich würgte die nackte Todesangst.

Ich mußte raus, zurück an Land, koste es, was es wolle. Als dann hier und da die ersten Flüche und Rufe wie »der Maat hat recht«, »wir gehen drauf«, »so kommen wir nie übers Meer« laut wurden, beschloß ich zu handeln. Zuerst erklärte mich der Hauptmann, der jetzt gewissermaßen als Kapitän des Bootes tatsächlich die Befehlsgewalt hatte, für verrückt.

»Was wollen Sie eigentlich, Sie Blödmann? Zuerst verlangen Sie mitgenommen zu werden, drohen Sie mit Ihren Handgranaten, quatschen mir die Ohren voll, und jetzt möchten Sie wieder raus.«

Wieder gab es ein längeres Hin und Her, in dessen Verlauf einer sogar schrie, man solle mich einfach über Bord werfen. Als der Hauptmann schließlich doch nachgab, dann nur deshalb, weil inzwischen sechs bis sieben Mann erklärt hatten, sie würden in Pavilosta ebenfalls aussteigen und den Drinbleibenden damit eine reelle Chance geben, doch noch nach Gotland zu gelangen. Außerdem wäre es dann dunkler, und die Gefahr,

243

von sowjetischen Flugzeugen entdeckt zu werden, würde dann geringer sein.

Eine halbe Stunde später kam es dann am Hafenkai zum Schwur. Nun war plötzlich außer mir nur noch einer bereit auszusteigen. In größter Not klammern sich die meisten Menschen offenbar doch aneinander und suchen Halt in der Menge. Alles Schreien des Hauptmanns half nichts, das kaum entlastete Boot tuckerte nach zehn Minuten wieder aufs offene Meer hinaus. Es ist nie in Gotland angekommen. Sechs Jahre später, nach meiner fünfjährigen Kriegsgefangenschaft, habe ich die Mutter des Unteroffiziers aus Riga in einem kleinen bayerischen Städtchen ausfindig gemacht, und sie sagte mir, daß sie seit einem letzten Brief aus dem Kurland-Kessel kein Lebenszeichen mehr von ihrem Sohn erhalten habe.

Ich ging in eine offensichtlich in aller Hast geräumte Wohnung eines Marineoffiziers. Im Kleiderschrank hing noch der Mantel des Oberleutnants zur See, in der Küche fand ich eine Dauerwurst, Brot, Kaffee, Fliegerschokolade und eine halbe Flasche Cognac. Die ganze Spannung der letzten hektischen Stunden fiel von mir ab, ich genoß die Ruhe und Einsamkeit. Nachdem ich langsam und bedächtig gegessen hatte, legte ich mich mit einer Decke und dem Rest des Cognacs in die Hängematte, die im Garten zwischen zwei Apfelbäumen ausgespannt war. Ganz verschwommen tauchte ab und zu das Bild des Motorbootes vor mir auf, das über das dunkle Meer seinem Untergang entgegenfuhr. Dann fragte ich mich, woher ich denn die Gewißheit hätte, daß dieses Boot tatsächlich nicht in Schweden ankommen würde, und wußte keine Antwort auf diese Frage. Ich wußte nur, daß es so sein würde.

Im fast menschenleeren Pavilosta herrschte eine absolute, irgendwie unheimliche Stille. Kein Fahrzeug war zu hören, nicht einmal ein Tierlaut. So döste ich im Halbschlaf vor mich hin. Aufkommende Gedanken an die am nächsten Tag beginnende Gefangenschaft schob ich träge von mir. Soweit sie wirklich in mein Bewußtsein drangen, vermischten sie sich mit irgendwelchen völlig irrealen Vorstellungen zu einem Phantasiegespinst, das mir keinen Schrecken einjagen konnte. Später in der Nacht — es war kalt, und der Wind blies immer stärker vom Meer her — ging ich ins Häuschen und schlief im Bett des Marinekriegers traumlos bis zum nächsten Morgen.

Der 9. Mai 1945 war ein schöner sonniger Tag. Ich frühstückte in aller Ruhe im Garten, und dann verflüchtigte sich auch schon die mir sonst so fremde Passivität des letzten Abends. Plötzlich hatte ich das Gefühl, wieder irgend etwas entscheiden und unternehmen zu müssen. Aber was? Beraten konnte ich mich mit niemandem, denn Pavilosta schien noch genauso menschenleer zu sein wie am Tage zuvor. Die wenigen verbliebenen Zivilisten hielten sich wohl in Erwartung der im Laufe des Tages anrückenden sowjetischen Truppen in ihren Häusern versteckt.

Nach einem Blick auf die Generalstabskarte, die an der Wand meiner Behausung hing, beschloß ich, auf gut Glück einfach nach Norden zu fahren, nach Ventspils (Windau) oder Kuldiga (Goldingen). Davon, was mir das bringen könnte oder was ich dort tun sollte, hatte ich keine Vorstellungen. Einen konkreten Plan faßte ich erst, als ich am Straßenrand, bei der Abzweigung einer langen Allee, das Hinweisschild eines Feldlazaretts sah. Ja, das war genau das richtige! Dort ging ich hin.

Dem Oberstabsarzt schilderte ich meine Lage und bot ihm meine Dienste an. Ich spräche gut Russisch, wäre Medizinstudent und Apothekerssohn und könnte beim Anrücken der Russen als Dolmetscher sicher nützlich sein. Er möge mir doch bitte andere Schulterstücke und eine Rot-Kreuz-Binde geben, und ich würde gewiß einen guten Unterarzt abgeben. Letzteres wurde ich zwar nicht, wohl aber Unterapotheker, denn der Leiter der Lazarettapotheke war von seinem letzten Urlaub nicht mehr zurückgekehrt und sein Platz gerade frei.

Die sowjetische Einheit, die das Lazarett sozusagen übernahm oder gefangennahm, war ein Artillerie-Aufklärungsbataillon. Am späten Nachmittag fuhren zwei Jeeps vor, denen ein Major und andere Offiziere entstiegen. Der Oberstabsarzt ging ihnen entgegen, erstattete vorschriftsmäßig seine Meldung, ich übersetzte, der Major stellte sich vor und erklärte, daß er das Kommando über das Lazarett übernehme. Und das war sie dann auch, meine Gefangennahme. Ich weiß, daß Millionen deutscher Soldaten etwas völlig anderes erlebt haben.

Fast eine Woche blieben wir noch in dem schönen Gutshaus, das bis 1939 gewiß einem baltischen Adligen gehört hatte. Das Verhältnis zu den sowjetischen Offizieren und Ärzten war überaus gut. Wir speisten hin und wieder sogar gemeinsam im Casino, wobei ich allerdings kaum zum Essen kam, da ich ständig übersetzen mußte. Manchmal wurde ich auch von dem einen oder anderen Sowjetoffizier vertraulich beiseite genommen — mit der Bitte, aus der Apotheke irgendein Mittel gegen Geschlechtskrankheiten zu besorgen. Solange der Vorrat reichte, habe ich die »Genossen Sieger« großzügig bedient.

Eines Tages mußten dann alle, die gehen konnten, in das nächste Gefangenensammellager marschieren. Die Bettlägerigen oder sonst nicht Transportfähigen blieben unter der Betreuung nur weniger Sanitäter zurück. Auf diesem Marsch, der zwei Tage dauerte, erlebte ich kurz vor der litauischen Grenze, dort wo monatelang die Frontlinie des Kurland-Kessels verlaufen war, doch noch eine Begegnung mit der olivgrünen sowjetischen Graben-Infanterie. Das waren dann nicht mehr die sich

betont korrekt gebenden wenigen Sanitäts- und Aufklärungs-
offiziere der vergangenen Tage, sondern Landser, die nur im
Dreck gelegen, geschossen hatten und selbst beschossen worden waren. Beim Passieren dieser Grabensperre »verloren«
viele unserer Offiziere ihre Reitstiefel oder sonstige Dinge des
persönlichen Bedarfs. Auch ich wurde einiges los, kam aber
alles in allem noch gut davon.

Und dann die große Überraschung im Sammellager Auce, in
dem inzwischen etwa 20000 von den insgesamt 190000 Gefangenen der Kurland-Heeresgruppe zusammengezogen worden
waren: Nur hundert Meter von der Stelle entfernt, die wir als
Platz zum Zelten angewiesen bekamen, lag meine alte Kompanie. Ich ging schnell hinüber und bat Freunde, dafür zu sorgen,
daß nicht unnütz über meinen Wechsel zur anderen Waffen-
gattung geredet würde. Zuvor hatte ich kurz mit dem Gedanken gespielt, doch wieder in den Schoß der alten Einheit
zurückzukehren, diesen Plan dann aber verworfen. Irgendwie
fühlte ich mich im Hinblick auf mögliche kommende Geschehnisse bei der Sanitätskompanie besser aufgehoben. Es war ein
richtiger Entschluß.

Der nächste Abschied, zwar nicht von Estland, aber immerhin vom Baltikum, vollzog sich in einem Viehwaggon, auf
dessen Pritschen etwa 50 bis 60 Mann lagen oder hockten. Am
Morgen hatten wir, das heißt die 600 Mann, die zu einem
Gefangenentransport zusammengestellt worden waren, das
lettische Auce verlassen, und spätabends passierte der Zug die
russische Grenze. Erst 1947, zweieinhalb Jahre später, betrat ich
wieder baltischen Boden.

*Winter 1947*

Um eine mögliche Ausweiskontrolle zu umgehen, hatte ich mich auf die obere Bank des Abteils gelegt und spielte den Betrunkenen. Nina, die als Sowjetbürgerin natürlich einen Ausweis hatte, saß unten und achtete fieberhaft auf alles, was auf dem Gang geschah. Unser Zug Leningrad–Tallinn war in Narva eingelaufen, und an dieser Grenze zwischen der Russischen und der Estnischen Sowjetrepublik war eine Kontrolle durchaus möglich. Und sie kam auch. Ein Oberleutnant der Roten Armee öffnete die Tür, blickte sich im Abteil um und deutete dann auf mich.

»Sie da, kommen Sie runter. Gehören Sie zur Armee?«

Er hatte nur meine Stiefel und den Armeemantel gesehen, nicht aber, daß ich keine Schulterstücke trug. Nina sagte ihm, ich sei vor einem halben Jahr demobilisiert worden, hätte zuviel getrunken und schliefe jetzt meinen Rausch aus. Ich gab ein paar dazu passende Grunztöne von mir. Der Oberleutnant lachte und ging — Zivilisten interessierten ihn nicht.

Nina war ein dunkler, slawischer Typ mit leicht tatarischem Einschlag. Ihre Eltern lebten nicht mehr. Kurz vor dem Kriege hatte sie an der Moskauer Universität ein Jurastudium begonnen und dann während des Krieges geheiratet. Ihr Mann, ein Arzt, war bald darauf gefallen. Als ich sie kennenlernte, war sie Sekretärin des russischen Chefingenieurs der Baustelle, auf der ich als Kriegsgefangener arbeitete, und bewohnte ganz in der Nähe eine winzige, abgelegene Einzimmerdatscha.

Ich war nun schon drei Wochen auf der Flucht. Die längste Zeit hatte ich vergeblich versucht, in Odessa, ganz im Süden der Sowjetunion, auf ein westliches Schiff zu gelangen. Wenn ich gewußt hätte, daß ich dort überhaupt nur ein einziges Schiff aus dem Westen, einen holländischen Getreidefrachter, zu Gesicht bekommen würde, hätte ich mir die lange und teure Reise dorthin gespart. Von Moskau nach Kiew und von Kiew nach Odessa waren Nina und ich tatsächlich mit Linienmaschinen der Aeroflot geflogen — aus Angst vor Steckbriefen auf den entsprechenden Bahnhöfen. Auf die Idee, daß ein entflohener Kriegsgefangener das Geld und die Dreistigkeit hätte, sich in ein Flugzeug zu setzen, so glaubte ich, würde man nicht kommen. Von Odessa nach Leningrad waren wir dann aber doch mit der Bahn gefahren, denn weil wir immer wieder hohe Schmiergelder hatten zahlen müssen — beim Kauf der Flugtikkets, in Hotels und in Kiew, beim gescheiterten Versuch, einen falschen Paß für mich zu erstehen —, war unsere Kasse erbärmlich zusammengeschrumpft. Als letzte Möglichkeit hatte ich Nina vorgeschlagen, den Sprung über die sowjetische Grenze von Estland aus zu versuchen. Sie hatte »ja« gesagt — und was sonst hätte sie auch tun sollen. Die Frage, ob wir den Grenzübertritt gemeinsam versuchen oder ob sie wieder nach Hause zurückkehren würde, hatten wir offen gelassen.

In Tallinn rechnete ich mir gewisse Chancen aus, denn ich hatte einen bestimmten Anlaufpunkt. Irgendwann im zurückliegenden Sommer 1947, als ich über die große Baustelle gegangen war, auf der wir Kriegsgefangenen für verdiente Generäle der Roten Armee Datschas, also Sommerhäuser bauen mußten, hatte ich Estnisch sprechen gehört. Es stellte sich heraus, daß der ehemalige Kommandeur des 22. sowjetischen Schützenkorps und spätere estnische Verteidigungsminister General Pärn die auch ihm zustehende Datscha von estnischen Zimmerleuten und Maurern errichten ließ. Es waren eigens zu diesem Zweck aus Tallinn abkommandierte estnische Rotarmisten, mit denen ich mich natürlich schnell angefreundet hatte. Da ich ständig auf der sich über zwei Kiefernwälder erstreckenden Baustelle herumlaufen mußte, sei es mit dem russischen Chefingenieur, einem seiner Bauleiter oder auch allein, hatte ich einen sogenannten Propusk, einen Passierschein bekommen, der mir wesentlich mehr Bewegungsfreiheit ließ, als die anderen Gefangenen sie besaßen. Diese Bewegungsfreiheit hatte es mir auch möglich gemacht, Nina so gut kennenzulernen, wie ich sie nun kannte.

Und dieses relativ freie Herumlaufenkönnen hatte eine weitere Folge gehabt: Ich war an Geld herangekommen! Die Frauen der Generale, die regelmäßig aus Moskau zur Baustelle kamen, um das Werden ihrer Datschas zu überwachen, hatten nämlich alle miteinander Wünsche, die sich manchmal gegenseitig ausschlossen. Die eine wollte blaue Kacheln statt weißer, die andere diese Fensterrahmen und nicht jene, die dritte eine etwas breitere Treppe, die vierte einen etwas höheren Ofen. Vieles davon ließ sich auch machen, sei es in Absprache mit den Kameraden, die die Arbeiten ausführten, sei es in Kooperation mit den russischen Kraftfahrern, die das Baumaterial heranfuhren. Und dafür gab es Rubel für die russischen Fahrer, für die deutschen Bauarbeiter und auch für mich, und zwar viele Rubel, denn andernfalls wären die raren blauen Kacheln nicht bei der Generalsgattin M., sondern bei der Generalsgattin N. gelandet. Die Esten jedenfalls gewannen aufgrund meiner privilegierten Tätigkeit den Eindruck, daß ich einen Sonderstatus hätte und wahrscheinlich auch vorzeitig entlassen werden würde. Als sie mit ihrer Datscha fertig waren und nach Tallinn zurückkehren mußten, sagte mir Lembit Riik, einer von ihnen, wenn ich wieder frei wäre und nach Estland käme, solle ich ihn doch besuchen. Und er gab mir auch seine Adresse. Das war im Sommer.

Gleich nachdem der Kontrolloffizier verschwunden war und

der Zug sich in Bewegung gesetzt hatte, kroch ich von meiner Bank herunter — und erkannte das winterliche Narva nicht mehr. Es war ein einziges Ruinenfeld. Von den Gebäuden, die ich kannte, stand nur noch das alte Rathaus. Dann fuhren wir über die Schlachtfelder des Frühjahrs und Sommers 1944. Ich trat mit Nina auf den Gang hinaus und erzählte ihr flüsternd von den damaligen Kämpfen. Fast konnte ich ihr sogar die Stelle zeigen, wo der Strachwitzsche »Panther« vor meinem Keller gestanden hatte.

Tallinn war während seiner zweiten Eroberung, also im Sommer 1944, wesentlich stärker zerstört worden als im Sommer 1941. Nicht nur Vororte waren niedergebrannt, sondern auch ganze Straßenzüge der Innenstadt sah ich nun in Trümmern liegen. Von den alten Kirchen war allerdings nur die Nikolai-Kirche ausgebrannt. Alles in allem war dies ein ebenso trauriges wie gefährliches Wiedersehen.

Unsere Anlaufstation sollte hier Lembit Riik werden. Seine Wohnung lag in einer engen Straße auf dem Domberg, in einem Hinterhof. Dort hatte er mit seiner jungen Frau ein Zimmer und eine Küche. Ein Bad gab es nicht, die Toilette lag auf dem Korridor. Er schob täglich zehn Stunden Dienst in irgendeinem Stab der Roten Flotte, seine Frau arbeitete in einer Textilfabrik.

In diesem einen Zimmer haben wir dann fast zwei Wochen zu viert gelebt. Ich hatte Lembit Riik erzählt, daß ich als halber Este vorzeitig aus der Kriegsgefangenschaft entlassen worden sei, in Estland bleiben möchte und mir zunächst irgendeine Arbeit suchen wollte, um dann später mein Medizinstudium in Tartu fortsetzen zu können. Ob er mir das geglaubt hat, weiß ich nicht, jedenfalls hat er mich nicht weiter befragt. Sei es aus typisch estnischer Gastfreundschaft, sei es aus einer gewissen Kriegskameradschaft heraus, er bot mir an, so lange bei ihm zu wohnen, bis ich eine andere Unterkunft gefunden hätte. Da sowohl Lembit als auch seine Frau Russisch sprachen, mußte sich auch Nina nicht ganz ausgeschlossen fühlen. Die beiden Frauen freundeten sich sogar sehr schnell an, und das war auch fast unerläßlich bei diesem Zusammenleben auf so engem Raum.

Mir war sehr bald klar, daß an einen sofortigen Fluchtversuch über das Meer überhaupt nicht zu denken war. Es war ein kalter Winter, der Finnische Meerbusen begann bereits zuzufrieren, und die wenigen offenen Wasserrinnen wurden scharf kontrolliert. Ein estnischer Hafenarbeiter, dem ich mich zwar nicht völlig anvertraute, der aber wohl erriet, worum es mir ging, sagte mir bei einem Bier in einer Kneipe sehr deutlich:

»Wenn das Meer zugefroren ist, fliegen keine Möwen aus Estland nach Finnland oder Schweden. Sie müssen schon, wohl oder übel, bis zum Frühjahr damit warten. Das geht vielen so.«

Und dann fragte er mich unvermutet, ob ich Geld hätte. Ich antwortete ihm, daß mir nicht mehr viel übriggeblieben sei. Er bezahlte sein Bier, stand auf und sah mich, bevor er ging, nochmal an:

»Besorgen Sie sich Geld und kaufen Sie sich einen Paß — das ist in Tallinn zur Zeit möglich. Dann können Sie bis zum Frühling in einer Fabrik arbeiten. Ich wünsche Ihnen alles Gute.«

Was er mir sagte, deckte sich mit dem, was ich bereits von Lembit in Gesprächen über die allgemeine Lage in Estland erfahren hatte. Nach und nach waren viele Menschen, die sich beim Einmarsch der sowjetischen Truppen in den Wäldern versteckt hatten oder sonst irgendwie untergetaucht waren, wieder aus dem Untergrund aufgetaucht. Einige von ihnen hatten Angst, dafür zur Rechenschaft gezogen zu werden, daß sie während der deutschen Besatzungszeit zu eng mit der deutschen Zivilverwaltung zusammengearbeitet hatten. Diejenigen, die am meisten belastet waren, bemühten sich um eine neue Identität, das heißt, sie versuchten, sich einen neuen Paß zu besorgen. Das galt vor allem für die in Estland gebliebenen Angehörigen der 20. SS-Division. So war es denn kein Wunder, daß es einen schwarzen Markt für gefälschte Pässe gab. Lembit sagte mir, so ein Paß koste ungefähr 3000 Rubel.

Als ich eines Tages mit Nina durch die Altstadt ging — ich glaube, wir kamen von meinem Geburtshaus, und ich wollte ihr noch die älteste Apotheke Estlands zeigen, in der mein Vater nach dem Studium einige Jahre gearbeitet hatte —, fiel mir ein großes gelbes Plakat an einer Litfaßsäule auf. Es war eine Anzeige des »Estonia«-Theaters, in dem irgendein Klassiker Premiere haben sollte. Mehr als diese Premiere fesselte mich allerdings der ebenfalls groß ausgedruckte Name des Direktors: Paul Pinna, und dahinter noch ein Ehrentitel. Ich las die ganze Anzeige zweimal durch, und dann wußte ich, wo ich als erstes versuchen würde, das Geld für den falschen Paß aufzutreiben.

Paul Pinna, bereits Anfang der zwanziger Jahre ein bekannter, aber stets mit Geldsorgen kämpfender Schauspieler, war damals ein guter Freund meines Vaters gewesen. Ich erinnerte mich daran, daß mein Vater mir mal im Scherz gesagt hatte, Pinna hätte von seinen zwei Apotheken die Hälfte der einen versoffen. Jedenfalls waren sie so gute Freunde gewesen, daß Pinnas einzige Tochter Signe, die später ebenfalls Schauspielerin wurde, Patentochter meines Vaters war. Da wir 1922 aus Tallinn nach Viljandi (Fellin) umgezogen waren, hatte ich Pinna nie kennengelernt und er mich nur als Baby gesehen. Signe war ich als Abiturient auf der Bühne des Deutschen Theaters bei einer Aufführung von »Kabale und Liebe« begegnet — ich hatte die stumme Rolle eines der beiden Gerichtsdiener, sie spielte die Luise.

Schon am nächsten Tage stand ich vor seinem Haus in der Narwaschen Straße, nicht weit vom Russalka-Denkmal. Sollte ich mich wirklich einem Menschen, den ich selbst überhaupt nicht kannte, als geflohener und gejagter Kriegsgefangener zu erkennen geben?

Schließlich klingelte ich doch. Pinna öffnete mir selbst, ich erkannte ihn sofort von Fotos her und sagte ihm, noch in der Tür stehend, daß ich der Sohn von Alexander Nielsen-Stokkeby sei, und bat ihn um ein Gespräch.

Es folgten einige etwas theatralisch wirkende Gesten: »Axel Nielsen, mein bester Freund, wo ist er?«, und ähnliches mehr. Dann ließ er aus der Küche Tee kommen, und ich konnte ihm meine Lage schildern und mein Anliegen vortragen.

»Herr Pinna, ich weiß nicht, wann ich Ihnen das Geld zurückzahlen kann, aber irgendwann werde ich es ganz bestimmt tun, so oder so. Und Sie haben ja Geld. Der letzte Stalin-Preis hat Ihnen 20000 Rubel gebracht, und ›Verdienter Schauspieler des Volkes‹ sind Sie ja auch.«

Aber er schüttelte immer nur den Kopf oder hob hilflos die Hände. Seine Gegenargumente bezogen sich aber nicht so sehr auf das Finanzielle, vielmehr gab er ihnen einen politischen Anstrich.

»Ich sitze doch selbst wie ein Vogel auf einem dünnen Ast. Was helfen mir alle Preise und Ehrentitel. Jedermann im Lande weiß, daß ich ein alter Burschui (Bourgeois) bin. Ich habe einfach Angst.«

Ich bin dann im Laufe der nächsten Tage noch an die estnische Westküste gefahren, um auch dort die Lage zu erkunden. Es gab eine Enttäuschung nach der anderen — die Inseln, wie auch der einzige im Winter mehr oder weniger eisfreie estnische Hafen Paldiski (Baltischport), erwiesen sich als militärische Sperrbezirke, die man nur mit Sonderausweisen betreten durfte. Im Bahnhof von Haapsalu (Hapsal), wo ich auf einer Bank im Wartesaal übernachtete, log ich einem eisgrauen Fischer vor, auf der Insel Saaremaa (Ösel) Verwandte zu haben, die ich auf jeden Fall wiedersehen müsse. Ob es denn wirklich keinen Weg gäbe, in den Sperrbezirk hineinzukommen? Aber er schüttelte nur traurig den Kopf, die Kontrollen wären viel zu streng. Zudem gäbe es überall Scheinwerfer, die ständig die Küsten ableuchten würden.

Also keine Fluchtmöglichkeit in diesem Winter und auf diesem Wege! Würde es im Frühling viel besser aussehen? Ziemlich deprimiert fuhr ich dann noch nach Pölva — allerdings nicht mit dem Vorsatz, dort um Geld zu bitten, denn die Menschen, die früher in Pölva Geld gehabt hatten, waren sicherlich längst irgendwelchen stalinistischen Säuberungen zum Opfer gefallen, und für Bauern oder Arbeiter waren 3000 Rubel eine viel zu hohe Summe.

Nach Tallinn zurückgekehrt, hatte ich mit Nina ein langes, entscheidendes Gespräch. Wir führten es an einer Stelle des Domberges, von der man, wie von einem Balkon, die ganze Stadt überblicken kann. Es war ein klarer Tag, die Sicht nach Norden, zur finnischen Seegrenze hin, war gut. Da standen wir nun, und vor uns lag gewissermaßen das Gitter des Käfigs, aus dem es kein Entkommen gab, jedenfalls nicht zu diesem Zeitpunkt. An diesem Tage teilte mir Nina auch ihren Entschluß mit, umzukehren, nach Hause zu fahren. Daß sie dort verhaftet werden konnte, wußten wir beide. Aber das konnte auch in Tallinn geschehen. Ihr entscheidendes Argument lautete:

»Die Gefahr, daß ich aus der ganzen Geschichte nicht mehr heil herauskomme, wird kleiner, wenn wir uns jetzt trennen. Und deine Chance, doch noch nach Schweden oder Finnland zu gelangen, ist größer, wenn du es allein versuchst. Bis Estland habe ich dir helfen können, jetzt bin ich nur noch eine Belastung für dich. Und was uns die Zukunft bringt, wird Gott entscheiden.«

Lembit hatte in der nächsten Nacht Dienst in seinem Stab. Als ich ihm und seiner Frau Virve sagte, daß Nina am folgenden Tag abreisen werde, erbot sich unsere Gastgeberin sofort, bei einer Freundin zu schlafen. So hatten wir noch eine letzte Nacht für uns allein.

Jahre später hat Nina mir gesagt, daß sie in dieser Nacht keine Hoffnungen auf ein Wiedersehen hatte, und auch ich glaubte nicht, daß ich sie je wieder würde in die Arme schließen können. Wir haben uns beide geirrt, aber bis dahin sollten zehn Jahre vergehen.

Am nächsten Morgen bestieg Nina den Zug nach Leningrad. Drei Wochen später wurde sie bei einer Tante in Kiew verhaftet und einige Monate später in Moskau wegen Landesverrats zu 25 Jahren Straflager verurteilt. 1956, während der Chruschtschowschen Tauwetterperiode, als Millionen von Sowjetbürgern, die während der Stalin-Zeit verurteilt worden waren, amnestiert wurden, kam auch Nina frei — nach neun Jahren. Und im Sommer 1957 schließlich, ich war damals dpa-Korrespondent in Moskau, konnte ich sie auf dem Belorussischen Bahnhof tatsächlich wieder in die Arme schließen — genau beobachtet von mindestens zwei »Schatten«, mit denen mich der Geheimdienst KGB an diesem Tage beehrt hatte.

*In den Händen des MWD*

Zurück nach Tallinn. Nachdem Nina abgereist war, beschloß ich, doch noch einen letzten Versuch bei Paul Pinna zu unternehmen. Ich schrieb ihm also eine kurze Postkarte, in der ich ihm mitteilte, daß ich ihn Mittwoch am Nachmittag um fünf Uhr zu einer Tasse Tee besuchen würde. Er war zu Hause, ließ mich ein, ging in die Küche — und dann kamen aus einer anderen Tür sehr schnell zwei Personen in Ledermänteln ins Zimmer. Ich begriff sofort, was los war.

»Wenn Sie eine Waffe haben, rühren Sie sie nicht an!«

Ich sagte ihnen, daß ich keine Waffe hätte und daß ich ihnen auch keine Schwierigkeiten machen würde. Gleich darauf stürzte Pinna ins Zimmer, und ich wurde zum letztenmal Zeuge seiner Schauspielkunst. Jetzt konnte ich es mir doch nicht versagen, ihn an seine Schulden bei meinem Vater zu erinnern.

»Das war also der Dank für das Geld, das Ihnen Ihr Freund Axel Nielsen immer wieder geliehen hat, wenn Sie Ihr Gehalt versoffen hatten. MWD statt Tee! Leben Sie wohl.«

Ich war also nun in den Händen des MWD, des »Ministeriums für Innere Angelegenheiten«, Stalins Terrorinstrument, das bis 1946 NKWD hieß.

In den folgenden Monaten der Einzelhaft habe ich reichlich Zeit gehabt, über dieses Ende meiner Flucht nachzudenken, und ich kam zu dem Schluß, daß ich diese Verhaftung mir selbst zuschreiben mußte. Ich hatte Pinnas Lage völlig falsch eingeschätzt.

Da kommt, mitten in der Stalin-Zeit, während der permanenten Säuberungen des Landes von sowjetfeindlichen oder sonst irgendwie verdächtigen Elementen ein Mann zu ihm, den er nicht kennt, erzählt ihm, daß er geflohener deutscher Kriegsgefangener sei, beruft sich auf eine 25 Jahre zurückliegende Freundschaft mit dem Vater und bittet um 3000 Rubel, um sich einen falschen Paß kaufen zu können. Und wenn es nun ein vom MWD geschickter »Agent provocateur«, ein Lockspitzel, ist? Wenn es eine Falle ist, in die man ihn, Paul Pinna, locken will, um endlich einen guten Grund zu haben, diesen alten Vertreter der abgewirtschafteten Bourgeoisie als Staatsfeind nach Sibirien verfrachten zu können? Solange der Fremde seine Bitte nur mündlch vortrug, ging es ja noch, man konnte das Treffen, da es keine Zeugen gegeben hatte, einfach abstreiten. Aber jetzt, wo auch eine von ihm geschriebene Postkarte vorlag?

So und nicht anders mußten die Überlegungen von Pinna gewesen sein. Und da griff er eben zum Telefon, rief in der Pagari-Straße beim MWD an und sagte, Mittwoch um fünf Uhr nachmittags könne man in seiner Wohnung einen entlaufenen deutschen Kriegsgefangenen verhaften.

In schlaflosen Nächten ist auch das Bild einer anderen Version vor mir aufgetaucht: Nach ihr hat Lembit mich durchschaut und angezeigt. Denn wenn ich irgendwann verhaftet worden wäre, hätte sicherlich auch er Schwierigkeiten bekommen. Und daß ich an diesem Tage bei Pinna einen zweiten Versuch unternehmen wollte, an Geld heranzukommen, wußte er, denn ich hatte es ihm selbst gesagt. Also mußte er dem MWD nur die Uhrzeit und Pinnas Adresse melden. Aber ich habe diesen Gedanken immer wieder gleich verworfen. Es wird wohl der alte Theatermann gewesen sein, der kein Risiko eingehen wollte und aus purer Angst beschloß, mich zu verpfeifen.

In einem recht klapprigen Auto wurde ich in das Polizei-Gefängnis von Tallinn gebracht. Dort saß ich zunächst etliche Stunden mit irgendwelchen Kriminellen in einer Massenzelle und wurde dann zum ersten Verhör gebracht. Ich hatte mir sofort nach der Festnahme vorgenommen, bis auf einige Namen und Adressen und den Abstecher nach Pölva nichts zu verschweigen. Über meinen langen Fluchtweg und die ungewöhnlichen Fluchtumstände gab es ohnehin genug zu erzählen.

Den Oberleutnant des MWD erkannte ich nicht sofort. Der große, breitschultrige Mann nahm zuerst die Personalien auf und ließ sich dann kurz über meine Kriegszeit, die Gefangennahme, die zwei Jahre im Lager und die Flucht berichten. Dann befahl er mir, den Oberkörper freizumachen. Ich wußte warum: Er suchte nach der blauen Blutgruppentätowierung, die alle Angehörigen der Waffen-SS an der Innenseite des linken Oberarmes trugen. Dieser Prüfung konnte ich getrost entgegensehen. Nachdem er tatsächlich nichts Verdächtiges gefunden hatte, deutete er auf meine Schmisse. Ich erklärte sie ihm und fügte hinzu, daß ich in Tartu (Dorpat) studiert hätte.

»Und den ›Büffel von Tartu‹ kennen Sie nicht?« fragte er drohend.

Ich beeilte mich mit meiner Antwort:

»Natürlich habe ich Sie erkannt, Herr Lukkin. Ich habe sogar mal ganz kurz an einem Ihrer Lehrgänge teilgenommen. Aber nach einem Schlag von Ihnen an meinen Unterkiefer bin ich nicht mehr in die Turnhalle gekommen.«

Er lachte dröhnend. Es war Ewald Lukkin, der langjährige estnische Meister im Schwergewichtsboxen. Er stammte aus Tartu, daher sein Spitzname, und hatte dort auch Schülern Boxunterricht gegeben, für ganze 50 Sent pro Stunde, den Preis einer Bierflasche. Dank dieser persönlichen »Bekanntschaft« und wohl auch, weil er sich geschmeichelt fühlte, blieben mir Mißhandlungen erspart. Wenn ein geflohener Kriegsgefangener nicht gerade auf der Flucht erschossen wird, dann ist es meistens die erste Konfrontation mit dem MWD, die sehr unangenehm werden kann. Einem Bayern oder Sachsen wäre es beim »Büffel von Tartu« wahrscheinlich anders ergangen.

Am nächsten Abend wurde ich vom Sicherheitsoffizier

eines der sieben Kriegsgefangenenlager von Tallinn abgeholt und zur Nacht in der Garage des am Hafen gelegenen Lagers eingesperrt. Ich habe in meinem Leben nie so gefroren wie in dieser Nacht. Die Außentemperatur lag bei minus zehn Grad, und im Schuppen, durch den der Wind pfiff, war es nicht wärmer. Die Führerkabinen der drei dort stehenden Lastwagen waren verschlossen, eine Decke oder irgendeine Unterlage gab es nicht, und so mußte ich mich, nur in meinen Mantel gehüllt, auf den blanken Zementfußboden legen. An Schlafen war aber nicht zu denken, ich bin bis zum Morgen fast nur hin und her gegangen.

Das Verhör in diesem Lager war nur kurz. Dabei wurde ich mein letztes persönliches Andenken los: das silberne Zigarettenetui meines Großvaters, auf dem ich außer meinem Monogramm das Farbenschild der »Baltonia« und das Abiturientenabzeichen meiner Schule hatte anbringen lassen. Wie durch ein Wunder war es mir gelungen, das Etui durch alle bisherigen Filzungen hindurchzuschmuggeln — jetzt wanderte es bei der Leibesvisitation in die Tasche des MWD-Hauptmanns Lewin, sicherlich kein Verwandter des Konstantin Lewin, jener redlichen und gewissensstarken Figur aus Tolstojs Roman »Anna Karenina«.

Die nächste Station war das sogenannte Friedhofslager in Tallinn, das so hieß, weil es ganz in der Nähe des jüdischen Friedhofs lag. Ich kam allerdings nicht in das Lager selbst, sondern in eine Einzelzelle des Lagergefängnisses, in der ich dann fast drei Monate gesessen habe. In dieser Zeit wurde meine ganze Fluchtgeschichte von einem aus Leningrad stammenden MWD-Hauptmann mit dem schönen Namen Krasnoperow, zu deutsch »Rotfeder«, auf das genaueste durchleuchtet. Meistens fanden die Verhöre nachts statt, so wie das während der Stalin-Zeit in allen sowjetischen Gefängnissen

üblich war, und immer lagen auf Krasnoperows Tisch irgendwelche beschriebenen Papierbögen, die er zwischen seinen
Fragen und meinen Antworten studierte. Schon bald kam mir
ein schrecklicher Verdacht.

»Sind das die Aussagen von Nina?«

»Eigentlich geht dich das nichts an, aber weil du bislang
offenbar die Wahrheit gesagt hast: Ja!«

»Wo ist sie jetzt?«

»In einem Gefängnis.«

Mehr zu verraten, war er nicht bereit. Alles in allem hat er
mich aber nicht schlecht behandelt, ich bin nie von ihm geschlagen oder sonst irgendwie gequält worden. Dabei mag eine
Rolle gespielt haben, daß sich die Leningrader, genauso wie zur
Zarenzeit die Petersburger, schon immer für zivilisierter, gebil-
deter und für mehr westlich orientiert gehalten haben als
beispielsweise die Moskowiter. Allerdings ließ er mich hungern, und in diesem Zusammenhang erlebte ich am Weih-
nachtsabend eine mich furchtbar deprimierende Niederlage
gegen mich selbst.

Der alte ostpreußische Bauer, mein Gefängniswärter, der
allen Insassen der Einzelzellen jeden Morgen um acht Uhr
einen Becher Tee und 300 Gramm feuchtes Brot brachte, sagte
eines Tages:

»Kamerad, laß es dir gut schmecken, heute ist Weihnachten.«

Anstatt das Brot wie sonst sofort herunterzuschlingen,
legte ich es beiseite und nahm mir vor, mit dem Verzehr bis
sechs Uhr abends zu warten. Denn um sechs Uhr, nach dem
Kirchgang, hatten wir als Kinder in Pölva immer die Geschenke
der Eltern erhalten, und nun wollte ich mich zur gleichen
Uhrzeit selbst beschenken. Vielleicht, so dachte ich, würde ich
sogar eine der Kirchen läuten hören.

Als ich um zwölf Uhr meine dünne Mittagssuppe bekam, hielt ich es nicht länger aus: Ich brach ein Stück des Brotes ab und sagte mir, der Rest wäre um sechs Uhr immer noch ein schönes Geschenk. Zwei Stunden später habe ich diesen Rest noch einmal geteilt und dann um vier Uhr das letzte Stück verschlungen. Aus der Bescherung um sechs Uhr wurde also nichts, und Glockengeläut habe ich auch keines gehört. Es war zum Heulen.

Ich weiß nicht, ob ich an diesem Abend durch das Guckloch in der Zellentür beobachtet worden bin oder ob der Genosse »Rotfeder« nur ein guter Psychologe war, jedenfalls ließ er mich noch zu später Stunde zu sich zum Verhör bringen. Ich wußte, was er aus mir herauspressen wollte, und sagte mir, daß er sich angesichts der sentimentalen Weihnachtsstimmung und meiner psychischen Schwächung besonders gute Chancen für ein Geständnis ausgerechnet habe.

Es ging um die Frage, ob Nina mich nur bis zur Grenze begleiten wollte oder die Absicht hatte, zusammen mit mir die Grenze zu überschreiten. Das wären dem Gesetz nach zwei verschiedene Straftatbestände gewesen. Ich war mir dessen bewußt und hatte daher die Möglichkeit einer gemeinsamen Grenzüberschreitung immer kategorisch geleugnet, und sie, wie zwischen uns abgesprochen, wohl auch. Das war nun Krasnoperows letzter Versuch. Er begrüßte mich lächelnd und zündete auf einem Nebentisch sogar eine kleine Kerze an.

»Weihnachten ist ja wohl euer größtes christliches Fest, und wir wollen daran nicht ganz vorübergehen. Übrigens, betest du?«

»Heute habe ich es jedenfalls getan.«

»Hast du Hunger?«

»Das wissen Sie doch ganz genau.«

Er griff zum Telefon und sagte zu irgend jemandem, er solle

das tun, was ihm vorhin befohlen worden sei. Nach einer kurzen Zeit, während der wir ganz harmlos über Leningrad beziehungsweise Sankt Petersburg plauderten, brachte ein Wachsoldat ein Tablett mit Weißbrot, Butter, Wurst, sauren Gurken und Ostseesprotten. Dazu holte der Hauptmann noch eine halbvolle Flasche Wodka aus seinem Schrank.

Etwa nach einer Stunde war es dann soweit.

»Nina ist doch eine schöne Frau, und ihr liebtet euch doch auch. Ich kann es nicht glauben, daß . . .« und so weiter und so fort. Eine Stunde lang, eine zweite Stunde lang. Dann gab er es auf.

»Aber wenn sie ihre Fluchtabsicht in der Butyrka doch noch gestehen sollte, dann wird es dir schlecht ergehen.«

Jetzt wußte ich wenigstens, in welchem Gefängnis Nina saß. Was ich nicht wußte, war, daß ich ungefähr ein Jahr später auch in diesem berüchtigten Moskauer »Etablissement« landen würde.

Was ich später in der Butyrka sehr wohl konnte, nämlich mich mit den Zellennachbarn mittels eines Klopfzeichenalphabets unterhalten, das konnte ich in dem kleinen Lagergefängnis in Tallinn nicht. Entweder waren die Wände zu dick, oder es fehlten irgendwelche, den Schall leitende Röhren, jedenfalls bestand die einzige Kommunikationsmöglichkeit darin, daß man seinen Kopf so weit wie möglich in den engen Fensterschacht steckte und der Nachbar das gleiche tat. So konnte man sich zwar nicht sehen, wohl aber immer dann miteinander reden, wenn der Wachposten, der den Stacheldrahtzaun des Lagers entlang patrouillierte, nicht gerade in der Nähe war.

Von meinem Gefängniswärter, nennen wir ihn August, hatte ich erfahren, daß in der Nachbarzelle ein SS-Offizier läge, dem es sehr schlecht ginge. Er würde bei den Verhören gequält und hätte Schmerzen. Darum wollte er mit niemandem reden und antworte nicht einmal auf Fragen. Auch alle meine Versuche, die Verbindung mit ihm aufzunehmen, scheiterten. Dann sagte mir August eines Tages, Leutnant Winter sei ins Lazarett gekommen, man wolle ihn dort wieder etwas aufpäppeln. Nach zehn Tagen teilte er mir mit, der Leutnant wäre wieder in seiner Zelle.

Da ich nun den Namen des SS-Offiziers kannte, sprach ich ihn durch das Fenster an und sagte ihm, er solle nur zuhören, ich würde ihm kurz erzählen, wer ich sei und warum ich hier säße. Als ich fertig war, hörte ich zum erstenmal seine Stimme, eine maßlos müde Stimme.

»Danke. Ich werde darüber nachdenken. Sie scheinen in Ordnung zu sein. Ich melde mich.«

Tags darauf meldete er sich wirklich. Dann haben wir etwa eine Woche lang täglich aus unseren Fensternischen heraus miteinander gesprochen. Gemessen an dem, was dieser Leutnant aus Rostock seit der Kapitulation oder genauer seit dem zweiten Einmarsch der Roten Armee in Estland erlebt hatte, war mein Kriegsgefangenenschicksal geradezu komfortabel gewesen. Im Sommer 1944 hatte er sich nicht mehr rechtzeitig mit den Resten der 20. SS-Division nach Westen absetzen können, sondern war zu den Waldbrüdern in die nordestnischen Wälder gegangen. Drei Jahre lang hatte er an deren Operationen teilgenommen und war ständig von den Vernichtungsbataillonen des MWD gejagt worden, bis er dann im September 1947 bei einer Razzia gefangengenommen worden war. Da er sehr schnell Estnisch zu sprechen gelernt hatte und die Waldbrüder ein sich über das ganze Land erstreckendes Nachrichtennetz unterhielten, wußte er so ziemlich über alles Bescheid, was in Estland seit dem September 1944 geschehen war.

Abgesehen von denen, die gleich nach dem sowjetischen

264

Einmarsch aus Angst vor Repressionen in die Wälder gegangen waren, erhielten die Waldbrüder großen Zulauf, als im Herbst 1944 viele wehrfähige Jahrgänge zur Roten Armee eingezogen wurden. Dieser Zulauf verstärkte sich angesichts einer großen Verhaftungswelle Anfang 1945, mit der die Sowjets all derer hafthaft werden wollten, die sich in irgendeiner Weise den deutschen Truppen zur Verfügung gestellt hatten — und sei es als Bewacher einer Brücke oder Pumpstation.

Zusammen mit den städtischen Widerstandsgruppen dürften in den ersten Jahren der zweiten sowjetischen Okkupation insgesamt etwa 30000 Personen, darunter auch Frauen und Kinder, mit der Widerstandsbewegung zusammengearbeitet haben. Die Zahl der bewaffneten Waldbrüder betrug höchstens 10000 Mann. Diese hatten teils deutsche, teils sowjetische Waffen und operierten in Gruppen von 5 bis 100 Mann. Ihre Bunker lagen vor allem in den Wäldern, aber sie hielten sich auch in den Kellern kleinerer Ortschaften versteckt. Viele von ihnen tauchten nach ein bis zwei Jahren wieder auf und fanden unerkannt im Zivilleben Unterschlupf.

Nach einer anfänglich nur defensiven Strategie gingen die Waldbrüder allmählich zunehmend zum aktiven Kampf gegen die Besatzungstruppen und Behörden über. Sie überfielen kleinere Stäbe, besetzten während der Nächte ganze Dörfer und lockten immer wieder die MWD-Truppen in Fallen. Es waren erbitterte Kämpfe, in denen von keiner Seite Pardon gegeben wurde. Gelegentlich wurden von den Partisanen auch ganz gezielte Strafexpeditionen gegen besonders eifrige Sowjetkollaborateure durchgeführt: Sie wurden einfach getötet. Darauf begannen die »Vernichtungsbataillone« ganz systematisch alle Dörfer nach Sympathisanten der Partisanen zu durchkämmen, wobei es auch zu schrecklichen Folterungen von Frauen und Kindern kam. In der Zeit von 1945 bis 1948 sind in Estland

Zehntausende von Personen vorübergehend festgenommen worden, von denen dann viele ins Innere Rußlands deportiert wurden. Als Folge solcher Aktionen leerten sich ganze Dörfer.

Besonders schlimm, so erzählte mir Leutnant Winter, war das Los der verwundeten Waldbrüder. In den kleinen Waldbunkern oder Kellern gab es kaum Möglichkeiten einer ordentlichen medizinischen Versorgung. Es fehlte an Ärzten und Medikamenten. Er selbst hatte im Winter 1945/46 einen Oberschenkeldurchschuß erlitten, die Wunde hatte monatelang geeitert, und bei Stellungswechseln war er von seinen estnischen Kameraden auf den Schultern von einem Versteck zum nächsten geschleppt worden.

Winter wußte aber auch über die politische Entwicklung einiges zu berichten. Gleich nach dem Durchbruch der Roten Armee bei Narva wurden alle sowjet-estnischen Leitungsorgane wieder in ihre Ämter eingesetzt, allerdings in Zusammenstellungen, die zuvor in Moskau beschlossen worden waren. Die estnische Bevölkerung wurde nicht befragt, und viele estnische Kommunisten, die 1940 für den Anschluß des Landes an die Sowjetunion gestimmt hatten, waren nun nicht mehr dabei. Der erste Vorsitzende des Präsidiums des Obersten Sowjets, Vares-Barbarus, durfte zwar noch im Sommer 1944 dem Scheinparlament präsidieren, schied aber schon zwei Jahre später aus dem Leben — entweder durch Selbstmord oder Mord. Jedenfalls war er nicht mehr bereit gewesen, noch länger die Rolle eines Moskauer Erfüllungsgehilfen zu spielen. Der estnische Oberste Sowjet wurde auch nicht befragt, als man in Moskau beschloß, das Gebiet östlich der Narova und den Bezirk Petseri (Petschur) von Estland abzutrennen und der Russischen Republik zuzuschlagen. Und das waren immerhin fünf Prozent des estnischen Territoriums.

Einschneidende Änderungen gab es auch in der estnischen

Parteiführung. Der neuernannte Erste Sekretär, Karotamm, bekam einen russischen Aufpasser zur Seite gestellt, etliche der alten ZK-Mitglieder wurden ausgewechselt. Zudem veränderte sich die Zusammensetzung der estnischen KP erheblich. Von den rund 7000 Mitgliedern waren nur noch 25 Prozent in Estland geboren, der Rest waren Russen oder Rußland-Esten.

Dieser hohe Anteil an Russen in der Partei war eine unmittelbare Folge der forcierten russischen Immigration seit 1945. Da die Moskauer Führung beschlossen hatte, das nordestnische Ölschiefergebiet zur Basis der Leningrader Energieversorgung auszubauen und überhaupt ganz Nordestland radikal zu industrialisieren, waren allein von 1945 bis 1948 190000 Russen, Ukrainer und Weißrussen als Arbeiter und technisches Personal ins Land geholt worden.

Nach seiner Festnahme hatte für den Leutnant eine schwere Zeit begonnen. In endlosen Verhören versuchten die MWD-Offiziere aus ihm Angaben über die Waldbrüder herauszupressen: Standorte der Bunker, Waffenlager, Dörfer, die die Partisanen verpflegt hatten, Vertrauenspersonen in den Städten und ähnliches mehr. Vor allem sollte er Namen nennen, immer wieder Namen. Einige hätte er nennen können, andere kannte er wirklich nicht, jedenfalls hatte er bislang beharrlich geschwiegen. Er war geschlagen worden, man hatte ihm gedroht, seine in der sowjetischen Besatzungszone lebende Frau in Rostock auf den Strich zu schicken und so weiter. Dazu ließ man ihn hungern. Er sagte mir, viel Kraft habe er nicht mehr, und er wisse nicht, wie lange er noch standhalten könne.

Eines Tages, etwa zwei Monate nach meiner Einlieferung, wurde ich aus dem kleinen Gefängnis ins große Lager entlassen. Auch Leutnant Winter wurde bald darauf irgendwohin weggebracht, und ich habe nie mehr etwas von ihm gehört. Im Lager hatte ich insoweit einen Sonderstatus, als ich nicht wie alle anderen in der Stadt Bauarbeiten verrichten mußte, oder besser: durfte. Dafür hatte ich jede Nacht zehn Stunden lang in der Lagerwäscherei, einem feuchten, zugigen Keller, 40 Garnituren Unterwäsche zu waschen und das Feuer unter dem großen Wasserkessel zu unterhalten. Mit mir zusammen arbeiteten dort noch andere Kriegsgefangene, die sich irgend etwas zuschulden hatten kommen lassen und dafür im Keller die gleiche Norm erfüllen mußten. Da die uns zugeteilte Wäsche aus einem anderen Lager kam, dessen Insassen im Ölschiefergebiet arbeiteten, und dementsprechend aussah, war es keine leichte Arbeit. Immerhin habe ich in diesen Nächten oder auch während der Freizeit am Tage viel über den Einsatz der deutschen Kriegsgefangenen in Tallinn erfahren.

In Tallinn gab es damals sieben Kriegsgefangenenlager mit insgesamt etwa 7000 Insassen. Die meisten von ihnen waren beim Wiederaufbau der während des Krieges zerstörten Hafenanlagen, Fabriken und größeren öffentlichen Gebäude eingesetzt. Was mir bei diesen Erzählungen besonders auffiel, war die Wärme, mit der alle Gefangenen von den Esten sprachen.

»Du kannst dir gar nicht vorstellen, was für Tricks die Zivilisten anwenden, um uns auf den Baustellen oder in den Fabriken etwas zuzustecken, und nicht nur Eßzeug. Und dabei riskieren sie schließlich auch allerhand. Ebenso die Bauführer und Aufseher. Wenn es Ärger mit den Russen gibt, stehen sie, wenn es nur irgend möglich ist, immer auf unserer Seite.«

Ein gutes Beispiel für dieses Verhalten der Esten, aber ebenso auch für die in Tallinn wesentlich großzügigere Einstellung der nichtestnischen Lagerleitungen, war die Wiedereröffnung des Nationaltheaters »Estonia«. Rund vier Jahre lang hatten deutsche Kriegsgefangene an diesem Bau gearbeitet und die schwierigsten Vorhaben ausgeführt, darunter auch den großen Kuppelbau errichtet. Schon wenige Tage nach der

offiziellen Premiere mit dem Nationalepos »Kalevipoeg« bekamen die am Bau beteiligten Kriegsgefangenen Eintrittskarten
für Theatervorstellungen und Konzerte. Bunt gemischt mit
anderen Zuschauern, konnten sie Schauspiele, Operetten oder
Opern genießen und den Künstlern begeisterten Beifall spen-
den. Eine Situation, die in meinem späteren Lager bei Moskau,
obwohl auch das als relativ »gutes« Lager galt, völlig undenkbar war.

Im Frühling wurde ich in das sogenannte Kopli-Lager verlegt,
mußte dort allerdings vom Tor wieder einmal direkt ins Lagergefängnis marschieren. Und dann begann alles von neuem, die
gleichen Verhörmethoden, die gleichen Fragen, geradeso, als
hätte der Genosse Krasnoperow nicht schon unzählige Seiten
von Papier vollgeschrieben. Nur der Verhörende, offensichtlich ein Armenier, war anders und nicht angenehmer. So fing er
beispielsweise eines Nachts damit an, sich auch für meine
Kriegszeit zu interessieren. Da ich mich von meinem Sanitäts-
truppen-Intermezzo längst losgesagt hatte, konnte ich ihm alles
wahrheitsgemäß erzählen, ich hatte nichts zu verbergen.
  Eines Tages setzte er mich in ein Auto und fuhr mit mir zu
irgendeinem Stab. Dort bekam ich in einer Art Kleiderkammer
eine deutsche Unteroffiziersuniform verpaßt und wurde foto-
grafiert, von vorne und im Profil. Dann passierte sechs Wochen lang fast gar nichts, ich hungerte nur maßlos in meiner
Einzelzelle. Allerdings unterhielt ich mich nach der im anderen
Lager erprobten Methode oft mit meinem Zellennachbarn. Es
war ein noch relativ junger Jesuitenpater, den sein Verhöroffi-
zier beschuldigte, 1943 in der Nähe von Pskow (Pleskau) als
Sanitäter kranke russische Kinder in einen Brunnen geworfen
zu haben. Es war die haarsträubendste falsche Anschuldigung,
die ich je gehört habe. Ich hatte schon damals in der Zelle den

Eindruck eines überaus gütigen, sensiblen, zudem hochgebildeten Menschen, und dieser Eindruck wurde zur Gewißheit, als ich ihn etwa zehn Jahre später in Rom besuchte und ihn dabei auch zum erstenmal sah. In Tallinn kannte ich nur seine Stimme und seinen Namen.

Was führte man mit mir im Schilde? Nach der Erzählung des Paters wurde ich ein sehr ungutes Gefühl nicht mehr los. Ende April oder Anfang Mai erhielt ich endlich die Lösung des Rätsels: Auch mir warf man plötzlich Kriegsverbrechen vor. Das erste Verhör nach der langen Pause wurde von dem Hauptmann ungemein vielversprechend eröffnet.

»So, jetzt haben wir dich, du Faschist. 25 Jahre sind dir sicher. Ich gratuliere dir. Erinnerst du dich noch an die Fotos. Wir haben sie nach Klinowa geschickt, wo du im Krieg an der Wolchow-Front warst. Dort haben wir sie im Haus des Dorfsowjets aushängen lassen, und die Leute wurden aufgefordert, Aussagen über dich zu machen.«

Dann las er mir von einem ziemlich schmuddeligen Blatt Papier vor, was die Bürgerin Bondarenko zu Protokoll gegeben hatte. Danach hatte ich im Januar 1943 in Klinowa Vieh requiriert, ein Haus angezündet und an der Erschießung von Dorfbewohnern teilgenommen. Ihrer Aussage war zu entnehmen, daß sie und ihre Tochter unmittelbar neben dem Haus gewohnt hatten, in dem ich mit meinem Trupp untergebracht war.

Das Verhör dauerte Stunden. Ich sagte, daß ich mich vage an diese Nachbarin erinnern könne, alles andere sei jedoch schierer Unsinn. Als ob er eine Gebetsmühle drehe, verlangte er immer wieder ein Geständnis, konfrontierte mich immer wieder mit dem gleichen Text — bis er einen Fehler machte: Plötzlich hatte ich an Erschießungen teilgenommen, ein Haus angezündet und Vieh requiriert — in dieser Reihenfolge. Mir fiel ein Stein vom Herzen.

»Was Sie mir da die ganze Zeit vorgelesen haben, steht gar nicht auf dem Papier. Die Bürgerin Bondarenko hat wahrscheinlich etwas ganz anderes zu Protokoll gegeben.«

Ich weiß nicht, wie ein Gestapomann in einer solchen Situation reagiert hätte, der MWD-Mann aus Moskau reagierte jedenfalls trotz seiner schrecklichen Arbeit irgendwie sehr menschlich. Er schlug mit der flachen Hand auf den Tisch und sagte lachend:

»Molodez«, zu deutsch: »toller Bursche«, »gut aufgepaßt! Willst du wissen, was die Alte tatsächlich ausgesagt hat?«

Ich bejahte, und er las mir etwa folgendes vor:

»An diesen deutschen Unteroffizier kann ich mich gut erinnern. Er wohnte im Hause nebenan, und meine Tochter hat dort Wäsche gewaschen. Dafür bekam sie Sacharin, Brot und manchmal auch Seife für mich. Einer von den Deutschen hatte eine Mundharmonika, und einige sprachen auch gut Russisch. Sie waren sehr lustig.«

Das war alles. Einfach ein ehrlicher russischer Mensch, eine gutherzige Bäuerin, so wie man sie aus der Literatur tausendfach kennt. Den höchstwahrscheinlich unternommenen Beeinflussungsversuchen hatte sie sich nicht gebeugt.

Mit diesem Täuschungsversuch hatte der Armenier wohl sein Pulver verschossen. Oder vielleicht hatte er auch nur einfach seine Norm an dem erfüllen müssen, was man ihn auf den höheren KGB- und MWD-Schulen gelehrt hatte. Jedenfalls wurde ich einige Tage später ins Lager entlassen und, zum Ausgleich für die lange Hungerzeit, als Hilfskoch in die Lagerküche gesteckt.

Als ich wieder mein normales Gewicht hatte, stand der nächste Abschied von Estland an. Ich kam in ein Moskauer Lager, habe mich dort kurz am Bau des Hotels »Peking« am Majakowskij-Platz beteiligen dürfen und landete schließlich, im Januar 1949, gewissermaßen zur dritten Verhör-Runde, im Butyrka-Gefängnis, also da, wo ein Jahr zuvor auch Nina gesessen hatte. Doch die Moskauer Zeit ist nicht Thema dieses Baltikumbuches. Estland sah ich erst elf Jahre später wieder.

# IV  DIE ZEIT IST REIF

*Von innen gesehen: 1945—1959*

Diesmal war es Sommer, als ich mit dem blauen Leningrader Schnellzug die estnische Grenze überquerte. Und diesmal trug ich auch keinen ausrangierten Mantel der Roten Armee, sondern ein in Hamburg geschneidertes Sakko. Aus der Butyrka war ich nach einem Jahr wieder heil herausgekommen, im April 1950 hatte man mich aus sowjetischer Kriegsgefangenschaft entlassen, und 1957 schließlich kehrte ich als erster dpa-Korrespondent nach Moskau zurück. Mit Ausnahme der Stadt Riga waren damals noch alle drei baltischen Sowjetrepubliken für westliche Diplomaten, Journalisten und Touristen gesperrt. Zweimal hatte ich den KGB-Chef der Chruschtschow-Zeit, General Serow, gefragt, ob ich nicht die Genehmigung bekommen könne, Tallinn zu besuchen — einmal auf einem Kreml-Empfang und einmal in der Residenz des jugoslawischen Botschafters. Ich hatte ihm dabei sogar die Hand gereicht, ohne zu wissen, einen der schlimmsten Henker der baltischen Völker vor mir zu haben. Beidemal hatte er mir gesagt, als beim sowjetischen Außenministerium akkreditierter Korrespondent müsse ich mich an Außenminister Gromyko wenden. Als ich das tat, antwortete mir dieser in seiner berühmt »coolen« Art, das Außenministerium wäre nicht für innersowjetische Reisebeschränkungen zuständig. Dabei standen beide Genossen fast unter dem gleichen Kronleuchter, keine zehn Meter voneinander entfernt.

Im August 1959 kam dann der entscheidende Anruf aus dem Außenministerium. Man teilte mir mit, daß nach Riga nun auch die baltischen Hauptstädte Tallinn und Vilnius ab sofort von den in Moskau akkreditierten Diplomaten und Journalisten besucht werden könnten. Ich nahm noch in der gleichen Nacht den »Roten Pfeil« nach Leningrad, frühstückte im »Astoria« und saß dann im Zug Leningrad—Tallinn, voller Erwartung und im festen Glauben, der erste »Westler« zu sein, der wieder estnischen Boden betreten durfte.

Diesen Ruhm mußte ich allerdings teilen. Denn als ich am einen Ende des Zuges ausstieg, bemerkte ich am anderen Ende desselben eine Offiziersuniform der US-Army. Es war Oberst Clifford, der amerikanische Militärattachée in Moskau, der nun auf mich zukam.

»Hallo, Doc, was machen Sie hier?«

»Ich bin hier geboren, habe also gute Gründe hierzusein. Aber was treibt Sie hierher?«

Er druckste etwas herum und meinte dann lächelnd:

»Ich sammele Eindrücke von dieser schönen Stadt.«

»Wahrscheinlich wohl ganz besonders im Hafen?«

Wir lachten, und dann stieß er mich an:

»Zählen Sie auch mit! Ich bin neugierig, mit wievielen Schatten man uns beehren wird.«

Auf dem Weg ins gemeinsame Hotel, das »Palace«, war es noch nicht genau auszumachen. Aber später am Abend, als ich am »Kiek in de Kök« vorbei zum Domberg hinaufstieg, um vom Aussichtspunkt hinter dem Gerichtsgebäude ein Wiedersehen mit der Altstadtsilhouette zu genießen, zählte ich insgesamt vier auffällig unauffällig gekleidete Personen, die mir einerseits betont gelassen, andererseits wiederum sichtlich unruhig folgten. Denn für die wahrscheinlich wohl erst kurz zuvor ins Leben gerufene Ausländerüberwachungsabteilung des estnischen KGB war diese Reise von Colonel Clifford und mir gewissermaßen die erste Bewährungsprobe, und die sichtbaren sowie unsichtbaren Genossen waren offensichtlich in nervöser Premieren-Stimmung.

Sozusagen als alter Moskauer Routinier in solchen Sachen entschloß ich mich zu einem kleinen Spiel. Unvermutet öffnete ich die erstbeste Tür eines hohen Hofzaunes, betrat den Hof und stellte mich hinter die Tür. Die auf dem Kopfsteinpflaster deutlich hörbaren Schritte kamen näher, es schienen drei Mann zu sein. Dann entfernten sich zwei von ihnen wieder, der eine nach vorne, der andere nach hinten, während der dritte ganz vorsichtig die Tür öffnete. Als er auf dem Hof stand, schlug ich die Tür hinter ihm zu und stellte mich vor sie. Mein »Schatten« ging schnell auf das vor uns stehende Haus zu, ich folgte ihm. Nach zwei Treppen ging es nicht mehr höher hinauf, und so stellte er sich, mit einer »Prawda« vor dem Gesicht, in die nächste Ecke des Korridors. Ich zog das Kreml-Sprachrohr herunter, breitete meine Arme aus und sah ein junges, verschrecktes Gesicht.

»Was soll diese Komödie? Ich bin nach elf Jahren wieder in meiner Heimat; so ist es doch wohl verständlich, daß ich hier auf dem Domberg spazierengehe und die Terrasse suche, von der aus ich die Stadt übersehen kann. Das hat doch nichts mit Spionage zu tun!«

Eine Antwort bekam ich nicht mehr, denn ganz plötzlich tauchte der Junge unter meinem Arm hindurch und lief die Treppe hinunter. Das änderte aber nichts daran, daß ich auf dem Weg zurück ins Hotel alle meine braven Schatten wieder hinter mir hatte.

Ich blieb drei Tage in Tallinn, wurde von Kultusminister

Andresen, dem stellvertretenden Vorsitzenden des Stadtrates von Tallinn und vom Vorsitzenden des »Verbandes für kulturelle Beziehungen mit dem Ausland« empfangen. Sie und andere Amtspersonen waren bestrebt, mir ein reichlich geschöntes Bild von den Zuständen in Estland vorzugaukeln. Es gelang mir nicht, auch nur zu einer einzigen offiziellen Persönlichkeit einen menschlichen Zugang zu gewinnen und die Voraussetzung für ein offenes, vertrauensvolles Gespräch zu schaffen. Dieses Mißtrauen konnte ich mir nur dadurch erklären, daß alle offiziellen Interviewpartner zuvor vom KGB ensprechend instruiert worden waren. Ich habe nach dieser Reise der Deutschen Presse-Agentur unter der Datumszeile »2. September 1959« folgenden Bericht zugeschickt, aus dem zuvor von der Moskauer Vorzensur, die es damals noch gab, alle kritischen Passagen herausgestrichen worden waren.

»Ende August entschloß sich die sowjetische Regierung, den geheimnisvollen Schleier, der bislang die Hauptstadt der jüngsten und kleinsten Sowjetrepublik verhüllte, hinwegzuziehen. Abgesehen von den benachbarten Finnen haben seit Kriegsende lediglich drei schwedische Geistliche und sechs französische Techniker die estnische Hauptstadt Tallinn (Reval) besuchen dürfen (...) Was ich dieser Tage als erster westlicher Besucher in Tallinn zu sehen bekam, war eine um hundert Prozent gewachsene Industrie- und Hafenstadt, deren mittelalterlicher Kern ebensogut in jeder norddeutschen Hansestadt liegen könnte (...)

Ein guter Geist hat es den örtlichen Behörden und ihren vorgesetzten Moskauer Instanzen eingegeben, die Altstadt Revals zur Museumsstadt zu erklären. Die schmalen Gassen dürfen weder verbreitert noch asphaltiert und die neuen Häuser nicht mit Blech gedeckt werden, sondern nur mit roten Dachpfannen. Wer bauen will, muß zuerst die Genehmigung der für Altertumsschutz zuständigen Instanzen einholen (. . .)

In der alten Domkirche, hoch über der Stadt, hängen immer noch die verstaubten Wappen der Tiesenhausens, Stackelbergs und Wrangells. Unversehrt sind auch die Renaissance-Fassaden des Schwarzhäupterhauses und der Großen Gilde. Unverändert schön ist Bernt Notkes Altar in der Heiligengeist-Kirche aus dem Jahre 1483. Sein berühmter Totentanz, das Altarbild der Nikolai-Kirche, soll zusammen mit Arbeiten von Hans Memling eine würdige Ruhestätte finden — zwischen den Ruinen der zerstörten Kirche (. . .)

Es existieren auch noch die alten Cafés und andere Vergnügungsstätten, und es arbeiten die alten Fabriken. Verschwunden sind die vielen kleinen Holzhäuser, die nach dem großen Bombenangriff im Frühling 1944 wie über eine Wiese verstreute Fackeln abbrannten. Dafür wuchsen neue Häuser aus dem Boden, nicht so viele an Zahl, dafür größer und anders. In ihnen leben heute Esten und Russen zusammen, ebenso wie Esten und Russen auch in Fabriken und in den Ölschiefergruben an der Küste des Finnischen Meerbusens nebeneinander arbeiten (. . .)

Im Zuge zwischen Reval und Narva hörte ich kaum ein Wort meiner Heimatsprache, in den Ministerien und Behörden von Reval antwortete man mir auf meine Frage, ob ich Estnisch oder Russisch sprechen solle, stets: ›Was Ihnen lieber ist.‹ Ich entschloß mich immer für Estnisch und hatte den Eindruck, die richtige Wahl getroffen zu haben (. . .)«

Soweit mein damaliger, zensierter Bericht. Nun habe ich damals in Tallinn aber nicht nur Amtspersonen gesprochen. Ohne mich anzumelden, einfach auf gut Glück, ging ich, nachdem ich die Domkirche besichtigt hatte, in das dahinter liegende Haus des Konsistoriums der evangelisch-lutherischen Kirche zu Erzbischof Jaan Kiiwit. Nachdem ich ihm gesagt hatte, wer ich sei, und mich für den Überfall entschuldigt hatte, bat er mich hinein. Das zunächst etwas zögerlich geführte Gespräch nahm sofort einen anderen Verlauf, als ich ihm den Mädchennamen meiner Frau nannte, die einer alten kurländischen Pastorenfamilie entstammt. Es stellte sich heraus, daß er meinem Schwiegervater, Heinrich Katterfeld, in den dreißiger Jahren begegnet war, und als er dann von mir auch noch erfuhr, wie sein Amtsbruder mit seiner Landgemeinde aus dem besetzten Polen geflohen und wie er erschossen worden war, verflogen auch die letzten Reste seiner Zurückhaltung. Wir unterhielten uns etwa eine Stunde lang, dann machte mir der Bischof den Vorschlag, noch ein wenig auf dem Domberg spazierenzugehen. Als wir draußen waren, fragte ich ihn, ob er glaube, im Konsitoriumsgebäude »Wanzen« des KGB zu haben.

»Wahrscheinlich nicht, aber genau kann man es nicht wissen. Ich habe Ihnen ja auch keine Staatsgeheimnisse zu verraten, aber an der frischen Luft setzt man die Akzente doch etwas anders.«

Der schwerste Schlag, der die Bevölkerung Estlands nach Ansicht des Erzbischofs seit meinem letzten Hiersein getroffen hatte, war eindeutig die Verschleppungsaktion vom März 1949. Sie wurde ausgelöst durch die nur langsam vorankommende, von Moskau geforderte Kollektivierung der Landwirtschaft. Bis 1949 hatten sich erst sechs Prozent der estnischen Bauern bereit gefunden, Kolchosen zu bilden. Daraufhin plädierte der damalige estnische Parteiführer Karotamm in einem Brief an Stalin dafür, die Klasse der sogenannten Kulaken, der Großbauern, ganz zu liquidieren, das heißt, sie aus Estland zu deportieren. Dabei gab es damals in Estland längst keine Großbauern

278

mehr — es gab nur noch Kleinbauern, die sich allerdings an ihre eigenen Wirtschaften klammerten.

Bald darauf bekam der estnische KGB-Chef, Boris Kumm, aus Moskau die Anweisung, alle notwendigen Maßnahmen für eine Massenverschleppung einzuleiten. Eine von ihm eiligst zusammengestellte Liste umfaßte über 7000 Kulaken, deren Familienangehörige sowie andere »Faschisten und Banditen«, insgesamt 21000 Personen. De facto war die Zahl der Deportierten aber wesentlich höher. Schätzungen sprechen von 40000 bis 50000 Menschen. Ein großer Teil von ihnen waren Frauen, Kinder und Greise. Sie wurden am 25. und 26. März 1949 zur Nachtzeit zusammengetrieben, in Viehwaggons verladen und in schwach besiedelte Regionen Sibiriens verschleppt. Dort starben während des ersten Jahres viele Kinder und alte Leute. Die Überlebenden konnten Mitte der fünfziger Jahre nach Estland zurückkehren, berichtete Erzbischof Kiiwit.

Nachdem ungefähr ein Zehntel der estnischen Bauern verschleppt worden war, fuhr er fort, breitete sich unter den Verbliebenen Furcht und Schrecken aus. Bis Ende 1949 hatten sich bereits 80 Prozent der Bauern den Kolchosen angeschlossen, und wenige Jahre später war Estland zu 100 Prozent kollektiviert. Gleichzeitig damit begann, wie der Erzbischof es ausdrückte, ein geradezu verzweifelter Kampf gegen haarsträubend dumme Anweisungen und Planvorgaben der Moskauer Zentrale. So mußte beispielsweise Mais angebaut werden, der in Estland gar nicht reif wird, oder die Kolchosen wurden aufgefordert, unverzüglich ihr Getreidesoll abzuliefern, bevor dasselbe überhaupt geerntet werden konnte.

Nach den angeblichen Großbauern waren viele estnische Nationalisten an der Reihe. Dieser »Säuberung« fielen 1950 auch eine ganze Reihe von Parteiführern zum Opfer, darunter sogar Parteichef Karotamm. Die bekanntesten estnischen

Schriftsteller erhielten Schreibverbot, viele Lehrer durften nicht mehr unterrichten, aus der Akademie der Wissenschaften wurden etwa 100 ihrer Mitglieder ausgeschlossen. Dazu wurden nationale Denkmäler gestürzt, Straßen und Städte umbenannt. Die Hauptstadt der Insel Saaremaa (Ösel), die alte Ordensstadt Arensburg (Kuressaare), erhielt den Namen des hingerichteten Kommunistenführers Kingisepp — angeblich auf nachhaltiges Drängen der dortigen arbeitenden Bevölkerung. Und die Moskauer »Prawda« warf dem Sprachrohr der KP Estlands, dem »Rahva Hääl«, vor, daß es seine Leser nur unzureichend zur Freundschaft mit dem russischen Brudervolk auffordere und die nationalistischen Bestrebungen der estnischen Literaten nicht genügend entlarve. Als Vorbild wurden die Verse eines lettischen Dichters hingestellt, der, frei übersetzt, geschrieben hatte:

»Die russische Sprache scheint mir eine riesige Brücke von Sonnenstrahlen zu sein, über die sich das lettische Herz zu neuen, höheren Horizonten emporschwingen wird.«

Und der Erzbischof weiter: Nach Stalins Tod hatte sich die Lage in Estland etwas verbessert — zum einen infolge des in der gesamten Sowjetunion einsetzenden Chruschtschowschen »Tauwetters«, zum anderen auch, weil sich die US-Regierung in zunehmendem Maße um die drei baltischen Staaten zu kümmern begann. Die diplomatischen Vertretungen der Esten, Letten und Litauer in den USA wurden protokollarisch aufgewertet, die Eisenhowersche Befreiungsdoktrin wirkte sich aus, und der amerikanische Kongreß setzte entsprechende Ausschüsse ein. Diese für die baltischen Staaten positiven Entwicklungen im Westen konnten von Moskau nicht ganz ignoriert werden.

Mitte der fünfziger Jahre ging auch die forcierte Immigration von Russen und anderen slawischen Volksangehörigen nach Estland merklich zurück. Vorübergehend war ihre Abwanderung sogar größer als ihr Zustrom. Zeitweilig betrug der Anteil der in Estland geborenen Esten an der Gesamtbevölkerung 75 Prozent und erreichte damit einen Höhepunkt.

Auf diese Relation hatte sich auch die Rückkehr vieler in den vierziger Jahren nach Sibirien Verschleppter ausgewirkt. Parallel zu diesen positiven soziologischen Entwicklungen wurde im Rahmen des »Tauwetters« auch vielen zu Stalins Lebzeiten aus dem Kulturleben ausgestoßenen Literaten die Rückkehr zu ihren Schreibtischen erlaubt. Es entstanden neue Zeitschriften, und es wurden Bücher verlegt, die bislang verboten gewesen waren. Bulgakows Roman »Der Meister und Margarita«, der in estnischer Übersetzung erschien, ist nur ein Beispiel für viele.

Diese Entwicklung war allerdings durch die Niederschlagung des Ungarn-Aufstandes 1956 weitgehend gestoppt worden. Die Tragödie des sprachverwandten finno-ugrischen Volkes wurde in Estland wohl schmerzlicher empfunden als irgendwo anders in Europa. Zudem verflogen damit die letzten Hoffnungen aller baltischen Völker auf westliche Hilfe im Falle größter Not. Als unmittelbare Folge des Blutbades von Budapest machte sich im Lande zunehmend die Tendenz breit, sich mit dem Sowjetsystem mehr als bisher zu arrangieren. Die, wenngleich nicht öffentlich bekundete, so doch innerlich vorhandene Verbundenheit der Menschen mit überkommenen politischen und ethischen Vorstellungen machte vielfach dem Wunsch nach dem reinen Überleben Platz.

Zum Abschied gab mir Erzbischof Jaan Kiiwit für meine Frau eine silberne estnische Schultertuchbrosche mit. Als ich im vergangenen Jahr in Tallinn war, lebte er schon nicht mehr. Dafür hörte ich eine Predigt seines Sohnes in der Heiligengeist-Kirche.

Unmittelbar vor meiner Abreise ging ich noch in meine Taufkirche Sankt Olai. Als ich ganz allein eine Viertelstunde still vor dem Altar gesessen hatte, vor dem 1917 meine Eltern getraut worden waren, sprach mich der Kirchendiener, der irgendwelche Aufräumungsarbeiten verrichtete, an. Ich sagte ihm, warum ich da sei und fragte, ob ich nicht auf den Turm steigen könne.

»Eigentlich ist es nicht erlaubt, aber so wie die Dinge bei Ihnen liegen, will ich eine Ausnahme machen.«

Als ich oben bei den Glocken stand und hinunterschaute, wußte ich auch, warum das Hinaufsteigen eigentlich verboten war: Man konnte von da ganz gut in die Fenster des KGB hineinsehen, das direkt neben der Kirche in der Pagari-Straße liegt. Dort, irgendwo in einem Schrank, mußte auch meine verstaubte Akte liegen — mit der Mitteilung von Paul Pinna, mit den Verhörprotokollen von 1947/48 und ähnlichem mehr. So nah lag diese unheimliche Welt plötzlich vor mir — und war gleichzeitig doch so weit von mir entfernt.

Auf der Rückreise nach Moskau tauschte ich mich mit Colonel Clifford ein wenig aus. Dabei war mir natürlich klar, daß unsere Interessengebiete weit auseinanderliegen mußten, aber das ganze Ausmaß des »different approach« überraschte mich doch. So ging ich schon bald dazu über, ihm einiges über die Schlachtfelder zu erzählen, an denen wir gerade vorbeifuhren. Das Geschehen um die alte Ost-West-Scheide Narva schien ihn zu faszinieren. Jedenfalls versprach er mir, bei seinem nächsten Heimaturlaub ein gutes amerikanisches Buch über die baltische Geschichte zu kaufen, also etwas, was es damals wahrscheinlich gar nicht gab.

Einige Wochen später fuhr meine Frau nach Riga in *Lettland*, das sie seit der Umsiedlung von 1939 nicht mehr gesehen hatte.

Insbesondere wollte sie von da aus auch das kurländische Jelgava (Mitau) besuchen, ihre Heimatstadt. Der Sowjetmarschall Bagramjan, der 1959 als Chef der sowjetischen Rückwärtigen Dienste in Riga residierte, hatte ihr auf irgendeinem Kreml-Empfang charmant versprochen, ihr die Reise nach Jelgava zu ermöglichen, sie brauche sich in Riga nur an ihn zu wenden. Sowjetische Versprechungen! Denn als meine Frau in Riga versuchte, Kontakt mit dem Marschall aufzunehmen, kam sie nicht weiter als bis zur Eingangshalle seines Stabes. Immerhin gelang es ihr, in Riga eine Schulfreundin ausfindig zu machen, die 1939 nicht umgesiedelt war und jetzt als mehr oder weniger brave Sowjetbürgerin dort lebte. So erfuhr sie doch einiges über die Geschehnisse in Lettland und im litauischen Nachbarland.

Auch in Lettland hatten die schlimmsten Deportationen in den Jahren 1946, 1949 und 1951 stattgefunden, und dabei waren insgesamt etwa 130000 Menschen mit zunächst unbekannten Zielen verschleppt worden. Um auch alle wirklichen Gegner des Sowjetregimes erkennen zu können, war das Land mit einem Netz von sogenannten Durchleuchtungslagern überzogen worden. Der größte Teil der dorthin Verbrachten kam nach einer entsprechenden Untersuchung wieder frei, während die für schuldig Befundenen in sibirische und andere Arbeitslager der Sowjetunion abtransportiert wurden.

Ebenso wie in Estland, hatten auch die lettischen Waldbrüder ihren Kampf gegen die MWD-Truppen noch jahrelang fortgesetzt. In diesem Zusammenhang bekam meine Frau in Riga ein Kuriosum zu sehen: eine versteckte Uniform der Roten Armee mit dem aufgenähten Freiheitsemblem der bürgerlichen Republik Lettland.

Als Folge der Entstalinisierung und der internen Machtkämpfe im Moskauer Kreml hatte es dann bis ins Jahr 1959 hinein einen klar erkennbaren Nationalisierungsprozeß so-

wohl der sowjet-lettischen Partei als auch Staatsführung gegeben. Dazu trug auch bei, daß 1956/57 die nach dem historischen Parteitag der KPdSU vom Februar 1956 amnestierten
Verschleppten der vierziger Jahre zurückkehren durften — oder
genauer gesagt, die Überlebenden, und das waren etwa 20 Prozent. Eine Ausnahme bildeten allerdings alle Angehörigen der
ehemaligen Führungsschicht des unabhängigen Lettland, denen durch einen Sondererlaß des Obersten Sowjets die Heimkehr verboten wurde.

Dieser Lettifizierungsprozeß der fünfziger Jahre erfaßte vor
allem auch die Literatur, das Schulwesen und die Wirkungsbe-
reiche der lettischen Sprache. Immerhin war der Anteil der in
Lettland geborenen Letten an der Gesamtbevölkerung der Republik von 75 Prozent in den dreißiger Jahren bis auf 62 Prozent
im Jahre 1969 gesunken, während der der Russen von 10 Prozent
auf 26 Prozent angewachsen war.

Wichtige Merkmale des nationalen Denkens waren auch
alle Proteste gegen die bereits praktizierte und in noch größe-
rem Umfang zu erwartende forcierte Industrialisierung des
Landes. Als es dann den nationalkommunistischen Reformern
des Apparates auch noch gelang, bis in die Partei- und Staats-
spitzen vorzudringen, und die Moskauer Zentrale zusehends
an Einfluß verlor, schob Chruschtschow dieser Entwicklung
einen Riegel vor. Auf einem ZK-Plenum im Sommer 1959, dem
ein Besuch Chruschtschows in Lettland vorausgegangen war,
polemisierte er in scharfer Form gegen alle nationalistischen
und lokalpatriotischen Tendenzen. Das hatte zur Folge, daß
das ZK der lettischen KP sich unverzüglich von seinen »Revisio-
nisten« und Vertretern des »bürgerlichen Nationalismus«
trennte. Wenig später wurden auch der lettische KP-Chef Kaln-
bersiņš und Ministerpräsident Lacis in die Wüste geschickt
und durch moskauhörigere Rußland-Letten ersetzt.

Die Entwicklung in Litauen hatte sich durch eine besonders aktive Rolle der dortigen Widerstandsbewegung ausgezeichnet. Das war zum Teil darauf zurückzuführen, daß sich der litauische politische und militärische Widerstand bereits während der deutschen Besatzungszeit organisiert hatte — man mußte sich also nur auf einen anderen Gegner einstellen. In den litauischen Wäldern gab es im Frühjahr 1945 etwa 30000 bewaffnete Widerstandskämpfer, die sich hier nicht Waldbrüder, sondern Freiheitskämpfer nannten, während in der Zeit von 1945 bis 1952 insgesamt fast 100000 Menschen in irgendeiner Weise aktiven Widerstand betrieben haben. 20000 von ihnen sind bei Kämpfen gefallen. Ab 1946 existierte auch eine Führungsorganisation, die »Vereinigte Demokratische Widerstandsbewegung«. Diese hatte sowohl einen politischen wie auch einen militärischen Führungsstab. Letzterer teilte das Land in neun Partisanenbezirke ein. Im Sommer 1947 fand in den Wäldern sogar ein Ausbildungslehrgang für Offiziere der Freiheitskämpfer statt.

Der politische Stab der Widerstandskämpfer brachte bis 1947 über 100 Exemplare der Untergrundzeitung »Glocke der Freiheit« sowie Maueranschläge und Flugblätter unter die Bevölkerung. Kennzeichnend für den Widerstand in Litauen war auch, daß in den örtlichen politischen Stäben praktisch alle Bevölkerungsschichten vertreten waren. So setzte sich beispielsweise ein besonders bekanntgewordener Stab in der Nähe von Kaunas (Kowno) aus einem Zimmermann, einem Kirchendiener, einem Pädagogikstudenten, einem Bauern und einem Priester zusammen. Bis Ende der vierziger Jahre hatte der Widerstand in Litauen solche Formen angenommen, daß sich die Moskauer Zentrale genötigt sah, die Zahl ihrer MWD-Truppen auf 70000 Mann zu erhöhen, wobei gelegentlich auch reguläre Einheiten der Roten Armee zum Einsatz kamen. Die

Sowjets selbst geben ihre Verluste in diesen Kämpfen mit 20000 Mann an, während der litauische Widerstand von einer viel höheren Zahl ausgeht. Von der Erbarmungslosigkeit der Kämpfe zeugt auch die Tatsache, daß die Freiheitskämpfer im Laufe von sieben Jahren Tausende von Sowjetkollaborateuren ermordet haben. Die Schätzungen reichen von 3000 bis zu 10000 Exekutierten.

## *»Sie fragen zuviel«*

Nachdem ich im Jahr 1960 aus Moskau nach Deutschland zurückgekehrt war, hatte ich mich durch meine Berichterstattung und meine Kommentare, zuerst bei der dpa, dann beim ZDF, bei den Sowjets mißliebig gemacht. Ich trug, wie es der Bonner »Prawda«-Korrespondent in einem Artikel zu formulieren geruhte, alle Züge eines leidenschaftlichen Antikommunisten und Gegners der Sowjetunion. Übrigens: Wie schön, daß meine damalige Sicht der Strukturen des Sowjetsystems und der Breschnewschen Außenpolitik heute auch von Michail Gorbatschow geteilt wird. Aber in der Breschnew-Zeit hatte es zur Folge, daß ich von der Botschaft in Bonn für Privatreisen kein sowjetisches Einreisevisum mehr bekam, sondern nur noch für Dienstreisen, und auch das nur, wie Botschafter Falin es einmal formulierte, »wenn ZDF macht Drjukk«. Aber nach Tallinn wollte ich auf jeden Fall, und so mußte ich mir etwas anderes einfallen lassen.

1967 erfuhr ich, daß von einem finnischen Reisebüro Dreitagefahrten von Helsinki nach Tallinn organisiert würden und daß sich daran auch Ausländer beteiligen können. So buchte ich denn eine solche Fahrt mit dem »Wodka-Dampfer«, der viele

Jahre lang sowohl in Finnland als auch in Estland so genannt wurde, weil spätestens zwei Stunden nach der Abfahrt von Helsinki die Hälfte der jungen Finnen völlig betrunken waren; sie konnten in Tallinn im wahrsten Sinne des Wortes nur noch von Bord taumeln. Der Grund für diese Trinkorgien: Wodka kostet auf diesem sowjetischen Fährschiff, auch wenn man in West-Devisen zahlt, nur einen Bruchteil dessen, was man in Finnland dafür zahlen muß.

Abgesehen von einer Schülerreise in den dreißiger Jahren näherte ich mich Tallinn jetzt zum erstenmal von See her, und das bei gutem Wetter. In meinem Paß hatte ich ein von der Sowjetbotschaft in Helsinki ausgestelltes Visum. So stand ich an der Reeling und blickte mit meinem Feldstecher sehnsuchts-voll zur estnischen Küste. Zuerst tauchte rechts die Insel Nais-saar (Nargen) auf, dann links die Insel Aegna (Wulf).

Ein estnischer Sprachwissenschaftler, der im finnischen Turku an einem Kongreß teilgenommen hatte und mit dem ich ins Gespräch gekommen war, sagte mir, daß Naissaar herme-tisch abgeriegeltes militärisches Sperrgebiet sei.

»Könnte beispielsweise der Ministerpräsident Estlands die Insel betreten? Sie ist immerhin estnisches Territorium.«

»Ganz bestimmt nicht. Hier hat nur Moskau das Sagen. Klauson müßte beim sowjetischen Befehlshaber einen Antrag stellen, und dieser Antrag würde wohl abgelehnt werden.«

Inzwischen war auch die Stadtsilhouette klar zu erkennen, links eingerahmt vom Fernsehturm, rechts vom Domberg und der Domkirche. Wer einige neu hinzugekommene Fabrik-schlote am Rande der Stadt zu ignorieren bereit ist, den muß dieser Anblick wirklich beglücken.

Und dann verdrängte der sowjetische Alltag die Schönheit des mittelalterlichen Panoramas. Wie an allen sowjetischen Grenzen begann ein völlig unverständliches Warten. Das

Schiff lag längst im Hafen, die Passagiere standen in endloser Warteschlange vor dem einzigen Ausgang, aber es passierte nichts. Und dazu diese deprimierende Unterwürfigkeit: Keiner protestierte, keiner verlangte Auskunft, auch meine finnische Reiseleiterin zuckte nur mit den Schultern:

»Das ist immer so, darauf haben wir keinen Einfluß!«

Erst nach einer reichlichen halben Stunde setzte sich die Prozession langsam in Bewegung. Für mich gab es dann noch einen weiteren Aufenthalt. Alle bekamen ihre Pässe zurück, ich aber nicht.

Schließlich wandte ich mich an den Offizier, der die Pässe kontrollierte.

»Warum bekomme ich meinen Paß nicht zurück? Alle sind schon an Land, nur ich stehe hier wie vergessen herum.«

»Sie sind keineswegs vergessen. Ihr Paß kommt in wenigen Minuten, bei Ihnen dauert es etwas länger.«

Als dann der Paß kam und ich den Offizier fragte, warum es bei mir so lange gedauert habe, entschuldigte er sich sehr höflich:

»Wir mußten einiges überprüfen. Die Genossen in Helsinki haben einen Fehler gemacht. Sie hätten Ihnen eigentlich kein Visum geben dürfen. Nun sind Sie aber hier, und ich wünsche Ihnen angenehme Tage in Ihrer Heimatstadt.«

Es waren nicht nur angenehme, sondern sogar schöne und interessante Tage, aber dazu hat die Organisation, zu der der Hauptmann gehörte, ganz gewiß keinen Beitrag geleistet. Die Beschattung war zwar nicht so lückenlos und auffällig wie bei meinem letzten Besuch vor acht Jahren, aber lästig war sie doch.

Den ersten Eindruck davon erhielt ich schon nach wenigen Stunden. Nachdem ich im Hotel »Tallinn« meinen Koffer ausgepackt hatte, sagte ich mit Blick zur Zimmerdecke artig meinen KGB-Spruch auf, so wie ich es in sowjetischen Hotels meistens tue. Er lautet, mit geringen örtlich und zeitlich bedingten Abweichungen, etwa so:

»Verehrte Mitarbeiter des Abhördienstes! Da ich davon ausgehe, daß in diesem Zimmer Mikrofone sind, begrüße ich Sie. Ich werde mich bemühen, Ihnen keinen Kummer zu bereiten. Auf jeden Fall sollten Sie wissen, daß ich nicht mit Spionageaufträgen oder anderen schlimmen Dingen hergekommen bin. Wie eng meine Beziehungen zu Tallinn sind, können Sie den Akten in der Pagari-Straße entnehmen.«

Dann bestellte ich mir über den Zimmerservice eine Taxe und fuhr zu Sascha, einem alten Bekannten, der 1939 in Estland zurückgeblieben war. Er wohnte in einem vorstädtischen Neubau, der so aussah, wie alle sowjetischen Neubauten bereits zehn Jahre nach ihrer Errichtung aussehen — irgendwie grau und unansehnlich. Die Adresse hatte ich von seiner in der Bundesrepublik lebenden Tante bekommen. Sascha war nicht zu Hause, so hinterließ ich eine Nachricht mit der Bitte, mich im Hotel anzurufen oder dorthin zu kommen.

Eine Stunde später klopfte er an meine Zimmertür, öffnete sie hastig, hielt sich eine Hand vor den Mund und deutete mit der anderen auf die Zimmerdecke. Dann begrüßten wir uns herzlich, doch als ich Sascha aufforderte, sich zu setzen, sagte er schnell:

»Es ist ein warmer Sommerabend, wollen wir nicht lieber draußen einen Spaziergang machen?«

Als wir das Hotel verlassen hatten, meinte ich lachend:

»Ich weiß, daß es in meinem Zimmer Mikrofone gibt, aber woher weißt du es?«

»Ich könnte dir darauf mehrere Antworten geben, will aber nur dies sagen: Finnische Ingenieure, die am Bau des ›Tallinn‹ beteiligt waren, haben in finnischen Zeitungen berichtet, daß sie eindeutige Beweise für den Einbau von Abhöreinrichtungen hätten. Genügt dir das?«

So hatte ich also meinen KGB-Begrüßungsspruch nicht umsonst aufgesagt. Als wir später im Hotelrestaurant in ausgesprochen sentimentaler Stimmung die gemeinsame Schulzeit durchgingen und dabei immer mehr Namen fielen, stellte sich heraus, daß es sowohl in Tallinn als auch in Tartu noch Freunde und Freundinnen von mir gab, die den Krieg und die Zeit der Deportationen überlebt hatten; also machte ich mich am nächsten Tag auf den Weg in die Pikk-Straße 19. Dort hatte bis zum Sommer 1940 der sowjetische Gesandte residiert, und von dort aus hatte auch Stalins Sonderbeauftragter Andrej Schdanow während der entscheidenden Julitage generalstabsmäßig den Anschluß Estlands an die Sowjetunion durchgepeitscht. Jetzt beherbergte dieses Haus, das zu den meistgehaßten in Tallinn gehört, einige Abteilungen des Innenministeriums, des MWD.

Ohne große Mühe gelang es mir, bis zu dem für Ausländerfragen zuständigen Oberst vorzudringen und ihm meine Bitte vorzutragen — ich wolle für einen Tag mit einem Intourist-Wagen nach Tartu und nach Pölva fahren. Der Oberst, ein ausgesprochen gepflegt und gutaussehender Mann, der fließend sowohl Estnisch wie Russisch sprach, genehmigte mir sofort die Fahrt nach Tartu, sagte aber zu Pölva, das könne er nicht so schnell entscheiden.

»Müssen Sie in Moskau nachfragen?«

»In Moskau oder vielleicht auch nicht ganz so weit. Sie bekommen Bescheid.«

»Gut, darf ich Ihnen dann meine Telefonnummer im Hotel geben?«

Sofort, nachdem ich ihm dieses Angebot gemacht hatte, mußte ich über meine spontane Naivität lachen. Und der Oberst, ganz Mann von Welt, lachte auch.

»Es ist nett von Ihnen, daß Sie mir Ihre Adresse und Ihre Telefonnummer geben wollen, aber das ist nicht nötig.«

Wenn doch alle sowjetischen Sicherheitsoffiziere so unverkrampft wären! Einige Stunden später richtete mir das Intourist-Büro des Hotels aus, daß meiner Bitte, nach Pölva fahren zu dürfen, leider nicht entsprochen werden könne. Für die Fahrt nach Tartu werde aber am nächsten Morgen um acht Uhr ein Intourist-Wagen bereitstehen.

Am nächsten Morgen saßen dann insgesamt fünf Personen im Wagen, ich vorne neben dem Fahrer und im Fond eine Dolmetscherin und zwei von mir eingeladene finnische Studentinnen, Finno-Ugristinnen, die unbedingt nach Tartu zur Universität wollten, sich aber den teuren Intourist-Service nicht leisten konnten. Die Dolmetscherin erwies sich als nett, duftete etwas zu stark nach einem Parfüm, das dem berüchtigten chinesischen Parfüm »Maos Atem« bedenklich nahe kam, war aber völlig überflüssig.

Nachdem wir eine Viertelstunde gefahren waren, wandte ich mich an den Fahrer:

»Was für einen Dienstgrad haben Sie?«

Er sah mich erstaunt an, schüttelte dann den Kopf und meinte, er verstehe meine Frage nicht.

»Sie verstehen sie sehr gut, aber Sie müssen nicht antworten. Das ist gar nicht wichtig, mich interessiert nur, wie ich eingeschätzt werde.«

»Sie scheinen die Sowjetunion gut zu kennen. Auf welchen Dienstgrad tippen Sie denn?«

»Leutnant oder Oberleutnant.«

Darauf schwieg er, und erst nach einer halben Stunde, als die Dolmetscherin gerade in ein lebhaftes Gespräch mit den Finninnen verwickelt war, kam ganz unvermutet die Antwort:

»Es stimmt so ungefähr.«

Also wieder dieses furchtbare, für jedes totalitäre System charakteristische Phänomen des Mißtrauens der Umgebung gegenüber. Wahrscheinlich war er schon mehrfach mit dieser Dolmetscherin zusammen gefahren, kannte sie vielleicht sogar recht gut — aber dennoch wagte er nicht, in ihrer Gegenwart etwas zu sagen, was man ihm in der Pagari-Straße oder in der Pikk-Straße als Preisgabe eines Dienstgeheimnisses hätte ankreiden können. Ich konnte ihn irgendwie verstehen, denn wenn mich jemand fragt, was das Schlimmste in all meinen in der Sowjetunion verbrachten Jahren gewesen sei, nenne ich ohne zu zögern das latente Mißtrauen Personen gegenüber, die dieses Mißtrauen gar nicht verdienen, ja, denen ich damit vielleicht sogar bitteres Unrecht zugefügt habe.

In Tartu hielten wir vor der Universität, und die Dolmetscherin verkündete fröhlich, daß jeder jetzt machen könne, was er wolle. Um vier Uhr nachmittags müßten wir uns aber wieder treffen, und zwar im »Café Werner«, 50 Schritte von der Universität entfernt. Die beiden Finninnen verschwanden in der Universität, und ich setzte mich in Richtung Rathausplatz in Marsch. Dort nahm ich mir eine Taxe und dirigierte den Fahrer der Reihe nach zuerst zu meinen beiden Schulen, dann zum Internat, zu den Conventsquartieren (C!Q!) aller deutscher Korporationen und schließlich zu meiner Studentenbude von 1938/39. Das C!Q! der »Baltonia« und die Studentenbude waren, da es sich um Holzhäuser gehandelt hatte, abgebrannt, alle übrigen Gebäude hatten die Kämpfe vom Sommer 1944 unversehrt überstanden. Die einen beherbergten Behörden oder Universitätseinrichtungen, andere waren in Mietshäuser umgewandelt worden. In einem Klassenzimmer meines Gymnasiums wohnte jetzt ein russischer Kriegsinvalide, der mir ganz spontan einen Teller Fischsuppe anbot.

Gewiß, ganze Straßenzüge standen nicht mehr, alles in

allem hatte ich mir die Zerstörungen aber größer vorgestellt. Von den Sehenswürdigkeiten der Stadt fehlte vor allem die schöne Steinbrücke über den Embach, die Katharina die Große der Stadt nach der Feuersbrunst von 1755 geschenkt hatte. Um die Zarin zu ehren, war von den Dorpater Bürgern an der Brücke eine Tafel angebracht worden: »Siste hic impetus flumen, Catharina II iubet« (»Strom, hemme hier Deinen Lauf, Katharina II. befahl es«). Als die Brücke 1941 von einer Flieger-bombe oder Granate getroffen wurde, nahm sie der Embach dennoch gütig in sein Flußbett auf. Nur noch Ruinenreste standen von der aus dem 13. Jahrhundert stammenden Johan-niskirche, in der ich konfirmiert worden war. Verschwunden war auch das hinter der Universität stehende Gustav-Adolf-Denkmal. Das Monument des schwedischen Königs und Uni-versitätsgründers wurde aber nicht im Kriege zerstört, es ist einfach verschwunden; als ich in der Universität danach fragte, konnte mir niemand sagen, wo es geblieben ist. Und schließ-lich das Theater »Vanemuine«, mit meiner Tanzbar — es war da und wiederum auch nicht da: Der schöne Jugendstilbau war durch Beschuß völlig zerstört und dann wieder aufgebaut worden; so glichen sich wenigstens die Fassaden, nicht aber die Spielpläne und der »way of life« in der Bar.

Während des Herumfahrens und Herumgehens hatte ich mich immer wieder umgesehen, aber keinen »Schatten« ent-decken können. Der Taxifahrer, der mir mittlerweile freimütig erzählt hatte, daß sein Bruder bei der Waffen-SS gewesen sei und jetzt in Kanada lebe, hatte ebenfalls aufgepaßt und auch nichts Verdächtiges bemerken können. So reifte in mir die Idee, auch noch nach Pölva zu fahren. Der Fahrer war sofort begeistert davon und schwor, daß wir nicht entdeckt werden würden. Als wir bereits ein paar Kilometer aus der Stadt waren, ließ ich ihn jedoch halten und wenden. Das Wagnis war einfach zu groß. Daß mich das KGB nur zu gerne bei einer Verletzung der für Ausländer geltenden Reisebestimmungen ertappt hätte, war mir klar.

Die letzte Stunde in Tartu verbrachte ich in der Wohnung einer jüdischen Schulfreundin. Scholamis Pajenson war das intelligenteste Mädchen unserer Klasse gewesen, und glücklicherweise war es ihr gelungen, rechtzeitig vor den deutschen Truppen zu fliehen; den Krieg hatte sie in der Sowjetunion einigermaßen gut überstanden. Ihr Mann, den ich zum erstenmal sah, begrüßte mich genauso herzlich wie sie und legte mir den Arm um die Schulter — eine erstaunliche Geste für einen Juden, der immerhin als sowjetischer Offizier im Kampf gegen die Deutschen seinen anderen Arm verloren hatte. Als er meine Befangenheit bemerkte, sagte er:

»Wir haben zur gleichen Zeit in Tartu studiert, und wir beide lieben dieses Land. Außerdem sind Sie ein Freund von Scholamis. Alles andere ist unwichtig.«

Auch im »Café Werner« erlebte ich eine angenehme Überraschung, denn wir saßen zu fünft einträchtig noch eine ganze Weile beisammen. Die Finninnen, von denen eine über die Prosa der Liven promovieren wollte, waren glücklich und froh, denn sie hatten in der Universität alle gewünschten Informationen erhalten, und ich erzählte von fast 30 Jahre zurückliegenden Studentenflirts in eben diesem Café. Auch mein Fahrer, der KGB-Leutnant oder -Oberleutnant, taute auf und zeigte sich am damaligen Korporationsleben sichtlich interessiert. Als ich ihm dann noch von meinem zweimaligen Zusammentreffen mit dem »Büffel von Tartu« berichtete und einer der beiden Studentinnen, die sich bei der Dolmetscherin diskret nach der Damentoilette erkundigte, unbefangen zurief, »da raus und dann die zweite Tür links«, fing er sogar laut zu lachen an.

Auf der Rückfahrt wollte ich die gelöste Stimmung nutzen

und fragte den Fahrer, warum mir der Abstecher nach Pölva nicht gestattet wurde. Immerhin hätte ich fast 20 Jahre dort gelebt, und meines Wissens gebe es dort keine militärischen Objekte.

»Sie fragen zuviel.«

»Ist das denn verboten?«

»Nein, aber es bringt nichts.«

Auf diese Frage habe ich auch später nie eine Antwort bekommen, und ebenso auch keine Besuchsgenehmigung — bis 1989. Selbst als Bundesaußenminister Genscher während des zweiten Breschnew-Besuches in Bonn im Jahre 1978 ein entsprechendes Gesuch von mir an die sowjetische Delegation weiterleitete, gab es zwei Monate lang keine Antwort. Erst nach zweimaligem Nachfragen unseres damaligen Botschafters in Moskau kam aus dem sowjetischen Außenministerium ein negativer Bescheid von geradezu lächerlicher Aussagedürftigkeit. Heute wissen wir es ja dank Kreml-Sprecher Valentin Falin: Es war die Zeit der Stagnation, in der die sowjetische Führung »fast alles falsch gemacht hat«. Bloß — der gleiche Falin war damals sowjetischer Botschafter in Bonn und hat auf analoge Gesuche von mir auch nicht reagiert, nicht einmal negativ.

*Neue Werte*

Das Meer zwischen Estland und Finnland war gütig, denn auch bei der Rückfahrt nach Helsinki am nächsten Tage zeigte es sich sonnenbeschienen und nur leicht gekräuselt. So konnte ich interessante Reelingsgespräche führen und stellte dabei wieder einmal ein erstaunliches Maß an Offenheit Ausländern gegenüber fest. Gewiß ist das zum Teil darauf zurückzuführen, daß man sich sagt, über diese Westmenschen hat unser KGB keine Macht, die kommen und gehen, und man wird sie wahrscheinlich nie mehr wiedersehen. Aber zu dieser Einschätzung tritt gewiß auch noch etwas anderes, nämlich das Gefühl, daß die Demokratie im Westen die Menschen anders erzieht und formt und daß die sowjetnotorische Bespitzelung dort keinen Nährboden hat. Nur wer von Hause aus extrem ängstlich ist, wird diese ewige Angst vor George Orwells »Großem Bruder« auch dann nicht los, wenn er bereits jahrelang im Westen lebt — eine typische, wenngleich nicht sehr verbreitete Emigrantentragik.

Das, was ich auf dem Schiff hörte, ergab zusammen mit dem, was man mir in Tallinn und Tartu erzählt hatte, alles in allem ein relativ positives Bild. An der Reeling trug mir jemand auch ein Gedicht vor, das erst im nächsten Jahr veröffentlicht werden sollte, aber bereits im Untergrund kursierte. Es wurde von Rudolf Rimmel, einem in Kasachstan geborenen Esten, geschrieben. Dies die freie Übersetzung:

> »Vergehn wird der mehltau, für immer vergehen,
> fort tragen die winde den dumpfen geruch,
> die ewgen idole verloren ihr leuchten,
> sie werden zerstreut wie des maßliebchens saat.
> Die luft wird sich füllen, als wär sie voll pollen,
> nicht fähig zu keimen, nicht fähig zu keimen.
> Vom gekaperten schiff stößt man die piraten,
> der befreite entdeckt eine neue welt.
> Die seeleute meutern nicht gegen entdecker,
> kleinfische wandeln sich zu delphinen;
> das tun auch die haie, das tun auch die haie —
> weil es so sein muß.«

Die vom Dichter angesprochene Entdeckung einer neuen Welt

durch die Befreiten gilt allegorisch auch umgekehrt. Viele Ausländer, darunter auch Exilesten, Exilletten und Exillitauer sowie Sowjetbürger aus anderen Republiken, haben im Laufe der sechziger Jahre das Baltikum kennengelernt. Als nach Riga auch Tallinn und Vilnius im Jahre 1959 für Westbesucher freigegeben wurden, kamen immer mehr Touristen an die Ostsee. Sie brachten Devisen mit, knüpften Verbindungen und schickten anschließend Pakete. Die Vorteile dieses Valutastromes wurden auch von der Moskauer Zentrale sehr bald begriffen, und sie trug darauf ihrerseits dazu bei, Estland, Lettland und Litauen ein wenig als Schaufenster der Sowjetunion herauszuputzen. Dieser höhere Lebensstandard wiederum brachte Einkaufslustige und Touristen aus der gesamten Sowjetunion ins Baltikum. Bis Mitte der sechziger Jahre stieg sogar allein in Litauen, das von den drei Republiken die wenigsten Kurorte hat, die Zahl dieser sowjetischen Sommergäste auf jährlich mehrere hunderttausend an.

Auf den Straßen in Tallinn und Riga sah man in diesen Jahren mehr Jeans und schicke Pullover als in Moskau, und man hörte mehr Jazz und Rock als in Leningrad. Die Bezeichnung Sowjetunion-West wurde geboren, und dazu trug auch das finnische Fernsehen, das ab 1964 in Nordestland empfangen werden konnte, sowohl direkt als auch indirekt bei. Direkt insoweit, als die Bevölkerung Estlands jetzt aus Helsinki ungleich mehr Informationen erhielt, politische wie auch solche den westlichen Lebensstil betreffend; indirekt, weil das sowjetische Fernsehen diese Konkurrenz ernstnehmen mußte und nun seinerseits sein Programm weltoffener, liberaler und weniger ideologisch verbohrt gestaltete.

Parallel zu dieser gesellschaftlichen Absetzbewegung der baltischen Staaten vom Zentrum machte auch ihre kulturelle Verselbständigung weitere Fortschritte. Ab 1960 trat zunehmend eine neue junge Schriftstellergeneration auf den Plan, beispielsweise Jaan Kross, Jaan Kaplinski und Arvo Valton mit seinen grotesken und allegorischen Kurzgeschichten. Der für Jugendliche schreibende Jugendliche Mati Hunt brach mutig in die bislang tabuisierte Welt des Sex ein. »Sind unsere Schriftsteller Eunuchen?« fragte er seine Leser, denn für diese eine Sache kennen sie nur drei Standardsätze: »Er blieb zur Nacht da«, »Sie verbrachte die Nacht mit ihm« und »Er löschte die Nachttischlampe«.

Die so angesprochene Jugend wurde aber, ob sie nun anstatt Polka Rock tanzte oder nicht, von der alle drei Republiken überflutenden nationalen Welle erfaßt. Als sich 1965 beim ersten großen Sängerfest der Nachkriegszeit in Tallinn 25000 Sänger und 120000 Zuhörer einfanden und der bekannteste estnische Komponist Gustav Ernesaks das von ihm vertonte Gedicht von Lydia Koidula »Mein Vaterland, du meine ganze Liebe . . .« dirigierte, hatte nicht nur die ältere Generation Tränen in den Augen, sondern auch die junge. Dieser Nationalisierungstendenz konnte sich offensichtlich nicht einmal der damalige estnische KP-Chef Iwan Käbin entziehen, denn aus seinem russischen Vornamen Iwan wurde über Nacht ein Johannes. Auf der gleichen Linie lag die zunehmende Weigerung der Esten, Letten und Litauer, Russisch zu sprechen, selbst wenn sie die Sprache beherrschten. Baltische Sportler wiederum leisteten ihren Beitrag dadurch, daß sie protestierten, wenn sie bei Wettkämpfen im Ausland als Sowjetrussen bezeichnet wurden, und baltische Eltern verboten ihren Kindern, Russen zu heiraten.

Die Hoffnung, in stärkerem Maße als bisher die Geschicke des Landes selbst bestimmen und sich mit Moskau irgendwie arrangieren zu können, war wohl auch der Grund für mehr Beitritte zur KP Estlands. 1966 waren immerhin bereits 52 Prozent aller Parteimitglieder Esten, während im Scheinparlament der Anteil der Esten sogar 85 Prozent betrug. Hinzu kam ein gewisser Stolz darauf, daß die drei baltischen Republiken, obwohl ihr Anteil an der sowjetischen Gesamtbevölkerung nur 2,8 Prozent betrug, immerhin 3,6 Prozent des Bruttosozialproduktes der UdSSR lieferten. Folgerichtig lag das Pro-Kopf-Einkommen in Estland 44 Prozent über dem sowjetischen Durchschnitt, das lettische 42 Prozent und das litauische 15 Prozent darüber. Daß sich das nicht in der gleichen Relation auch auf den Lebensstandard der baltischen Länder auswirkte, hatte seinen Grund zum einen in der zu hohen Besteuerung der drei Republiken durch die Moskauer Zentrale und zum anderen in den hemmungslosen Einkaufsorgien der im Baltikum stationierten sowjetischen Soldaten und sowjetischen Touristen.

Zwei unverändert aktuelle Streitthemen zwischen den baltischen Republiken und der Moskauer Zentrale waren über die ganzen siebziger Jahre hinweg die vom Kreml diktierte Industriepolitik und die damit verbundene stetig andauernde Immigration von Russen, Ukrainern und Belorussen gewesen. Was Tallinn, Riga und Vilnius brauchten, bekamen sie nur in unzureichendem Maße, was sie nicht brauchten, wurde ihnen aufgezwungen, und was sie tun wollten, wurde ihnen nicht gestattet.

*Menschenrechte und Selbstbestimmung*

Neben diesem alle innen- und wirtschaftspolitischen Fragen betreffenden Moskauer Diktat gewannen während der siebziger und frühen achtziger Jahre weitere Faktoren in den drei baltischen Republiken an Bedeutung, so das zunehmende Interesse des Westens an den Menschenrechten und am Selbstbestimmungsrecht aller Völker, somit auch an dem der Esten, Letten und Litauer. Und zum zweiten die Bereitschaft der Balten, sich mit ihren Protesten gegen die Verletzungen dieser Rechte durch die Sowjetunion an die Weltöffentlichkeit zu wenden. Einen wesentlichen Beitrag zu dieser Entwicklung leistete die Konferenz für Sicherheit und Zusammenarbeit in Europa (KSZE) von 1975 mit den beiden Menschenrechtsartikeln VII und VIII der sogenannten Helsinki-Schlußakte.

In der Tat war die Diskrepanz zwischen dem, was Breschnew im Kreise der 35 Regierungschefs in der finnischen Hauptstadt unterschrieb, und dem, was sich 80 Kilometer südlicher in Estland abspielte, so eklatant, daß es zunehmend in das Bewußtsein der Weltöffentlichkeit dringen mußte. Das Interesse am Schicksal der drei baltischen Völker wurde durch einen diplomatischen Fehltritt des sonst so geschickten sowjetischen Außenministers Gromyko noch zusätzlich geweckt, als er die finnische Regierung aufforderte, die als Konferenzbeobachter nach Helsinki gekommenen Vertreter der Exilesten, Exilletten und Exillitauer aus Finnland auszuweisen.

In einem an den Kongreß der USA, Amnesty International und die Menschenrechtsorganisation der UNO gerichteten Brief ungenannter estnischer Demokraten vom Oktober 1976 heißt es:

»Zuallererst und vor allem wollen wir Sie davon unterrichten, daß nur zweieinhalb Monate nach der Unterzeichnung der Schlußakte von Helsinki in Tallinn der größte politische Prozeß Estlands in der Nachstalinära inszeniert wurde. Der Prozeß fand vom 21. Oktober bis zum 31. Oktober 1975 statt, und angeklagt waren: Kalju Mätik (Lehrkraft am Technologie-Institut von Tallinn), Sergej Soldatow (ehemalige Lehrkraft am gleichen Institut), Mati Kiirend (Ingenieur), Arvo Varato

300

(Arzt) und Artjom Juskewitsch (Übersetzer). Sie wurden der sogenannten antisowjetischen Agitation und Propaganda (nach § 58 des estnischen Strafgesetzbuches) und insbesondere dessen angeklagt, daß sie ein Memorandum an die UNO-Generalversammlung geschickt hatten, bei dem es um die Wiederherstellung der nationalen Unabhängigkeit Estlands sowie um die Abhaltung von freien Wahlen unter UNO-Aufsicht ging.«

Die Angeklagten, die übrigens in Professor Sacharows Osloer Nobelpreis-Rede von 1975 als mutige Kämpfer für die Menschenrechte namentlich genannt wurden, erhielten Haftstrafen zwischen sechs und drei Jahren, die vier von ihnen in Straflagern mit sogenanntem strengem Regime absitzen mußten. Der Prozeß war nicht öffentlich und das Beweismaterial zum Teil gefälscht. Die Angeklagten erklärten sich für nicht schuldig, leugneten aber nicht, sich seit 1972 zusammen mit lettischen Menschenrechtskämpfern in Briefen an westliche Institutionen und Regierungen gewandt zu haben.

So hieß es beispielsweise in einem an alle Regierungen der KSZE-Staaten gerichteten Schreiben vom 17. Juni 1975, das von estnischen und lettischen Freiheitskämpfern gemeinsam verfaßt wurde:

»Die Restauration Estlands und Lettlands als unabhängige und selbständige Mitglieder der europäischen Gemeinschaft bedeutet für sie die einzige Chance des Überlebens und der freien Entwicklung ihrer Nationalität, Kultur und Lebensart. Die heutige Situation bietet den beiden Nationen nichts außer einer systematischen und fortschreitenden Russifizierung, wobei diese unter dem Motto praktiziert wird, die einzelnen Nationen der Sowjetunion in eine ›neue historische Nation‹, die berüchtigte ›sowjetische Nation‹, umzuwandeln.«

Erwähnung verdient auch das erste, am weitesten zurückliegende Memorandum der estnischen Freiheitskämpfer an die UNO-Vollversammlung vom 24. Oktober 1972, das von der »Estnischen Demokratischen Bewegung« und von der »Estnischen Nationalen Front« verfaßt wurde. Gleich zu Beginn prangern die Autoren die Estland zugefügten Menschenrechtsverletzungen an:

»Unter dem heutigen Kolonialregime ist für die estnische Nation die Beachtung folgender Rechtsbestimmungen nicht gewährleistet: Art. 3, 8, 9, 10, 11, 12, 13, 14(1), 18, 19, 20, 21, 26(2), 27(2) der ›Allgemeinen Erklärung der Menschenrechte‹; Art. 1, 8(1d), 13(3) und 15(3) des ›Internationalen Paktes über die wirtschaftlichen, sozialen und kulturellen Rechte‹; Art. 7, 9, 10, 12, 14, 17, 18, 19, 21, 22 des ›Internationalen Paktes über staatsbürgerliche und politische Rechte‹.«

Dann heißt es weiter:

»›Die Estnische Demokratische Bewegung‹ und die ›Estnische Nationale Front‹ fordern:

1. Die Wiederherstellung eines unabhängigen estnischen Staates in den Grenzen, die vom Friedensvertrag von Tartu zwischen der Republik Estland und Sowjetrußland festgelegt wurden.

2. Die Aufnahme Estlands, als eines ehemaligen Mitgliedes des (Genfer) Völkerbundes, in die UNO.

Zu diesem Zweck halten wir es für notwendig:

a) das bestehende Kolonialregime zu liquidieren, da es nicht dem Artikel 21/3 der ›Allgemeinen Erklärung der Menschenrechte‹ entspricht, vollständig von der zentralen sowjetischen Regierung abhängig ist und dieser als Instrument für ihre imperialistischen und chauvinistischen Ziele dient;

b) die sowjetischen Militärbasen auf estnischem Boden aufzulösen und das sowjetische militärische Personal aus Estland abzuziehen, das nach dem zwischen Estland und der

Sowjetunion abgeschlossenen Vertrag nur für 10 Jahre dort stationiert werden durfte. Der Vertrag ist 1949 ausgelaufen.«

Bei solchen Forderungen muß man heute bedenken, daß sie vor fast 20 Jahren von nur wenigen mutigen Menschen formuliert wurden, die damit allesamt ihre Freiheit aufs Spiel setzten. Heute werden genau die gleichen Forderungen von der überwältigenden Mehrheit aller Esten, Letten und Litauer erhoben, ohne daß damit die unmittelbare Gefahr einer langjährigen Lagerhaft verbunden ist. Was für eine wunderbare Rehabilitierung beziehungsweise Rechtfertigung der damaligen Opfer der baltischen Freiheitsbewegung!

Diese oder ähnliche Memoranden oder Briefe den Adressaten zukommen zu lassen, war natürlich nicht leicht. Oft trafen sie mit großer Verspätung und auf dem Umweg über Ostblockstaaten in Westeuropa oder beim exilestnischen Informationszentrum in Schweden ein. Sie alle zeugen von der Hoffnung, die im Baltikum nach wie vor auf die westlichen Demokratien gesetzt wird — trotz der vielen Enttäuschungen, die man dort seit dem Zweiten Weltkrieg und der Jalta-Konferenz diesbezüglich erlebt hat.

## Dissidentenarbeit

Eine neue Phase der antisowjetischen Bewegung im Baltikum begann 1979/80, als die Dissidenten dazu übergingen, ihre Appelle und Proteste mit vollem Namen zu unterzeichnen. So wurde in Moskau am 23. August 1979, am 40. Jahrestag des Hitler-Stalin-Paktes, ein »Baltischer Appell« als gemeinsame Proklamation der estnischen, lettischen und litauischen Freiheitskämpfer bekannt, der unter anderem auch vom estnischen Naturwissenschaftler Mart Niklus unterschrieben war. In diesem Appell wurde erstmalig öffentlich die Bekanntgabe der geheimen Zusatzprotokolle des Paktes sowie deren Nichtigkeitserklärung gefordert. Als dann 21 Personen des baltischen öffentlichen Lebens im Januar 1980 auch noch eine Protestdeklaration gegen die Invasion in Afghanistan unterschrieben, darunter auch der estnische Chemiker Jüri Kukk, wurden die Unterzeichner schon sehr bald Repressionen unterzogen. Im Januar 1981 wurde Niklus zu zehn Jahren Lagerhaft plus fünf Jahren Verbannung verurteilt, Kukk zu zwei Jahren. In seinem nordrussischen Straflager trat Kukk in einen Hungerstreik und starb bald darauf unter ungeklärten Umständen. Nach Angaben der Mutter von Niklus, die sich im April 1981 mit einem Aufruf »Rettet meinen Sohn« an die Weltöffentlichkeit wandte, wurden gegen diesen während des Prozesses dem Sinne nach folgende Anklagepunkte vorgebracht:

1. Er habe die Schlußakte von Helsinki auf antisowjetische Weise interpretiert.

2. Er habe seine Kenntnisse ausländischer Sprachen benutzt, um ausländische Rundfunksender zu hören und brieflich wie telefonisch mit Ausländern in Verbindung zu stehen.

3. Er sei mit Professor Sacharow befreundet gewesen und habe mit dessen Ansichten sympathisiert.

4. Sein Lieblingsautor sei Alexander Solschenizyn gewesen.

5. Er habe es gewagt, den »Baltischen Appell« zu unterschreiben, in dem die Annullierung des Ribbentrop-Molotow-Paktes, die Unabhängigkeit der baltischen Staaten und der Abzug der sowjetischen Truppen und der russischen Verwaltung aus Estland gefordert wurden.

6. Er habe es gewagt, einen Protest gegen den Einmarsch sowjetischer Truppen nach Afghanistan zu verfassen und diesen nach Moskau zu schicken.

7. Er habe den Boykott der Olympischen Spiele in Moskau befürwortet.

Niklus, der bereits von 1958 bis 1966 wegen antisowjetischer Betätigung eine erste Haftstrafe hatte verbüßen müssen, wurde im Sommer 1988 im Zuge einer Strafverkürzung entlassen. Vom Tage seiner Entlassung an hat er nichts unversucht gelassen, die sterblichen Überreste von Jüri Kukk, der in Wologda, etwa 600 Kilometer östlich von Leningrad, in einem namenlosen Grab lag, das nur durch einen Holzpfosten mit der Nummer 23781 gekennzeichnet war, in die Heimat zu überführen. Mit dem Bescheid des Obersten Gerichts von Estland, daß Jüri Kukk posthum rehabilitiert worden sei, fuhren Mart Niklus, Kukks Tochter Liis und der ehemalige politische Häftling Arvo Pesti im Herbst 1989 nach Wologda, um die Umbettung von Jüri Kukk in die Wege zu leiten. Diese scheiterte zunächst daran, daß in der ganzen Gegend kein Zinksarg aufzutreiben war. Niklus besorgte ihn dann in Estland und kehrte mit dem Sarg einen Monat später zum Grabe seines Mitgefangenen zurück. Über den Verlauf der Exhumierung hat Niklus in einer estnischen Zeitung folgendes geschrieben:

»Bevor wir mit unserer Arbeit begannen, habe ich am Grabe von Jüri Kukk das Vaterunser gesprochen, den Verstorbenen um Verzeihung dafür gebeten, daß wir seine Ruhe stören und der Hoffnung Ausdruck verliehen, daß nun für den Leidensgenossen der Weg zurück in die Heimat beginnen werde. Tatsächlich war unsere Aufgabe aber viel mühsamer, als wir erwartet hatten.

Vom Himmel fiel schwerer, feuchter Schnee, und die Arbeitsbedingungen waren überaus schwierig. Nach jedem Spatenstich mußte die klebengebliebene lehmige Erde mit Hilfe eines anderen Spatens abgekratzt werden, ständig mußte das in der Grube zusammenlaufende Wasser herausgeschöpft werden, immer wieder stürzten die Wände der Grube zusammen. Unser Vorhaben hätte leicht mit einem Mißerfolg enden können, wären uns nicht die örtlichen Totengräber mit ihrer Berufserfahrung zu Hilfe gekommen. Dank ihrer Mitwirkung gelang es schließlich, den Holzsarg, der sich in seiner Abgeschlossenheit gut erhalten hatte, mittels Steinen und Brettern aus etwa anderthalb Metern Tiefe herauszuziehen. Als wir den Sarg geöffnet hatten, war mein Mitverurteilter, der so viele Jahre in fremder Erde gelegen hatte, immer noch zu erkennen. Er trug einen dunklen Anzug, eine Krawatte, und auf seiner Brust lagen sogar Blumen. Nach einigen Minuten hüllten wir den Leichnam in zwei Decken und legten ihn in den mitgebrachten Zinksarg, der an Ort und Stelle auf einer Bank verlötet wurde.«

Am 25. November 1989 wurde Jüri Kukk auf dem Friedhof von Kursi, nördlich von Tartu, beigesetzt. Bei der kirchlichen Trauerfeier hielten ehemalige politische Häftlinge am Sarge die Ehrenwache, und Professor Kärner, der Rektor der Universität Tartu, sprach in seiner ehrlichen Trauerrede auch von der Schuld, die die »Alma mater Dorpatensis« dadurch auf sich geladen habe, daß sie ihren Dozenten nach dessen Verhaftung nicht genügend Schutz und Hilfe gewährt hatte.

Dem Prozeß gegen Niklus und Kukk im Jahre 1981 folgte eine ganze Reihe weiterer. Mit ihnen versuchten die Behörden, der sich immer stärker ausbreitenden politischen Untergrundliteratur der Dissidenten Herr zu werden. Diese verstanden es jedoch, mit den exilestnischen Organisationen in Verbindung zu treten und dadurch ihren Schriften einen Weg ins Ausland zu bahnen. Einer nach dem anderen wurden die führenden Köpfe der Dissidenten verhaftet, verurteilt und in innersowjetische Lager abtransportiert: Veljo Kalep, Tiit Madisson, Viktor Niitsoo, Enn Tarto, Arvo Pästi, Lagle Parek, Heiki Ahonen und Jan Körb.

Anfang der achtziger Jahre gewann die estnische Dissidentenbewegung als Folge der zunehmenden Russifizierung der Schulpolitik auch immer mehr Sympathien in Schüler- und Studentenkreisen. Es entstand eine ganze Reihe kleinerer Zusammenschlüsse, die sich unter nationalen Gesichtspunkten an die Erforschung der tatsächlichen estnischen Geschichte machten und bestrebt waren, die junge Intelligenz aus ihrem, wie sie es nannten, »Indolenzschlaf« zu wecken. An nationalen Feiertagen kletterten diese Jugendlichen auf Dächer oder Türme und hißten dort die verbotene blau-schwarz-weiße Fahne, oder sie stellten an kirchlichen Feiertagen brennende Kerzen auf die Gräber der estnischen Freiheitskämpfer.

Als im Herbst 1980 wichtige Posten im Bildungsministerium an Nichtesten vergeben wurden und auch die russischen Unterrichtsstunden in den Schulen zunahmen, kam es in Tallinn zu mehreren spontanen Kundgebungen. Die Polizei nahm mehrere hundert Schüler fest, viele wurden brutal zusammengeschlagen. Es gab auch Haftstrafen wegen »Rowdytum«, in der Regel von ein bis zwei Jahren Dauer.

Als unmittelbare Folge dieses Aufbegehrens der Jugend machte sich auch innerhalb der estnischen Intelligenz eine stärkere Solidarisierung mit dem Dissidententum bemerkbar. So schickten 40 bekannte Künstler und Wissenschaftler einen offenen Brief an die Moskauer »Prawda« und an das estnische KP-Organ »Rahva Hääl«, in dem sie scharf gegen die Übergriffe der Behörden protestierten und die Gründe für die Demonstrationen der Jugend nannten. In dieses Bild paßt auch, daß beispielsweise während des großen estnischen Sängerfestes in Tallinn im Sommer 1980 alle offiziellen Ansprachen nur in Russisch gehalten wurden. Damit hatte das Ausmaß der behördlich vorangetriebenen Russifizierung in etwa den Grad der Russifizierung während der Zarenzeit Ende des 19. Jahrhunderts erreicht. Die landesweite Verringerung des Anteils der Esten an der Gesamtbevölkerung zeigte sich übrigens auch in der Hauptstadt selbst sehr deutlich. Während 1959 noch 60 Prozent der Bevölkerung von Tallinn Esten gewesen waren, sank ihr Anteil auf 55 Prozent im Jahre 1970 und betrug 1980 nur noch 51 Prozent.

Zu einer weiteren Distanzierung der estnischen Kulturschaffenden von den Moskauer Vorbildern und Wünschen trug auch bei, daß es ihnen trotz aller diesbezüglichen behördlichen Einschränkung dennoch gelang, eine ganze Reihe ausländischer Bücher zu verlegen und Theaterstücke und Musicals aufzuführen: »Kiss me Kate« und »My Fair Lady«, Dürrenmatts »Besuch der alten Dame« und Ionescos »Nashörner«, dazu Vaclav Havel und Slawomir Mrozek. Parallel dazu besannen sich Schriftsteller und Dichter in zunehmendem Maße auf die Geschichte ihres Volkes, die alte wie die jüngere. Jaan Kross erinnerte in seinen historischen Romanen und Novellen an die jahrhundertelange Anwesenheit der Deutsch-Balten in diesem Lande — ein Thema das lange entweder völlig tabuisiert oder lediglich vom kommunistischen Klassenstandpunkt aus behandelt worden war. Nun präsentierten sich der Maler Michael Sittow und der Chronist Balthasar Russow, beide aus dem 16. Jahrhundert, als zentrale Gestalten der Kross'schen Bücher.

Lettland hatte während der Breschnew-Zeit unter einer noch stärkeren Russifizierung des politischen und kulturellen Lebens zu leiden. Über die führenden Politiker dieser Zeit schreibt der lettische Jurist Egil Levits in seiner Broschüre »Lettland unter sowjetischer Herrschaft«:

»Der neue Parteichef Pelše legitimierte sich gegenüber Chruschtschow und dessen Nachfolger, Breschnew, dadurch, daß er sich als eiserner Vollstrecker des politischen Willens der

Moskauer Zentralgewalt und konsequenter Verfolger jeder ideologischen Abweichung und nationalen Eigenständigkeit hervortat. Dadurch gewann er das Vertrauen der Moskauer Führung, die in ihm den Garanten der ›Ruhe‹ in Lettland sah. Die von ihm verfolgte Politik der Ausmerzung jeglicher Selbständigkeit — politischer, ideologischer, wirtschaftlicher und kultureller — führte bald zu einer weitgehenden gesellschaftlichen Erstarrung.«

Für diese seine »Verdienste« wurde Arvids Pelše 1966 als einziger Vertreter des Baltikums in das höchste Machtgremium der Sowjetunion, das Politbüro der KPdSU, aufgenommen, in dem er bis zu seinem Tod im Jahre 1984 verblieb. Genau wie Pelše war auch sein Nachfolger Augusts Voss nicht in Lettland geboren, sondern Rußland-Lette; zudem beherrschte er nicht einmal die lettische Sprache. Das ganze Ausmaß dieser politischen Russifizierung Lettlands wird durch folgende Zahlen belegt: Als Michail Gorbatschow 1985 an die Macht kam, setzte sich das zehnköpfige Büro des Zentralkomitees der lettischen KP, also das wichtigste Organ des Landes, aus drei Russen, fünf Rußland-Letten und nur zwei einheimischen Letten zusammen; von 1940 bis 1988 waren alle vier Parteichefs Rußland-Letten, und von den vier Ministerpräsidenten dieser Zeit waren drei Rußland-Letten und einer gebürtiger Russe. Sie alle unterstützten die Bestrebungen der Moskauer Zentrale, Lettland mit einem Netz unerwünschter, arbeitsintensiver Großbetriebe zu überziehen und im Zuge dieser Industrialisierung immer mehr russische Arbeitskräfte ins Land zu holen. So verringerte sich der Anteil der Letten an der Gesamtbevölkerung von 75 Prozent in den dreißiger Jahren auf 62 Prozent im Jahre 1959 und auf 53 Prozent im Jahre 1979. Die entsprechenden Zahlen für die Russen sind 10 Prozent, 26 Prozent und 33 Prozent. Es versteht sich, daß die latenten ethnischen Spannungen angesichts dieser Entwicklung zunehmen mußten, und das nicht zuletzt auch wegen der ohnehin vorhandenen Wohnungsnot. Teils wurden die ungeliebten Immigranten von den Behörden bei der Zuteilung von Altbauwohnungen bevorzugt, teils wurden für sie auch ganz neue Satellitenstädte errichtet. Als Reaktion darauf tauchten nachts angebrachte »Russen raus!«-Plakate auf.

Dieses glimmende Feuer der nationalen Gegensätze wurde von moskauhörigen lettischen Funktionären im wahrsten Sinn des Wortes noch pausbäckig angeblasen. So fühlte sich die Bildungsministerin Lettlands, Mirdza Karklina am 6. Januar 1979 bemüßigt, im KP-Organ »Sowjetskaja Latvija« die absolute sittliche Überlegenheit der russischen Sprache anzupreisen. Sie schrieb:

»Die russische Sprache sichert die Effektivität jeder patriotischen wie internationalen Erziehung, und gerade sie fördert bei den Schülern die Entwicklung einer hohen Moral sowie anderer ideologisch-politischer Qualitäten.«

Einen noch gröberen und die nationalen Interessen des Landes völlig ignorierenden Ausspruch leistete sich etwa zu gleicher Zeit der in der estnischen Parteispitze für Ideologiefragen zuständige ZK-Sekretär Vladimir Käo. Als er auf einer Parteiversammlung gefragt wurde, was eigentlich aus Estland werden solle, wenn der geplante, gefährliche Phosphoritabbau in Nordestland in Angriff genommen und der forcierte Ölschieferabbau fortgesetzt werden würde, beschwerte er sich zunächst einmal über die unverschämte Frage und erklärte dann:

»Wenn es notwendig sein sollte, wird es eben von Pärnu (eine an der Westküste gelegene Hafenstadt) bis nach Vasknarva (eine Ortschaft an der estnischen Ostgrenze) ein einziges großes Loch geben.«

Der Anfang des mehr oder weniger organisierten lettischen Dissidententums fällt in die frühen sechziger Jahre. Damals schlossen sich etwa 70 mutige Oppositionelle zur sogenannten Baltischen Föderation zusammen, die ihre Kontaktpersonen auch in Estland und Litauen hatte. Ihr Ziel war ein gemeinsames Vorgehen aller drei baltischen Völker gegen das Moskauer Diktat. Schon 1962 gelang es dem lettischen KGB, die Organisation zu unterwandern. Es kam zu Verhaftungen und zu einem Prozeß, in dessen Verlauf die acht Hauptangeklagten Haftstrafen von 8 bis 15 Jahren erhielten.

Der nächste bekannte lettische Dissident war ein Einzelkämpfer. 1965 schrieb der lettische Kolchosvorsitzende Janis Jachimovičs, ein altes KP-Mitglied, einen offenen Brief an den Chefideologen der KPdSU, Michail Suslow, in dem er gegen die Verfolgung der Moskauer Dissidenten Jurij Galanskow und Alexander Ginsburg protestierte. Beide waren als Autoren von Untergrundliteratur (Samisdat) angeklagt worden. In diesem Brief heißt es unter anderem:

»Es gibt nur ein Mittel, den Samisdat aus der Welt zu schaffen — die Entwicklung demokratischer Rechte und nicht deren Unterdrückung; die Einhaltung der Verfassung, und nicht deren Verletzung; die praktische Verwirklichung der ›Allgemeinen Erklärung der Menschenrechte‹.«

Als Folge wurde Jachimovičs aus der Partei ausgeschlossen und seines Postens enthoben. Als er fortfuhr, gegen Willkür und Menschenrechtsverletzungen zu protestieren, wurde er für geisteskrank erklärt und in eine psychiatrische Anstalt eingewiesen. Im gleichen Jahr übergoß sich der Student Ilja Rips in Riga vor der Freiheitsstatue mit Benzin und zündete sich an — aus Protest gegen den Einmarsch der sowjetischen Truppen in die Tschechoslowakei. Er blieb am Leben und durfte einige Jahre später nach Israel emigrieren.

Anfang der siebziger Jahre wurde im Westen ein »Brief der 17 Kommunisten« bekannt, der an die Parteichefs der französischen, rumänischen, spanischen, jugoslawischen und österreichischen KP gerichtet war und hart mit der sowjetischen KP ins Gericht ging. Alle 17 Autoren bezeichneten sich als kommunistische Veteranen, die zur Zeit der bürgerlichen Republik Lettland im Untergrund für die Partei gearbeitet hätten. Alle ihre Hoffnungen und Illusionen wären von der sowjetischen KP zerstört worden, die nicht nur der internationalen kommunistischen Bewegung, sondern auch der lettischen KP großen Schaden zugefügt hätte. Sie zählten namentlich alle lettischen Kommunisten auf, die während der sowjetischen Zeit Opfer ungerechter »Säuberungen« geworden waren, und beklagten sich darüber, daß der Anteil der Letten beispielsweise in der KP-Organisation von Riga lediglich 18 Prozent betrage und im Stadtparteikomitee kein Lette eine führende Stellung innehabe. Ihre Anschuldigungen gipfelten in dem Satz, die sowjetische KP betreibe »ganz bewußt eine Politik des großrussischen Chauvinismus«.

Nach der KSZE-Konferenz von Helsinki bildeten sich in Lettland drei Dissidentenorganisationen — die »Lettische Unabhängigkeitsbewegung«, die »Lettische Christlich-Demokratische Union« und der »Lettische Demokratische Jugendverband«. Alle drei verbreiteten Flugblätter und richteten Appelle an die Öffentlichkeit im Inland wie im Ausland. Trotz intensivster Bemühungen konnten diese Zusammenschlüsse vom KGB nie völlig aufgedeckt und zerschlagen werden.

Ein klares Bekenntnis zu ihrer antisowjetischen Haltung legte seit den sechziger Jahren die lettische ebenso wie die estnische und die litauische Jugend ab — auch durch äußere Merkmale und Gewohnheiten: Jeans, lange Haare, Kassetten mit westlicher Musik, Amerikanismen in der Sprache, grelle

T-Shirts mit westlichen Aufschriften, silberne Kreuze und ähnliches. Das waren aber keine direkten Strafdelikte und konnten somit auch nicht strafrechtlich verfolgt werden. Dafür hagelte es in der Presse und auf Parteiversammlungen Vorwürfe: Dekadenz, Speichelleckerei, Rowdytum, Bourgeoisieverehrung, Kapitalismushörigkeit.

Unter strafrechtlichen Verfahren und Repressionen aller Art haben demgegenüber die Christen in Lettland, und unter ihnen insbesondere alle Sekten, sehr wohl zu leiden gehabt. Da die Religionsgemeinschaften in der Sowjetunion nicht das Recht haben, außerhalb ihrer Kirchenräume tätig zu werden, sie also Jugendlichen keinen schulischen oder privaten Religionsunterricht erteilen, keine Bibelstunden abhalten und überhaupt in keiner Weise öffentlich tätig werden dürfen, fällt es den Behörden leicht, beliebige Anklagen zu konstruieren. Stark eingeschränkt waren in den sechziger und siebziger Jahren auch alle Kontakte zu Glaubensgemeinschaften im Westen. Entsprechende Bemühungen subsumierten die Behörden unter dem Begriff »heimliche Beziehungen zum imperialistischen Ausland«, worunter besonders die Gemeinden der Baptisten zu leiden hatten. Selbst von den relativ vorsichtigen evangelischen und katholischen Geistlichen haben viele ihre Ämter verloren; andere wurden zu Lagerhaft verurteilt, oder sie wurden verbannt. Anfang der achtziger Jahre wurden zwei katholische Pfarrer, Andrejs Turbais und Augusts Zilvinskis, ermordet aufgefunden. Beide Fälle sind unaufgeklärt geblieben, und das nicht zuletzt deshalb, weil die Behörden jede diesbezügliche Hilfe verweigerten.

Für die Nachkriegsentwicklung in Litauen hat eine Rolle gespielt, daß die sowjetische Parteispitze für diese Republik gleich nach der zweiten Okkupation ein besonderes Organisationsbüro unter Leitung Michail Suslows, des späteren Chefideologen der KPdSU, einrichtete. Die besonders engen, ja freundschaftlichen Beziehungen Suslows zum damaligen litauischen Parteichef Antanas Snieĉkus hatten neben negativen auch positive Auswirkungen. Denn als Suslow nach Moskau zurückberufen wurde und dort ins Politbüro aufstieg, hatte die litauische KP im höchsten Gremium der Sowjetunion eine jederzeit ansprechbare Vertrauensperson. Dies machte es Snieĉkus möglich, wenigstens ein Mindestmaß an nationalen litauischen Interessen zu vertreten. Einig waren sich beide allerdings in der Bekämpfung des Hauptgegners des kommunistischen Regimes in Litauen: der katholischen Kirche. Bereits 1946/47 wurde ein Bischof hingerichtet, zwei weitere wurden zur Ausreise gezwungen. Während der Massendeportationen von 1947 bis 1951 wurden insgesamt 30 Prozent aller Geistlichen ins Innere der Sowjetunion verschleppt, wo viele von ihnen den Tod fanden.

Unter diesen Umständen ist es nicht verwunderlich, daß die katholische Kirche zu einem tragenden Pfeiler des litauischen Dissidententums wurde. Weltweites Interesse erregte 1972 die dramatische Selbstverbrennung des neunzehnjährigen katholischen Studenten Romas Kalanta in einem Park von Kaunas. Nachdem Kalanta in einer Klinik gestorben war, kam es zu Unruhen, an denen sich vor allem Tausende von Jugendlichen beteiligten, die mit dem Ruf »Freiheit für Litauen« durch die Straßen zogen. Die Behörden sahen sich genötigt, KGB-Kommandos und Fallschirmjäger einzusetzen, wonach etwa 500 Personen verhaftet wurden.

Im gleichen Jahr gelangte auch die wichtigste litauische Untergrundzeitschrift in den Westen, die »Chronik der Katholischen Kirche in Litauen«. Auf 40 bis 70 maschinengeschriebe-

314

nen Seiten enthielt sie sowohl Dokumente als auch Kommentare, in denen alle Bereiche des litauischen Alltags behandelt wurden. 1974 und 1975 kam es dann zu Prozessen gegen die führenden Köpfe der »Chronik«, in deren Verlauf Haftstrafen bis zu drei Jahren ausgesprochen wurden. Der jüngste Angeklagte, Virgilijus Jaugelis, erklärte in seinem Schlußwort:

»Hier stehen wir nun vor dem Obersten Gericht. Und hier müßten eigentlich die meisten gesetzestreuen und rechtschaffenen Menschen als Angeklagte stehen. Was sehen wir? Korruption, Lügen und rohe Gewalt.«

Neben der »Chronik« gab es in Litauen bis zu den frühen achtziger Jahren noch etwa zehn weitere illegale Zeitschriften, teils nationalistisch, teils mehr religiös ausgerichtet. Ab 1978, nach der Wahl des Polen Karol Wojtyla zum römischen Papst, trat das religiös motivierte litauische Dissidententum zunehmend aus dem Untergrund heraus und wagte die offene Konfrontation mit dem sowjetischen Regime.

Die Besonderheit der litauischen Entwicklung im Vergleich zu Estland und Lettland ist durch die Tatsache bedingt, daß Litauen von den drei Republiken bis zum Anschluß an die Sowjetunion das am meisten agrarwirtschaftlich orientierte und am wenigsten industrialisierte Land war. So stießen die sowjetischen Behörden bei der Kollektivierung der Landwirtschaft dort auf den größten Widerstand. Sie konnten das Problem nur durch besonders rigoros durchgeführte Deportationen der kollektivierungsunwilligen Bauern lösen. Dies die entsprechenden Zahlen: 1947 – 70000, 1948 – 70000, 1949 – 80000 Deportierte. Dabei handelte es sich keineswegs mehr um sogenannte Kulaken, also Großbauern, denn die vorangegangenen Agrarreformen hatten den bäuerlichen Landbesitz ohnehin bereits auf 30 Hektar begrenzt, wobei die Größe der

meisten Höfe sogar noch geringer war. Entsprechend faden-
scheinig und lächerlich nimmt sich denn auch die Liste der
Kriterien aus, nach denen die Deportationen vorgenommen
wurden. Kulaken, und somit für die Verschickung freigegeben,
waren nach einem Erlaß der KP alle, die

1. Landarbeiter oder Handwerker gegen Geld oder Naturalien
   beschäftigten,
2. während der deutschen Okkupation bezahlte Hilfskräfte
   beschäftigt hatten,
3. unbezahlte Auswärtige als Familienmitglieder aufgenommen hatten,
4. regelmäßig Saisonarbeiter beschäftigten,
5. sich Tiere oder Maschinen ausliehen,
6. irgendwelches schwereres landwirtschaftliches Gerät besaßen und
7. regelmäßig mit Agrarerzeugnissen handelten.

In ihren Auseinandersetzungen mit den Nationalkommunisten und den Dissidenten konnten die sowjetlitauischen
Behörden seit den sechziger Jahren allerdings auch auf gewisse
Vorteile der Industrialisierung des ehemaligen Agrarlandes
sowie auf eine nicht zu leugnende Steigerung des Lebensstan-
dards hinweisen. In der Tat ist die Wirtschaftsproduktion
Litauens heute um ein Vielfaches größer als vor 1940, wobei
beispielsweise Ende der siebziger Jahre bereits über die Hälfte
auf die industrielle Erzeugung entfiel. Dementsprechend ist
auch der Anteil der Industriearbeiter an der Gesamtzahl der
Arbeitskräfte auf etwa ein Drittel gestiegen, während er vor
1940 unter zehn Prozent lag. Schwerpunkte des industriellen
Bereichs sind in Litauen der Maschinenbau, die Metall- und
die chemische Industrie, Energiebetriebe und der Schiffsbau.
   Der für diese Industrialisierung entrichtete Preis, nämlich
die ungeheure Umweltverschmutzung, vor allem der Flüsse,

die derjenigen in Estland und Lettland nicht nachsteht, war bis in die siebziger Jahre hinein fast ein Tabu. Erst dann haben neben den Dissidenten in zunehmendem Maße auch staatliche und Partei-Institutionen Alarm geschlagen. Ein Gedicht der Estin Kersti Merilaas gilt für alle drei Republiken. Da mir der estnische Originaltext nicht vorliegt, nachstehend die Übersetzung der englischen Fassung aus dem Buch »The Baltic States, Years of Dependence« von Romuald Misjunas und Rein Taagepera:

»Dies ist das letzte Lied von einem Fluß,
Ein neues gibt es nicht, wird es nicht geben,
Die alten werden bald vergessen sein.
Nichts als ein totes, trübes Wasser,
Sich drehend um den Berg von Asche,
Ist ohne Seele dieser Fluß;
Mit stechend hellen Augen ohne Gnade,
Mit heißen rußig-schwarzen Flocken
Verstellt uns Mond und Sonne die Fabrik,
Ausleerend ihre Exkremente
In unsern toten Fluß.«

Angestiegen ist infolge der forcierten Industrialisierung auch die Anzahl der Bildungseinrichtungen und der wissenschaftlichen Kader. Die amtlichen litauischen Medien weisen immer wieder stolz darauf hin, daß es in Litauen pro Kopf der Bevölkerung mehr Studenten und Akademiker gibt als in vielen westeuropäischen Staaten.

Als ich im April 1989 nach fast zwanzigjähriger Abwesenheit wieder nach Tallinn kam, war ich voller Erwartungen. In Kenntnis der »singenden Revolution« und ihres politischen Umfeldes freute ich mich auf Informationen durch eigenen Augenschein und auf Gespräche mit den estnischen Politikern, deren Wirken ich im Westen aufmerksam verfolgt hatte — aber natürlich auch auf ein Wiedersehen mit meinem Heimatort Pölva nach über vierzigjähriger Abwesenheit. Irgendwie hatte sich bei mir die Meinung gebildet, nun werde nicht nur die politische und gesellschaftliche Atmosphäre ganz anders sein als bei meinem letzten Besuch, sondern auch der estnische Alltag würde viele seiner fremden, sowjetischen Züge verloren haben. Doch ich sollte schon zwei Stunden später eine bittere Enttäuschung erleben.

Nach einem kurzen Gang in die Innenstadt rief ich von meinem Hotel »Viru« einen Schulfreund an, den ich bei meinem letzten Besuch nicht angetroffen hatte, und lud ihn zum Abendessen in das Hotelrestaurant ein. Da ich auf dem Schiff nicht zu Mittag gegessen hatte, sagte ich ihm, er solle, sobald er könne, ins Restaurant kommen, ich würde aber schon vorausgehen und eine Kleinigkeit zu mir nehmen. An der Tür des Restaurants stand eine freundliche Dame, die mir den Eintritt verwehrte. Das Restaurant sei jetzt um 19 Uhr noch geschlossen und dürfe erst ab 20 Uhr betreten werden. Ich sagte ihr, daß ich maßlos hungrig sei, daß ich mir nicht vorstellen könne, im größten und vornehmsten Hotel der Stadt zu einer international üblichen Zeit nicht einmal ein Butterbrot zu bekommen, daß Tallinn meine Vaterstadt sei undsoweiter undsoweiter, aber sie blieb hart.

»Sind Sie Individualtourist? Wenn ja, dann können Sie im

sogenannten Kleinen Restaurant essen. Den Gang entlang und dann nach rechts.«

Ich bedankte mich, fuhr in den 16. Stock in mein Zimmer hinauf, rief meinen Freund an und sagte ihm, daß wir den Treffpunkt leider ändern müßten, er solle ins »Kleine Restaurant« kommen.

Vor dem Eingang zu diesem hing jedoch zwischen zwei Messingständern eine rote Absperrkordel, und eine recht barsche Dame erklärte mir, daß das Restaurant zwar noch bis 19.45 Uhr geöffnet sei, aber keine Bestellungen mehr angenommen würden. Ich fragte, warum man mich dann hergeschickt hätte, wies auf meinen Hunger hin und meinte, daß die Bestellung und Lieferung eines Butterbrotes doch wohl kein unüberbrückbares Problem darstellen dürfte. Wo wären wir denn schließlich? In einer kleinen Dorfkneipe oder im teuren »Viru«?

»Das geht mich alles nichts an. Aber wenn Sie unbedingt essen wollen, dann fahren Sie in den 22. Stock hinauf, dort haben wir ein schönes Dachrestaurant.«

Zunächst mußte ich allerdings noch in den 16. Stock fahren, um meinen Freund, in der Hoffnung, ihn noch zu Hause anzutreffen, von der erneuten Umdisponierung zu unterrichten. Er war noch da, lachte nur und sagte, so sei es eben bei ihnen.

Im 22. Stock thronte hinter einem kleinen Pult eine dritte Dame, diesmal keine Estin, sondern eine Russin.

»Haben Sie sich einen Tisch reservieren lassen? Wenn nicht, kann ich Sie nicht hereinlassen. Die Tische müssen bis zwölf Uhr mittags reserviert werden.«

Nun wurde ich allmählich wütend und log sie einfach an.

»Um zwölf Uhr war ich noch in Stockholm. Von da kann ich nicht einmal Ihren Oberbürgermeister telefonisch erreichen, und schon gar nicht Sie. Machen Sie doch endlich Schluß mit dieser lächerlichen Komödie und lassen Sie mich wenigstens ein Stück Brot essen — der Speisesaal ist ja auch halbleer!«

Es war alles vergebens. Sie berief sich auf ihre Vorschriften, die von der Intourist-Zentrale in Moskau festgelegt würden. Es müsse alles seine Ordnung haben, aber selbstverständlich könne ich mir etwas über den Zimmerservice bestellen — Warmes, Kaltes und Getränke. Und gnädig gab sie mir auch noch zwei Telefonnummern des Zimmerservice.

Also rief ich meinen Freund zum drittenmal an.

»Viktor, ich werde noch wahnsinnig. Bring mir eine Beruhigungstablette mit und komm nicht in das Dachrestaurant, sondern in mein Zimmer, Nummer 1639.«

Dann habe ich eine Viertelstunde lang abwechselnd die beiden Zimmerservice-Nummern angerufen. Etwa zwanzigmal waren die Anschlüsse besetzt, etwa zehnmal nahm niemand ab: »The swinging soviet city of Tallinn!« Als mein Freund schließlich ins Zimmer trat, war es längst 20 Uhr und das Hauptrestaurant geöffnet. Die Dame, die vor einer Stunde den »njet-Reigen« eröffnet hatte, lächelte mir an der Tür verständnisvoll zu, wir aßen viel und relativ gut, und meine Magennerven beruhigten sich allmählich. Ein sowohl in Dollar wie auch in finnischen Mark unterbreitetes Angebot zweier am Nebentisch sitzenden Prostituierten wurde von uns dankend abgelehnt, und wir beschlossen den langen Abend in der Valutabar bei englischem Gin und Tonic. Mit billigen einheimischen Produkten wollte der Barmann nicht herausrücken. Beim Abschied sagte mein Freund zu mir:

»Es tut mir leid, daß du dieses vierfache Butterbrottheater erleben mußtest, aber nun weißt du wenigstens, wie es bei uns in den Bereichen aussieht, in denen Moskau immer noch das Sagen hat.«

Einige Tage später sitze ich in der Tatari-Straße 3, in der engen, feuchten und dunklen Wohnung, die beim ersten Dissidenten- prozeß 1975 eine Rolle gespielt hatte. Mati Kiirend und Kalju Mätik, die damals verurteilt wurden, sind zugegen, und auch der Historiker Tunne Kelam, der nun schon seit Jahren als Heizer in einer Fabrik arbeiten muß. Auf ihn war ich besonders gespannt, denn Kenner des estnischen politischen Spektrums meinen, daß er eines Tages der erste Ministerpräsident eines nichtkommunistischen Estland sein könnte.

Mich interessiert die Genesis der »singenden Revolution«, ich möchte wissen, welches ihre auslösenden Faktoren waren. Einer der Anwesenden formuliert den einprägsamen Satz:

»Die Steine unserer geächteten und zerstörten Denkmäler fingen an zu schreien, man nahm unsere Sprache in den Wür- gegriff, und unsere Seen, Flüsse und Wälder wurden vergiftet.«

Die Quelle der Umweltverschmutzung Estlands liegt im Nord- osten des Landes, wo das Moskauer Ministerium für Mineral- düngerindustrie Milliarden Tonnen von Phosphoriterzen ver- mutet und diese mit einem Aufwand von zunächst 750 Mil- lionen Rubeln fördern will — teils im Tagebau, teils im Unterta- gebau. Im Gegensatz zu ähnlichen Phosphoritgebieten westlich von Leningrad, die nicht angetastet werden, ist der Abbau südlich der Küste des Finnischen Meerbusens aus zwei Grün- den besonders kompliziert und gefährlich. Zum einen liegen die Erze ausgerechnet in einem Hochland, in dem fast alle Flüsse der Gegend entspringen und das über ein Drittel aller Wasservorräte Estlands enthält. Bei der Förderung des Phos- phorits müßten die Gruben bis zu einer Tiefe von 100 Metern trockengelegt werden, was im Umkreis von 100 Kilometern ein

Absinken des Grundwasserspiegels und das Austrocknen aller Brunnen zur Folge haben würde. Zudem sollen die verschmutzten Grubenabwässer, weil dies der billigste Weg ist, einfach in die Flüsse gepumpt und in die Ostsee abgeleitet werden. Ein zweites Gefahrenmoment liegt darin, daß in dem direkt an der Küste gelegenen Abbaugebiet von Toolse über den Phosphoriterzen noch schwarzer Schiefer (Diktyonema) liegt, dessen Urangehalt, im Gegensatz zu den Vorkommen in Schweden, angeblich unbekannt ist. Dieser Diktyonema-Schiefer, der in der Erde ungefährlich ist, fängt Feuer, sobald er mit Luft in Berührung kommt. An der Küste würden sich also riesige schwelende Abbauhalden mit Temperaturen von mehreren hundert Grad bilden. Ihre Schwefel- und Kohlenstoffemissionen müßten zwangsläufig zu einer Verpestung der Luft führen. Und da die im Schiefer vorkommenden Schwermetalle (Uran, Titan, Molybden, Vanadium) bei Wasser- und Luftberührung ihre Verbindungen lösen, muß man auch damit rechnen, daß sie von den Halden in die nahen Gewässer geschwemmt und ihren Weg in die Ostsee finden werden.

Der auch schon in vorsowjetischer Zeit in der gleichen Gegend betriebene Ölschieferabbau ist heute vor allem deshalb so gefährlich, weil er mit völlig veralteten Mitteln und in viel zu großem Umfang betrieben wird. Das hat zwangsläufig zu einer Verschmutzung des Peipus-Sees, der Ostsee und der nordestnischen Flüsse geführt. Jahrelang sind alle amtlichen estnischen Proteste vergeblich gewesen, denn das Schürfgebiet zwischen Narva und Rakvere gehört eigentlich nur auf dem Papier zur estnischen Sowjetrepublik, de facto werden alle den Abbau betreffenden Fragen ausschließlich von den dafür zuständigen Moskauer Ministerien entschieden. Die Lage änderte sich erst, als im Zuge der Gorbatschowschen Perestrojka- und Glasnostjpolitik immer mehr Esten es wagten, ihren Sorgen auch öffentlich Ausdruck zu verleihen. Es kam zu Meinungsumfragen, zu Betriebsversammlungen, es wurden Unterschriften zur Beseitigung der »phosphorgelben Gefahr« und des »giftigen Wassers« gesammelt; auch viele Schriftsteller nahmen sich des Themas an. Und am 1. Mai 1987 trugen Hunderte von estnischen Studenten in gelben T-Shirts anstelle der bislang üblichen kommunistischen Spruchbänder selbstgefertigte Plakate mit Anti-Phosphor-Parolen durch die Straßen von Tartu.

Unter dem ständig wachsenden Druck der öffentlichen Meinung erließ schließlich der Oberste Sowjet von Estland im Dezember 1987 ein Umweltschutzgesetz, das bestimmt, daß ab sofort im gefährdeten Gebiet keine zusätzlichen Großanlagen mehr errichtet werden dürfen und daß bereits bestehende Betriebe nicht über einen von den estnischen Behörden selbst festzulegenden Rahmen hinaus ausgebaut werden sollen. Die Frage des zwar begonnenen, dann aber gestoppten Phosphorit-Abbaus blieb weiterhin in der Schwebe und sollte erst im Rahmen der sogenannten wirtschaftlichen Selbstverwaltung Estlands gelöst werden.

Dies war der Boden, auf dem die »grüne Bewegung« entstand. Ihr erstes Auftreten fand im Dezember 1987 in Tallinn unter einem in Ostasien beheimateten Baum statt, der den Chinesen als heilig gilt. Dort protestierten die Grünen allerdings nur gegen die Abholzung alter Bäume in der Innenstadt. Im April des folgenden Jahres erfolgte dann die offizielle Gründung der »Grünen Bewegung Estlands« (ERL), die von Anfang an keinen Zweifel daran ließ, daß sie auch politische Ziele hatte. Eine ihrer Kundgebungen in der Stadthalle von Tallinn, bei der in einer Resolution öffentlich der Rücktritt mehrerer hoher estnischer Funktionäre wegen »volksfeindlicher Betätigung« gefordert wurde, brachte der ERL so viele Sympathien ein, daß sie bei einer Umfrage während meines Aufenthaltes in Tallinn 13 Prozent aller estnischen und 12 Prozent aller nichtestnischen Stimmen erhielt. 50 Prozent aller Esten gaben bei dieser Gelegenheit (die Frage lautete »Welche Partei oder Bewegung würden Sie wählen?«) ihre Stimme der sogenannten Volksfront, 10 Prozent der Estnischen Nationalen Unabhängigkeitspartei und nur 7 Prozent der Estnischen KP.

Von den vergifteten Gewässern zu den »schreienden Steinen«: Bei letzteren denken die Esten vor allem auch an das große Kalevipoeg-Denkmal, das in Tartu am Embach stand. Im April 1950 hatten neun kommunistische Arbeiter im Hinblick auf den zehnten Jahrestag der Sowjetisierung Estlands in einem Brief an den Stadtrat unter anderem geschrieben:

»In Tartu stehen immer noch Denkmäler, die schmerzlich an den Terror der bürgerlichen Zeit und an den Kampf der bürgerlichen Cliquen gegen die Arbeiter erinnern. Eines davon ist das von den bürgerlichen Cliquen am Embachufer errichtete sogenannte Freiheitsdenkmal, das von den bürgerlichen Nationalisten mit dem Namen von Kalevipoeg getarnt wird.«

Fünf Tage später wurde das Denkmal von seinem Standort entfernt und an einen unbekannten Ort verbracht, vielleicht sogar einfach in den Embach geworfen. Unter den Bewohnern von Tartu ließ man später das Märchen verbreiten, Kalevipoegs Schwert sei gegen Osten gerichtet gewesen, und er habe seine Faust gegen Osten erhoben. Wahr ist, daß seine Hände auf dem Knauf des in den Boden gestoßenen Schwertes ruhten. Auch ein sich auf den Helden beziehendes Gedicht mußte als Grund für die Denkmalsschändung herhalten. Dies die inkriminierten Zeilen: ». . . Kalevs Sohn, führ den Schlag deines Schwertes / Nochmals gegen die Scharen der Bösen!«

Ähnlich wie dem Sagenhelden, war es auch vielen Persönlichkeiten aus der Zeit des nationalen Erwachens der Esten und vielen »klassenfeindlichen« estnischen Dichtern ergangen. Die ihnen gewidmeten Denkmäler waren zerstört oder mit unbekanntem Ziel abtransportiert worden. Als die Menschen dann ab 1985 wieder Mut faßten und sich gegen diese Vergewaltigung ihrer Geschichte und Kultur zur Wehr setzten, entstanden auf lokaler Ebene zunehmend Denkmalschutzvereine. Ende 1985 fand das erste, von zehn Vereinen beschickte überregionale Treffen statt, 1986 das zweite und dritte, und im Dezember 1987 endlich schloß man sich landesweit zur »Estnischen Gesellschaft für Denkmalschutz« zusammen. Von da an hat sich die Denkmalschutzgesellschaft an allen großen nationalen Kundgebungen beteiligt. Auf ihre Initiative hin wurden auch die gestürzten und verschleppten Denkmäler wiedererrichtet. Bei einer dieser Neueinweihungen wurden die Worte gesprochen:

»Hat denn der Mut und die Selbstaufopferung eines kleinen Volkes überhaupt einen Sinn? Wäre es nicht klüger, sich stillschweigend in das Gegebene zu fügen und das Leben, so wie es nun mal ist, einfach weiterzuführen? Wir brauchen nach einer Antwort nicht lange zu suchen. Unsere Brüder, die Liven, waren während der mittelalterlichen Freiheitskämpfe nachgiebiger und kompromißbereiter. Wir können sie heute nicht mehr fragen, ob sie ihre damalige Einstellung immer noch für richtig halten — es gibt sie nicht mehr. Wir Esten existieren aber trotz aller Niederlagen auf diesem vielgeprüften Boden immer noch. So sehen wir denn, daß es für Völker nicht gefährlich ist, geschlagen zu werden; gefährlich ist nur das Sich-Unterwerfen, denn dieses gebiert Verräter und Feiglinge.«

Das Verdienst der Denkmalschutzgesellschaft ist auch die Wiederzulassung der estnischen Nationalfahne im Juni 1988, und es war ihr Vorsitzender, der Journalist Trivimi Velliste, der auf der bislang größten Kundgebung in Tallinn am 11. September 1988 vor 300 000 Teilnehmern als erster in aller Öffentlichkeit die Wiederherstellung der Republik Estland außerhalb der Sowjetunion forderte.

Frappierend war für mich die Diskrepanz zwischen der tatsächlichen politischen Bedeutung der oppositionellen Organisationen und Persönlichkeiten und den äußeren Bedingungen, unter denen sie arbeiten. Das Zentralkomitee der estnischen KP fand ich in einem großen zehnstöckigen Haus am Lenin-Boulevard, den Vorsitzenden der Denkmalschutzgesellschaft in einem kleinen, unscheinbaren Hinterhofhäuschen. Als ich Trivime Velliste einen Besuch abstattete, hatte der Taxifahrer Mühe, die Adresse zu finden. Im Gebäude überraschte mich allerdings die relativ moderne Büroausstattung — vermutlich das Werk westlicher Helfer und Spender. Bei all seinem sonst öffentlich zur Schau getragenen Engagement machte Velliste auf mich den Eindruck eines sachlichen und taktisch klugen Politikers. So betonte er beispielsweise, daß es falsch sei, während der auf Estland zukommenden Übergangzeit die bisherigen kommunistischen Führer völlig auszugrenzen oder vehement alte Rechnungen zu begleichen. Dabei müsse auch berücksichtigt werden, daß die neue, nichtkommunistische politische Generation Estlands zwar danach strebe, die Führung des Landes zu übernehmen, aber im Augenblick noch nicht genügend erfahrene Leute habe, um auch wirklich alle Posten besetzen zu können.

Zurück in die Tatari-tänav, die Tatarenstraße: Meine drei dortigen Gesprächspartner waren nicht nur Mitglieder des derzeitigen 21köpfigen Führungsgremiums der »Estnischen Nationalen Unabhängigkeitspartei (ENUP), sondern sie hatten auch dem Kreis der 16 Dissidenten angehört, die im Januar 1988 die Gründung dieser in der Zielsetzung kompromißlosesten Partei Estlands ankündigten. In ihrer damals veröffentlichten Resolution hieß es:

»Die estnische KP hat sich fast 50 Jahre lang als unfähig erwiesen, die Interessen des estnischen Volkes zu vertreten . . . Die Wirtschaft, das Bildungssystem, die Kultur und die Umwelt haben sich soweit verschlechtert, daß die Existenz des estnischen Volkes gefährdet erscheint . . . Die Estnische Nationale Unabhängigkeitspartei ist bereit, die Interessen des estnischen Volkes in der augenblicklichen Situation so lange zu vertreten, bis die Unabhängigkeit des estnischen Nationalstaates wiederhergestellt ist. Sie versteht sich als eine national eingestellte Opposition zur Estnischen KP.«

Bei aller Klarheit in bezug auf das Ziel erklärten sich die Initiatoren der ENUP damals noch bereit, ihre Vorstellungen im Rahmen des existierenden sowjetischen Systems durchzusetzen und legten dementsprechend auch eine Reihe von konkreten Reformvorschlägen vor. Zur Gründung der Partei kam es dann trotz aller Anfeindungen von seiten der Moskauer wie auch der estnischen Kommunisten im August des gleichen Jahres in der kleinen weißen Kirche von Pilistvere in Mittelestland. Unter den damals verabschiedeten Dokumenten befand sich auch ein an die UNO gerichtetes Memorandum, in dem die ENUP die Vereinten Nationen bittet, Estland Hilfe zu leisten bei der Durchführung demokratischer Wahlen und der Durchsetzung des Abzuges aller sowjetischen Okkupationstruppen aus Estland. Damit wurden Forderungen, die früher von einzelnen Dissidenten unter Gefahr für Leib und Leben erhoben worden waren, jetzt auch von einer organisierten, wenngleich sehr kleinen Partei gestellt. Bezeichnend für die Entwicklung ist auch, daß die ENUP (genauso wie auch die anderen nationalen Zusammenschlüsse — Volksfront, Grüne, Denkmalschutzgesellschaft) ihre Forderungen Moskau gegenüber kontinuierlich gesteigert hat. Zwischen den veröffentlichten Standpunkten aller dieser Organisationen von 1988 und denen von 1989 waren klare Unterschiede zu erkennen.

Als erste estnische politische Organisation nahm die ENUP auch Beziehungen zu ihren Schwesterparteien in Lettland und Litauen auf. Während einer Tagung mit der »Lettischen Nationalen Unabhängigkeitsbewegung« und der »Litauischen Freiheitsliga« im November 1988 in Riga hieß es in einem gemeinsamen Appell an den Obersten Sowjet der UdSSR:

»Die Vertreter der ersten Konferenz der estnischen, lettischen und litauischen Unabhängigkeitsbewegungen fordern von Ihnen die Festsetzung eines präzisen Datums für den Abzug der Okkupationstruppen aus Estland, Lettland und Litauen.«

In meinem damaligen Gespräch erschienen mir noch folgende Feststellungen von Tunne Kelam und Mati Kiirend beachtenswert: Der zukünftige Status von Estland könne ein neutraler und entmilitarisierter sein; es könne eine Art von Finnlandstatus sein, besser noch der von Österreich; es sei auch für die Sowjetunion das Beste, wenn Estland selbständig wäre und mit der Sowjetunion wirtschaftlich zusammenarbeiten könnte; durch den Abzug der sowjetischen Truppen werde Moskau viel Geld einsparen und sich viel Ärger vom Halse schaffen; es habe noch nie eine unabhängige kommunistische Partei in Estland gegeben, 1940 habe es gerade 140 Parteimitglieder gegeben, und zu ihrer Unterstützung seien 140 000 sowjetische Soldaten ins Land geholt worden — 1000 Soldaten für je einen Kommunisten. Dann meine letzte Frage:

»Wie lange könnte es dauern, bis Estland wieder selbständig ist?«

»Es könnten Monate sein, aber auch einige Jahre.«

Am folgenden Tag, es war der 1. Mai, schlenderte ich mit einem befreundeten estnischen Fotografen ein wenig durch die Altstadt. Er wollte Aufnahmen machen und ich mir einige Notizen. Mein Geburtshaus in der Großen Klosterstraße, die im Sommer 1989 noch »Straße der Jugend« hieß, jetzt aber ihren alten Namen wieder zurückbekommen hat, präsentierte sich in rosarotem Anstrich und beherbergte eine der Transportabteilungen des Innenministeriums. Nach einigen Aufnahmen stiegen wir zum Domschloß hinauf, dem früheren und auch heutigen Regierungssitz. Da auch das sowjetestnische Außenministerium dort sein papierenes Dasein fristet, beschloß ich, es mir trotz der zu erwartenden feiertäglichen Leere anzusehen. In der kleinen Wachstube am Eingangstor zum dreistöckigen Schloß saß ein einsamer weiblicher Leutnant.

»Können Sie mir sagen, gnädige Frau, wo hier das Außenministerium untergebracht ist?«

Ich hatte die Frage in Estnisch gestellt, und die Reaktion war ein bedauerndes Kopfschütteln. Die Antwort kam in Russisch.

»Wissen Sie, ich spreche kein Estnisch, nur Russisch.«

»Wieso denn das. Dies ist doch der Amtssitz des Ministerpräsidenten der Estnischen Sowjetrepublik und nicht der Russischen.«

»Ja, ja, natürlich. Aber ich kann trotzdem kein Estnisch, und heute ist hier auch sowieso alles leer. Der 1. Mai ist bei uns ein hoher Feiertag.«

In der Tat sah man in den Straßen von Tallinn an diesem sonnigen Tag viele Spaziergänger, von politischen kommunistischen Demonstrationen habe ich allerdings nichts bemerkt, obwohl es eine zu früherer Tageszeit gegeben haben soll. Um meinen Eindruck von den Sprachenproblemen Estlands etwas zu vertiefen, fragte ich hintereinander genau zehn

Personen nach dem Wege zum Bahnhof. Dies das Ergebnis: Zwei konnten mir in der Landessprache antworten, ein Finne antwortete in einem mir verständlichen Mischmasch aus beiden Sprachen, und sieben schüttelten bedauernd den Kopf oder gingen einfach stumm weiter. Mein Freund meinte, es seien vor allem sowjetische Touristen gewesen, deren es im Baltikum viele gebe. Von drei weiteren Spaziergängern, die ich ansprach, stammte tatsächlich einer aus Odessa, einer aus Kiew und einer aus Leningrad. Da ich während unseres Herumstreifens keinen »Schatten« bemerkt hatte, kam mir ganz spontan die Idee, beim KGB vorzusprechen und mich dort dafür zu bedanken. Mein Freund sah mich verständnislos an und meinte, ich wäre verrückt. Ich beruhigte ihn, ging dann aber, nachdem wir uns getrennt hatten, doch in die Pagari-Straße 1. Dort stellte sich heraus, daß sich der Besuchereingang in der Lai-Straße 40 befand. An der grauen Hauswand hingen neben einer schweren grünen Tür zwei Schilder, auf denen in goldenen Lettern in Estnisch und Russisch zu lesen war: »Komitee für Staatssicherheit beim Ministerrat der Estnischen SSR«, dazu noch die Öffnungszeiten und der Hinweis, daß man sich außerhalb der Öffnungszeiten an den diensthabenden Offizier wenden solle. So stand ich nun mit recht gemischten Gefühlen und doch etwas schnellerem Pulsschlag vor dem estnischen Ableger der Institution, die in meinem Leben eine nicht unbedeutende Rolle gespielt hat. Was genau sollte ich sagen, was fragen? Ich kam zu keinem Schluß, verließ mich auf meine Intuition, auf den rechten Einfall zur rechten Zeit und drückte mutig die Messingklinke herunter.

Die Tür war verschlossen, einen Klingelknopf sah ich nicht. Sollte am 1. Mai nicht einmal diese Institution arbeiten? Besucher waren jedenfalls nicht willkommen, und ich muß sagen, irgendwie war ich erleichtert. Ich hatte es versucht, aber es hatte nicht sein sollen. Gut so!

Ein anderer estnischer Freund, dem ich am Nachmittag von meinem Husarenritt zum meistgehaßten Haus des Landes berichtete, schüttelte ebenfalls nur entsetzt den Kopf und meinte, wer wirklich hinein müsse, der wisse auch, wie er hineinkommen könne, tags und nachts und auch am höchsten Feiertag der Proletarier aller Länder.

## Die Souveränitätserklärung Estlands 1988

Die bunteste, interessanteste und dabei politisch wichtigste Vereinigung war im Sommer 1989 immer noch die »Volksfront Estlands«, die sich bei ihren ersten Appellen an die Öffentlichkeit im April noch »Volksfront Estlands zur Unterstützung der Perestrojka« nannte, den Hinweis auf letztere aber bald aus ihrem Namen strich. Sie war und ist keine Partei, sondern eine informelle Dachorganisation für verschiedene unabhängige politische Gruppierungen, aber auch für liberale KP-Angehörige, die im Sommer 1989 fast ein Drittel aller Mitglieder stellten. Und nicht nur das, die Gründung der »Volksfront« ist weitgehend auf die Initiative damaliger führender KP-Mitglieder zustande gekommen. Mart Kadastik, der Chefredakteur des liberalsten estnischen KP-Organs, begründete die Notwendigkeit der Enstehung der »Volksfront« unter anderem damit:

»Jetzt, wo wir einen geradezu schreienden Bedarf an neuen Führern haben, müssen wir zugeben, daß es einfach nicht genug Leute gibt, die in der Lage sind, die Wünsche unserer Menschen in Taten umzusetzen. Und das nicht nur in den Spitzenpositionen der Republik, sondern auch in den Städten und Kreisen. Dies muß die große Aufgabe der ›Volksfront‹ sein: Möglichkeiten zu schaffen für das Emporkommen von fähigen Führern.«

Auf dem Gründungskongreß in Tallinn Anfang Oktober 1988 wurde von den 3000 Delegierten eine Satzung verabschiedet, eine programmatische Charta beschlossen und ein Vorstand gewählt, in dem auch mehrere bekannte KP-Mitglieder Sitz und Stimme erhielten. So beispielsweise die Journalistik-Professorin Marju Lauristin, übrigens eine Tochter des ersten kommunistischen Regierungschefs von Estland der Jahre 1940/41, und der bekannte Wirtschaftswissenschaftler Edgar Savisaar, der heute Ministerpräsident ist. Sowohl in der Charta als auch in späteren Veröffentlichungen der »Volksfront« sind allerdings Widersprüche und fragliche Formulierungen nicht zu übersehen. So wurde damals das volle Selbstbestimmungsrecht für alle Esten gefordert, also die politische, wirtschaftliche und kulturelle Autonomie, andererseits aber sollten die diesbezüglichen Reformen im Rahmen der bestehenden Sowjetrepublik vonstatten gehen, als ob die volle Verwirklichung des Selbstbestimmungsrechtes nicht zur sofortigen Loslösung Estlands von der Sowjetunion führen müßte.

Nachdem ich das kleine gelbe Haus in der Uus-Straße 28 besucht hatte, in dessen Dachgeschoß die Leitung dieser damals größten nichtkommunistischen Organisation Estlands untergebracht war, und auch in meinem Hotel einige zusätzliche Gespräche geführt hatte, sah ich klarer:

Bei allen unterschiedlichen politischen und ideologischen Schattierungen hatte es unter den führenden Mitgliedern der »Volksfront« von Anfang an zwei große Gruppen gegeben. Die eine tendierte dazu, Moskau und der eigenen KP gegenüber eine deutliche Sprache zu sprechen und damit die national eingestellten Kreise der Bevölkerung in möglichst großem Um-

fang für die »Volksfront« zu gewinnen. Die andere hatte als Ziel
ebenfalls die volle Unabhängigkeit Estlands außerhalb der Sowjetunion im Sinn, zog es aber aus taktischen Überlegungen
vor, dieses öffentlich nicht kundzutun, sondern sich mit der
Forderung nach Reformen im Rahmen der Sowjetunion zu
begnügen. Damit wollte sich diese Gruppe ein legales Aktions-
feld im Rahmen der bestehenden staatlichen und parlamentarischen Institutionen sichern — in Tallinn ebenso wie in
Moskau und insbesondere auch Gorbatschow selbst gegenüber, auf dessen Mitziehen oder Unterstützung man in Estland
natürlich angewiesen war. In dem Maße, in dem dann der
Druck der Bevölkerung auf den konservativen Flügel der estnischen KP immer stärker wurde, schrumpfte der taktierende
Flügel der »Volksfront« zusehends zusammen, beziehungsweise er schloß sich den sogenannten Maximalisten an. Wie
überhaupt die »Volksfront« mit der fortschreitenden Demokratisierung Estlands und dem Aufkommen neuer Parteien
immer mehr an Bedeutung verlor. Sie war dringend notwendig
gewesen, solange es noch einen relativ starken konservativen KP-Flügel gegeben hatte. In dem Maße, wie nicht nur dieser, sondern die estnische KP als ganze Zerfallserscheinungen
zeigte, mußte auch die »Volksfront« ihre Daseinsberechtigung
einbüßen. Und im Grunde genommen haben die Gründungs-
väter der »Volksfront«, und vor allem auch ihre »Gründungs-
mutter« Marju Lauristin, diese Entwicklung wohl auch voraus-
gesehen, denn in ihre Charta schrieben die Gründer unter
anderem auch die folgenden Sätze:

»Indem sie den politischen Pluralismus als wesentliche
Stütze der Demokratie anerkennt, versteht sich die ›Volks-
front‹ auch als Ausgangsbasis für mögliche neue politische
Gruppierungen, wobei sie sich dessen bewußt ist, daß diese auf
Bürgerinitiative beruhende Volksbewegung ihre Beteiligung an

der Gestaltung der estnischen Zukunft verlieren kann. Dann kann die › Volksfront‹ auf Beschluß des Volkskongresses ihre in der Charta festgelegte Tätigkeit beenden und ihre Vollmachten an andere demokratische Institutionen übergeben.«

Marju Lauristin, die übrigens vom amerikanischen Nachrichtenmagazin »Newsweek« zur Politikerin des Jahres 1989 gewählt wurde, zog im Januar 1990 für sich bereits die Konsequenzen aus der »Volksfront«-Charta: Sie trat aus der estnischen KP aus und gründete die »Estnische Sozialdemokratische Unabhängigkeitspartei«. In einem Artikel für »Newsweek« hatte sie zuvor geschrieben:

»Wir machen Geschichte für alle Völker der Sowjetunion, wir zeigen ihnen einen Ausweg. Nicht unbedingt den Ausweg aus der Sowjetunion, aber doch einen Ausweg aus der augenblicklichen schrecklichen Situation.«

Die Bedeutung der »Volksfront« kam auch dadurch zum Ausdruck, daß sie im Gegensatz zur »Nationalen Unabhängigkeitspartei«, den Grünen und der Denkmalschutzgesellschaft, die im Obersten Sowjet entweder überhaupt keine oder nur ganz wenige Abgeordnete hatten, dort mit ihren führenden KP-Mitgliedern stark vertreten war. So ist es weitgehend ein Verdienst der »Volksfront«, daß der Oberste Sowjet Estlands am 16. November 1988 die sogenannte Souveränitätserklärung verabschiedete. Dieser Beschluß der Esten, dem die Parlamente von Lettland und Litauen 1989 folgten, markiert den Anfang der verfassungsrechtlichen Auseinandersetzung zwischen den drei baltischen Republiken und der Moskauer Zentralmacht. Dies der leicht gekürzte Wortlaut:

»Deklaration der Souveränität der Estnischen SSR.

Das estnische Volk hat an den Küsten der Ostsee über fünftausend Jahre lang sein Land bestellt und seine Kultur entwickelt. Im Jahre 1940 wurde aus der national homogenen souveränen Republik Estland ein Bestandteil der Sowjetunion, wobei von der Einhaltung der Souveränitätsgarantien ebenso ausgegangen wurde wie vom weiteren Blühen der Nation. Die Innenpolitik der Stalin- und Stagnationszeit hat diese Garantien und Standpunkte ignoriert. Als Ergebnis hat sich für die Esten als das autochthone Volk in Estland eine ungünstige demographische Situation ergeben, Natur und Umwelt sind in vielen Bezirken der Republik in katastrophalem Zustand, und der fortschreitende Verfall der Wirtschaft wirkt sich auf den gesamten Lebensstandard der Republik negativ aus.

Der Oberste Sowjet der Estnischen SSR sieht in dieser schwierigen Situation nur einen Ausweg: Die weitere Entwicklung Estlands muß unter den Bedingungen der Souveränität vonstatten gehen. Diese Souveränität der Estnischen SSR bedeutet, daß die Republik in Gestalt ihrer höchsten Macht-, Verwaltungs- und Gerichtsorgane die oberste Gewalt auf ihrem Territorium innehat. Die Souveränität der Estnischen SSR ist vollständig und nicht teilbar. Dementsprechend muß der weitere Status der Republik in der UdSSR durch einen Unionsvertrag geregelt werden.

Der Oberste Sowjet der Estnischen SSR ist nicht einverstanden mit den vom Präsidium des Obersten Sowjets der Union zur Diskussion gestellten Änderungen und Ergänzungen der UdSSR-Verfassung, durch welche das der Estnischen SSR zustehende Verfassungsrecht der Selbstbestimmung ausgeschlossen wird. Indem er sich auf die Internationalen Pakte über wirtschaftliche, soziale, kulturelle, bürgerliche und politische Rechte vom 16. Dezember 1966 stützt, die von der UdSSR ratifiziert wurden, sowie auf weitere internationale Rechtsnormen, erklärt das die oberste Volksmacht repräsentierende

Organ der Estnischen SSR, der Oberste Sowjet der Estnischen SSR, den Vorrang seiner Gesetze auf dem Territorium der Estnischen SSR.

Veränderungen und Ergänzungen der UdSSR-Verfassung treten hinfort auf dem Territorium der Estnischen SSR nur dann in Kraft, wenn sie vom Obersten Sowjet der Estnischen SSR gutgeheißen werden ...«

Gleichzeitig mit der Verabschiedung dieser Deklaration schlug der Oberste Sowjet der ESSR dem Präsidium des Obersten Sowjets der UdSSR vor, mit der Ausarbeitung eines dieser Souveränitätserklärung entsprechenden, neuen Unionsvertrages zu beginnen.

Nach diesem Beschluß, der mit 254 Ja-Stimmen bei nur sieben Gegenstimmen angenommen wurde, und einigen weiteren Verfassungsänderungen, die ebenfalls eine überwältigende Mehrheit erhielten, kam es im Parlamentssaal zu bewegenden Szenen. Ein weißhaariger Delegierter, von Beruf Chorleiter, trat vor und begann die Hymne zu dirigieren. Alle faßten sich an den Händen und sangen mit. Draußen vor dem Domschloß standen Tausende mit blau-schwarz-weißen Fahnen und ließen die Abgeordneten bei ihrem Erscheinen hochleben.

Ich glaube, vieles wäre anders gelaufen in den baltischen Sowjetrepubliken, wenn Moskau auf den Vorschlag der Esten eingegangen wäre, denn dieser sah immerhin noch den Verbleib der Republik in der Sowjetunion vor. Gorbatschow, der damals offenbar die Brisanz der Nationalitätenprobleme noch nicht erkannt hatte, war dazu aber nicht bereit. Statt dessen berief er schon nach wenigen Tagen eine Präsidialsitzung des Moskauer Obersten Sowjets ein, auf der Arnold Rüütel, der Vorsitzende des Estnischen Obersten Sowjets, harter Kritik unterzogen wurde. Gorbatschow selbst bezeichnete die Beschlüsse von Tallinn als falsch und juristisch nicht haltbar. Sie wurden daraufhin vom Unionspräsidium für ungültig erklärt. In der Tat heißt es im Artikel 74 der Unionsverfassung wörtlich:

»Bei Nichtübereinstimmung des Gesetzes einer Unionsrepublik mit einem Unionsgesetz gilt das Gesetz der UdSSR.«

Die Esten nahmen diese Zurückweisung gelassen auf. Rüütel erklärte nach seiner Rückkehr aus Moskau auf dem Flughafen von Tallinn lapidar: »Wir bleiben bei unseren Beschlüssen«, und der bald darauf zusammengetretene Estnische Oberste Sowjet stellte offiziell fest, daß er das Moskauer Scherbengericht »zur Kenntnis nimmt«. Dieses verfassungsrechtliche Patt blieb bis in das Jahr 1990 bestehen.

Während die Moskauer Zentralgewalt bei dieser Verfassungskrise noch darauf verzichtet hatte, die russische Bevölkerung Estlands aktiv für ihre Belange einzuspannen, tat sie es nach der Verabschiedung des estnischen Wahlgesetzes im Sommer 1989 sehr wohl. Dies die Sachlage: Um zu verhindern, daß alle zeitweilig in Estland stationierten sowjetischen Soldaten, deren Zahl — die selbst dem estnischen Ministerpräsidenten nicht bekannt ist — auf rund 200 000 geschätzt wird, und ebenso auch alle kurzfristig in der nordestnischen Industrie beschäftigten russischen Arbeiter bei den estnischen Kommunal- und Parlamentswahlen die gleichen Rechte haben wie die Esten selbst, verabschiedete der Oberste Sowjet Estlands am 8. August 1989 ein Wahlgesetz, das das aktive wie passive Wahlrecht von bestimmten Voraussetzungen abhängig machte. So sollte nur wählen dürfen, wer entweder mindestens zwei Jahre in seinem Wahlbezirk oder mindestens fünf Jahre in Estland gelebt hatte. Und gewählt werden durfte nur, wer entweder einen fünfjährigen Aufenthalt in seinem Wahlbezirk oder einen zehnjährigen in Estland nachweisen konnte.

Ich war am Tage der Verabschiedung dieses Wahlgesetzes und während der darauffolgenden Tage, bis zur Auerhahn-Affäre beim Zoll, die ich zu Beginn dieses Buches geschildert habe, in Tallinn. Schon kurz vor dem Parlamentsbeschluß gab es Gerüchte, in Moskau hätte man für den Fall einer Annahme des Gesetzes Streiks beschlossen, und von dort wären auch bereits besondere Organisatoren angereist. Am Tage darauf wurde tatsächlich ohne offiziellen Anlaß auf einem Gebäude im Hafen eine rote Fahne gehißt — es war der Sitz des Stabes der Streikkomitees. Nach russischen Angaben hat der Streik in Tallinn und im östlichen Nordestland bis zum 11. August insgesamt 40 000 Arbeiter in 41 Betrieben erfaßt, und zwar in solchen des Maschinenbaues, der Energiewirtschaft und des Transportwesens. Nach estnischen Angaben waren es nur 30 000, also etwas weniger als fünf Prozent aller Arbeitskräfte und fast nur russische Belegschaften. Zudem waren es auch keine richtigen Streiks, sondern vor allem Aussperrungen der Arbeiter durch deren eigene Direktoren, die von den für sie zuständigen Moskauer Ministerien ihre Anweisungen bezogen. Als ich vor dem Gebäude des Streikhauptquartieres stand, ohne hineinzukommen, hörte ich, daß die Löhne voll weitergezahlt würden und es hier und da sogar Sonderzuteilungen an Fernsehgeräten und Kühlschränken für die Streikenden gegeben habe. Am 10. August verfügte der Oberste Sowjet Estlands die Beendigung des »Streiks« und wies die Regierung an, entsprechende Maßnahmen zu ergreifen, woraufhin alle Betriebe, offensichtlich wieder auf Moskauer Anweisung, ihre Arbeit aufnahmen. Die durch den Arbeitsausfall entstandenen Verluste wurden von Ministerpräsident Toome auf vier bis fünf Millionen Rubel beziffert.

Es kann nicht ausgeschlossen werden, daß hinter dem Abbruch des Streiks eine vertrauliche Absprache zwischen der estnischen und der Moskauer Führung gestanden hat, die erst viel später wirksam wurde. Dies jedenfalls war der Ablauf der weiteren Ereignisse:

Am 16. August erging ein Präsidiumserlaß des Moskauer Obersten Sowjets, in dem das estnische Wahlgesetz, da nicht im Einklang stehend mit der sowjetischen Verfassung und verschiedenen von der UdSSR ratifizierten internationalen Verträgen, für ungültig erklärt wurde. Gleichzeitig wurde in dem Erlaß zur Kenntnis genommen, daß sich die estnische Führung bereit erklärt habe, die Frage der Angleichung des Wahlgesetzes an die Unionsverfassung bis zum 1. Oktober erneut auf die Tagesordnung des Estnischen Obersten Sowjets zu setzen.

Dies geschah mit einer kleinen Verspätung in zwei Schüben und mit einem Kompromißergebnis: Die einschränkenden Auflagen für das aktive Wahlrecht wurden gestrichen, die für das passive blieben bestehen. Der mit 186 Ja-Stimmen gegen 8 Nein-Stimmen angenommene Beschluß des Estnischen Obersten Sowjets vom 17. November bindet das passive Wahlrecht an eine zehnjährige Aufenthaltsdauer in Estland. Vierzig russische Abgeordnete hatten schon vor der Abstimmung aus Protest den Saal verlassen. Den stationierten sowjetischen Truppen sicherte das modifizierte Wahlgesetz im neuen 105köpfigen Parlament vier Sitze zu.

Fünf Tage zuvor hatte das Parlament einen Beschluß gefaßt, der dem Verfassungskonflikt mit Moskau eine weitere, geradezu explosive Dimension gab: Er erklärte die sowjetische Annexion Estlands für null und nichtig. Für diesen Beschluß stimmten alle 188 estnischen Abgeordneten, während rund 50 russische Abgeordnete aus dem Saal marschiert waren. Dies die wichtigsten Passagen des für die Esten historischen Dokumentes:

»Die von der stalinistischen Führung der Sowjetunion im Jahre 1940 gegen die Republik Estland gerichteten außenpolitischen und militärischen Aktionen sind als Aggression, militärische Okkupation und Annexion der Republik Estland einzustufen ...

Es ist davon auszugehen, daß die Wahlen zur estnischen Abgeordnetenversammlung am 14. und 15. Juli in Verletzung des Grundgesetzes der Republik Estland und der Wahlgesetze stattgefunden haben und daß das derart gebildete Parlament nicht kompetent und bevollmächtigt war, irgendwelche den staatlichen Status Estlands verändernde Beschlüsse zu fassen ...

Die von der Abgeordnetenversammlung am 22. Juli 1940 beschlossene ›Deklaration über den Beitritt Estlands zur Union der Sozialistischen Sowjetrepubliken‹ ist für rechtsunwirksam zu erklären, da es sich dabei nicht um eine freie Willensäußerung des estnischen Volkes gehandelt hat.«

Auf Vorschlag des estnischen KP-Chefs Vaino Väljas wurde dem Dokument als letzter Satz die Feststellung angehängt, daß der vorliegende Beschluß nicht als Anwendung des § 69 der Verfassung der ESSR zu interpretieren sei, was den sofortigen Austritt Estlands aus der Sowjetunion bedeutet hätte.

Als Reaktion auf diesen Parlamentsbeschluß kam es in den folgenden Tagen zu erbitterten Protestdemonstrationen der in Tallinn lebenden Russen, an denen 10000 bis 15000 Menschen teilnahmen. Als Organisatoren traten wie immer die drei russischen Zusammenschlüsse in Estland auf, die »Internationale Bewegung«, die »Vereinigten Streikkomitees« und der »Verband der Arbeiterkollektive«. Der Direktor des größten Rüstungsbetriebes von Tallinn, der Russe Jarowoj, bezeichnete die Arbeit des estnischen Parlamentes als ungesetzlich und diskriminierend. Andere Redner forderten unter stürmischem

Applaus die Gründung einer neuen autonomen russischen Republik im nördlichen und nordwestlichen Teil Estlands, und zwar mit eigener Verfassung, eigener Legislative und eigener Finanzgebarung.

Bei dieser und ähnlichen Demonstrationen muß man wissen, daß keineswegs alle in Estland lebenden Russen so denken wie ihre von Moskau gelenkten Aktivisten. Das zeigt sich bei Wahlen und auch in den russischen Zeitungen des Landes. Erstaunlicherweise meldete sich dazu im Februar 1989 in der Zeitschrift der Sowjetischen Botschaft in Bonn, »Sowjetunion heute«, auch eine in Estland lebende Russin zu Wort. Alla Kallas, die russische Frau eines estnischen Schriftstellers, schreibt unter anderem:

»Die russische Bevölkerung in Estland war bislang, ohne sich dessen bewußt zu sein, Sendbote einer von oben aufoktroyierten Politik des Chauvinismus. Wir haben uns angewöhnt, in deren Klischees zu denken, indem wir Russen uns hier in Estland als Lichtstrahl in der Finsternis verstehen.

Gestehen wir uns ruhig ein, daß das nicht stimmt. Denken wir daran, daß auf diesem Boden, den wir jetzt so locker als unseren gemeinsamen Boden betrachten, fünftausend Jahre lang, bis zur Sowjetmacht, ein Volk mit seiner Geschichte, Kultur und Sprache zu Hause war. Jetzt ist dieses Volk der Gefahr ausgesetzt, auf seinem Boden in die Minderheit zu geraten.

Wir hingegen waren niemals vom Aussterben bedroht, weder wir noch unsere Sprache oder Kultur. Wir müssen uns von dem chauvinistischen Denken, dem Erbteil der stalinistischen Nationalitätenpolitik, freimachen.«

Sehr bildhaft wendet sich Alla Kallas auch gegen das, was sie das »Gerede von der Gleichheit« nennt:

»Es kann keine Gleichheit zwischen einem Gänseblümchen

und einer Eiche geben. Man sollte die Eiche nicht vor dem Gänseblümchen schützen wollen mit der Behauptung, es nehme ihr das Licht.«

Ein weiterer Streitpunkt, der seit Jahrzehnten schwelte, aber nie zur Flamme einer öffentlichen Diskussion angewachsen war, konnte unter den Bedingungen der Gorbatschowschen Glasnostj-Politik ebenfalls gesetzlich geregelt werden: der Streit um die Sprache des Landes. Lange hatten die Esten nicht gewagt, etwas zu unternehmen, wenn sie von den russischen Einwanderern angeherrscht wurden: »Sprecht doch eine menschliche Sprache!« — und das sowohl im privaten als auch im behördlichen Verkehr. Mit zwei Gesetzen vom Dezember 1988 und Januar 1989 erklärte der estnische Oberste Sowjet Estnisch zur Staatssprache der Republik und sicherte jedem Bürger, jedem Betrieb und jeder Behörde das Recht zu, sich schriftlich wie mündlich der Landessprache bedienen zu dürfen. In Ausführungsgesetzen wurden den russischsprachigen Bürgern zum Erlernen der Landessprache bestimmte Übergangsfristen zugebilligt. Führenden Funktionären wurde beispielsweise eine Erlernungszeit von ein bis vier Jahren zugestanden. Wie denn überhaupt der Schock für die Russen, nun eine »unmenschliche« Sprache erlernen zu müssen, auch dadurch abgemildert wurde, daß alle Russisch sprechenden estnischen Beamten und Angestellten aufgefordert wurden, Russen bis auf weiteres in deren Muttersprache zu bedienen.

*Spuren der Erinnerung*

Doch zurück zum Mai 1989. So interessant die politischen Gespräche in Tallinn auch waren und so sehr dieser nationale Aufbruch der Esten auch mich erfaßte und bewegte, die volle

Abrundung des Erlebten fand meine baltische Seele erst Tage später in der mittelestnischen Wald- und Moorlandschaft. Dort durfte ich einen Auerhahn schießen — schoß ihn aber nicht, denn nach dem relativ warmen und schneearmen Winter hatte die Balz früher als sonst begonnen. Ich war zu spät gekommen. So blieb mir nur der Strich der quorrenden Waldschnepfen, der schwierige Schuß im Dämmerlicht auf schnell dahingleitende dunkle Silhouetten, die sich gerade noch vor dem Abendhimmel abzeichnen. Und dazu die Wartezeit in der langsam erwachenden oder zur Ruhe kommenden Natur — eine zeitlose Zeit, in der der Mensch völlig harmonisch gleichzeitig beobachten und nachdenken kann. Kaum ein Laut, der einem entgeht, kaum eine Bewegung, und gleichzeitig ordnen sich Gedanken und Erlebnisse zu Bildern von einer Klarheit, wie sie am Tage nicht zu erreichen ist. Das ist die Zeit der Wiederkehr von Bildern, die viele Jahrzehnte versunken waren ... Als eines Morgens der neben mir durch das Moor stampfende estnische Jagdführer plötzlich stehenblieb, weil er glaubte, einen Auerhahn gehört zu haben, meinte ich im Dämmerlicht Ainos dicken Zopf vor mir zu sehen und ihre Hand in der meinen zu spüren. Ich war wieder 17 Jahre alt, und es war der 17. April 1937. Später, auf dem Heimweg, erzählte ich dem Jagdführer die Geschichte der damaligen Nacht, und der alte Jäger schlug vor:

»Versuchen Sie doch nochmal nach Tartu und Pölva zu fahren und dort herumzuhorchen; vielleicht kann Ihnen jetzt irgend jemand sagen, was aus Aino geworden ist. Die Zeiten haben sich geändert.«

Ich habe das dann zwei Tage später tatsächlich getan, konnte aber nichts in Erfahrung bringen. Ich bin nicht einmal mehr auf einen Menschen gestoßen, der Aino auch nur gekannt hat. So bleibt nur die alljährlich im April wiederkehrende Erinnerung — dann, wenn der Schnee im Flachland zu schmelzen beginnt und irgendwo, weit vom Rheingau entfernt, die Urhähne balzen.

Der Fahrer des Intourist-Wagens, der mich vom Jagdrevier nach Tartu brachte, war diesmal, im Unterschied zu meinem Erlebnis von 1968, ganz gewiß kein Offizier des Sicherheitsdienstes. Da mir Pölva, das ich seit jener Winternacht im Jahre 1947 nicht mehr gesehen hatte, wichtiger war als Tartu und ich diesmal auch die Besuchsgenehmigung bekommen hatte, durchfuhren wir die Stadt schnell und waren bald auf der Werroschen Straße, auf der ich vor 21 Jahren schweren Herzens umkehren mußte. Der weitere Verlauf des Weges war neu, doch die Namen der Ortsschilder waren altbekannt. Leider kamen wir auch nicht am Wirtshaus von Liiva vorbei, dem traditionellen Haltepunkt bei meinen Motorradfahrten von Pölva nach Tartu. Oft hatte damals ein etwas älterer Student auf dem Soziussitz gesessen, ein Hüne von einem Meter neunzig. Kaum kamen wir in die Kneipe, bestellte er mit Stentorstimme einen halben Meter Krakauer Wurst und einen halben Liter Schnaps. Davon verdrückte er zwei Drittel, während ich mich mit einem Drittel zu begnügen hatte. Er meinte, ich müsse noch etwas wachsen, um Anspruch auf die Hälfte zu haben.

Drei Stunden lang hastete ich in Pölva durch die Straßen; vieles erkannte ich, vieles nicht. Von den Menschen, die 1939 dort gewohnt hatten, traf ich genau vier an. Der Rest? Im Kriege gefallen, nach Sibirien verschleppt und nicht wiedergekehrt, verzogen, gestorben. Aus dem Fluß war ein aufgestauter See geworden, allerdings ein dreckig-trüber, und ganz gewiß ohne Krebse. Hinter dem Friedhof, wo in einem Kiefernwald das einsame Haus des russischen Wilderers gestanden hatte, stieß ich auf eine völlig neue Siedlung. Immerhin, die alte

Kirche stand noch, und das Freiheitsdenkmal, so sagte man mir, würde in einigen Monaten auch wieder stehen. Auf der Rückfahrt dann in Valgemetsa der Versuch, etwas über Aino zu erfahren:

»Ei tea, pole kunagi temast kuulnud« — ich weiß nicht, habe nie von ihr gehört.

Pölva, Tartu, Tallinn und von da nach Hause. Drei Monate später, diesmal mit meiner Tochter Kira, wieder in Tallinn, wieder von Helsinki kommend und wieder mit der »Georg Ots«, dem inzwischen schon altvertrauten Wodka-Dampfer. Das besondere an dieser Wiederkehr war, daß ich mir ein Wiedersehen mit Nina vorgenommen hatte. Ich rief sie gleich nach der Ankunft in ihrem lettischen Dorf an; zuerst zögerte sie, sagte dann aber ja — ihr Sohn hätte ein Auto und würde sie durch die Nacht von Riga nach Tallinn fahren.

»Aber bitte erschreck nicht, ich bin mittlerweile eine alte, kranke Frau geworden.«

»Du bist Nina und sonst gar nichts. Wenn deine Kräfte es zulassen, dann komm bitte.«

Abends, kurz bevor ich einschlief, kam Kira im Nachthemd aus ihrem nebenan gelegenen Zimmer herübergehuscht und ließ sich neben meinem Bett auf dem Teppich nieder.

»Erzähl doch noch etwas mehr über Nina. Was geschah zwischen ihrer Verhaftung 1947 und eurem Wiedersehen 1957?«

Ich wußte nicht viel, aber einiges hatte sie mir bei unserem damaligen Treffen in Moskau doch gesagt. An einem Augusttag des Jahres 1957 kam sie auf dem belorussischen Bahnhof an. Wir fuhren in meinem Wagen zunächst nicht in die sicherlich »verwanzte« dpa-Wohnung, sondern nach Kuskowo, zum ehemaligen Schloß der Grafen Scheremetjew; da es weniger als 50 Kilometer von Moskau entfernt liegt, durfte es auch von

Ausländern ohne Sondergenehmigung besucht werden. Zum Herrensitz, der jetzt als Museum dient, gehörte ein sogenannter französischer Garten mit vielen künstlichen Teichen, Pavillons und Alabasterstatuen. Dort setzten wir uns auf eine freistehende Bank, und von dieser sommerlich warmen, dekorativen Kulisse schlug Nina einen weiten Erinnerungsbogen zu den düsteren GULag-Lagern am Eismeer und in Zentralasien. Sie war in Workuta und Karaganda gewesen und auch irgendwo hinter dem Baikalsee. Kurz bevor ich selbst 1948 in das Butyrka-Gefängnis eingeliefert wurde, hatte man sie wegen Landesverrats zu 25 Jahren Arbeitslager verurteilt und in den nördlichen Ural gebracht. Infolge der schrecklichen Arbeitsbedingungen in Workuta, dem nördlichsten Kohlerevier der Sowjetunion, hatte sich Ninas altes Asthmaleiden so verschlimmert, daß man sie arbeitsunfähig schrieb und nur innerhalb der Lagerumzäunung beschäftigte. Obwohl ich sie darum bat, war sie damals in Kuskowo nicht bereit, über Einzelheiten ihres siebenjährigen Lagerlebens zu sprechen.

»Was willst du wissen? Wie wenig es zu essen gab, wie erbärmlich die medizinische Betreuung war, wie schrecklich es in den Baracken stank und wie sehr wir unter dem Frost gelitten haben? Darüber hast du doch sicherlich genug gelesen und einiges davon ja auch selbst erlebt.«

Als es dann nach Stalins Tod im Zuge der Chruschtschowschen Entstalinisierung die ersten Amnestien für sogenannte »politische Verbrecher« gab, wurde auch Nina aus dem Lager entlassen, mußte aber für ein weiteres Jahr als Verbannte in Sibirien bleiben. Mit 50 Rubel Entlassungsgeld in der Tasche und zu schwererer körperlicher Arbeit nicht mehr fähig, tat sie sich mit einem lettischen Zimmermann zusammen, den sie im Lager kennengelernt hatte und der für sie beide eine kleine Hütte bauen konnte. Sie heiratete ihn, bekam bald ein Kind und folgte ihm, als die Verbannungszeit vorüber war, in seine lettische Heimat.

Rechtsbewußt, mutig und starrköpfig wie sie war, setzte sie in den siebziger Jahren sogar ihre Rehabilitierung durch. Denn in der Tat: Das Strafmaß von 25 Jahren hatte selbst nach sowjetischem Rechtsverständnis in keinem Verhältnis zur Straftat gestanden — der Fluchthilfe für einen Kriegsgefangenen.

Am nächsten Morgen standen wir uns in der Hotelhalle gegenüber; Nina war ganz weißhaarig geworden, aber ihre großen braunen Augen leuchteten so ausdrucksvoll und lebendig wie vor 40 Jahren. Noch bevor ich etwas sagen oder tun konnte, umarmte und küßte Kira sie. Dann wanderten wir zu viert durch Tallinn. Die Kinder fast stumm, denn Ninas Sohn sprach trotz eines abgeschlossenen Hochschulstudiums nur Lettisch und Russisch; aber auch Nina und ich waren unter der Last der drückenden Erinnerungen des Winters von 1947 nicht sehr gesprächig. Hand in Hand suchten wir nacheinander alle Stellen auf, die damals für uns irgendeine Bedeutung gehabt hatten, nur das Haus, in dem Lembit Riik gewohnt hatte, fanden wir nicht, oder genauer: Wir waren uns nicht sicher. Es war zweistöckig und grau oder graugrün gewesen, aber davon gab es auf der linken Seite der in Frage kommenden Straße mehrere. Die älteste von mir befragte Einwohnerin in diesen Häusern war erst 1955 zugezogen, und der Name sagte ihr nichts. Eines der Zimmer im zweiten Stock schien es zu sein, aber es blieben Zweifel.

Wir schlossen unseren Rundgang mit einem Besuch der Domkirche ab. Nina, die bei unserer Flucht noch Atheistin gewesen war, war es jetzt nicht mehr. Als ich sie darauf ansprach, sagte sie nur, sie hätte inzwischen zu viel Schweres erlebt, um immer noch ungläubig sein zu können. Ich mußte an

Solschenizyns Wort denken, daß der GULag die beste Schule des Lebens gewesen sei — sofern man überlebt habe. Wir hatten überlebt.

*Parteien, Deklarationen und Kongresse*

Das politische Thema dieser Augusttage hieß IME. Das estnische Wort »Ime« bedeutet auf deutsch »Wunder«. IME ist aber auch die estnische Abkürzung für »Selbständig wirtschaftendes Estland«.

Wenige Tage zuvor, am 2. Juli, hatte der Oberste Sowjet der UdSSR in erster Lesung ein Gesetz verabschiedet, das Estland und Litauen (später wurde auch Lettland miteinbezogen) vom 1. Januar 1990 an das Recht weitgehender Wirtschaftsautonomie verlieh. Damit waren die Esten einen entscheidenden Schritt vorangekommen auf dem Weg, der ihnen im Herbst 1987 in einem Zeitungsartikel von einem Journalisten, zwei Wirtschaftswissenschaftlern und einem Wirtschaftsfunktionär gewiesen worden war. Dieser »Vorschlag der Vier« löste damals eine sich über 20 Monate erstreckende lebhafte Diskussion aus, bis er, modifiziert und ergänzt, im Mai 1989 vom Obersten Sowjet der Republik seinen gesetzlichen Rahmen bekam und als Antrag an den Obersten Sowjet in Moskau weitergeleitet wurde. Dies sind die wichtigsten Forderungen beziehungsweise Merkmale des IME-Projektes:

1. Unterordnung aller Wirtschaftsbetriebe Estlands (mit Ausnahme der Rüstungsindustrie) unter die Leitung republikanischer Behörden und Organe oder aber ihre völlige Selbständigkeit.

2. Der Boden, alle Bodenschätze, das Transportwesen und alle Banken sind Eigentum der Republik Estland.

3. Vielfalt des Eigentums an Produktionsmitteln, einschließlich des Privateigentums in bestimmtem Umfang. Das Recht der Bauern auf eigenen, begrenzten Landbesitz, das Recht von Ausländern auf Besitz in Estland.

4. Freies Unternehmertum und Marktwirtschaft.

5. Dezentralisierung der republikanischen Wirtschaftsführung.

6. Eigene Außenhandelsbeziehungen.

7. Einführung einer eigenen Währung.

Als es dann im November 1989 in Moskau zur endgültigen Beratung und Verabschiedung des Unionsgesetzes kam, sahen sich die Abgeordneten der drei baltischen Republiken in stürmischen Debatten mit massivem Widerstand konfrontiert. Und es war wohl auch diese Diskussion, in deren Verlauf zum erstenmal von Abgeordneten des Obersten Sowjets ganz offen von der Gefahr eines Zerfalls der Sowjetunion gesprochen wurde. Die erste Kammer des Parlamentes nahm das umstrittene Gesetz mit einer Mehrheit von nur einer einzigen Stimme an, und Gorbatschow selbst mußte sein ganzes politisches Gewicht in die Waagschale werfen, um es schließlich doch noch in der Plenarsitzung durchzubringen. Bei dieser Gelegenheit sagte er wörtlich:

»Wir müssen über unsere bisherige Praxis hinausgehen und neue Erfahrungen sammeln. Wir brauchen dieses Gesetz, weil es den Weg der wirtschaftlichen Reform geht, den Weg der Stärkung der Föderation, nicht den ihrer Schwächung.«

Allerdings wurde unmittelbar vor der Schlußabstimmung noch ein Pferdefuß in das Gesetz hineingeschmuggelt, nämlich der Passus: »Im Rahmen der Gesetze der UdSSR«, der jetzt verbindlich vor allen sieben sonst so vielversprechenden Artikeln steht.

Diese Einschränkung und die fehlende Bereitschaft der

Moskauer Gesetzgeber, die betroffenen Unionsgesetze den praktischen Erfordernissen der drei republikanischen Wirtschaften anzupassen oder die hierfür notwendigen Ausführungsbestimmungen zu erlassen, haben dazu geführt, daß das Baltikum von wirtschaftlicher Selbständigkeit noch weit entfernt ist. Vielmehr können die Wirtschaftsbeziehungen zwischen den drei Republiken und der Moskauer Zentrale zur Zeit nur als völlig ungeregelt und unübersichtlich bezeichnet werden. Als zentrales Problem erwiesen sich zunehmend Eigentumsfragen und Fragen der Verfügungsgewalt über die bislang den Moskauer Ministerien direkt unterstellten Wirtschaftsbetriebe. Viele der von den Obersten Sowjets der baltischen Republiken bereits verabschiedeten Gesetze stehen in klarem Widerspruch zu Gesetzesvorlagen der Moskauer Zentrale, mit denen diese sozusagen in letzter Minute ihren Einflußbereich wenigstens teilweise zu sichern versucht.

Die Situation wird zusätzlich dadurch erschwert, daß die Esten, Letten und Litauer der Moskauer Forderung nach Entschädigungszahlungen für die in ihren Ländern errichteten Großbetriebe mit dem ebenso berechtigten wie lapidaren Einwand begegnen, sie hätten diese Betriebe ja gar nicht gewünscht, sondern diese seien ihnen im gesamtsowjetischen Interesse gegen ihren Willen aufgezwungen worden. Als das Mitteilungsblatt der sowjetischen Regierung, der »Prawitelstwennyj westnik«, am 5. Januar 1990 die Behauptung aufstellte, die Estnische Republik schulde der Union 689 Millionen Rubel, gab es in Tallinn auch noch weitergehende Reaktionen. Es wurde nämlich die Frage gestellt, mit wieviel Rubel denn die Arbeitskraft der hunderttausend verschleppten oder umgebrachten Esten in Moskau zu Buche stehe. Und es wurde auch gefragt, wie hoch man in der Zentrale alle anderen während der Stalin- und Breschnew-Zeit an der estnischen Wirtschaft begangenen Verbrechen veranschlage. Der estnische Wirtschaftswissenschaftler Kalev Kukk griff im »Eesti Ekspress« weitere Aspekte auf:

»Ende der dreißiger Jahre besaßen Estland und Finnland mehr oder weniger das gleiche wirtschaftliche und soziale Niveau. Die Entwicklung in Finnland könnte also für uns als Vergleichsnorm gelten. Demgegenüber zeigt der heutige Niveauunterschied zwischen Finnland und uns, wieviel Estland tatsächlich durch die (sowjetische) Kolonialpolitik verloren hat.«

Der estnische Ministerpräsident Indrek Toome charakterisierte Anfang Januar 1990 nach einer Konferenz in Moskau, bei der es wieder einmal um die gesetzliche Regelung der Wirtschaftsbeziehungen zwischen Moskau und Tallinn gegangen war, die Lage folgendermaßen:

»Das neue Jahr hat mit ernsthaften Auseinandersetzungen begonnen. Dabei mußten wir feststellen, wie blauäugig einige hohe Moskauer Beamte die Gesetzestexte des Obersten Sowjets der UdSSR vom 27. November zur wirtschaftlichen Selbständigkeit Estlands, Lettlands und Litauens vergessen haben. Wir stritten und stritten uns so lange, bis es bei jedem einzelnen Punkt der zu erarbeitenden Gesetzesverordnung zwei Standpunkte gab — den der Zentralgewalt und den einheitlichen der drei baltischen Republiken (. . .) Es sieht wirklich so aus, als habe die Zentralgewalt immer noch nicht begriffen, was wirtschaftliche Selbständigkeit, was Selbstentscheidung bedeutet. Wir werden ihr wohl erneut klarmachen müssen, worum es dabei geht. Eines steht aber fest: Eine neuartige Föderation kann auf diese Weise nicht errichtet werden.«

Erschwert, wenn nicht gar vergiftet, wird die Lage auch durch den Umstand, daß die baltischen Republiken im Zuge ihrer Hinwendung zu einer marktwirtschaftlichen Preisgestaltung eine ganze Reihe von Konsumgütern nicht mehr subventionieren und gleichzeitig auch das hemmungslose Aufkaufen anderer Konsumgüter durch Angehörige anderer Republiken zu unterbinden versuchen.

Im vorhin erwähnten Interview berichtete Ministerpräsident Toome beispielsweise auch von bitteren Vorwürfen, die man ihm in Moskau wegen der vom estnischen Parlament beschlossenen Preiserhöhungen für Wodka, Bier und Tabakwaren gemacht hatte. Die stellvertretende Ministerpräsidentin der Sowjetunion, Alexandra Birjukowa, habe ihn bereits wenige Tage nach dem Beschluß ganz aufgebracht angerufen. Der Grund: Der Oberste Sowjet der Russischen Föderation und das Exekutivkomitee von Leningrad hätten sich darüber beschwert, daß die Esten nun die Alkohol- und Tabakläden in Leningrad leerkaufen würden. Zudem torpediere der Beschluß des estnischen Parlaments die einheitliche Preispolitik der Union und verschlechtere die Beziehungen Estlands zu seinen Nachbarn.

Genauso hart beschwert man sich in Moskau auch über alle Bestimmungen, die von den drei baltischen Republiken seit dem 1. Januar 1990 zum Schutz ihrer eigenen Märkte erlassen wurden. In Estland gibt es zur Zeit praktisch eine zweite Währung in Form von Zertifikaten, die nur an Gehaltsempfänger der Republik ausgegeben werden. Mit diesen wird den Bürgern der Einkauf verschiedener Mangelwaren gesichert, die sonst in die Russische Föderation abwandern würden. Ähnliche Einkaufsberechtigungsscheine gibt es auch in Lettland und Litauen. Nach Angaben der lettischen Behörden wurden während des Jahres 1989 insgesamt Konsumgüter im Wert von 700 Millionen Rubel von Zugereisten außer Landes gebracht. Estland und Lettland haben auch ihre Fleischlieferungen an das bislang weitgehend von ihnen versorgte Leningrad erheblich reduziert. Der sowjetische Ministerpräsident Ryschkow wiederum hat den baltischen Republiken mit einer Sperre von russischem Öl, Gas und elektrischem Strom gedroht. In der

Tat, das Traumbild von der harmonischen, sich gegenseitig mit allem Notwendigen versorgenden sowjetischen Völkerfamilie hat sich nicht nur endgültig verflüchtigt, sondern ist darüber hinaus zur häßlichen Parodie geworden. De facto stehen sich nur noch egoistische nationale Wirtschaftsgebiete gegenüber, die zudem mit devisenträchtigen Auslandsmärkten liebäugeln.

In den Strudel dieser politischen und wirtschaftlichen Entwicklung ist in Estland keine Organisation so sehr geraten wie die *Estnische Kommunistische Partei* (EKP). Seit dem Beginn der »singenden Revolution« hat sie sich stets als Mittlerin zwischen den nationalen Interessen und denen der Moskauer Zentrale verstanden, ist aber zunehmend zwischen diesen Mühlsteinen zerrieben worden. Alles in allem muß ihr aber doch bescheinigt werden, daß sie ihre ideologischen Bindungen an die sowjetische KP immer mehr und mehr dem Wohle des estnischen Volkes geopfert hat. Das trug einzelnen Führern der KP sogar ein gewisses Ansehen ein, während die Partei als solche an Ansehen verlor. Zwei Anfang 1990 durchgeführte Meinungsumfragen sind dafür bezeichnend. Auf die Frage »Wer wäre heute am besten in der Lage, die estnischen Interessen zu vertreten?« verteilten sich die Antworten wie folgt:

| | Esten | Nicht-esten |
|---|---|---|
| 1. Volksfront | 36% | 8% |
| 2. Estnische Kommunistische Partei (EKP) | 11% | 22% |
| 3. Verband der Arbeiterkollektive (estn.) | 15% | 3% |
| 4. Estnische Sozialdemokratische Unabhängigkeitspartei | 9% | 3% |
| 5. Estnische Nationale Unabhängigkeitspartei | 7% | 2% |

Bei einer anderen Umfrage, bei der ganz direkt nach der Partei gefragt wurde, die der Befragte bei den Parlamentswahlen am 18. März 1990 wählen würde, entfielen auf die EKP sogar nur 2% aller estnischen Stimmen und 19% aller Nichtesten.

Auf die nur an Esten gerichtete Frage »Für welchen Präsidentschaftskandidaten würden Sie sich entscheiden?« wurden folgende Namen genannt:

| | |
|---|---:|
| Rüütel (EKP) | 48% |
| Toome (EKP) | 23% |
| Savisaar (früher EKP, jetzt parteilos) | 5% |
| Lauristin (früher EKP, jetzt Estnische Sozialdemokratische Unabhängigkeitspartei) | 4% |

Aus dieser Sachlage zog der in den USA lebende estnische Soziologe Rein Taagepera im »Eesti Ekspress« den richtigen Schluß, als er schrieb, man müsse sehr klar zwischen der Estnischen KP und einzelnen estnischen KP-Mitgliedern unterscheiden. Erstere sei eine verräterische Organisation, von letzteren könne man das nicht immer sagen, denn viele von ihnen hätten sich im Rahmen ihrer ideologischen Überzeugung und Möglichkeiten in Moskau zum Wohle des Landes eingesetzt.

Dieses Urteil gilt besonders für die Zeit ab Sommer 1988, als zum erstenmal in der Geschichte der Estnischen KP ein echter Este an die Spitze der Partei trat — Vaino Väljas, der in der Breschnew-Zeit als sowjetischer Botschafter nach Lateinamerika abgeschoben worden war. Gorbatschow, der ihn während seiner Studienzeit in Moskau kennengelernt hatte, traf seine Wahl offenbar in der Hoffnung, mit Hilfe von Väljas das nationale Aufbegehren der Esten kanalisieren zu können. In der Tat war es Väljas, der als Parteichef vieles von dem toleriert oder gar unterstützt hat, was während der »singenden Revolution« in Estland erreicht worden ist.

Eine weitere spürbare Liberalisierung der Estnischen KP erfolgte nach der Wahl von Mikk Titma zum Ideologiesekretär der Partei. Hier einige kennzeichnende Auszüge aus einem Interview, das Titma im November 1989 im Hinblick auf die Märzwahlen 1990 der Zeitung »Maaleht« gab:

»In der Sowjetunion werden die Kommunisten wahrscheinlich an der Macht bleiben, während es bei uns in Estland wohl eine Art von Koalitionsregierung geben wird«; und »ich bin fest davon überzeugt, daß der Artikel 6 (der das Machtmonopol der KP festschreibt), diese Säule der Sowjetmacht, sehr bald aus der estnischen Verfassung gestrichen wird« — was in der Tat auch bald darauf geschah.

Andererseits waren weder Väljas noch Titma damals bereit, den litauischen Weg zu gehen und die estnische KP von der gesamtsowjetischen KP abzuspalten. Wie sie beide auch nie ihre Bereitschaft erklärt haben, ein freies Estland völlig aus der Sowjetunion herauszulösen. Die von ihnen vertretene Formel eines »souveränen sozialistischen Staates« innerhalb einer neuen sowjetischen Föderation hat die Estnische KP am 18. März mit Sicherheit sehr viele Wählerstimmen gekostet.

Die kleinen, um die Jahreswende oder auch früher entstandenen Parteien haben die politische Landschaft im Vorfeld der Wahlen nur wenig beeinflußt. Das bezieht sich vor allem auf die beiden liberalen Gruppierungen, die sich im Januar 1990 zur »Estnischen Liberaldemokratischen Partei« zusammenschlossen. Ein gutes Beispiel dafür, wie bunt sich die verschiedensten politischen Aktivisten der Republik auf Parteien oder parteiahnliche Zusammenschlusse verteilten, bietet der »Klub der liberalen Reformisten«, dessen Gründungssatzung unter anderem auch von Ministerpräsident Toome unterschrieben wurde, ohne daß er aus der KP ausgetreten wäre. Die Wahlen vom 18. März zeichneten sich in der Tat schon sehr früh als reine Personenwahlen und nicht als Parteiwahlen ab. Ins Gewicht fiel lediglich, was der betreffende Kandidat während der letzten Monate für das Land getan hatte, und nicht, welcher Partei er angehörte.

Das galt beispielsweise auch für die Aktivisten der Bewegung »Genf 49«, die es sich zum Ziel gesetzt hat, den Wehrdienst junger Esten in der sowjetischen Armee zu unterbinden oder einzuschränken. Die Bewegung, die im Oktober 1989 unter Beteiligung aller politischen Organisationen des Landes, mit Ausnahme der EKP, entstand, stützt sich auf Artikel 51 des Genfer Abkommens, der es einer Okkupationsmacht untersagt, Angehörige eines unterworfenen Volkes zum Wehrdienst einzuziehen. Davon ausgehend, rufen »Genf 49« und ihre Schwesterbewegungen in Lettland und Litauen alle baltischen Wehrpflichtigen auf, ihren Einberufungsbefehlen nicht Folge zu leisten, sondern sie bei den örtlichen Vertretungen von »Genf 49« abzuliefern, von wo sie dann der zuständigen sowjetischen Militärdienststelle zurückgeschickt werden. Die Zahl der Wehrdienstverweigerer geht mittlerweile in allen drei Republiken in die Tausende, wobei viele junge Leute ihre Einberufungsbefehle gar nicht erst abliefern, sondern sie demonstrativ in der Öffentlichkeit verbrennen.

Bei allen ihren Protesten gegen die derzeitige Regelung hat »Genf 49« aber auch klargestellt, daß sie sich nicht als grundsätzliche Verweigerungsorganisation versteht. Den Wehrdienst in eigenen, nationalterritorialen Einheiten innerhalb der sowjetischen Streitkräfte schließt die Organisation keineswegs aus. Es kommt ihr vor allem darauf an, dem Wehrdienst von Esten außerhalb des Baltikums ein Ende zu bereiten.

Ausgelöst wurde die Bewegung durch sich häufende Meldungen über Mißhandlungen junger baltischer Rekruten durch russische Vorgesetzte in fernen Garnisonsstädten. Diese Vorgesetzten, und die russischen Soldaten überhaupt, seien aufgrund der negativen Berichterstattung in Moskauer Zeitungen über die Geschehnisse im Baltikum so wütend auf die Esten, Letten und Litauer, daß Schikanen und Prügel an der Tagesordnung seien. Die Briefe vieler Betroffener an ihre Eltern, die in Tallinn, Riga und Vilnius publiziert wurden, sprechen in der Tat eine deutliche Sprache. Immer mehr Mütter begannen daraufhin öffentlich gegen die Mißhandlung ihrer Söhne zu protestieren, und das verstärkt, als auch noch Todesfälle bekannt wurden. Margus Kulbin, ein junger Mann aus Südestland, hatte vor seinem Tod in Briefen wiederholt von Verprügelungen berichtet — bis dann eines Tages der Zinksarg mit seiner Leiche eintraf. Als Todesursache wurde vom Kommandeur des Rekruten Erhängen angegeben, aber da es verboten ist, die Zinksärge zu öffnen, ist allen Vermutungen freier Lauf gelassen.

Sowohl legale als auch moralische Unterstützung erhielt »Genf 49« durch eine Deklaration des Estnischen Obersten Sowjets, in der ebenfalls das Recht der Republik auf eine eigene Territorialarmee gefordert wurde. Für eine Übergangszeit sollten die Wehrpflichtigen ihren Dienst »vor allem auf estnischem Territorium oder im Baltischen Wehrbezirk« ableisten dürfen.

Zur Abrundung des Bildes der politischen Landschaft und Atmosphäre vor der entscheidenden Parlamentswahl gehören noch zwei weitere Erscheinungen: das Entstehen und Zusammentreten des *Estnischen Kongresses* und die *Generalversammlung* aller in Estland gewählten Volksvertreter — von den Abgeordneten des Obersten Sowjets der UdSSR bis hinab zu den örtlichen Gemeinderäten. In der von den 3207 Teilnehmern am 2. Februar 1990 mit überwältigender Stimmenmehrheit verabschiedeten »Deklaration zur nationalen Unabhängigkeit Estlands« heißt es unter anderem:

»Als annektierter Staat ist Estland ein halbes Jahrhundert lang, obzwar Unionsrepublik genannt, eine Provinz der Sowjetunion gewesen, hat aber im Herzen seines Volkes seinen unauslöschlichen Durst nach Selbständigkeit bewahrt . . .

Die Generalversammlung wendet sich an den Obersten Sowjet der Sowjetunion mit dem Vorschlag, Verhandlungen mit den gesetzlichen Vertretern des estnischen Volkes über die Wiederherstellung der Selbständigkeit des estnischen Staates aufzunehmen.«

Da diese Beschlußfassung genau am 70. Jahrestag des estnisch-russischen Friedensvertrages erfolgte, der die Souveränität Estlands auch aus russischer Sicht auf eine eindeutig legale Basis stellte, gipfelte die Erklärung in dem Satz: »Vor der ganzen Welt halten wir an der unbezweifelbaren Gültigkeit des Friedensvertrages von Tartu fest.«

Von wahrscheinlich noch größerer Bedeutung war die Entstehung des Estnischen Kongresses, einer staatsrechtlich ebenso umstrittenen wie interessanten Volksvertretung aller Esten, unabhängig von ihrem derzeitigen Wohnsitz. Als seine Initiatoren wandten sich im Februar 1989 etwa gleichzeitig die »Nationale Unabhängigkeitspartei«, die »Denkmalschutzgesellschaft« und die »Christliche Union« mit Aufrufen an alle Esten, in ihren Kirchengemeinden sogenannte Bürgerkomitees zu bilden und sich in entsprechende Bürgerlisten einzutragen. Das Recht dazu wurde allen zugebilligt, die entweder im Juli 1940 estnische Staatsbürger gewesen waren oder von solchen abstammten. Bewohnern des heutigen

Estland, die diese Bedingungen nicht erfüllten, wurde die Möglichkeit geboten, entsprechende Aufnahmeanträge zu stellen.

Als sich bis zum November über 100 solcher Bürgerkomitees gebildet und sich über 300 000 Esten in die Listen eingetragen hatten, konstituierte sich in Tallinn ein leitendes Hauptkomitee, das für den 24. Februar 1990, den alten Nationalfeiertag, Wahlen zu einem Estnischen Kongreß ausschrieb. In diesem 500 Mitglieder umfassenden Parlament sollten auch 35 Ausland-Esten Sitz und Stimme haben.

Obwohl die Bürgerkomitees alle sowjetestnischen Institutionen als Organe einer Besatzungsmacht de jure nicht anerkennen, haben sie im Hinblick auf die de-facto-Verhältnisse eine gewisse Kompromißbereitschaft bekundet. In einer Deklaration des Hauptkomitees heißt es:

»Wir erklären, daß es das Ziel des Estnischen Kongresses sein wird, friedliche, sowohl parlamentarische wie diplomatische Vorbereitungen zu treffen für die Wiedergeburt der Staatsmacht der Republik Estland in diesem okkupierten Lande. Bei der Wiederherstellung unserer tatsächlichen Unabhängigkeit schließen wir die Möglichkeit des Tätigwerdens über und durch die existierenden Institutionen (einschließlich des Obersten Sowjets) nicht aus.«

Bei den Wahlen erhielten:

| | |
|---|---:|
| Ungebundene Kandidaten | 109 Sitze |
| Volksfront | 107 Sitze |
| Denkmalschutzgesellschaft | 104 Sitze |
| Nationale Unabhängigkeitspartei | 70 Sitze |

Neunundvierzig gewählte Abgeordnete waren zum Zeitpunkt der Wahl noch Mitglieder der EKP. Insgesamt wurden in Estland 464 und in den USA, Kanada, Schweden undsoweiter 35 Abgeordnete des Estnischen Kongresses gewählt.

Etwa zwei Wochen später trat der Estnische Kongreß in Tallinn zu seiner konstituierenden Versammlung zusammen, an der allerdings sieben der insgesamt 35 gewählten Exilesten nicht teilnehmen konnten, da sie von den sowjetischen Behörden kein Einreisevisum erhalten hatten. Der Kongreß wählte ein 78köpfiges Führungsorgan, das Estnische Komitee, und verabschiedete eine Reihe von Erklärungen und Appellen. In der an den Moskauer Kongreß der Volksdeputierten gerichteten Erklärung heißt es unter anderem:

»Der Estnische Kongreß fordert den Kongreß der Volksdeputierten der UdSSR auf, seine Politik der Wiederherstellung der historischen Wahrheit und Gerechtigkeit der Republik Estland gegenüber bis zu ihrem logischen Ende fortzusetzen (...) Der Estnische Kongreß fordert den Kongreß der Volksdeputierten der UdSSR auf, die illegale Annexion Estlands zu beenden und die sowjetischen Okkupationstruppen vom Territorium der Republik Estland abzuziehen ... Der Estnische Kongreß schlägt vor, daß eine von ihm ernannte Delegation mit dem Kongreß der Volksdeputierten der UdSSR Verhandlungen über die Frage der Beendigung der Okkupation Estlands und die Wiederanerkennung der Republik Estland aufnimmt.«

In weiteren Dokumenten erklärte sich der Estnische Kongreß zum alleinigen verhandlungsberechtigten und vom Volk legitimierten Organ Estlands, bekräftigte den Bestand der im Friedensvertrag von Tartu festgelegten estnisch-sowjetischen Grenzen und forderte die UNO auf, sich der Frage der Wiederherstellung der Unabhängigkeit Estlands anzunehmen.

So sehr die einzelnen Parlamentsbeschlüsse, Demonstrationen und sonstigen nationalen Willensäußerungen in den baltischen

Republiken die Moskauer Zentrale auch beunruhigt haben — weitaus empfindlicher reagierte der Kreml aber doch auf die *gemeinsamen Manifestationen aller drei Republiken*. Diese hatten natürlich in den zwölf anderen Teilstaaten der Union ein größeres Echo und bedeuteten für den Bestand der sogenannten sowjetischen Völkerfamilie auch eine größere Gefahr.

Den entscheidenden Schritt in diese Richtung unternahmen die drei Volksfronten, als sie sich im Mai 1989 in Tallinn zur *Baltischen Versammlung* konstituierten und einen *Baltischen Rat* wählten, der hinfort als Sprachrohr ihrer gemeinsamen Interessen fungieren sollte. Noch in Tallinn wandte sich der Rat mit insgesamt zehn Deklarationen, Appellen und Telegrammen sowohl an die Weltöffentlichkeit als auch an die verschiedenen sowjetischen Adressaten: an die UNO, an die Staatsoberhäupter der KSZE-Länder, an Gorbatschow und an alle demokratischen Bewegungen der Sowjetunion.

Als sich am 23. August 1989, dem 50. Jahrestag des Hitler-Stalin-Paktes, weit über eine Million Balten zu einer 800 Kilometer langen, von Tallinn bis Vilnius reichenden Menschenkette zusammenfanden, gingen die Bilder von dieser machtvollen Demonstration um die ganze Welt. Bis tief in die Sommernacht, bei Fackelschein und dem Licht brennender Mahnfeuer, waren damals buchstäblich drei Nationen auf den Beinen, um Selbständigkeit und Unabhängigkeit zu fordern. Es wehten die Nationalfahnen, und immer wieder ertönte in allen drei Sprachen der Ruf nach Freiheit. Aber es gab keine chauvinistischen Parolen, wie anderntags von einigen sowjetischen Medien behauptet wurde, und auch keine Ausschreitungen gegen russische Bürger. Das Zustandekommen dieser lebenden Kette aus Menschen war ein Verdienst des Baltischen Rates der drei Volksfronten — der estnischen »Rahvarinne«, der lettischen »Tautas fronte« und der litauischen »Sajudis«.

Da die Reaktion des ZK der KPdSU noch schärfer ausfiel als die der sowjetischen Presse, richtete der Baltische Rat im August je einen Hilferuf an die Völker der Sowjetunion und an die UNO. In letzterem hieß es:

»Unsere drei kleinen Völker zeigten am 23. August, am 50. Jahrestag des Paktes, der Welt ihr unerschütterliches Streben, auf friedlichem, parlamentarischen Wege, durch den freien Ausdruck des Willens, die staatliche Unabhängigkeit wiederherzustellen. Wir beabsichtigen, unser Selbstbestimmungsstreben weder auf dem Wege der Gewalt noch auf Rechnung eines anderen Volkes noch durch Schaffung von Gefahr für die europäische Sicherheit zu realisieren (. . .)

Deshalb hat die Erklärung des ZK der KPdSU vom 26. August dieses Jahres die Überraschung und Erbitterung des estnischen, lettischen und litauischen Volkes ausgelöst, weil dort diese Völker mit der Gefahr der Gewalt und sogar mit der Einbuße der Lebensfähigkeit bedroht werden, wenn sie von dem Streben nach Unabhängigkeit nicht ablassen. Die Öffentlichkeit der baltischen Republiken verstand diese Drohungen als ausdrückliche Vorbereitung der sowjetischen Führung zur Gewaltanwendung gegen die ihr unterstellten, waffenlosen Völker (. . .)

In dem Gefühl der Unruhe und im Bewußtsein der Verantwortung für das Geschick unserer Völker, sowie überzeugt davon, daß die Art ihres Freiheitsstrebens richtig und friedlich ist, wenden wir uns, die Vertreter der Bewegungen der Völker der baltischen Länder, indem wir die Charta der UNO anerkennen und uns bedingungslos nach ihren Prinzipien zu richten verpflichten, persönlich an Sie, Herr Generalsekretär, mit der Bitte, Ihren hohen Status und Ihr internationales Ansehen einzusetzen, um unseren Völkern zu helfen (. . .)

Wir bitten Sie, in der nächsten Zukunft eine internationale

Kommission nach Estland, Lettland und Litauen zu entsenden, um die Situation und die Achtung der Menschenrechte zu untersuchen und einzuschätzen.«

Sehr bald wurde der Baltische Rat auch im Bereich der Wirtschaft tätig. Er setzte sich für eine stärkere Zusammenarbeit der drei Republiken ein und propagierte auf längere Sicht die Schaffung eines Baltischen Marktes. Zu diesem Zweck müßten die drei Republiken

1. ihre die Wirtschaft betreffenden Gesetze aufeinander abstimmen,
2. ihre Außenhandelsbeziehungen koordinieren,
3. ein Konsultativgremium zur Förderung inter-baltischer Kontakte bilden,
4. eine Regierungskommission einsetzen, die die Entstehung eines gemeinsamen Baltischen Marktes bis zum Jahre 1993 sicherstellen soll.

Darüber hinaus wurde auf einer Konferenz im September 1989 auch noch beschlossen, daß sich die Wirtschaftsbetriebe der drei Republiken hinfort gegenseitige Vergünstigungen einräumen sollten — bei der Beschaffung, beim Absatz und bei sonstigen Transaktionen.

Und schließlich traten im Monat darauf auch noch die drei Ministerpräsidenten in Riga zu einer Sonderkonferenz zusammen, um über gemeinsame Reaktionen auf den Widerstand zu beraten, den die Moskauer Zentrale dem estnischen IME-Projekt sowie den analogen Beschlüssen der Letten und Litauen entgegensetzte. Im Kommuniqué stellten die Regierungschefs fest, daß der 1. Januar 1990 als Termin für den Übergang zum selbständigen Wirtschaften der drei Republiken unbedingt eingehalten werden müsse.

Wenn die Beschlüsse und Aktionen des Baltischen Rates oder die internen Konferenzen der baltischen Ministerpräsidenten der großen Masse der sowjetischen Bevölkerung relativ unbekannt bleiben, so gilt das nicht für das gemeinsame Auftreten der estnischen, lettischen und litauischen Abgeordneten im Moskauer Obersten Sowjet und im Kongreß der Volksdeputierten. Da die Geschehnisse in diesen höchsten Gremien der Legislative von der gesamten sowjetischen Presse genau verfolgt und kommentiert werden, sind die Namen und Diskussionsbeiträge vieler baltischer Abgeordneter den Lesern von »Prawda« oder »Iswestija« oder den Zuschauern des zentralen Fernsehens gut bekannt. Sie wissen, daß die Estin Marju Lauristin mehr als einmal als erste auf die Rednertribüne eilte, um Gorbatschow in dieser oder jener Frage zu widersprechen, und sie erinnern sich des Auszuges der litauischen Delegierten aus dem Kremlpalast bei der Debatte um die Wirtschaftsreformen. Um ihre bis dato oft spontanen Reaktionen noch besser aufeinander abzustimmen, gründeten 90 Abgeordnete des Kongresses der Volksdeputierten im September 1989 die »Baltische Parlamentarische Gruppe«, also eine Fraktion, wie sie nach sowjetischem Recht eigentlich nicht zulässig ist. Zu ihr bekannten sich 48 Prozent aller estnischen, 48 Prozent aller lettischen und 72 Prozent aller litauischen Abgeordneten. Nicht bereit, sich der Fraktion anzuschließen, waren zum einen fast alle russischen Abgeordneten der drei Republiken und zum anderen auch konservative höhere Partei- und Regierungsfunktionäre. In einer an alle Abgeordneten des Volkskongresses gerichteten Erklärung wurden diese von der Existenz der »Baltischen Gruppe« und von deren Bereitschaft unterrichtet, mit allen anderen Abgeordneten besonders immer dann zusammenzuarbeiten, wenn es im Parlament um die Verteidigung nationaler Interessen oder radikaler politischer sowie wirtschaftlicher Reformen geht.

Dieser Schulterschluß der baltischen Volksvertreter in den

für das Schicksal ihrer Länder entscheidenden Jahren 1988, 1989 und 1990 war nur möglich, weil die politische Entwicklung in den drei Republiken während der Perestrojka-Periode im großen und ganzen analog verlaufen war. Allgemein läßt sich sagen, daß auf dem Wege zu mehr Selbständigkeit mal die eine, mal die andere Republik etwas voraus war. Estland eröffnete beispielsweise den Reigen der Unabhängigkeitserklärungen mit seinem Parlamentsbeschluß vom 12. November 1989, Lettland beendete ihn am 15. Februar 1990, während Litauen dazwischen lag. Dafür wagte die litauische KP als erste den Austritt aus der gesamtsowjetischen KP, während sich ihre schwächeren Schwesterparteien in Estland und Lettland vor den entscheidenden Märzwahlen nicht dazu durchringen konnten.

Angesichts der detaillierten Darstellung der politischen Landschaft Estlands würde eine Schilderung der ähnlichen, zum Teil sogar gleichen Beschlüsse und Entwicklungen in Lettland und Litauen zu überflüssigen Wiederholungen führen. Ich möchte also für die Zeit der sowjetischen »Götterdämmerung« ganz bewußt Pars (Estonia) pro toto (Balticum) gelten lassen.

Einige Schlaglichter sind dennoch zu setzen. Anders als in den Nachbarrepubliken, hat sich in *Lettland* vor allem eine aus Arbeitern bestehende Menschenrechtsgruppe »Helsinki 86« mit Protesten gegen die Sowjetisierung und mit Forderungen hervorgetan, die bis zum Vorschlag eines Referendums über den Austritt Lettlands aus der Sowjetunion gingen. Diese Gruppe, die sich ganz bewußt immer wieder auf die Schlußakte von Helsinki berief, schaltete sich 1987 auch aktiv in die aufkommende öffentliche Diskussion über die Umweltzerstörung ein. Als greifbares Ergebnis gelang es ihr und den damals wie Pilze aus dem Boden schießenden sogenannten Umwelt-Klubs, den geplanten Bau eines zweiten riesigen Kraftwerkes an der Düna und einer U-Bahn in Riga zu verhindern.

Ebenso wie in Estland, war auch in Lettland das Jahr 1988 die Zeit der ersten großen Massenkundgebungen, bei denen nationale Kommunisten neben erklärten Antikommunisten gemeinsam für ein »Freies Lettland in einem freien Europa« warben. Eine klar erkennbare Machtverschiebung innerhalb der lettischen Staats- und Parteiführung ergab sich infolge der Abberufung des konservativen Parteichefs Boris Pugo in die Moskauer Zentrale. Als Ergebnis des Stühlerückens waren dann zum erstenmal seit dem »Anschluß« Lettlands sowohl der Parteichef als auch der Ministerpräsident und der Parlamentspräsident einheimische Letten. Von ihnen konnten Ministerpräsident Bresis und der Vorsitzende des Präsidiums des Obersten Sowjets, Gorbunovs, als relativ reformfreudig bezeichnet werden, Parteichef Vagris als nicht stark profilierter Zentrist. Die lettische Volksfront, die »Tautas Fronte«, wurde im Oktober 1988 gegründet, die russische »Interfront« Anfang 1989. Im Herbst des Jahres zerfiel die lettische KP nach heftigen internen Debatten sowie Appellen an alle Kommunisten des Landes in einen reformfreudigen und einen stalinistisch-konservativen Flügel. Es kam zwar noch nicht zum offiziellen Bruch, aber es war schon damals offensichtlich, daß der »litauische Weg« nur noch eine Frage der Zeit sein konnte.

1989, und zwar im Februar und Mai, fanden auch die beiden ersten Kongresse der profiliertesten und wichtigsten Oppositionspartei statt, der *Nationalen Unabhängigkeitsbewegung Lettlands*. Und im Sommer schließlich folgte die Wiedergeburt der »Sozialdemokratischen Arbeiterpartei Lettlands«, die sich als Nachfolgerin der 1904 gegründeten SDAPL versteht, der stärksten Partei in der Zeit der Unabhängigkeit.

Als Finale der politischen Entwicklung, für die die Wahlen am 18. März eine wichtige Zäsur sein sollten, müssen zwei Ereignisse genannt werden. Zum ersten die Erklärung des lettischen Obersten Sowjets vom Februar 1990, in der festgestellt wird, daß der Beschluß des Parlaments, der »Saeima«, vom 21. Juli 1940, der Sowjetunion beizutreten, von Anfang an ungültig war, weil er nicht vom Willen der Bevölkerung getragen wurde. Und zweitens die offizielle Rehabilitierung und Wiedereinführung der Hymne, des Staatswappens und der rot-weiß-roten Flagge der bürgerlichen Republik. Bemerkenswert ist dabei, daß in der amtlichen Bekanntgabe im Hinblick auf den großen russischen Bevölkerungsanteil Lettlands auch der russische Text der Hymne festgeschrieben wurde. Kommunist oder Nichtkommunist, wer hinfort die russische Version singen will, muß sich in der ersten Strophe zu »Boshe bogoslowi Latwiju«, »Gott segne Lettland«, bekennen.

Die Unabhängigkeitsbewegung *Litauens* war zwar zum Zeitpunkt der Parlamentswahlen Ende Februar 1990 am weitesten vorangeschritten, hatte aber im Vergleich zu den beiden anderen Republiken am spätesten eingesetzt. Das lag auch an den bis Oktober 1988 amtierenden konservativen und hart durchgreifenden KP-Chefs Griškevičius und Songaila. Die Züricher Wochenzeitung »Weltwoche« schreibt dazu in einem Rückblick auf das Jahr 1988:

»Die ›singende Revolution‹ hatte die Esten ergriffen, halb Lettland ging auf die Straße. Aber Litauen döste. Und wenn die Friedhofsruhe doch gestört wurde, dann stellten — noch Ende September 1988 — knüppelnde Milizionäre und KGB-Leute sie wieder her.

Indes kehrte sich die sinnlose Gewalt, mit der die Diktatur ihre Ordnung durchzusetzen suchte, ähnlich wie in Tbilissi im

April 1989 und in Prag im November, unversehens gegen die Macht. Das Kartenhaus stürzte ein. Wenige Tage nachdem die Miliz den Gediminas-Platz in Vilnius (deutsch: Wilna, polnisch: Wilno) brutal von Demonstranten freigehalten hatte, verwandelte sich dieser in ein Zentrum des Aufbruchs. Antirussische und antisowjetische Plakate tauchten auf; Karikaturen, die zeigten, wie sich der russische Bär die litauische Maus holte, und Sprüche wie ›Die UdSSR — ein Völkergefängnis‹.«

Daß sich die politische Landschaft erheblich veränderte, dazu hat die Gründung der »Sajudis« am 3. Juni 1988 wesentlich beigetragen, die allerdings, ebenso wie ihre Schwesterorganisationen in Lettland und Estland, zunächst mit einem relativ gemäßigten Reformprogramm antrat. Unter dem ständig wachsenden Druck der öffentlichen Meinung und vorangetrieben auch von der wesentlich radikaleren »Litauischen Freiheitsliga«, ging die »Sajudis« zum Schluß dann so weit, daß ihr Generalsekretär Cepaitis noch kurz vor der Februarwahl ohne jedes Wenn und Aber erklären konnte:

»Wir drei, also Litauen, Lettland und Estland, werden aus der Sowjetunion ausscheiden.«

Dem gleichen Druck der öffentlichen Meinung sah sich auch die litauische KP ausgesetzt. Der neue Parteichef Algirdas Brasauskas ließ sich mit der »Sajudis« in einen Wettkampf um die Gunst der Menschen ein. So hatte er beispielsweise wesentlichen Anteil an der Rückgabe der Kathedrale von Vilnius an die Kirche, an der Wiederzulassung religiöser Feiertage und an der Herstellung direkter Gesprächskontakte zwischen der KP-Führung und Kardinal Sladkevičius.

Als die KP dann bei den Wahlen zum ersten allsowjetischen Kongreß der Volksdeputierten im März 1989 dennoch eine vernichtende Niederlage erlitt (die von der »Sajudis«, aber auch von der »Christlich-Demokratischen Partei«, der »Demokratischen Partei« und der »Litauischen Freiheitsliga« unterstützten Kandidaten errangen 36 der insgesamt 42 zu vergebenden Sitze), stellte sich die KP in noch stärkerem Maße auf die Stimmung in der Bevölkerung ein. Diese Tendenz führte im Dezember 1989 zur Abspaltung der litauischen von der allsowjetischen KP. Der mit 1038 Delegierten beschickte XX. Parteikongreß faßte am 20. Dezember 1989 mit 855 gegen 160 Stimmen bei 12 Enthaltungen einen Beschluß, in dem es unter anderem hieß:

»Die Litauische Kommunistische Partei ist eine unabhängige politische Organisation mit eigenem Programm und eigener Satzung. Sie ist ein wesentlicher Bestandteil des litauischen politischen Systems (. . .) Das wichtigste Ziel der KPL ist ein unabhängiger demokratischer litauischer Staat (. . .) Die KPL wird danach streben, auf der Basis der Gleichberechtigung Beziehungen zur KPdSU und anderen fortschrittlichen Parteien sowie öffentlichen Organisationen und Bewegungen zu unterhalten.«

Bereits am folgenden Tage schlossen sich die 135 unterlegenen Kongreßdelegierten, darunter etwa 40 Offiziere der in Litauen stationierten sowjetischen Truppen, mitsamt ihren Anhängern zur »Kommunistischen Partei Litauens auf der Plattform der KPdSU« zusammen und wählten ein eigenes provisorisches Zentralkomitee, das nun dem von Brasauskas geführten gegenüberstand. Die Moskauer Reaktion ließ nicht lange auf sich warten. Gorbatschow berief für den 25. und 26. Dezember eine Krisensitzung des Zentralkomitees der allsowjetischen Partei ein und erklärte den Beschluß der litauischen Genossen für »illegal und nichtig«. Die Politik der Perestrojka, so fügte er hinzu, habe zu einem erheblichen Anwachsen des nationalen Bewußtseins geführt, doch werde die zentrale Parteiführung ein Auseinanderbrechen der Union nicht zulassen. Auf der gleichen KP-Sitzung wurde beschlossen, eine hochrangige, von Gorbatschow selbst geführte ZK-Delegation nach Litauen zu entsenden, mit dem erklärten Ziel, die Litauer zur Vernunft zu bringen.

Dieser erste offizielle Besuch eines Moskauer Parteiführers in Litauen fand vom 10. bis 12. Januar 1990 statt und war aus Moskauer Sicht ein totaler Fehlschlag. Die Litauer empfingen Gorbatschow mit einer Demonstration, an der über eine halbe Million Menschen teilnahm, sie erstickten ihn förmlich in einem Meer von Fahnen und Parolen, verwickelten ihn in unzählige öffentliche und private Diskussionen — und blieben unbeugsam. Da Gorbatschow immer noch als Realist einzustufen ist, muß ihm dieser Besuch die letzten Illusionen hinsichtlich der Ziele und Vorhaben der drei baltischen Nationen geraubt haben. Dennoch verlor er nie die Beherrschung, formulierte seine Stellungnahmen relativ vorsichtig, machte auch Versprechungen und blieb nur in einem Punkt hart: Alle Veränderungen, und solche wären notwendig, könnten nur im Rahmen der Föderation erfolgen.

Das mutige Verhalten und kluge Taktieren von Brasauskas Gorbatschow gegenüber trug ihm im unmittelbaren Vorfeld der Parlamentswahlen gewiß zusätzliche Sympathien in der Bevölkerung ein. Dennoch stand eigentlich schon damals fest, daß die KP gegenüber den von der »Sajudis« unterstützten Kandidaten der anderen Parteien keine echte Chance mehr besaß. Für die 141 Sitze des zu wählenden Obersten Sowjets kandidierten nach einer Anfang Februar veröffentlichten Liste 522 Kandidaten, von denen die KP allein 332 Bewerber gemeldet hatte, also mehr als alle anderen Parteien zusammen.

Als ich kurz vor der Wahl einen Sprecher der Exillitauer befragte, warum Litauen nicht gleichzeitig auch den Weg eines

Nationalen Kongresses beschritten habe, so wie er in Estland am gleichen Tage gewählt wurde, erhielt ich die Antwort:

»Das brauchen wir nicht, denn die ›russische Gefahr‹ ist bei uns nicht so groß wie in Estland und Lettland. Wir werden auch im Obersten Sowjet die Mehrheit haben, die nötig ist.«

*Frühjahr 1990: Recherche in Estland*

3. April 1990: Ich sitze in einer Finnair-Maschine, die seit wenigen Tagen Tallinn direkt von Helsinki anfliegen darf, ohne den bisher von Moskau vorgeschriebenen Umweg über Leningrad nehmen zu müssen. Die Flughöhe beträgt bei einer Flugdauer von 25 Minuten nur 3000 Meter, und der wolkenlose Himmel gibt anschaulich preis, warum Stalin vor 50 Jahren so versessen darauf war, Estland zu okkupieren: die Bunker der finnischen Küstenartillerie auf der Helsinki vorgelagerten Halbinsel Porkkala und die der estnischen vor Tallinn. Damals bestand zwischen den Generalstäben der beiden Brudervölker ein meines Wissens schriftlich nie festgehaltenes Übereinkommen, im Fall eines sowjetischen Angriffskrieges den dort nur 60 Kilometer breiten Finnischen Meerbusen durch einen Artillerie-Sperrgürtel zu schließen und damit die Leningrader Flotte lahmzulegen. Die estnischen Batterien auf Naissaar, Aegna und Suurupi deckten 35 Kilometer ab, die finnischen auf Porkkala etwa die gleiche Entfernung. Auf der Linie, auf der damals die mörderischen 230-Millimeter-Granaten geflogen wären, flog ich nun in der relativ kleinen, friedlichen Turboprop-Maschine.

Die Februar- und Märzwahlen in Estland, Lettland und Litauen sind bereits Geschichte und haben den drei Völkern zum erstenmal seit der sowjetischen Okkupation Parlamente mit nichtkommunistischen Mehrheiten beschert. Was ich bei der Landung in Tallinn noch nicht weiß, ist, daß kurz zuvor im Schloß auf dem Domberg auch schon der erste nichtkommunistische Ministerpräsident Estlands der Nachkriegszeit gewählt worden ist — Edgar Savisaar, einer der vier Väter des IME-Projektes. In seiner Rede vor dem neuen 105köpfigen Parlament spricht er davon, daß die von ihm zu bildende Regierung in einer schwierigen Krisensituation werde arbeiten müssen, in einer Übergangszeit, in der sich das Schicksal Estlands entscheiden werde. Alle Mechanismen der zentralen Befehlswirtschaft seien verrostet, eine Marktwirtschaft aber gebe es noch nicht, die Erwartungen des Volkes seien von Emotionen hochgeschraubt worden, der Brückenschlag von den Wünschen zu den Realitäten aber sei äußerst schwierig. Eindringlich rief er die russischen Abgeordneten des Obersten Rates dazu auf, angesichts der Tatsache, daß die Selbständigkeit Estlands mit Sicherheit kommen werde, sich nun endlich zu konstruktiver Zusammenarbeit bereitzufinden, anstatt der Führung des Landes nur Steine in den Weg zu legen.

Den ganzen ersten Tag nach der Ankunft sitze ich fast nur im »Viru«-Hotel am Telefon oder fahre mit Taxen von Dienststelle zu Dienststelle und von einem Bekannten zum anderen, um die Zusage für ein Informationsgespräch in der Führungsetage des KP-Gebäudes, einen Einlaßschein für das Parlament und einen Gesprächstermin im KGB zu erhalten. Donnerstag abend ist es dann soweit: Dienstag von 9 bis 10 Uhr wird mich Harri Roots, der Sekretär des Zentralkomitees, empfangen, Montag morgen liegt die Genehmigung zum Besuch der Sitzungen des Obersten Rates in der rechten Eingangshalle des Domschlosses für mich bereit, und auch der Weg in das KGB-Gebäude scheint geebnet zu sein. Der Hinweis auf ein Buch über Estland, für das ich noch das letzte Kapitel schreiben müsse, dürfte wohl alle am politischen Spektrum Beteiligten bewogen haben, mir ihren Standpunkt zu erläutern.

Das Schloß auf dem Domberg und seine Umgebung verraten schon rein äußerlich die absolute Doppelgleisigkeit des Geschehens. Hoch über dem Eckturm, dem »Langen Hermann«, weht die blau-schwarz-weiße estnische Nationalfahne, aber kaum 100 Meter davon entfernt ragen die Zwiebeltürme der russischen Kathedrale mit ihren orthodoxen Kreuzen in den strahlenden Himmel. Im gelbgestrichenen Innenhof hängen über dem Eingang zum Sitzungssaal unbewegt die estnische und die sowjetestnische Fahne nebeneinander. Im blaugrauen Sitzungssaal selbst blickt hinter der Präsidiumstribüne ein etwas grimmig wirkender eherner Lenin auf das Geschehen herab, das von dem estnischen Parlamentsvorsitzenden und seiner ebenfalls estnischen Stellvertreterin Marju Lauristin souverän geleitet wird. Der Dritte im Tagungspräsidium heißt Andrejew, ist also eindeutig russischer Herkunft. Gesprochen wird Estnisch und Russisch, die ganz modernen Sprech- und Abstimmungsmechanismen vor den Sitzen der Abgeordneten sind aber nur estnisch beschriftet. Ich sitze oben auf der Gäste- und Pressetribüne neben Lennart Meri, dem Autor des Ösel-Buches »Silberweiß«, den ich zuvor im Parlamentsrestaurant getroffen habe. Dort verrät er mir, daß er an einem der nächsten Tage wahrscheinlich zum neuen Außenminister gewählt werden wird. Während wir zusammen Kaffee trinken, erfahre ich alles Notwendige über die bisherigen Aktivitäten des neuen Parlamentes.

Die Wahl am 18. März war in der Tat weniger eine Parteienwahl als eine Persönlichkeitswahl gewesen. Als deren Ergebnis setzte sich das Parlament, grob gesprochen, zu zwei Dritteln aus nationalbewußten Esten und deren russischen Anhängern sowie zu einem Drittel aus moskautreuen russischen Kommunisten zusammen. Fest steht, daß alle estnisch dominierten Fraktionen untereinander zu weitgehender Zusammenarbeit bereit sind, während es zu der russisch dominierten Fraktion kaum noch Brückenschläge gibt. Dieses Grundmuster zeigte sich auch bereits bei den ersten Abstimmungen, insbesondere bei der Verabschiedung der estnischen sogenannten »kleinen Unabhängigkeitserklärung« am 30. März. Der von Arnold Rüütel, dem alten und neuen Präsidenten des Obersten Rates, unterzeichnete Parlamentsbeschluß hatte folgenden Wortlaut:

»Der Oberste Rat der Estnischen SSR stellt fest, daß die Okkupation der Republik Estland durch die UdSSR am 17. Juni 1940 das Bestehen der Republik Estland de jure nicht aufgehoben hat. Das Territorium der Republik Estland ist bis heute okkupiert.

Den klar zum Ausdruck gebrachten Willen des estnischen Volkes zur Wiederherstellung der Unabhängigkeit der Republik Estland sowie ihrer gesetzlichen Regierungsgewalt in Rechnung stellend,

— erklärt der Oberste Rat der Estnischen SSR die Regierungsgewalt der UdSSR in Estland vom Augenblick ihrer Errichtung an für rechtswidrig und verkündet die Wiederherstellung der Republik Estland (restitutio in integrum),

— verkündet der Oberste Rat der Estnischen SSR eine Übergangsperiode, die mit der Einsetzung konstitutioneller Organe der Regierungsgewalt der Republik Estland ihren Abschluß finden wird.

Während einer Übergangsperiode wird der Oberste Rat der Estnischen SSR eine provisorische Regierungsform schaffen und für alle Bürger, unabhängig von ihrer Nationalität, geltende Rechtsnormen erarbeiten.«

Dieser Beschluß wurde mit 74 Stimmen bei drei Enthaltungen angenommen. Die 27 russischen Abgeordneten hatten allerdings an der Abstimmung nicht teilgenommen. Statt dessen hatte der Sprecher der »russischen« Fraktion damit gedroht, er werde Gorbatschow bitten, die »russischen« Wahlbezirke Estlands der direkten Kontrolle Moskaus zu unterstellen.

Bereits wenige Tage später, am 4. April, unterrichtete Rüütel den Obersten Rat von einem längeren Telefongespräch, das er am Abend zuvor mit Gorbatschow geführt hatte. Gorbatschow habe den Beschluß des Obersten Rates als »juristisch nicht akzeptabel« bezeichnet, denn er sei »nicht korrekt formuliert«. Außerdem habe Gorbatschow gesagt, wenn der Estnische Oberste Rat diesen Beschluß nicht zu annullieren bereit sei, dann werde er in bezug auf Estland die gleichen Maßnahmen ergreifen wie in Litauen — wo ja bereits 19 Tage zuvor eine noch weitergehende Unabhängigkeitserklärung verabschiedet worden war. Die Antwort an den sowjetischen Präsidenten hatte man in Tallinn praktisch aber schon Tage zuvor formuliert, als der Oberste Rat in einer Sympathieerklärung für Litauen unter anderem feststellte:

»In dieser für das litauische Volk so schweren Zeit sagt der Oberste Rat der Estnischen SSR diesem seine volle Unterstützung zu, schätzt die Entschlossenheit des litauischen Volkes hoch ein und drückt seine Anerkennung für das staatliche Eigendasein Litauens aus. Estland ist zu jeder Zusammenarbeit mit der Republik Litauen bereit.«

Neben dieser offiziellen Solidaritätserklärung konnte ich aber auch bei allen Politikern, mit denen ich sprach, ein Dankesgefühl für Litauen feststellen — den Dank dafür, daß das größte und am wenigsten gefährdete der drei baltischen Völker es auf sich genommen hatte, die Pionierrolle zu übernehmen und zu testen, wie weit man Moskau gegenüber gehen kann. Die estnische Selbständigkeitserklärung ist klar erkennbar in Kenntnis der Moskauer Reaktionen auf die litauische formuliert worden, ein Umstand, auf den mich sogar der ZK-Sekretär der Estnischen KP nachdrücklich hinwies.

Von großer Bedeutung für die staatsrechtliche Entwicklung der Dinge in Estland war die ebenfalls am 30. März verabschiedete Deklaration des Obersten Rates über seine Beziehungen zum Estnischen Kongreß. Dort heißt es:

»Der Oberste Rat der Estnischen SSR erkennt den Estnischen Kongreß als Vertretung aller Bürger der Republik Estland und als Wiederhersteller der Staatsgewalt der Republik Estland an. Der Oberste Rat der Estnischen SSR ist bereit, mit dem Estnischen Kongreß und dem Estnischen Rat bei der Wiederherstellung der Republik Estland auf der Basis rechtlicher Kontinuität zusammenzuarbeiten.«

Das bedeutete einerseits zwar die Legalisierung des anderen, des »moralischen« Parlamentes und dessen 78köpfigen Exekutivorgans, bewirkte andererseits aber auch einen erheblichen juristischen Kompetenzenwirrwarr. Als möglicher Ausweg aus dieser Situation wurde in Tallinn in diesen Tagen über ein zeitlich begrenztes Grundgesetz diskutiert, in dem sowohl die heutigen sowjetestnischen Rechtselemente als auch die der selbständigen Republik deutlich definiert sein müßten. Klarheit besteht bei allen darüber, daß eine sofortige Auflösung der nach bestehendem sowjetischen Recht gewählten Organe (Oberster Rat, Regierung) zu einem Chaos führen würde. Ebenso besteht kein Zweifel daran, daß sowohl der Oberste Rat, wie auch der Estnische Kongreß für sich allein zu schwach sind, um das Land in dieser kritischen Zeit der Moskauer Zentralgewalt gegenüber voll legitimiert vertreten zu können. Das gleiche gilt auch für die Vertretung Estlands dem Ausland gegenüber. Dabei denkt man an die verschiedensten internationalen Organisationen und insbesondere auch an die Mitarbeit innerhalb der KSZE-Gemeinschaft. Estland kann dort nur

Gehör finden, wenn es mit einer Stimme spricht, und dazu bedarf es einer eindeutigen, staatsrechtlich abgesicherten Kompetenzaufteilung zwischen beiden Parlamenten und deren Organen.

Die Zeitung, die ich mir vor der Abfahrt nach Pölva in der Empfangshalle des »Viru« noch schnell kaufte, oder, genauer gesagt, gegen ein Päckchen Assam-Tee eintauschte — offiziell war nichts mehr zu haben, und nur noch einige wenige Exemplare lagen verborgen unter dem Ladentisch —, war in zweierlei Hinsicht interessant. Zum einen erbrachte sie den Beweis dafür, wie »normal«, das heißt, auf das natürliche Leserinteresse ausgerichtet, mittlerweile auch die früher so langweiligen amtlichen Sprachrohre von Partei und Regierung geworden sind. Gleich auf der ersten Seite, in genausogroßer Aufmachung wie die Mitteilung über die letzten Beschlüsse des Obersten Rates, stand ein Bericht über das Ufo, das während der letzten Tage in Nordostestland mehrfach gesichtet worden war. Daneben prangte ein großes Foto des Ufo, das von einer zwölfjährigen Schülerin mit einer ganz billigen Kamera gemacht worden war und nun die Gemüter im Lande ebenso erhitzte wie Gorbatschows harte Antwort an Rüütel. Und zweitens: Der Tausch von Himalaja-Tee gegen »Päevaleht«, so heißt die Zeitung, reihte sich nahtlos in die Kette anderer Erlebnisse ein, bei denen ich festgestellt hatte, daß mit russischen Rubeln in Tallinn nur noch bedingt etwas anzufangen ist. Gewiß, in den meisten Restaurants und Cafés konnte man noch damit bezahlen, aber schon bei den Taxifahrern sah es vielfach anders aus — sie verlangten Valuta, andernfalls wären sie besetzt. So kam es denn, daß ich oft, wenn ich irgend etwas brauchte, sei es eine Taxe, eine Tischbestellung oder ähnliches, ganz bewußt mein gutes Estnisch oder Russisch nur holprig und fehlerhaft über die Lippen brachte, um damit zu signalisieren, daß ich notfalls in Valuta zahlen könne.

Auf der Autofahrt nach Pölva machte ich für eine Stunde bei Mart Niklus in Tartu Halt. Seit über zehn Jahren war mir sein Name bekannt, seit seiner letzten Freilassung standen wir im Briefverkehr, jetzt sah ich endlich den bekanntesten estnischen Freiheitskämpfer vor mir. In seinem Zimmer und im benachbarten Flur türmten sich Bücher, Zeitungen, Ausschnittmappen und Korrespondenzordner; das meiste lag auf dem Fußboden, die Regale waren überladen. Eine richtige Schlafstatt gab es nicht, zur Nacht wurde einfach eine Matratze ausgerollt. Über Marts lange Lagerhaft hörte ich von ihm nichts, es ging ihm nur um die Zukunft Estlands. Er zeigte mir Einladungen aus vielen europäischen Ländern, auch aus der Bundesrepublik, sei es zu Kongressen, sei es zu individuellen Vortragsveranstaltungen. Zu seiner eigentlichen Berufsarbeit als Ornithologe und Übersetzer kommt er kaum noch, statt dessen muß er Prozesse führen, bei denen es um die Wiedergutmachung von Unrecht geht, das ihm vor und während der langen Haftzeit angetan wurde.

Einen ganzen Tag lang hat mich dann mein in Pölva wohnender estnischer Freund Walter Laja in seinem Auto in Südestland herumgefahren. Abends, als die Sonne schon ganz tief stand, erreichten wir schließlich auch noch das Ufer des Peipus-Sees, dort wo sein Verbindungsstück zum Pleskauer See am schmalsten ist, nur vier Kilometer. Drüben auf der östlichen, russischen Seite glühten einzelne weiße Fischerhäuser im Abendrot, ein paar Enten strichen über uns hinweg, aber sonst lag der drittgrößte See Europas wie tot da: Kein Boot, kein Schiff war zu sehen. Die Erklärung dafür fand ich im nahegelegenen Fischerdorf. Der alte Mann, den ich ansprach, war ein sogenannter Setukese, das heißt, er gehörte zu dem estnisch-russischen Mischvolk, das im äußersten Südosten Estlands lebt und viel Fischfang betreibt. Dabei tauchten weitere Kindheitserinnerungen auf: Häufig, selbst an heißesten Sommertagen, waren mit Eisstücken und Peipusfischen beladene Leiterwagen nach Pölva gekommen, und Setukesen hatten in ihrem typischen Singsang »kalad, värsked kalad« gerufen, »Fische, frische Fische«.

Als ich den alten Setukesen fragte, warum denn niemand auf dem See sei, es sei doch noch hell, strich er seinen grauen Bart und antwortete bedächtig:

»Das ist so, Herr, früher gehörte der See dem Staat, und die Fische gehörten uns. Jetzt gehört der See uns, aber die Fische gehören dem Staat. Es lohnt sich nicht mehr, viele Fische zu fangen.« Ich bot ihm einen Wodka an, und wir tranken darauf, daß die Fische des Peipus-Sees möglichst bald wieder den Setukesen gehören mögen.

Am nächsten Tag mußte ich um drei Uhr früh aufstehen. Ein Geländewagen der örtlichen Jagdverwaltung brachte mich in die Kiefernwälder von Värska zur Auerhahnbalz. Früher waren diese Wälder, ebenfalls mitten im Setukesen-Gebiet gelegen, das bekannteste Manövergelände der estnischen Armee gewesen, und dort hatten die Sowjets 1940 auch zahlreiche estnische Offiziere verhaftet und nach Sibirien verschleppt. Jetzt residierten dort Auerhähne und Elche, die größten ihrer Gattung. Meine vage Hoffnung, vielleicht doch noch einen Hahn zum Abschuß freizubekommen, verflüchtigte sich schon während der Fahrt durch die dunklen Wälder: Da sich Moskau und Tallinn, so erfuhr ich, nicht mehr darüber einig werden konnten, wer die Abschußrechte vergeben und die Valuta-Abschußprämien kassieren durfte, hatte die estnische Seite kurzerhand beschlossen, in diesem Jahr überhaupt keinen Auerhahn mehr freizugeben. Meine anfängliche Enttäuschung sollte aber schon sehr bald in ein großes Glücksgefühl umschlagen.

Auf dem Balzplatz müssen insgesamt vier oder fünf Hähne gewesen sein, es balzten allerdings nur zwei. Der estnische Jäger hörte beide, ich nur einen. Ohne Flinte, nur mit einem Feldstecher in der Hand, sprang ich diesen an und kam, ohne den Hahn erspähen zu können, auf etwa 50 Meter an ihn heran. Dann setzte er aus, alles war still, ich hörte nur noch zweimal Balzlosung auf den Boden klatschen. Und plötzlich ein schweres Flügelschlagen von links — ein anderer Hahn reitet an (für Nichtjäger: kommt angeflogen) und setzt sich in die Krone einer Kiefer, mir buchstäblich vor die Nase, klar und deutlich zu sehen vor dem perlmutterfarbenen Hintergrund. Zehn bis fünfzehn Minuten posiert er, stellt sich um, äst junge Kieferntriebe, duckt sich und reckt dann wieder seinen Kinnbart hoch in den Morgenhimmel. Ich stand wie versteinert, so etwas hatte ich noch nie erlebt. Dann nahm ich mir eine ganze Minute Zeit, um das Glas langsam in Augenhöhe zu bringen, und konnte nun sogar die sogenannte Altersrille auf dem Schnabel des Urhahnes erkennen — ich schätzte ihn auf vier bis fünf Jahre. Die Sonne war mittlerweile aufgegangen, vom schwarzgrauen Gefieder hob sich nun auch die braune und grünschillernde Tönung ab. Ein herrlicher Anblick! Dann ließ er sich ganz plötzlich fallen, ritt fast im Steilflug ab. Der estnische Jäger, der etwa 20 Meter hinter mir gestanden hatte, kam langsam auf mich zu und drückte mir gratulierend die Hand:

»Sie haben großes Glück gehabt, sogar sehr großes, denn ähnliches habe selbst ich, der ich Dutzende von Auerhähnen auf Balzplätzen gesehen habe, nur selten erlebt. Sind Sie noch traurig, daß Sie diesmal keinen Hahn schießen durften?«

Ich konnte seine Frage mit einem ehrlichen Nein beantworten. Müde, aber glücklich, fuhr ich einige Stunden später nach Tallinn zurück.

Im Obersten Rat stieß ich nach meinem Gespräch mit Lennart Meri zufällig auch noch auf einen Journalisten aus Riga, der als Berichterstatter für lettische Zeitungen nach Estland gekommen war. Von ihm erfuhr ich das Neueste über die politische Lage in der Nachbarrepublik.

Bei den Parlamentswahlen am 18. März hatten sich 384 Kandidaten um die insgesamt 201 Sitze beworben. Von ihnen waren 62 Prozent Letten und 26 Prozent Russen, der Rest verteilte sich auf Ukrainer, Polen und Weißrussen. Aber nur 172 Sitze wurden bereits im ersten Wahlgang vergeben, die Verteilung der übrigen Sitze sollte sich bei Nachwahlen bis Ende April entscheiden. Bis dahin hatte die Volksfront zusammen mit der Unabhängigkeitspartei, den Grünen und den Sozialdemokraten etwa 130 Sitze errungen, das heißt, es fehlten ihr nur noch wenige Sitze an der Zweidrittelmehrheit, mit der sie im Obersten Rat gegebenenfalls den Austritt Lettlands aus der Sowjetunion erreichen konnte. Es sprach vieles dafür, daß die progressiven Kräfte im neuen Parlament, das am 3. Mai zu seiner konstituierenden Sitzung zusammentreten sollte, diese Zweidrittelmehrheit von 134 Stimmen auch erhalten würde. Die politischen Führer des Landes gaben sich im April jedenfalls recht optimistisch. So erklärte beispielsweise Dainis Ivans, der Vorsitzende der »Volksfront«, in einem Interview der deutschen Tageszeitung »Die Welt«:

»Lettlands Weg wird derselbe sein wie der Litauens. Wir erklären uns als lettischer Staat für unabhängig, und wir beginnen mit der Regierung der Sowjetunion zu sprechen.«

Anatolij Gorbunovs, der lettische Parlamentspräsident, äußerte sich in der Zürcher »Weltwoche« etwas vorsichtiger:

381

»In Lettland herrscht Unbehagen wegen der Voreiligkeit der Litauer. Allerdings ist Lettlands Ausgangslage ganz anders. In Litauen sind 80 Prozent der Bevölkerung Litauer. Die litauische Regierung kann deshalb viel radikaler vorgehen als die lettische oder die estnische. Die Litauer haben wegen dieser Homogenität auch viel mehr Rückzugsmöglichkeiten als wir Letten (. . .) Lettlands Proklamation wird eher dem estnischen Modell entsprechen. Zuerst kommt es zur Unabhängigkeitserklärung, dann sieht man eine Übergangsperiode vor.«

Interessant an den Ausführungen Gorbunovs' ist auch, daß seiner Ansicht nach 15 bis 20 Prozent aller Nicht-Letten ebenfalls ein unabhängiges Lettland außerhalb der Sowjetunion wünschen.

Gorbunovs' Hoffnungen selbst auf die »kleine« estnische Lösung dürften bereits wenige Tage später einen empfindlichen Dämpfer erhalten haben. Bei einer Unterredung im Kreml am 18. April erklärte ihm Gorbatschow unmißverständlich, es werde keine weiteren Gespräche geben, wenn Lettland Anfang Mai seine Unabhängigkeit erklären sollte. Der estnische Parlamentspräsident Rüütel, der am gleichen Tage von Gorbatschow empfangen wurde, charakterisierte die Unterredung zwischen ihm und dem sowjetischen Präsidenten mit den Worten: »Obwohl wir beide Russisch sprechen, haben wir uns nicht verstanden.« So blieb Gorbatschows Vorschlag, Estland solle sich mit einem von Moskau gewährten »konföderativen Status« zufriedengeben, gewissermaßen auf dem Tisch liegen.

Die lettische KP trennte sich allerdings schon im April von der Moskauer Mutterpartei, oder genauer gesagt: Sie spaltete sich. 263 von insgesamt 781 Delegierten des 25. Parteikongresses der Lettischen KP verließen am 7. April aus Protest gegen die moskauhörige Politik der Parteiführung den Tagungssaal und gründeten am 14. April eine neue, von der

KPdSU unabhängige Kommunistische Partei. In ihrem Programm fordert die neue Partei klar und deutlich die Wiederherstellung einer selbständigen Republik Lettland. Obwohl etwa 90 Prozent der 530 Delegierten des Gründungsparteitages Letten waren, haben keineswegs nur nationale Überlegungen diese Abspaltung ausgelöst; die Differenzen im ideologischen Bereich waren genauso gravierend. Die Mitgliederzahl der unabhängigen KP wird auf etwa 30000 geschätzt, die der vereinigten alten betrug 176000. Die sowjetische Nachrichtenagentur TASS bewies angesichts der Parteispaltung sogar etwas Humor, als sie die neue Partei als »Osterpartei« bezeichnete. In der Tat fand ihre Gründung in der Nacht von Ostersamstag auf Ostersonntag statt, genaugenommen nach 24 Uhr, also wirklich am Ostertage. Im gleichen Zusammenhang erwähnt TASS auch die »Nachtpartei« in Estland, und mit dieser Bezeichnung wurde ich eingehend im ZK-Gebäude in Tallinn konfrontiert.

In der Empfangshalle sah es zunächst so aus, als wären alle dortigen Uhren in der Breschnew-Zeit stehengeblieben. Hinter einer Art von Theke lümmelten sich zwei Unteroffiziere der Miliz und erklärten mir, als ich ihnen sagte, ich hätte einen Termin beim ZK-Sekretär, sie wüßten von nichts, ich solle einen anderen Eingang benutzen. Natürlich sprachen sie auch kein Estnisch, sondern nur Russisch. Mit Mühe konnte ich sie endlich dazu bewegen, im neunten Stock anzurufen. Danach verlief alles glatt. Wenige Minuten später saß ich im Zimmer von Harri Roots. Was mir sofort auffiel: kein Lenin-Porträt, kein Marx-Porträt, kein Gorbatschow-Porträt, und das, obwohl Roots in der estnischen KP-Führung der für Ideologie zuständige ZK-Sekretär ist. Nur ein einsames südestnisches Landschaftsbild zierte die Wände seines hell und leicht möblierten Zimmers.

Sehr schnell waren wir bei der »Nachtpartei«. Als sich auf

dem 20. Parteitag der Estnischen KP am 25. März 1990 alle estnischen und ein Zehntel der russischen Delegierten für die Gründung einer von Moskau unabhängigen nationalen KP und ein neues Parteiprogramm ausgesprochen hatten, war die Partei zerbrochen. 123 der insgesamt 700 Delegierten zogen sich in Nebenräume zurück, tagten dort bis in die späte Nacht hinein und deklarierten sich als Nachfolgeorganisation der alten EKP auf der Basis des Programms der KPdSU. Daher die Bezeichnung »ööpartei«, »Nachtpartei«. Allerdings hatte die derart gesäuberte Estnische KP noch nicht offiziell mit Moskau gebrochen. Vielmehr wollte man erst den am 2. Juli beginnenden außerordentlichen Parteitag der KPdSU in Moskau abwarten und erst dann endgültige Beschlüsse fassen. Roots rechnete damit, daß der allsowjetische Parteitag in Moskau auch der KPdSU wesentliche Veränderungen bescheren würde, vor allem im Zusammenhang mit der Gründung einer nationalen russischen Kommunistischen Partei.

Aus dem am 25. März angenommenen neuen Programm der EKP habe ich mir folgende Passagen notiert:

»Die Kommunistische Partei Estlands trägt als Beteiligte am bisherigen administrativen Kommandosystem Mitverantwortung für die heutige wirtschaftliche und ökologische Krise sowie für die unnormalen Beziehungen zwischen den Nationalitäten (...) Die EKP sagt sich von den Praktiken des Verwaltungssozialismus und dessen utopischen Zukunftsmodellen los (...) Die geopolitische Lage Estlands muß für einen Brückenschlag zwischen Ost und West genutzt werden (...) Der realistische Weg zur Selbständigkeit Estlands führt über Verhandlungen zwischen Estland, der UdSSR und anderen daran interessierten Teilnehmern. Beziehungen zwischen Estland und der UdSSR, die auf beiderseitigem Nutzen und dem Grundsatz guter Nachbarschaft basieren, bieten nicht nur für die tatsächliche Souveränität Estlands, sondern auch für den nichtestnischen Bevölkerungsanteil Estlands realistische Garantien.«

Im gleichen Programm verkündet die EKP eine organisatorische Übergangsperiode, die bis zum nächsten Parteikongreß im Herbst andauern soll. In dieser Zeit ist es allen bisherigen EKP-Mitgliedern freigestellt, sich entweder für die neue EKP oder aber für die »Nachtpartei« zu entscheiden. Angesichts des Verzichts auf das bisherige Machtmonopol sowie der offensichtlichen Zerfallserscheinungen der Partei (viele der heutigen maßgeblichen Politiker Estlands gehörten vor einem halben Jahr noch zur EKP) fragte ich Roots, welchen Dienst die EKP dem estnischen Volk jetzt überhaupt noch leisten könne. Seine Antwort war ebenso ehrlich wie beeindruckend. Auf dem Wege zur bevorstehenden Selbständigkeit Estlands könne die KP ihren zweifellos noch vorhandenen ideologischen Kredit bei der russisch sprechenden Bevölkerung geltend machen und diese zu vernünftigem Verhalten bewegen, dazu, daß sie sich nicht von Agitatoren aufhetzen und in dramatische Entwicklungen hineinziehen läßt. Außerdem werde sich die EKP natürlich auch in Moskau für vernünftige Lösungen einsetzen; sehr viel mehr aber könne sie zur Zeit nicht tun.

Nachdem ich mich für das gute Gespräch bedankt hatte, sagte ich Roots auch noch, daß ich jetzt auf direktem Wege zur KGB-Zentrale marschieren würde und daß ich hoffte, dort auch vorgelassen zu werden. Gewiß sah er mich nicht so entsetzt an, wie Freunde von mir es zuvor getan hatten, aber eine gewisse Überraschung konnte selbst er nicht verbergen.

»Dann also viel Glück!« Mit diesen Wünschen der estnischen KP-Führung machte ich mich auf den Weg.

Der große KGB-Block zwischen Pikk-Straße, Lai-Straße und Pagari-Straße (zu deutsch: Langstraße, Breitstraße, Bäckerstraße) hatte ein Novum aufzuweisen. Die beiden Tafeln, die in der Pikk-Straße 57 neben der Tür des alten Giebelhauses hingen, trugen nun außer der Amtsbezeichnung auch noch den zweisprachigen Zusatz »Empfang für Bürger«. So erklärte ich dem in der kleinen Empfangshalle sitzenden KGB-Oberleutnant, ich sei zwar kein Bürger der Sowjetunion, wohl aber einer der Bundesrepublik Deutschland, also immerhin auch ein Bürger, und wolle einem Vertreter des KGB eine Frage stellen und eine Mitteilung machen. Der Oberleutnant telefonierte einmal, dann ein zweites Mal und musterte mich dazwischen immer wieder mit einem schiefen Blick. Dann durfte ich mit dem »Deschurny«, dem diensthabenden Offizier, telefonieren, und schließlich erschien ein junger Mann in Zivil und führte mich in einen spartanisch eingerichteten Nebenraum. Nachdem ich meinen Namen genannt hatte, stellte auch er sich vor — Gawrilow plus Vorname und Vatersname, so wie es im Russischen üblich ist. Meine Mitteilung, nämlich den Dank dafür, daß ich diesmal im Gegensatz zu mehreren früheren Besuchen in Tallinn nicht beschattet wurde, quittierte er mit etwas säuerlicher Miene. Der Nachsatz entlockte ihm allerdings ein Lachen: »Wenn ich tatsächlich doch einen Schatten gehabt haben sollte und diesen nur übersehen habe, können Sie dem Betreffenden ruhig einen Orden verleihen, denn er muß dann überdurchschnittlich geschickt gewesen sein.«

Damit war die Atmosphäre entschärft, und ich konnte ihm in aller Ruhe mein eigentliches Anliegen vortragen. Ich begann damit, daß ich ihm die widerliche vorjährige Durchsuchung beim Hafenzoll mitsamt der Konfiszierung meiner Schriftstücke schilderte.

»So etwas habe ich nicht in Moskau, nicht in Peking und auch an keiner anderen Grenze erlebt, dazu mußte ich erst in meine Vaterstadt kommen. Da ich auf jeden Fall eine Wiederholung vermeiden möchte, will ich von Ihnen ganz genau hören, was ich an Zeitungen, Schriften und eigenen Aufzeichnungen über die Grenze mitnehmen darf. Hier habe ich beispielsweise das neue Parteiprogramm der Estnischen KP, das mir vor einer halben Stunde von ZK-Sekretär Roots gegeben wurde. Darf ich es mitnehmen? Und bitte verweisen Sie mich nicht an den Zoll, ich kenne die Verhältnisse in der Sowjetunion viel zu gut, um nicht zu wissen, wer an der Grenze das Sagen hat.«

Nachdem wir uns fünf Minuten lang über die tatsächlichen Kompetenzen an der Grenze gestritten hatten, bekam ich von Gawrilow zwei Namen und zwei Telefonnummern, die des Chefs der Zollbehörde und die seines Stellvertreters. Einen von beiden sollte ich anrufen, und alles würde morgen auf dem Flughafen glattgehen. Dann erzählte ich ihm noch 20 Minuten lang von meinen früheren Besuchen in Tallinn, von der Verhaftung im November 1947, und stellte ihm in diesem Zusammenhang eine ganz bestimmte Frage. Er solle doch in meiner sicherlich sehr dicken Akte nachlesen, dann könne er meine Frage beantworten, meinte ich. Darauf gab er mir eine Telefonnummer und bat mich, um 14 Uhr anzurufen. Wahrscheinlich aber werde er mir nicht helfen können, denn nach über 40 Jahren könnte meine Akte längst vernichtet sein; in jedem Fall wäre sie so schnell kaum aufzufinden. Und so war es auch: Beim Anruf um 14 Uhr erhielt ich einen negativen Bescheid.

Bevor ich ging, forderte mich dieser nicht uninteressante Genosse noch auf, in meinem Buch nicht zu viel Schlechtes über das KGB zu schreiben. Ich sagte ihm, ich würde, so oder so, nur die Wahrheit über seine Behörde berichten.

Festzuhalten ist jedenfalls, daß der langjährige konservative estnische KGB-Chef Kortelainen vor kurzem abgelöst und nach Moskau zurückversetzt wurde. Sein Nachfolger, der Este Sillar, gibt sich offener und ist bemüht, der nationalen und liberalen Aufbruchstimmung im Lande in stärkerem Maß Rechnung zu tragen, als es Kortelainen getan hatte.

Zum Schluß einigten mein Gesprächspartner und ich uns noch darauf, unsere Unterhaltung bei meinem nächsten Besuch in Tallinn fortzusetzen. Ob das von seiner Seite ernst gemeint war? Ich glaube ja, denn er erzählte mir beispielsweise von sich Dinge, die er nicht unbedingt hätte erzählen müssen — beispielsweise, daß sein Vater Russe, seine Mutter Estin sei.

Am Abend sitze ich dann im Dachrestaurant des »Viru«. Ich habe um einen Fenstertisch gebeten und ihn auch erhalten. Mit dem Blick auf die Stadt lassen sich die Erlebnisse des Tages leichter einordnen und werten, die Notizen geraten prägnanter. Die letzten Strahlen der Abendsonne verfärben bereits den patinabedeckten Olai-Turm, ebenso aber auch die Dächer des KGB-Komplexes. Dann sind nur noch die Wolken im Westen rötlich-hell, während der Himmel im Osten bereits fast schwarz ist. Dazwischen, im Hafen und auf der Reede, flammen die ersten Lichter auf.

Eingefangen von dieser Abendstimmung, habe ich gar nicht richtig bemerkt, daß der Ober einen zweiten Gast an meinen Tisch gesetzt hat. Er hat offensichtlich schon etliches getrunken, beginnt aufdringlich ein Gespräch und betont gleich zweimal hintereinander, daß er aus Leningrad komme und daß Leningrad eine große Kulturstadt sei. Auch ich bin nach drei Wodkas nicht mehr ganz nüchtern und muß daran denken, daß es der Leningrader Parteichef Schdanow war, der beim »Anschluß« Estlands im Sommer 1940 in der Pikk-Straße 19 alle Fäden der Regie zog. So frage ich denn böse:

»Wo liegt denn eigentlich Ihr Leningrad?«

Der Russe sieht mich mit weit aufgerissenen Augen an und beugt sich dann zum Fenster hinüber.

»Da, im Osten.«

»Dort, wo es ganz schwarz ist? Kann von da überhaupt etwas Gutes kommen?«

»Sind Sie ein Este?« fragt er drohend.

»Nein, aber ich liebe die Esten.«

»Sie sollten aber die Russen lieben. Wir sind ein großes Kulturvolk.«

»Ja, ein Kulturvolk, das Estland okkupiert hat. Und jetzt will Leningrad ganz Nordestland schlucken!«

Das unschöne Gespräch dauert noch ein paar Minuten, dann steht der Leningrader auf und setzt sich mit seinem bulgarischen Wein an einen anderen Tisch. Ich trinke auf den Ärger einen vierten Wodka, aber die Stimmung ist kaputt. Also ein letzter Blick auf die Stadt und der Entschluß, noch einige Telefonate zu führen. Beim Zahlen entschuldigt sich der estnische Ober dafür, daß er diesen Mann an meinen Tisch gesetzt hat.

Nach einigen privaten Gesprächen rief ich auch noch Lennart Meri an. Ich war überzeugt, daß er am nächsten Tag im Obersten Rat trotz vieler Widerstände zum Außenminister gewählt werden würde, und wollte mir sozusagen das erste Interview mit ihm nicht entgehen lassen. Die späte Uhrzeit war kein Problem, denn als ich ihm am Tage zuvor erzählt hatte, daß ich zur Auerhahnbalz um drei Uhr morgens aufgestanden war, hatte er lachend geantwortet, um diese Zeit pflege er gerade schlafen zu gehen.

Das, was Meri mir sagte, angereichert mit den Standpunkten anderer estnischer Politiker, fügte sich zu folgendem Bild zusammen: Die drei baltischen Republiken bildeten innerhalb der Sowjetunion einen Sonderfall, denn sie seien nicht freiwillig in die UdSSR eingetreten, sondern verstünden sich als okkupierte Territorien. Da der »Anschluß« im Sommer 1940 unter Gewaltanwendung geschah, gelte für sie in erster Linie das internationale Völkerrecht und nicht das sowjetische Recht. Nicht von Zufall hätten daher auch fast alle westlichen Staaten der Einverleibung Estlands, Lettlands und Litauens bislang die De-jure-Anerkennung versagt. In jedem Fall hätten der Artikel 72 der sowjetischen Verfassung und das Gesetz vom 3. April 1990, das die Austrittsprozedur im einzelnen regelt, für die baltischen Staaten keine Gültigkeit. Auch die Tatsache, daß die Okkupation nun schon 50 Jahre andauere, habe keine andere Rechtslage geschaffen, denn völkerrechtliche Tatbestände würden nicht verjähren. So traurig das auch für die anderen Sowjetrepubliken, die sich eines Tages vielleicht ebenfalls von der Sowjetunion lösen wollen, klingen möge, aber ihre rechtliche Lage sei nun mal eine andere als die der ehemals souveränen baltischen Staaten. Man könne nur hoffen, daß der Jurist Gorbatschow dies endlich einsieht und dann auch die Kraft hat, daraus die notwendigen Konsequenzen zu ziehen. Sollte das der Fall sein, wäre Estland bereit, alle strittigen Fragen im Zuge einer allmählichen Ablösung zu regeln. Dramatische Entwicklungen müßten unbedingt vermieden werden. Nicht nur aus estnischer, sondern auch aus sowjetischer Sicht wäre eine Finnland-Lösung für alle Beteiligten das Beste. Vier neutrale, gutnachbarlich eingestellte und mit der Sowjetunion wirtschaftlich zusammenarbeitende »Finnlands« müßten für Moskau attraktiver sein als nur ein Finnland und drei unruhige und um ihre Selbständigkeit kämpfende baltische Sowjetrepubliken. Selbst den Moskauer Sicherheitsbedürfnissen könne Rechnung getragen werden: Estland sei bereit, über begrenzte militärische Stützpunkte auf estnischem Territorium zu verhandeln.

Am nächsten Tag flog ich zurück. Die beiden Telefonnummern, die Gawrilow vom KGB mir für den Zoll gegeben hatte, waren Gold wert. Noch am Vortag, als ich den stellvertretenden Chef der Zollbehörde anrief und sagte, von wem ich an ihn verwiesen wurde, und ihm mein Anliegen vortrug, zeigte er für alles Verständnis und meinte, ich würde bei meinem Abflug keinerlei Schwierigkeiten haben.

»Und wenn doch? Wenn sich die traurige Komödie vom letzten August morgen wiederholen sollte?«

»Dann sagen Sie dem betreffenden Offizier einfach, daß er mich anrufen soll. Das dürfte genügen.«

Eine derart glatte Zollabfertigung im Osten hatte ich noch nie erlebt. Als sich am Flughafen Ülemiste bei der Durchleuchtung meines Koffers auf dem Kontrollschirm die Konturen meiner zerlegten Fürstenberg-Flinte darboten und ich fragte, ob ich den Koffer öffnen solle, sagte mir ein Leutnant ganz kühl, das sei nicht nötig, ich könne durchgehen. Nicht einmal meine Waffenpapiere mußte ich vorzeigen.

War es einfach Glück oder nicht viel eher doch der lange Arm des KGB? Ich nehme letzteres an. »Bolschoje spassibo, gospodin Gawrilow«, »Vielen Dank, Herr Gawrilow.«

Als ich bereits die Zollabfertigung passiert hatte, wurde Meri tatsächlich zum neuen estnischen Außenminister gewählt. Er erhielt 68 Ja-Stimmen und 21 Nein-Stimmen bei 5 Enthaltungen. Ein weiterer Schriftsteller auf einem europäischen Ministersessel. Ein Abgeordneter des Obersten Rates, der wohl auch ministerielle Ambitionen hatte, soll daraufhin gebrummt haben: »Literat müßte man sein . . .«

Am gleichen Tage beschloß das Parlament auch noch ein Gesetz sowie den Text eines Briefes an Gorbatschow. In dem Gesetz werden eine ganze Reihe bislang gültiger Rechtsbestimmungen, die den Wehrdienst junger Esten regeln, für ungültig erklärt. Gleichzeitig werden alle estnischen Behörden angewiesen, sich an der zwangsweisen Vollstreckung der sowjetischen Wehrdienstgesetze nicht zu beteiligen.

Der Brief vom 11. April schließt mit dem Vorschlag, unverzüglich Gespräche zwischen bevollmächtigten Delegationen der UdSSR und der Estnischen SSR aufzunehmen — mit dem Ziel der Wiederherstellung der Selbständigkeit, politischen Souveränität und rechtmäßigen Regierungsgewalt der Republik Estland.

Die Entwicklung in Litauen verlief im Frühjahr 1990 so stürmisch, daß sie die Aufmerksamkeit der Massenmedien in aller Welt auf sich zog. Zeitungsschlagzeilen und Sondersendungen der ARD und des ZDF sorgten dafür, daß auch die Menschen bei uns Informationen in bislang unbekanntem Ausmaß erhalten haben. Die Gesamtanalyse der Situation im Baltikum erfordert dennoch auch eine kurze Darstellung der letzten Ereignisse in Litauen.


*Politisches Pokerspiel*


Die Wahlen am 24. Februar erbrachten den klaren Beweis dafür, daß die große Mehrheit des litauischen Volkes außerhalb der Sowjetunion zu leben wünscht. Trotz aller Anpassung an die Stimmung im Lande erlitt die Kommunistische Partei eine eindeutige Niederlage. Daran konnte auch die für einen KP-Führer erstaunliche Popularität des hünenhaften KP-Vorsitzenden Brasauskas nichts ändern. Von den insgesamt 141 Sitzen im neuen Parlament gehörten schon vor den letzten Nachwahlen über 100 der »Sajudis« und nur 30 den Kommunisten, davon 25 der nationalen KP von Brasauskas und nur 5 den moskautreuen Genossen. Aus diesem Kräfteverhältnis ergaben sich dann die ersten Parlamentsbeschlüsse gewissermaßen zwangsläufig: die Wahl des »Sajudis«-Vorsitzenden Landsbergis zum Präsidenten der Republik (Landsbergis erhielt 91 Stimmen, sein einziger Gegenkandidat Brasauskas 38), die Wahl der »Sajudis«-Abgeordneten Kasimiera Prunskiene zur Ministerpräsidentin und vor allem, am 11. März, die fast einstimmige Annahme der litauischen Unabhängigkeitserklärung (bei sechs Stimmenthaltungen der russisch-polnischen Fraktion). Das Land hieß nun nicht mehr Litauische SSR, sondern Republik Litauen, das Parlament nicht mehr Oberster Sowjet, sondern ganz offiziell Oberster Rat, die alten Staatssymbole traten an die Stelle der sowjetlitauischen, die bisherige Verfassung war kurzerhand außer Kraft gesetzt worden, man schritt unverzüglich an die Ausarbeitung einer neuen provisorischen Verfassung, und Landsbergis sprach davon, daß das Land an der Schwelle eines historischen Umschwunges stehe — hinfort würden in einem freien Litauen freie Menschen auf freiem Boden leben. In einem Parlaments-Appell an Gorbatschow wurde die Hoffnung ausgedrückt, daß die Sowjetunion die nunmehrige Unabhängigkeit Litauens akzeptiere. Gleichzeitig wurde erklärt, daß Litauen gute Beziehungen zur Sowjetunion wünsche, insbesondere auch enge Wirtschaftsbeziehungen. Über alle sich aus der Unabhängigkeitserklärung ergebenden Probleme müsse nun verhandelt werden.

Statt zu Verhandlungen kam es jedoch zu einem politischen Pokerspiel, bei dem die Moskauer Zentrale fast alle ihr zur Verfügung stehenden Mittel einsetzte — lediglich zu einem massierten Panzereinsatz konnte sich Gorbatschow nicht entschließen. Den Anfang machte ein mit 1463 gegen 94 Stimmen bei 128 Enthaltungen angenommener Beschluß des Moskauer Volksdeputierten-Kongresses, der die litauische Entscheidung für ungültig erklärte und feststellte, daß alle sowjetischen Gesetze nach wie vor auch in Litauen Gültigkeit hätten. In einem kurzen Begleittelegramm an Landsbergis gab Gorbatschow diesem genau drei Tage Zeit, auf den Beschluß des Kongresses zu reagieren. Dann folgten nacheinander die verschiedensten Drohungen und Schritte der psychologischen Kriegsführung: Moskau schickte zusätzliche Truppen nach Litauen, darunter Fallschirmjäger und Spezialeinheiten mit unbekanntem Auftrag; in einem Präsidialdekret Gorbatschows wurden alle Litauer angewiesen, ihre Waffen, auch Jagdwaffen, abzuliefern, und die in Litauen stationierten KGB-Truppen erhielten den Befehl, die Grenzkontrollen zu verschärfen; Ministerpräsident Ryschkow stellte fest, daß alle Sowjetbetriebe und Sowjeteinrichtungen in Litauen nach wie vor direkter Moskauer Befehlsgewalt unterstünden, daß der Schutz aller »lebenswichtigen Objekte« verstärkt werden würde und daß die dafür zuständigen Moskauer Ministerien ab sofort den gesamten Litauen berührenden Land-, See- und Luftverkehr zu regulieren hätten; das sowjetische Außenministerium wies alle sich in Litauen aufhaltenden westlichen Diplomaten an, nach Moskau zurückzukehren; kurz darauf erging eine ähnliche Anweisung an alle aus Litauen berichtenden westlichen Korrespondenten; 100 Militärfahrzeuge, darunter auch Panzer, rasselten ohne ersichtlichen Grund durch Vilnius und passierten dabei demonstrativ auch das Parlamentsgebäude; auf allen Zufahrtstraßen nach Litauen fanden verstärkte Kontrollen und Durchsuchungen statt; Fallschirmjäger der sowjetischen Armee drangen nachts in ein litauisches Krankenhaus ein und nahmen dort 12 von insgesamt 900 litauischen Soldaten fest, die aus der »Besatzungsarmee« desertiert waren und sich auf Anraten der Regierung unter den Schutz des Roten Kreuzes begeben hatten; Moskau ließ das Büro des litauischen Generalstaatsanwalts von MWD-Truppen besetzen und erklärte dessen Ernennung durch die litauische Regierung für ungültig; und schließlich fanden sowjetische Soldaten auch noch ihren Weg in das Pressehaus von Vilnius und das Gebäude des Zentralkomitees der Kommunistischen Partei Litauens.

Was konnte Litauen dagegen tun? Landsbergis sprach davon, daß der »Geist Stalins durch das Land wandert« und dies die Reihen der Litauer nur noch fester zusammenschließen werde. Ansonsten konnten er, das Parlament und die Regierung immer wieder nur protestieren, Verhandlungen anbieten, Delegationen nach Moskau schicken und sich in Hilfsappellen an das Ausland wenden.

Die Reaktionen der Westmächte blieben weit hinter den litauischen Hoffnungen zurück. Das Weiße Haus in Washington ermahnte den Kreml lediglich, keine Gewalt anzuwenden und das Problem auf dem Verhandlungswege zu lösen. Ähnlich reagierten die EG-Minister. Nur das amerikanische Repräsentantenhaus forderte den Präsidenten mit großer Mehrheit auf, »die Anerkennung Litauens vorzubereiten«.

Mehr Solidaritätsbekundungen für den kleinen baltischen Staat kamen aus den ehemals kommunistischen Staaten Osteuropas. Lech Wałesa schrieb in einem Brief an Gorbatschow:

»Die Geschichte der UdSSR und Osteuropas zeigt, daß Anwendung von Gewalt und Drohungen sich bei der Lösung von Problemen als untaugliche Mittel erwiesen haben; sie sind daher von der Weltmeinung mehrfach verurteilt worden. Ich appelliere an Sie, Herr Präsident, die Politik des militärischen Drucks einzustellen und statt dessen einen politischen Dialog mit der Regierung Litauens aufzunehmen.«

Der tschechoslowakische Präsident Vaclav Havel wiederum bot Gorbatschow und Landsbergis Prag als neutralen Ort für bilaterale Verhandlungen an und akzeptierte damit gewissermaßen Litauen als gleichberechtigtes Völkerrechtssubjekt.

Unterstützung erhielten die Litauer aber auch aus verschiedenen Teilen der Sowjetunion, insbesondere aus der Ukraine. In Kiew, Lwow, Ternopol demonstierten etwa 30000 Menschen für die litauische Unabhängigkeit. Aber auch in Tbilissi, in Kirgisien und Kasachstan fanden prolitauische Kundgebungen statt. 75 Mitglieder des neugewählten Stadtsowjets von Moskau sandten ein Solidaritätstelegramm an Landsbergis, und Abgeordnete des Stadtsowjets von Kaliningrad (Königsberg) nahmen demonstrativ an einer Sitzung des litauischen Parlaments teil.

Umgekehrt forderten aber auch über 100 Abgeordnete des Obersten Sowjets in Moskau Gorbatschow auf, Litauen seiner direkten Präsidialgewalt zu unterstellen, während der Oberste Sowjet von Belorußland (Weißrußland) einem unabhängigen Litauen damit drohte, Gebietsansprüche auf Vilnius und andere litauische Grenzgebiete zu erheben. Diese Drohung paßte sich der Moskauer Erklärung an, im Falle einer Loslösung von der Sowjetunion müsse Litauen damit rechnen, seinen einzigen Seehafen Klaipeda (Memel) zu verlieren, den es nur dem Anschluß an die Sowjetunion zu verdanken habe. Und schließlich stellte die konservative Abgeordnetenfraktion »Sojus« im Moskauer Obersten Sowjet sogar die Forderung, das litauische Parlament einfach aufzulösen und Neuwahlen anzuordnen.

Diese Zeit der Drohgebärden und anderer psychologischer Druckmittel erinnerte in vielem an die baltischen Schicksalsjahre 1939/1940. Dazu paßte auch die sehr einseitige, litauenfeindliche Berichterstattung der zentralen sowjetischen Massenmedien, die vor Unterstellungen und Falschmeldungen nicht zurückschreckte — ebenfalls ein Relikt der Stalinzeit. Gorbatschow selbst bezog bei allem keinen ganz eindeutigen Standpunkt. Einerseits verlangte er, Litauen müsse seine Unabhängigkeitserklärung und die bald darauf erlassenen »separatistischen« Gesetze zurücknehmen, andererseits ließ er in seinen Erklärungen und bei inoffiziellen Gesprächen gelegentlich auch die Möglichkeit einer konföderativen statt föderativen Lösung erkennen und wich damit auch von seinem Sezessionsgesetz vom 3. April 1990 ab. Zu Verhandlungen mit litauischen Vertretern war er aber nicht bereit, denn verhandeln könne man nur mit ausländischen Mächten und nicht mit einer Unionsrepublik. Gespräche zwischen litauischen Abgeordneten und einigen Moskauer Parteiführern ließ er allerdings zu. Der einzige, mit dem er persönlich während einer Sitzungspause des Volksdeputierten-Kongresses zu sprechen bereit war, war KP-Chef Brasauskas.

Diese Haltung Gorbatschows mag dazu beigetragen haben, daß bereits vor dem Ultimatum vom 13. April in Litauen Stimmen laut wurden, die Landsbergis im und außerhalb des Parlamentes vorwarfen, einen zu harten und unrealistischen Kurs zu steuern. Dabei wurde häufig übersehen, daß Landsbergis sowohl das litauische wie auch das Völkerrecht eindeutig auf seiner Seite hatte. Tatsächlich überzogen war wohl die Erklärung von Landsbergis, er sei bereit, sich mit dem Präsidenten der UdSSR auf neutralem Boden zu treffen. Das zeugte nur von wenig Realitätssinn und viel Unkenntnis der Spielregeln beim Umgang mit einer Großmacht. Brasauskas, der im Kabinett Prunskiene den Posten eines stellvertretenden Ministerpräsidenten übernommen hatte, war der erste, der von einem »historischen Fehler« sprach, den man bei der Formulierung der Unabhängigkeitserklärung gemacht habe. Dabei wies er nachdrücklich auf die 80- bis 90prozentige Abhängigkeit der litauischen Wirtschaft von sowjetischen Rohstofflieferungen hin. Allerdings hatte auch er am 11. März für die Unabhängigkeitserklärung gestimmt.

In dieser Atmosphäre der allmählich wachsenden internen

Kritik an der unflexiblen Haltung von Landsbergis platzte am 9. April gewissermaßen als letzte Warnung eine Erklärung des Präsidialrates der UdSSR, in der es hieß, daß Litauen gegenüber gegebenenfalls »zusätzliche wirtschaftliche, politische und andere Maßnahmen ergriffen werden müssen, um die Verfassung der UdSSR sowie die Interessen der Bewohner der Republik und der Sowjetunion insgesamt zu schützen«. Am Tage darauf folgte dann das von Gorbatschow und Ryschkow gemeinsam unterzeichnete Ultimatum an die litauische Führung. Dies die entscheidende Passage:

»Wenn der Oberste Rat und der Ministerrat der Litauischen SSR nicht im Laufe von zwei Tagen ihre obengenannten Entscheidungen revidieren, wird die Anordnung ergehen, die Lieferung derjenigen Produkte, für die auf dem Weltmarkt in frei konvertierbarer Währung bezahlt werden muß, aus anderen Unionsrepubliken in die Litauische SSR einzustellen.«

Bei den angesprochenen Entscheidungen handelte es sich um das »Gesetz über die Ausgabe von Personalausweisen an Bürger der Republik Litauen« und um den Beschluß, die Tätigkeit der für die Einberufung der Wehrpflichtigen zur sowjetischen Armee zuständigen litauischen Dienststellen einzustellen.

Landsbergis und sein Parlament ließen die ultimative Frist verstreichen und beriefen sich auf das Osterfest, das inzwischen zum staatlichen Feiertag erklärt worden war. Am 19. April machte Moskau seine Drohungen wahr: Die Lieferung von Rohöl wurde total gestoppt, die Gaslieferung auf 16 Prozent der bisherigen Menge gekürzt. Unmittelbar davor hatte das Litauische Parlament das Moskauer Ultimatum zurückgewiesen und bekräftigt, daß es an seiner Unabhängigkeitserklärung festhalte. Dazu bekannte sich auch KP-Chef Brasauskas, der allerdings das Parlament gleichzeitig aufforderte, den Sowjets in bezug auf die inkriminierten Gesetze entgegenzukommen. Als Vorsitzender des vom Parlament eingesetzten besonderen Kooperationsrates rief er dazu auf, sich zu einer »politischen Lösung« bereitzufinden. Er wies darauf hin, daß andere Lieferstopps denen von Öl und Gas folgen würden, daß die Republik praktisch keine Devisen besitze, um sich auf dem Weltmarkt versorgen zu können, daß viele Fabriken ihre Tore würden schließen müssen und eine hohe Arbeitslosigkeit nicht zu umgehen sei. Es kam zu stürmischen Debatten.

Zwar liefen im Parlament viele spontane Telegramme ein, wie etwa »Für Öl und Gas verkaufen wir Litauen nicht«, aber andere sowjetische Lieferbeschränkungen zeichneten sich ab, die zu erwartende Arbeitslosigkeit wurde auf 70 Prozent der insgesamt 500000 Erwerbstätigen geschätzt, die gelieferte Gasmenge reichte nur noch zur Versorgung der privaten Haushalte aus, das einzige, von sowjetischen Soldaten besetzte, litauische Atomkraftwerk in Ignalina war wegen »Reparaturarbeiten« geschlossen worden und konnte zur Energieversorgung nicht beitragen. In dieser Situation entschloß sich die Ministerpräsidentin, von Hause aus Wirtschaftswissenschaftlerin, zu einer eher demonstrativen als erfolgversprechenden Auslandsreise nach Norwegen, Dänemark und Schweden. Frau Prunskiene wurde zwar von den skandinavischen Ministerpräsidenten, Außenministern und vielen Parteiführern empfangen, erhielt aber nur Ratschläge und gute Worte. Norwegisches Öl war nicht vom Staat zu haben, sondern nur gegen Devisen von privaten Firmen. Alle nordischen Politiker sahen, bildlich gesprochen, das Menetekel »Gewogen, gewogen, und im Vergleich zu Gorbatschow für zu leicht befunden« an die Wände ihrer Büros gemalt und vergaßen darüber die Regeln ihres eigenen Demokratieverständnisses — und ebenso wohl auch ihre eigenen Erklärungen, die sie irgendwann im Laufe der letzten Jahre zur Situation in Namibia und zum bewaffneten Freiheitskampf der Swapo abgegeben hatten.

Als Frau Prunskiene heimkehrte, hatten viele litauische Fabriken bereits ihre Produktion einstellen müssen, darunter auch die einzige Raffinerie Mazeikai. Nicht nur in Litauen, sondern auch in Estland und Lettland hatte man das Benzin rationiert, denn beide Republiken waren bislang ebenfalls von Mazeikai versorgt worden. Estland und Lettland waren mittlerweile auch von zentralen Moskauer Ministerien aufgefordert worden, verschiedene Warenlieferungen nach Litauen einzustellen. Sie ließen diese Anweisung aber unbeachtet. Immerhin hatten die Ministerpräsidenten der drei Länder erst am 13. April in Vilnius einen Vertrag über wirtschaftliche Zusammenarbeit unterzeichnet.

Angesichts der sich verschärfenden Lage sah sich das Litauische Parlament genötigt, einen »Anti-Blockade-Ausschuß« unter der Leitung der Ministerpräsidentin zu bilden und sich auch noch nach anderen Hilfsquellen in der Sowjetunion umzusehen. Es kam zu Kontakten mit den neugewählten, reformorientierten Stadträten von Moskau und Leningrad. Litauen konnte Lebensmittel, insbesondere Fleisch- und Milchprodukte, im Tausch gegen Industriegüter und Rohstoffe anbieten. Ganz spontan fanden sich auch Arbeiterkollektive im sibirischen Tjumen-Gebiet bereit, Öl gegen Lebensmittel zu liefern. Der praktische Wert solcher und ähnlicher Bekundungen mußte natürlich fraglich sein, denn zum einen war das gesamte Transportsystem fest in Moskauer Hand, und zum anderen unterlagen die litauischen Grenzen einer vollständigen Kontrolle durch KGB-Truppen.

Immer noch gehegte litauische Hoffnungen auf angemessene amerikanische Gegenmaßnahmen, die Gorbatschow hätten beeindrucken können, zerschlugen sich Ende April. Nachdem US-Präsident Bush noch Mitte April eine »angemessene Antwort« auf sowjetische Wirtschaftssanktionen gegen Litauen in Aussicht gestellt hatte, faßte er nun seinen Standpunkt in dem Satz zusammen: »Ich sorge mich um die Entwicklung der Freiheit in den baltischen Staaten, deren Eingliederung in die Sowjetunion wir nie anerkannt haben. Ich bin aber auch bemüht, nicht etwas zu tun, was die Sowjetunion zu Schritten veranlassen könnte, die einen Rückschlag für die Freiheit in aller Welt bedeuten würden.« Als der amerikanische Präsident das formulierte, hatte er gewiß nicht nur das bevorstehende amerikanisch-sowjetische Gipfeltreffen vor Augen, sondern ebenso auch die Erklärungen und Empfehlungen vieler EG-Politiker, unter denen sich die deutschen durch ganz besondere Zurückhaltung und Vorsicht auszeichneten — gerade so, als trüge Deutschland nicht seine eigene Verantwortung für den Hitler-Stalin-Pakt und die daraus resultierende Okkupation der drei baltischen Republiken. Demzufolge müssen auch die Unterschriften von Präsident Mitterrand und Bundeskanzler Kohl unter ihren gemeinsamen »Stillhaltebrief« an Präsident Landsbergis unterschiedlich beurteilt werden.

Immerhin begannen sich in Litauen vor diesem Hintergrund die Anzeichen für eine gewisse Kompromißbereitschaft zu mehren, aber nicht nur dort, sondern auch in Moskau. Der Kreml zeigte sich nämlich sichtlich beeindruckt von den Gesprächen, die Frau Prunskiene im Laufe des Mai in Washington, Paris und Bonn führte. Zwar wurde die litauische Ministerpräsidentin von Bush, Mitterrand und Kohl nicht mit den ihr eigentlich zustehenden protokollarischen Ehren empfangen, sie mußte sich vielmehr fast als Privatperson ihren Eingang in die westlichen Residenzen erkämpfen — aber das politische Signal wurde in Moskau verstanden. Schon wenige Tage später

401

waren Michail Gorbatschow und Nikolai Ryschkow bereit, zwei Stunden lang mit Frau Prunskiene zu reden. Gorbatschow konfrontierte sie zwar auch mit der Drohung, Litauen notfalls seinem in der Verfassung vorgesehenen Präsidialregime zu unterwerfen, stellte aber gleichzeitig auch ein mögliches Ausscheiden Litauens aus der Sowjetunion in zwei bis drei Jahren in Aussicht, wenn Litauen bereit wäre, seine Unabhängigkeitserklärung vom 11. März rückgängig zu machen oder zeitweilig auszusetzen.

Das litauische Parlament erklärte sich daraufhin zunächst nur bereit, wohl einzelne, vor dem 11. März erlassene Gesetze auszusetzen, nicht aber die Unabhängigkeitserklärung als solche. Bei einem Treffen Gorbatschow-Landsbergis am 26. Juni einigte man sich dann im Kreml auf folgende Formel: Litauen ist bereit, seine Unabhängigkeitserklärung und die auf ihrer Grundlage erlassenen Gesetze für 100 Tage zu suspendieren, wenn die Sowjetunion ihrerseits bereit ist, in bilaterale Verhandlungen über die »Wiederherstellung des litauischen Staates« einzutreten. Das 100-Tage-Moratorium sollte am 1. Verhandlungstag in Kraft treten. Diese Lösung wurde vom litauischen Parlament mit 69 Ja-Stimmen gegen 35 Nein-Stimmen akzeptiert, und am 30. Juni hob schließlich Moskau seine Wirtschaftsblockade auf. Das Ende der Sanktionen ist der litauischen Regierung zwar nie offiziell mitgeteilt worden, aber am 30. Juni um 16.35 Uhr erhielt die große Raffinerie in Mazeikai wieder sowjetisches Öl. Damit endete eine Blockade, die Litauen nach den Worten seines Finanzministers Sikorskis rund 100 Millionen Rubel gekostet hat.

Am 21. August ernannte das litauische Parlament für die Verhandlungen mit Moskau eine achtköpfige Delegation, der nach langem Tauziehen und internen Differenzen sowohl Staatspräsident Landsbergis als auch Ministerpräsidentin

Prunskiene angehörten. Zu einer ersten Sitzung mit der sowjetischen Delegation, die von Ministerpräsident Ryschkow geleitet wurde, kam es am 4. Oktober, zu einer zweiten Ende Oktober. Es gab keinerlei Annäherung der Standpunkte, Ryschkow sprach nach dem fünfstündigen Treffen von einer »gespannten und schwierigen Diskussion«. Immerhin, es wurde eine gemischte Kommission eingesetzt, die weitere Treffen vorbereiten soll. Dabei waren sich beide Seiten darin einig, daß bislang nur Gespräche und keine Verhandlungen stattgefunden haben. Verhandlungen, so sagten die Litauer, wären erst möglich, wenn die Sowjetunion bereit sei, die Annexion der baltischen Staaten im Sommer 1940 für ungültig zu erklären. Als möglicher Verhandlungstermin wurde nun der Jahreswechsel 1990/91 anvisiert — und erst dann würde auch das litauische Moratorium in Kraft treten. Bis dahin setzte die litauische Regierung ihre Bemühungen um internationale Anerkennung konsequent fort, und das sowohl im Rahmen des europäischen KSZE-Prozesses wie auch bilateral. So kamen beispielsweise die Regierungen in Vilnius und Prag am 1. November überein, diplomatische Missionen auszutauschen, was allerdings nicht die volle diplomatische Anerkennung Litauens durch die Tschechoslowakei bedeutete.

Im Sommer und Herbst 1990 haben auch die führenden Politiker Estlands und Lettlands eine rege Reisetätigkeit entwickelt — sie wurden im Weißen Haus, im Elysée-Palast und in der Downing Street Nr. 10 empfangen; der lettische Regierungschef Godmanis wurde offiziell dem US-amerikanischen Senat vorgestellt, während der estnische Außenminister Meri im englischen Parlament das Wort zu einer Ansprache erhielt. Nur das Palais Schaumburg und das Bonner Auswärtige Amt blieben den Esten und Letten verschlossen. Die deutschen Außenpolitiker, mit denen ich im Oktober auf estnischen

Wunsch darüber sprach, baten um Verständnis: Solange der 2+4-Vertrag (USA, Großbritannien, Frankreich, Sowjetunion, BRD, DDR) und der ·deutsch-sowjetische Zusammenarbeits-Vertrag nicht vollständig unter Dach und Fach, das heißt, unterschrieben und ratifiziert wären, wolle Bonn der sowjetischen Führung keine offizielle Aufwertung der baltischen Unabhängigkeitsbestrebungen zumuten.

Mit dieser Botschaft, einigen weiteren Informationen und der Einladung zu einer Elchjagd traf ich Mitte Oktober wieder in Tallinn ein. Estlands Ministerpräsident Savisaar und Außenminister Meri kehrten fast gleichzeitig aus den USA zurück, wo sie von Präsident Bush und Außenminister Baker empfangen worden waren. Ich erhielt Zutritt zu einem Informationsgespräch in kleinem Kreise mit estnischen Journalisten beim Ministerpräsidenten, in dessen Verlauf sich die beiden estnischen Politiker mit den Ergebnissen ihrer USA-Reise sehr zufrieden zeigten. Anschließend konnte ich auch noch den Außenminister allein sprechen. Bei allem Verständnis für die besondere Situation Deutschlands im Wiedervereinigungsjahr 1990 wurde ich von estnischer Seite doch nachdrücklich auf die besonders aus dem Hitler-Stalin-Pakt resultierende große Verantwortung Deutschlands für das heutige Schicksal der baltischen Republiken hingewiesen.

»Sie sind doch Weltmeister auf dem Felde der Wiedergutmachung, warum sparen Sie ausgerechnet Estland, Lettland und Litauen aus?«

In der Tat haben die drei Regierungen schon vor der Paraphierung des deutsch-sowjetischen Vertrages am 13. September gegen dessen damals bereits bekannten Artikel 2 protestiert. Dieser lautet:

»Die Bundesrepublik Deutschland und die Union der Sozialistischen Sowjetrepubliken verpflichten sich, die territoriale

Integrität aller Staaten in Europa in ihren heutigen Grenzen uneingeschränkt zu achten ... Sie betrachten heute und künftig die Grenzen aller Staaten in Europa als unverletzlich, wie sie am Tage der Unterzeichnung dieses Vertrages verlaufen.«

In der am 5. September im lettischen Jurmala beschlossenen Erklärung des Baltischen Rates, der sich als Nachfolger der 1934 in Genf gegründeten Baltischen Entente versteht, heißt es unter anderem:

»Die Sowjetunion war nie und ist auch jetzt nicht bevollmächtigt, Lettland, Litauen und Estland zu vertreten ... Das Schicksal und die Grenzen der Republiken Lettland, Litauen und Estland sind keine innere Angelegenheit der Sowjetunion; sie können auch nicht ohne Beteiligung der betroffenen Länder Gegenstand eines Abkommens der Sowjetunion mit Drittländern sein ... Die Wiederherstellung der vollständigen staatlichen Selbständigkeit Lettlands, Litauens und Estlands muß im Rahmen der Bemühungen um die Liquidierung der Folgen des Zweiten Weltkrieges zum Gegenstand internationaler Verhandlungen gemacht werden.«

Bereits Ende Juli hatte der Baltische Rat Moskau wissen lassen, daß sich die drei Regierungen nicht an den von Gorbatschow gewünschten Verhandlungen der Moskauer Zentrale mit allen 15 Sowjetrepubliken über einen neuen Unionsvertrag beteiligen würden. Statt dessen schlugen sie dem Kreml vor, sobald wie möglich entweder 3+1-Verhandlungen oder gleichzeitige, eng koordinierte bilaterale Verhandlungen mit Estland, Lettland und Litauen aufzunehmen.

Zur Stärkung seiner rechtlichen Basis mit der Moskauer Zentralgewalt hatte das Parlament Estlands zuvor eine Reihe von Beschlüssen gefaßt, die sich logisch aus der vorangegangenen Unabhängigkeitserklärung vom 30. März ergeben. Im Beschluß vom 8. Mai hieß es unter anderem:

»Die Bezeichnung ›Estnische Sozialistische Sowjetrepublik‹ wird für ungültig erklärt, statt dessen ist die offizielle Bezeichnung ›Republik Estland‹ zu benutzen.«

Und in einem am 16. Mai erlassenen Gesetz über die Grundlagen der provisorischen Regierungsordnung wurde verfügt:

»1. Die Unterstellung der Staatsgewalts-, Verwaltungs-, Gerichts- und Staatsanwaltsorgane Estlands unter die entsprechenden Organe der UdSSR ist zu beenden, und sie sind aus den entsprechenden Systemen der UdSSR herauszulösen.

2. Die Beziehungen zwischen der Republik Estland und der UdSSR haben von der Tatsache der Gültigkeit des am 2. Februar 1920 zwischen der Republik Estland und der Russischen Föderativen Sowjetrepublik abgeschlossenen Friedensvertrages von Tartu auszugehen.«

Die Antwort Gorbatschows ließ damals nur drei Tage auf sich warten. Sie war lapidar und lautete:

»1. . . . ordne ich an: Das Gesetz des Obersten Sowjets der Estnischen SSR vom 16. Mai 1990 ›Über die Grundlagen der provisorischen Regierungsordnung‹ wird vom Moment der Beschlußfassung an für ungültig erklärt.

2. Alle Handlungen der Regierungsorgane, Amtspersonen wie auch der Bürger, die auf dem erwähnten Gesetz basieren, werden für ungesetzlich erklärt.«

Dennoch kam es zu keiner offenen Konfrontation. Die estnischen Politiker nutzten die bestehenden politischen Kanäle und Kontakte zur Moskauer Zentrale, und so konnte eine vom Parlamentsvorsitzenden Ülo Nugis geleitete Verhandlungsdelegation am 23. August in Moskau »Gespräche zwischen der Sowjetunion und Estland« aufnehmen, die sich im Laufe des September allerdings festliefen, unter anderem auch deshalb, weil die sowjetische Seite die anfangs protokollierte Bezeichnung »Gespräche« nachträglich ablehnte und sich nur noch zu unverbindlichen Konsultationen bereit fand. Im Grunde hatte man sich bilateral auch auf nichts einigen können und bezog nun im Hinblick auf den vom Obersten Sowjet in Kürze zu beschließenden neuen Unionsvertrag, der die Beziehungen zwischen der Moskauer Zentrale und den einzelnen Republiken regeln sollte, eine abwartende Haltung.

Zu Lettland wäre nachzutragen, daß es am 4. Mai 1990 den Ring der baltischen Unabhängigkeitserklärungen schloß. In ihren sachlichen Aussagen geht die lettische Erklärung nicht so weit wie die litauische, sondern ähnelt mehr der estnischen, die auf dem Wege zur endgültigen Trennung von der Sowjetunion ebenfalls eine unbestimmte Übergangsperiode vorsieht. Den Letten kam zugute, daß sie die Moskauer Reaktionen auf die beiden vorangegangenen Erklärungen kannten und somit die ihrige entsprechend formulieren konnten. Sie ist von allen dreien wohl die vagste, aber auch die längste und enthält daher bereits Bestimmungen, die in Litauen und Estland späteren Gesetzen vorbehalten waren.

Zu wirklichen Verhandlungen mit der Moskauer Zentrale ist Lettland ebensowenig gekommen wie Litauen und Estland. Bei allen ihren Treffen mit dem sowjetischen Regierungschef in Moskau stießen Ministerpräsident Godmanis und Außenminister Jurkans auf die gleichen Hürden wie ihre südlichen und nördlichen Nachbarn. Dies und anderes deutet darauf hin, daß die drei Länder den entscheidenden Durchbruch auf dem Wege zur Unabhängigkeit wohl gleichzeitig erreichen werden.

Im Gegensatz zu diesem Stillstand auf Unionsebene haben die drei baltischen Republiken im Laufe des Sommers und des Herbstes 1990 ihre politischen und wirtschaftlichen Beziehungen zu verschiedenen Republiken der Union erheblich intensivieren und verbessern können. Den Durchbruch brachte wohl das Treffen von Rüütel, Gorbunovs und Landsbergis mit dem

Präsidenten der Russischen Föderation, Boris Jelzin, in Jurmala bei Riga am 27. Juli. Bei diesem Treffen wurde vereinbart, sowohl bilaterale Staatsverträge der drei baltischen Republiken mit der Russischen Republik abzuschließen wie auch verschiedene Abkommen zur Regelung wirtschaftlicher, kultureller, technischer, sozialer und rechtlicher Fragen zu unterzeichnen. Bei den Verhandlungen der folgenden Monate wurden auf dem Wege zum Abschluß einiger Verträge zwar Fortschritte erzielt, jedoch konnte man sich noch nicht auf unterschriftsreife Texte einigen.

Über diese Intensivierung der baltisch-russischen Beziehungen hinaus ging eine Konferenz in Tallinn am 28. September, an der neben den Ministerpräsidenten von Estland, Lettland und Litauen auch der armenische, kirgisische, moldauische und russische Regierungschef, beziehungsweise deren Vertreter, sowie der Oberbürgermeister von Leningrad teilnahmen. Es wurde beschlossen, ein Komitee zur Vorbereitung regelmäßiger Konsultationen einzusetzen. Mit diesen Konsultationen sollen die Zusammenarbeit der beteiligten Republiken vertieft und die jeweiligen Interessen aufeinander abgestimmt werden. An einem vornehmlich Wirtschaftsfragen gewidmeten, vorangegangenen Treffen hatten auch Vertreter Weißrußlands und der Stadt Moskau teilgenommen.

Als ich Ende Oktober Estland wieder verließ, hatte ich ein kapitales Elchgeweih im Gepäck, aber auch einige unerfreuliche Impressionen und Erkenntnisse gesammelt. Die wirtschaftliche Situation hatte sich im Vergleich zum Frühjahr eindeutig verschlechtert, wenngleich noch nicht so dramatisch wie in der gesamten Sowjetunion: Die Grundnahrungsmittel waren teurer geworden, vieles war rationiert, die Schlangen vor den Läden waren länger. Auf dem Rathausplatz von Tallinn maß ich mit Meterschritten die Schlange vor einem Tabakladen: Es waren genau 71 Meter. Zusammen mit dem ersten Herantasten an die Marktwirtschaft blühten Korruption und Preiswucher; Dinge, die produziert wurden und die man eigentlich hätte kaufen können, verschwanden in obskuren Kanälen. Um wenigstens das Abfließen der Waren in andere Regionen der Sowjetunion etwas einzudämmen, hat die estnische Regierung rund um das Land den Ausbau einer sogenannten Wirtschaftsgrenze angeordnet. Sie besteht aus Straßen- und Eisenbahnkontrollpunkten, an denen mehrere tausend Kontrolleure hinfort dafür sorgen sollen, daß Estland nicht leergekauft wird.

Bedenklich erschien mir auch die innenpolitische Atmosphäre. Zum zwangsläufigen Dualismus von Oberstem Rat und Estnischem Kongreß waren interne politische Machtkämpfe gekommen, deren eigentliche Ziele und Koalitionen kaum zu durchschauen sind. Bei diesen im Hinblick auf mögliche Moskauer Reaktionen überflüssigen »Demokratiespielen« ist man sich allerdings in einem Punkt einig, nämlich in der Entschlossenheit, sich von der Sowjetunion zu lösen.

Da es die erklärte Politik der baltischen Republiken ist, endlich wieder im freien Europa ihren alten Platz einzunehmen, entschlossen sich die drei Präsidenten im Namen des Baltischen Rates auch zu einer Demarche an die Adresse des Pariser KSZE-Gipfels. In dieser Erklärung vom 9. November 1990 heißt es unter anderem:

».. . Der Rat der Baltischen Staaten wendet sich an alle Unterzeichner des Vertrages über konventionelle Abrüstung in Europa mit der Bitte, in diesem Vertrag an ihrem offiziellen Standpunkt, nämlich keine Annexionen zu dulden, nicht schweigend vorüberzugehen und folglich nicht zuzulassen, daß der de jure unabhängige Status der baltischen Staaten ignoriert wird, denn die Sowjetunion könnte ein derartiges Schweigen als versteckte Anerkennung der gewaltsamen Inkorporation der baltischen Staaten in die Sowjetunion interpretieren ... Die Ziele der KSZE — Friede, Stabilität und ein Aufblühen in Europa — können nicht erreicht werden, wenn die KSZE nicht aktiv zu handeln beginnt, um die Sowjetunion von der Notwendigkeit zu überzeugen, die Okkupation der baltischen Staaten zu beenden.«

Die baltischen Wünsche wurden von der KSZE nicht berücksichtigt, dafür kam es zu einem peinlichen Eklat. Die zum Pariser Gipfeltreffen auf Einladung des gastgebenden französischen Außenministers angereisten drei baltischen Amtskollegen wurden kurz nach Beginn der Konferenz gebeten, die offiziellen Sitzungsräume wieder zu verlassen. Die ihnen zuvor überreichten Karten, die sie als »Distinguished Guests« der Konferenz auswiesen, wurden von Monsieur Dumas persönlich für ungültig erklärt, wobei er sich auf eine, nach KSZE-Regeln nicht zu überstimmende, Intervention der sowjetischen Delegation berief.

Um ihre Solidarität mit den baltischen Staaten zu bekunden, erklärten daraufhin Dänemark und Island ganz spontan, sie würden die drei baltischen Außenminister ganz offiziell in ihre Delegationen aufnehmen. Wenig später sahen sich beide nordischen Staaten aber doch genötigt, diese Zusage zurückzunehmen.

*Russisches Roulette*

Die letzten Wochen des Jahres 1990 und die erste des Jahres 1991 waren gekennzeichnet durch eine Verhärtung der Positionen sowohl in der Moskauer Zentrale als auch in den baltischen Republiken selbst. Gorbatschow zeigte sich zunehmend entschlossen, die Sowjetunion innerhalb ihrer bisherigen Grenzen zusammenzuhalten, also Estland, Lettland und Litauen nicht in die Freiheit zu entlassen. Dabei konnte er sich nicht nur auf alle konservativen Kräfte des Obersten Sowjets, der Parteiführung, der Armee und des KGB stützen, sondern er sah sich schließlich selbst dem Druck dieser entscheidenden Machtfaktoren der Union in so starkem Maße ausgesetzt, daß mit Recht gefragt werden muß, ob er trotz all seiner von Monat zu Monat wachsenden legislativen und exekutiven Machtbefugnisse·überhaupt noch Herr seiner eigenen Entschlüsse ist. Seine Nationalitätenpolitik während dieser Wochen, in denen die Sowjetunion gleichzeitig auch immer mehr auf eine wirtschaftliche Katastrophe zusteuerte, glich, um ein Bild aus der russischen Literatur zu benutzen, dem barfüßigen Herumspringen auf einer glühenden Herdplatte – mal in Richtung der demokratischen Reformkräfte, mal hin zu den reaktionären Verfechtern eines totalitären Absolutismus.

Als Gorbatschow schließlich von seiner »heiligen Pflicht, die Sowjetunion zu erhalten« sprach, war dies das Zeichen dafür, daß sich der Präsident, vor die Alternative »Einheit oder Demokratie« gestellt, gegen die Demokratie entschlossen hatte. Alles weitere fügte sich dann folgerichtig zu der Kette zusammen, an deren Ende die Blutsonntage von Vilnius und Riga standen. Der relativ liberale Innenminister Wadim Bakatin wurde gegen den rigorosen früheren lettischen KGB-Chef Boris Pugo ausgetauscht. Zum stellvertretenden Innenminister ernannte Gorbatschow den ehemaligen Oberbefehlshaber in Afghanistan, General Boris Gromow. KGB-Chef Wladimir Krjutschkow und Verteidigungsminister Jasow erhielten besondere Sendezeiten im Fernsehen für ihre agitatorischen Appelle, die alles andere als das waren, was Gorbatschow im Rahmen seiner Perestrojka- und Glasnostpolitik versprochen hatte. Zudem ließ sich Gorbatschow vom Obersten Sowjet die Blanko-Vollmacht erteilen, »im Falle der Verletzung bestimmter, den Bürgern in der Verfassung der UdSSR garantierter Rechte . . . alle gesetzlich zulässigen Maßnahmen zu ergreifen – einschließlich außerordentliche«. Diese »gesetzlich vorgesehenen Maßnahmen« haben infolge der seit dem Frühjahr durchgeführten Verfassungsänderungen mittlerweile einen Umfang erreicht, über den seinerzeit nicht einmal Stalin verfügte.

Das bezieht sich vor allem auf das am 3. April 1990 beschlossene Gesetz über die Verhängung des Ausnahmezustandes. Dieser Ausnahmezustand kann nicht nur vom Moskauer Obersten Sowjet, sondern auch von Gorbatschow selbst erklärt werden und gestattet in der betroffenen Republik unter anderem: die Einschränkung des öffentlichen Verkehrs, die Verhängung von Hausarrest, das Verbot von Demonstrationen, Versammlungen und Streiks, die Abänderung der Produktionspläne bestimmter Betriebe, die Kontrolle über die Massenmedien, das Verbot der Betätigung politischer Parteien und Bewegungen. In Ausnahmefällen darf der Moskauer Oberste Sowjet Armee-Einheiten oder Truppen des Innenministeriums und des KGB in die betroffene Region schicken.

Als weitere Verschärfung dieser Eingriffe kann Gorbatschow auch noch die Einführung des sogenannten Präsidialregimes anordnen. Dieses Sonderregime gibt dem Präsidenten das Recht, vorübergehend die gesamte Tätigkeit der örtlichen Exekutive und Legislative zu suspendieren und diese durch ein Organ oder eine Person seiner Wahl zu ersetzen.

Als dann vier Tage vor Weihnachten Eduard Schewardnadse – der den kalten Krieg zwischen Ost und West zu beenden half, der wesentlich zur weltweiten Entspannung beigetragen und den Frieden in Europa sicherer gemacht hat – kreidebleich und kaum Herr seiner Worte im Kreml seinen

412

Protest gegen die heraufziehende Diktatur hinausschrie und seinen Rücktritt als Außenminister erklärte, begann man in Vilnius, Riga und Tallinn Schlimmstes zu befürchten.

Es gab Sprengstoffanschläge in allen drei Republiken, deren Täter nicht gefunden werden konnten; das sowjetische Verteidigungsministerium kündigte Truppenverlegungen ins Baltikum an; im Moskauer Obersten Sowjet wurden Drohungen laut, in den Baltenrepubliken das Präsidialregime einzuführen. Auf einer gemeinsamen Sitzung in Vilnius wandten sich die drei baltischen Parlamente schließlich mit folgendem Aufruf an die Weltöffentlichkeit:

»Wir bitten alle Parlamente der Welt, ihren ganzen Einfluß und alle Kraftanstrengungen dafür einzusetzen, daß die Sowjetunion ihre Drohungen einstellt, ihren politischen, wirtschaftlichen und militärischen Druck auf die baltischen Staaten aufgibt und sofort zwischenstaatliche Verhandlungen mit Estland, Lettland und Litauen über die Frage der Anerkennung ihrer Selbständigkeit aufnimmt.«

Die EG und die NATO reagierten mit Erklärungen, in denen die sowjetische Führung aufgefordert wurde, im Baltikum keine Gewalt anzuwenden. Moskau zeigte sich allerdings davon nicht beeindruckt. Am 7. Januar gab der Oberbefehlshaber des Baltischen Militärbezirkes, Generaloberst Fedor Kusmin, die Entscheidung von Verteidigungsminister Dimitrij Jasow bekannt, zusätzliche Fallschirmjägereinheiten in die drei Länder zu verlegen.

Die letzten Tage vor den blutigen Geschehnissen in Vilnius und Riga brachten eine weitere Eskalation der wechselseitigen Aktionen und Reaktionen.

In Lettland: Sondertruppen des Moskauer MWD, die sogenannten Schwarzen Barette, besetzen das Rigaer Pressehaus. Arbeiter der Druckereibetriebe treten daraufhin in den Streik, so daß die großen Zeitungen nicht mehr erscheinen können. 500 Vertreter der Streitkräfte des Baltischen Militärbezirks treffen sich in Riga zu einem Kongreß und fordern den Moskauer Obersten Sowjet auf, im Baltikum die Herrschaft zu ergreifen. Zehntausend moskautreue Russen und Mitglieder der KP Lettlands (die national-lettischen Kommunisten haben sich zu einer neuen Demokratischen Arbeiterpartei formiert) demonstrieren vor dem Militärratsgebäude und verlangen ultimativ den Rücktritt der Regierung und die Auflösung des Parlaments. Wenige Tage später finden sich Hunderttausende von Letten am Ufer der Düna zu einer Gegendemonstration zusammen. Sie bauen auch Barrikaden zum Schutz der wichtigsten Regierungsgebäude und Brücken und organisieren die Bewachung dieser Objekte rund um die Uhr. Ein bereits im November gegründetes und vom moskauhörigen KP-Chef Alfreds Rubiks geleitetes »Komitee zur Gesellschaftlichen Rettung« meldet in zunehmendem Maße seine Ansprüche auf die Übernahme der Regierungsgewalt an.

In Litauen: Nach einer drastischen Preiserhöhung für Konsumgüter demonstrieren Tausende in Vilnius vor dem Parlamentsgebäude und verlangen die Rücknahme des Regierungsbeschlusses. Das Parlament kommt diesem Wunsche nach, worauf die Ministerpräsidentin Kazimiera Prunskiene, die noch wenige Stunden zuvor in Moskau mit Gorbatschow über einen sowjetischen Truppenabzug verhandelt hatte, zurücktritt. Darauf ernennt das Parlament zuerst Albertas Simenas und wenige Tage später Gediminas Vagnorius zum neuen Ministerpräsidenten. In Litauen treffen Panzereinheiten und Luftlandetruppen der sowjetischen Streitkräfte ein. Sie bringen Gebäude der Polizei und der Nationalgarde, das Pressehaus und strategisch wichtige Punkte unter ihre Kontrolle. Dabei berufen sie sich auf einen Befehl des Verteidigungsministeriums, junge Litauer, die sich dem Wehrdienst in der sowjetischen Armee entzogen haben, festzunehmen und Ausschreitungen gegen sowjetische Soldaten und Offiziere zu unterbinden. Des weiteren stützen sie sich auf Anweisungen eines am 11. Januar gebildeten ominösen »Komitees zur Nationalen Rettung«, das sich offenbar aus Vertretern einiger moskauhöriger Organisationen zusammensetzt, sich mit Zustimmung des Militärs zum neuen politischen Machtorgan erklärt hat, sonst aber anonym und »unsichtbar« bleibt. In dieser Situation ruft Gorbatschow das litauische Parlament ein letztes Mal auf, »unverzüglich und in vollem Umfang die Gültigkeit der Verfassung der UdSSR wiederherzustellen und alle zuvor beschlossenen verfassungswidrigen Akte rückgängig zu machen«.

Präsident Landsbergis antwortete mit einem Appell an alle Bürger, Ruhe zu bewahren, sich nicht provozieren zu lassen und sich in möglichst großer Anzahl schützend vor das Parlament zu stellen. Dieses war am Vorabend der blutigen Ereignisse somit von zwei Ringen umgeben: einem äußeren, bestehend aus bewaffneten sowjetischen Soldaten und Panzern, sowie einem inneren, der sich aus fast unbewaffneten litauischen Bürgern zusammensetzte.

Zur Abrundung dieses Bildes, und das bezieht sich jetzt auf alle drei baltischen Staaten, muß gesagt werden, daß die Mehrzahl der Esten, Letten und Litauer in dieser Zeit der Moskauer Drohgebärden den im Baltikum stationierten sowjetischen Soldaten mit merkbarer Verachtung, wenn nicht mit unverhohlenem Haß begegnete. In ihren Augen waren und sind sie Okkupationstruppen, die der Verwirklichung ihres Selbstbestimmungsrechtes im Wege stehen und die man dementsprechend zu behandeln hat.

Die Ereignisse des 13. Januar im litauischen Vilnius, vor

allem die Erstürmung des Rundfunk- und Fernsehzentrums, bei der 14 Menschen ums Leben kamen und mehr als 100 verletzt wurden, machten in der westlichen Presse tagelang Schlagzeilen und sind somit hinlänglich bekannt. Allerdings kam es zu einem hochpolitischen Rätselraten. Die Frage, wer den Luftlandetruppen den Schießbefehl gegeben hat, wieviel Gorbatschow von allem wußte und ob er trotz seines öffentlichen Dementis das brutale Vorgehen der sowjetischen Streitkräfte gegen unbewaffnete Zivilisten nicht doch gebilligt hat, wird aber wohl auf absehbare Zeit im Zwielicht der Vermutungen und Hypothesen bleiben. Vieles spricht allerdings dafür, daß irgendwann im Dezember 1990 bei einer Sitzung des Politbüros, des Präsidialrates oder des Föderationsrates die Möglichkeit einer Gewaltanwendung im Baltikum – um es einmal so auszudrücken – nicht gerade ausgeschlossen wurde und daß der anwesende Verteidigungsminister Jasow wie auch KGB-Chef Krjutschkow diese Information als prinzipielle Richtlinie an die ihnen unterstellten Kommandeure weitergegeben haben: also kein ausdrücklicher Befehl, sondern eine augenzwinkernd ausgestellte »Carte blanche«.

Mit dem ganzen Ausmaß der harten Reaktionen im eigenen Land ebenso wie im Ausland hatte im Kreml aber anscheinend niemand gerechnet. Der Präsident der Russischen Sozialistischen Föderativen Sowjetrepublik, Boris Jelzin, rief empört aus: »Heute Vilnius, morgen Moskau. Das ist ein machtvoller Angriff auf die Demokratie!« Gleichzeitig drohte er Gorbatschow, die russische Föderation werde notfalls ihre eigene Armee aufstellen, um ihre Bürger verteidigen zu können. Und Jelzin tat noch ein weiteres: Er flog noch am gleichen Abend in die estnische Hauptstadt Tallinn und unterzeichnete dort zusammen mit den Präsidenten Estlands, Lettlands und dem telefonisch dazugeschalteten Landsbergis eine Botschaft an

UNO-Generalsekretär Javier Pérez de Cuéllar, in der dieser aufgefordert wird, »unverzüglich unter der Oberaufsicht der UNO eine internationale Konferenz zur Lösung der Probleme der baltischen Staaten einzuberufen«.

In einer weiteren Erklärung der vier Präsidenten heißt es: »In Kenntnis der realen Gefahr für die Menschenrechte aller Bürger der baltischen Staaten (. . .) erklären die Unterzeichner für den Fall der Gefährdung ihrer Souveränität ihre Bereitschaft zu gegenseitiger konkreter Unterstützung und Hilfe.«

Darüber hinaus rief Jelzin alle in den sowjetischen Streitkräften dienenden Bürger der Russischen Föderation dazu auf, im Baltikum keine Waffengewalt anzuwenden.

Es folgten Solidaritätserklärungen aus fast allen anderen Sowjetrepubliken, von staatlichen Stellen ebenso wie von Privatpersonen. In Estland und Lettland fanden Trauerkundgebungen statt, und die Fahnen senkten sich auf Halbmast. 116 namhafte sowjetische Intellektuelle, von Schachweltmeister Gari Kasparow bis zum Direktor des Moskauer Staatszirkus, veröffentlichten in der »Rossijskaja Gaseta« einen Appell, in dem sie eindringlich vor einer herannahenden Diktatur warnen. Enge Berater Gorbatschows kündigten diesem ihre Gefolgschaft auf, während sich Hunderttausende vor dem Kreml zu einer Massendemonstration zusammenfanden, in deren Verlauf Gorbatschow wegen der Ereignisse in Vilnius in noch nicht dagewesener Schärfe angegriffen, verurteilt und beschimpft wurde.

Für sein Verhalten während der Krisensituation im Baltikum erhielt Gorbatschow allerdings auch aus der entgegengesetzten Ecke Kritik. Der Sprecher der reaktionären Militärs im Obersten Sowjet, Oberst Viktors Alksnis, warf dem Präsidenten vor, er habe sich als »schwacher Mann« erwiesen und das sowjetische Militär betrogen und verraten. Zuerst habe er die

Bildung der Nationalen Rettungskomitees in Vilnius und Riga gefördert und sich dann, als alles schiefgelaufen war, von ihnen distanziert. Der militante Oberst, der im Kreml in einer schwarzen Lederjacke herumzulaufen pflegt, drohte gleichzeitig mit der Möglichkeit eines Militärputsches gegen den Präsidenten.

Die Parlamente von Ungarn und der Tschechoslowakei traten zu Sondersitzungen zusammen, um das sowjetische Vorgehen in Litauen anzuprangern, ähnlich reagierten die polnische und alle skandinavischen Regierungen, und auch die maßgebenden westeuropäischen Politiker waren sich in der Verurteilung der Gewaltanwendung in Litauen einig. Im Kreml liefen zahllose Protestbriefe ein, Besuchstermine wurden abgesagt. Der Europarat in Straßburg beschloß Anfang Februar demonstrativ, Beobachtungsdelegationen in die baltischen Republiken zu schicken, und der Präsident der Parlamentarischen Versammlung des Europarates, Anders Björck, erinnerte Gorbatschow in einem Brief an die Versprechungen, die er im Juli 1990 in Straßburg hinsichtlich der Demokratisierung der Sowjetunion gegeben hatte. Schließlich zogen auch noch die EG, der amerikanische Senat, der Weltwährungsfonds und die Weltbank finanzielle Konsequenzen aus dem blutigen Geschehen, indem der Sowjetunion zugedachte Wirtschaftshilfen in Milliardenhöhe »auf Eis« gelegt wurden.

Während es in Vilnius Fallschirmjäger der regulären Streitkräfte waren, die das Rundfunk- und Fernsehzentrum stürmten, erfolgte die »Eroberung« des lettischen Innenministeriums in Riga sieben Tage später durch die berüchtigten »Schwarzen Barette« des MWD. Und wieder wollte in Moskau niemand den Schießbefehl gegeben haben, der fünf Tote zur Folge gehabt hat. Immerhin trafen bereits am folgenden Tage drei Vertreter des Moskauer Innenministeriums (MWD) und der Staatsanwaltschaft aus Moskau in Riga ein, um den Fall zu untersuchen. Darüber hinaus empfing Gorbatschow demonstrativ den lettischen Ministerpräsidenten Ivars Godmanis und versicherte ihn seiner Bereitschaft zu einer gewaltlosen Klärung aller strittigen Probleme. Um den Ernst der Lage zu unterstreichen, hatten zuvor alle drei baltischen Parlamente für den Fall eines Staatsstreiches namhafte Politiker mit der offiziellen Interessenvertretung ihrer Länder im Ausland beauftragt: den litauischen Außenminister Algirdas Saudargas, den lettischen Außenminister Janis Jurkans und die stellvertretende Parlamentsvorsitzende Estlands, Marju Lauristin. Sie sollten im Notfall Exilregierungen bilden.

Eine weitere Eskalation blieb jedoch aus. Ähnlich wie eine Woche zuvor in Litauen trafen auch in Lettland Vertreter des Moskauer Obersten Sowjets sowie des Föderationsrates ein, um an Ort und Stelle zwischen den legitimen lettischen Machtorganen und den selbstherrlichen örtlichen Militärs zu vermitteln. Alles in allem kam es zu einer Entspannung der Situation. Die angebliche Machtübernahme durch das selbsternannte Rettungs-Komitee des KP-Chefs Rubiks wurde von Präsident Gorbunovs dementiert und der Lächerlichkeit preisgegeben. Er beauftragte die lettische Staatsanwaltschaft, sich des Falles anzunehmen.

Die Reaktionen in den anderen Sowjetrepubliken und im Ausland auf die Ausschreitungen in Riga glichen denen auf die Gewaltanwendung in Litauen. Sie müssen für Gorbatschow ein weiterer Beweis dafür gewesen sein, daß die von ihm den örtlichen Militärs und deren Hintermännern gewährte Handlungsfreiheit sich für die Sowjetunion als Ganzes in jeder Hinsicht als kontraproduktiv erwiesen hat.

War es diese Einsicht, die dazu führte, daß es in Estland zu keinen vergleichbaren blutigen Entwicklungen kam? Oder hat er seine dortigen russisch-kommunistischen Interessenvertreter und Militärs von vornherein an einer kürzeren Leine laufen lassen? Fest steht nur, daß der estnische Präsident Rüütel und Ministerpräsident Savisaar am 7. Januar Gorbatschow telegrafisch davor warnten, zusätzliche Fallschirmjäger nach Estland zu senden, da dies sowohl der sowjetischen wie auch der estnischen Verfassung widerspräche. Gleichzeitig gaben sie bekannt, daß die 8000 jungen Esten, die den Wehrdienst in den sowjetischen Streitkräften verweigert hatten und inzwischen einen Wehrersatzdienst ableisteten, am folgenden Tage einen »Winterurlaub antreten werden«. Bereits nach zwei Tagen traf die Antwort aus Moskau ein: Es würden keine Fallschirmjäger nach Estland geschickt. Savisaar und Verteidigungsminister Jasow kamen zudem überein, eine gemischte Kommission zusammentreten zu lassen, die über die Interessen der sowjetischen Streitkräfte in Estland und die Folgen der estnischen Wehrdienstverweigerungen verhandeln sollte.

Als dann aus Vilnius die ersten Todesopfer beim Sturm auf das Rundfunk- und Fernsehzentrum gemeldet wurden, wandten sich Rüütel und Savisaar noch am gleichen Tage, dem 13. Januar, mit einem Aufruf an »alle Parlamente der Welt, denen das unveräußerliche Recht eines jeden Volkes auf politische Selbstbestimmung sowie die hohen Ideale von Demokratie und Freiheit heilig sind«. In diesem Appell werden die Angesprochenen gebeten, »Hilfe zu leisten bei der Unterbindung der Aggression gegen die Republik Litauen und zudem alle zur Verfügung stehenden Maßnahmen zu ergreifen, um eine Eskalation der Gewalt im Baltikum zu verhindern«.

Die Situation in Tallinn wurde zusätzlich verschärft durch die Reaktionen der moskauhörigen politischen Kräfte Estlands auf die Unterzeichnung des russisch-estnischen Staatsvertrages. Boris Jelzin hatte sich am Blutssonntag von Vilnius nicht nur zusammen mit den drei baltischen Präsidenten an die UNO

gewandt, sondern auch den von den Esten seit langem angestrebten bilateralen Staatsvertrag mit der Russischen Föderation unterschrieben. In diesem Vertrag erkennen sich beide
Seiten als souveräne Völkerrechtssubjekte an und beschließen
in 22 Artikeln eine ganze Reihe von Maßnahmen für eine
intensivere Zusammenarbeit in politischer, wirtschaftlicher
und rechtlicher Hinsicht.

Dieser Schritt des russischen Präsidenten wurde von den in
Estland lebenden russischen Kommunisten als Verrat eingestuft. Am 14. und 15. Januar kam es zu größeren Demonstrationen vor dem estnischen Parlament, bei denen auch gegen die
vorangegangenen Preiserhöhungen protestiert wurde. Vertreter aller Richtungen des moskauhörigen Spektrums forderten
ultimativ den Rücktritt der Regierung Savisaar und verglichen
Boris Jelzins Besuch in Tallinn mit Chamberlains München-
Reise zu Hitler im Jahre 1938. Gleichzeitig verlangten die russisch-kommunistischen Abgeordneten des Parlaments die sofortige Auflösung desselben; zwei von ihnen traten im Parlamentsgebäude in einen mehrtägigen Hungerstreik – in dessen
Verlauf sie nur Fanta, Pepsi-Cola und West-Zigaretten konsu-
mierten. In dieser Situation forderte die Regierung alle Esten,
die in sowjetischen Fallschirmjägereinheiten gedient hatten,
auf, sich zu melden und Estland notfalls gegen eine sowjetische
militärische Intervention zu verteidigen.

Dazu kam es dann aber doch nicht. Die moskautreuen
Kommunisten setzten allerdings in einer ganzen Reihe von
größeren Industriebetrieben, in denen die russischen Arbeiter
in der Mehrheit sind, wochenlange Streiks durch. Die Atmosphäre blieb gespannt, und das Gebäude des estnischen Parlamentes auf dem hohen Domberg bekam fast wieder das Aussehen einer belagerten mittelalterlichen Festung, so wie vor
600 Jahren. Riesige Findlingssteine versperrten die engen Zu-

fahrtswege zum Schloß, modernere Zementblöcke umgaben es. Personenwagen mußten sich wie auf einer Slalomstrecke durch schmale Breschen hindurchschieben.

Etwa zehn Tage später fahre ich mit dem estnischen Außenminister Lennart Meri in einer Luxuslimousine des Auswärtigen Amtes den Rhein entlang. Endlich, wohl unter dem Eindruck der blutigen Geschehnisse in Litauen und Lettland, hat sich Bundesaußenminister Genscher bereit erklärt, seinen estnischen Kollegen in Bonn zu empfangen. Da ich an dem Zustandekommen dieses Treffens nicht ganz unbeteiligt war, bat Meri mich, an dem Gespräch teilzunehmen. Meinen auf dem Frankfurter Flughafen gemachten Vorschlag, anstatt die Autobahn zu benutzen, unterwegs noch einige Burgen am Rhein zu sehen, hat er sofort akzeptiert. Er erzählt, daß er Ende der dreißiger Jahre zusammen mit seinem Vater, der damals die Estnische Republik in Berlin vertrat, eine ähnliche Reise gemacht habe, an die er sich aber nur noch verschwommen erinnern könne. Bei herrlichem Sonnenschein gleiten sie an uns vorbei: Schloß Johannisberg, Burg Katz, Burg Maus, Burg Rheinfels, die Marksburg und viele andere. Das Gespräch springt hin und her zwischen der Historie und der aktuellen Situation im Baltikum.

Am Treffen mit Hans-Dietrich Genscher nehmen auch der lettische Außenminister Janis Jurkans und Andrejs Urdze, sein Interessenvertreter in der Bundesrepublik, teil. Die Atmosphäre ist überaus freundlich. Jurkans argumentiert etwas drängender, Meri diplomatischer und meiner Ansicht nach überzeugender. Ersterer in Englisch, Meri in Deutsch. Urdze und ich müssen nur selten eine etwas schwierigere lettische bzw. estnische Formulierung ins Deutsche übertragen. Genscher hört sich mit Interesse an, was seine baltischen Kollegen über die jüngste Entwicklung in Moskau und die Lage in

Estland und Lettland zu sagen haben. Meri stellt eindringlich klar, daß eine Demokratisierung der Sowjetunion aufs engste mit der demokratischen Verwirklichung des Selbstbestimmungsrechtes der baltischen Republiken verbunden ist. Wer ersteres fördern will, darf sich letzterem nicht verschließen.

Der Vorschlag beider Minister, in der Bundesrepublik Informationszentren der baltischen Staaten einzurichten, so wie sie z. B. in Kopenhagen und Stockholm bereits bestehen, stößt bei Genscher auf Verständnis: Er bittet um konkrete Vorschläge und sagt eine wohlwollende Prüfung zu. Auf die letzte Frage von Meri, »Werden Sie uns bis zum Jahresende anerkennen, gewissermaßen als Weihnachtsgeschenk?« antwortet Genscher, diplomatisch lächelnd, »Das kann ich Ihnen nicht versprechen«.

Ein Gespräch des lettischen Ministerpräsidenten Godmanis mit Bundeskanzler Kohl, das bald darauf zustande kommt, führt in der Sache nicht weiter. Die Bundesregierung bleibt bei ihrem Standpunkt, die baltischen Republiken mögen in jeder Hinsicht eine Politik der kleinen Schritte betreiben.

Am nächsten Tag findet im Bundespräsidialamt ein »Revalenser-Treffen« statt, mit Minister Meri, dem Chef des Bundespräsidialamtes, Staatssekretär Andreas Meyer-Landrut, und mir – alle drei sind wir in Tallinn geboren. Entsprechend gelöst und freundschaftlich verläuft das Gespräch. Meri freut sich vor allem über Meyer-Landruts Versprechen, er werde versuchen, private Stiftungen der deutschen Industrie an der Einrichtung eines estnischen Informationszentrums in der Bundesrepublik zu interessieren, um damit finanzielle Hilfsquellen für dieses Vorhaben zu erschließen.

10. Februar 1991. Zusammen mit Kazimiera Prunskiene feiere ich in der Königsteiner Wohnung eines ihrer deutschen

Freunde den Erfolg des litauischen Volkes: 90 Prozent haben sich am Tage zuvor in dem von Moskau verbotenen, aber nicht behinderten Referendum für ein unabhängiges, selbständiges Litauen ausgesprochen. Ich wundere mich über das gute Deutsch der Ex-Ministerpräsidentin und erfahre beiläufig, daß sie Anfang der achtziger Jahre in Frankfurt an ihrer wirtschaftswissenschaftlichen Habilitationsschrift gearbeitet hat. Sie erzählt mir von ihren vielfältigen Aktivitäten, die sie zur Zeit im Ausland zum Wohle ihres Landes entwickelt.

Interessant ist, wieviel Positives sie über ihren Widersacher Gorbatschow zu sagen hat. Vor allem sei er ein ausgezeichneter Situationsmanager, erfasse sehr schnell die kompliziertesten Sachverhalte und verstehe es, geschickt zwischen gegensätzlichen politischen Kräften zu lavieren. Immerhin hat Kazimiera Prunskiene 20 bis 30 Stunden, sei es unter vier Augen, sei es in kleinem Kreise, mit Gorbatschow verhandelt. Interessant auch seine Zaren-Allüren: Er duze sie einfach und benutze ihren Vornamen, während sie ihn artig mit Michail Sergejewitsch und per Sie anzureden habe.

Ob Gorbatschow, wenn er nicht unter dem Druck stünde, unter dem er heute tatsächlich steht, die baltischen Republiken aus der Sowjetunion zu entlassen bereit sei? Frau Prunskiene meint, das wäre im Juli vorigen Jahres vielleicht möglich gewesen, doch damals habe Präsident Landsbergis ernsthafte Verhandlungen mit Moskau verhindert. Hart setzt sie sich dabei mit dessen Standpunkt auseinander, der darauf hinausläuft, Realpolitik sei ein Luxus, den man sich nur im Westen leisten könne, denn dabei handele es sich um eine Politik des Nachgebens einer totalitären Macht gegenüber, und das habe schon einmal, nämlich 1940, zur vollständigen Kapitulation der baltischen Staaten geführt.

In der Beurteilung der negativen Folgen der Gewaltanwendung im Baltikum für die Moskauer Zentralmacht sind wir uns weitgehend einig. Insbesondere weist Frau Prunskiene darauf hin, daß nun endlich auch den dort wohnenden Russen und anderen Minderheiten klar geworden sei, daß es dem Kreml nicht so sehr um den bislang vorgegebenen Minoritätenschutz gehe, als vielmehr um den sowjetisch-kommunistischen Machterhalt.

*»Nur mittels ausgedehnter Verhandlungen . . .«*

Die Volksbefragungen in Estland und Lettland fielen alles in allem noch überraschender aus als in Litauen. Bei einer Beteiligung von 83 Prozent aller Abstimmungsberechtigten antworteten in Estland am 3. März 1991 78 Prozent der Bürger mit »Ja« auf die Frage »Wollen Sie die Wiederherstellung der staatlichen Unabhängigkeit und Selbständigkeit der Republik Estland?« Da der estnische Bevölkerungsanteil nur 62 Prozent beträgt, bedeutet das, daß auch viele der in Estland lebenden Russen, Ukrainer und Weißrussen ein Ausscheiden aus der Sowjetunion wünschen. Die Konzentration der Nicht-Esten im industriellen Nordosten des Landes hatte jedoch auch ein steiles West-Ost-Gefälle der Stimmverhältnisse zur Folge: Während sich an der estnischen Westküste und auf den großen Inseln bis zu 99 Prozent für ein selbständiges Estland aussprachen, waren es an der Ostgrenze zum Leningrader Gebiet nur 30 bis 40 Prozent. Immerhin gab es aber selbst in Narva, das heute zu 95 Prozent von Russen bewohnt wird, ein Viertel Ja-Stimmen. Da die Volksbefragung in Anwesenheit einer internationalen Beobachterkommission stattgefunden hatte, wandte sich der Oberste Rat Estlands in einem Aufruf an die Regierungen und Parlamente der ganzen Welt, dieses

Ergebnis als eindeutige Willensäußerung der Gesamtbevölkerung Estlands zu respektieren und die Führungsorgane Estlands als demokratisch gewählte Machtträger anzuerkennen.

Die Volksbefragung in Lettland, die am gleichen Tage stattfand, erbrachte folgende Ergebnisse: Beteiligung 88 Prozent, Ja-Stimmen 74 Prozent, Nein-Stimmen 25 Prozent. Besonders hervorzuheben ist dabei das Ergebnis in Riga. Obwohl der Anteil der Letten an der Gesamtbevölkerung der Stadt nur knapp über einem Drittel liegt, sprachen sich 60 Prozent für ein selbständiges Lettland außerhalb der Sowjetunion aus.

Parlamentspräsident Gorbunovs bewertete die von kaum jemandem erwartete Willensbekundung der Bewohner Lettlands wie folgt: »Ich bin äußerst beeindruckt von der Tatsache, daß es keinen einzigen Kreis, kein einziges Gebiet, keine einzige Stadt in Lettland gibt, in der sich nicht mindestens die Hälfte der Abstimmenden für ein unabhängiges und demokratisches Lettland ausgesprochen haben.« Genau wie seine Kollegen Rüütel in Estland und Landsbergis in Litauen drückte auch Gorbunovs in einem Brief an Gorbatschow die Hoffnung aus, der Kreml werde die Ergebnisse der drei Volksbefragungen zum Anlaß nehmen, seine bisherige falsche Politik dem Baltikum gegenüber zu revidieren.

Sechs Wochen nach diesen Abstimmungen tat ich einen großen Schritt in die Vergangenheit, bis hin zum Tage der deutschen Kapitulation in Kurland im Mai 1945. Vor meinem Abflug nach Riga hatten gute Freunde noch gefrotzelt, »natürlich, die Auerhähne balzen, da mußt du hin!« Aber es war mehr. 46 Jahre war ich nicht in Lettland gewesen und wollte endlich die Stätten wiedersehen, die damals von so großer Bedeutung für mich gewesen waren – den Hafen von Pavilosta (Paulshafen) und den Ort meiner Gefangennahme.

Aber ein Auerhahn stand auch im Programm. Mitten im Herzen von Kurland, nicht weit von Talsi (Talsen), fiel er im Dämmerlicht der Abendbalz in das weiche Moos. Es war mein dritter und größter Auerhahn, und als ich ihn überglücklich hochhob, beschloß ich, nie mehr einen zu schießen. Genauso, wie ich mir im Herbst zuvor in Estland angesichts des gestreckten kapitalen Elches gesagt hatte: Das ist dein erster, und es soll auch dein letzter sein! Jäger könnten mich nach dem Warum fragen. Ich weiß es nicht. Wahrscheinlich ist es die majestätische Größe dieses Hochwildes, die selbst über dessen Tod hinaus den Menschen bannen, ja sogar lähmen kann.

Die Fahrt nach Pavilosta war relativ unkompliziert. Zwar hing über der Straße zum Hafen ein Schild, das allen nichtmilitärischen Fahrzeugen die Weiterfahrt verbot, aber mein Chauffeur meinte, das wäre ein Relikt aus vergangenen Jahren und müsse nicht mehr ernst genommen werden. So stand ich bald dort, wo ich am 8. Mai 1945 vergeblich versucht hatte, nach Gotland zu entkommen. Ich fand sogar die Stelle, an der ich in das seeuntüchtige, klapprige Fischerboot gesprungen war. So klein und unscheinbar der Hafen nun aussah – so groß und weit erstreckte sich das Meer nach Westen. Wie hatte ich mir damals überhaupt eine Chance ausrechnen können?

Anschließend begann die lange Suche nach dem Ort der Gefangennahme. Ich konnte dem Fahrer nur sagen, daß es ein großes, weißes Herrenhaus gewesen ist, etwa 15 bis 20 Kilometer nördlich oder nordöstlich von Pavilosta, am Ende einer schönen Allee gelegen. Hinweise lettischer Kolchosbauern führten uns schließlich zum Ziel, zu einer Schule, die nicht mehr ganz weiß und auch sonst nicht sehr beeindruckend war. Eine alte Lehrerin bestätigte mir aber, daß das Haus im Kriege als Lazarett gedient und zuvor einer deutsch-baltischen Adelsfamilie gehört habe. Der lettische Name Apriki war schnell ins deutsche Aprikken übersetzt – es war in der Tat eines der vielen Güter der Barone von der Osten-Sacken.

»Gibt es hier einen steingefaßten Brunnen?«

»Ja, hinten im verwilderten Garten, aber er ist schon seit langem verwahrlost.«

Ich fand ihn und blickte bewegt in die Tiefe, wo wohl auch heute noch meine FN-Pistole und drei Kriegsauszeichnungen liegen.

Die Beziehungen zwischen den drei baltischen Republiken und der Moskauer Zentrale traten in ein neues Stadium, als sich Gorbatschow und die Führer von neun Sowjetrepubliken am 23. April in der sogenannten 1+9-Erklärung von Nowo-Ogarjewo auf die Unterzeichnung eines neuen Unionsvertrages und eine Reihe von Sofortmaßnahmen zur Rettung dieser neuen Union souveräner Republiken einigten. Den baltischen Republiken wie auch Georgien, Armenien und Moldavien wird in diesem Beschluß einerseits das Recht eingeräumt, die Frage des Beitritts zur neuen Union nach eigenem Ermessen zu entscheiden, andererseits werden sie aber auch mit einer Vielzahl wirtschaftlicher Probleme konfrontiert, beispielsweise mit dem Entzug von Zollprivilegien (Meistbegünstigungsklausel). Im Entwurf des neuen Unionsvertrages, dessen Unterzeichnung während des Sommers von Monat zu Monat verschoben wurde, heißt es zudem im Artikel 23, daß die Beziehungen zwischen der neuen Union und den Republiken, die noch zur alten UdSSR gehören, den vorliegenden Vertrag aber nicht unterschreiben wollen, auf der Grundlage der Gesetze der UdSSR zu regeln sind.

Gegen diese Bestimmung legten die drei baltischen Präsidenten unverzüglich Protest ein. In einer gemeinsamen Erklärung stellten sie fest, daß der Artikel 23 in keiner Weise die baltischen Staaten binden könne, und führen dann fort:

»Der Rat der Baltischen Staaten erkennt die Komplexität der Probleme an, die bei der Wiederherstellung der Unabhängigkeit der Republiken Estland, Lettland und Litauen zu lösen sind ... Die Lösung dieser Probleme kann aber nur mittels ausgedehnter Verhandlungen auf der Grundlage allgemein anerkannter Normen des internationalen Rechts erreicht werden.«

Mit dieser Forderung nach bilateralen Verhandlungen setzten die drei Republiken konsequent ihre seit 1989 betriebene Politik fort, alle nur möglichen Kontakte zu nutzen, um ein Einvernehmen mit der Moskauer Zentrale zu erzielen. Diese Politik war aber bislang von den drei Moskauer Verhandlungsdelegationen systematisch hintertrieben worden. Obwohl dem Ausland wie auch der sowjetischen Öffentlichkeit gegenüber der Eindruck von Verhandlungsbereitschaft erweckt wurde, betrieben Gorbatschows Verhandlungsführer de facto eine eindeutige Verschleppungstaktik: Termine wurden nicht eingehalten, unbequeme Sachfragen an Expertenkomitees überwiesen, konkrete Vorschläge der Balten als nicht diskussionsfähig bezeichnet. Als sich der estnische Delegationsführer, Parlamentssprecher Ülo Nugis, im Juni über diese Taktik beschwerte, antwortete ihm sein sowjetischer Widerpart Lawjorow kalt: »Sie tun gerade so, als wären Sie ein eigener Staat. Ich aber sage Ihnen, daß Sie ein Teil der Sowjetunion sind; und noch weiß niemand, wie das letzten Endes ausgehen wird.« Auch beließ er keinen Zweifel daran, für alles entsprechende Weisungen aus dem Kreml zu haben.

Dieses Bild vervollständigten permanente Provokationen und Übergriffe der in Lettland und Litauen stationierten OMON-Sondertruppen des sowjetischen Innenministeriums.

Diese griffen die verschiedenen nationalen Selbstschutzein-
richtungen an, überfielen Grenzposten, zerstörten Zollstationen und brachten Bomben zur Explosion. Acht Todesopfer
gab es allein bei einem nächtlichen Überfall auf einen Kontroll-
posten an der litauisch-weißrussischen Grenze. Sowohl der
sowjetische Innenminister als auch der sowjetische Militärbefehlshaber im Baltikum lehnten jedoch jegliche Verantwortung
für diesen Vorfall ab, und Gorbatschow ordnete sogar eine
sofortige Untersuchung an – die natürlich wie in allen vorausgegangenen Fällen ergebnislos verlief.

In krassem Gegensatz zu den sowjetisch-litauischen Beziehungen entwickelte sich das Verhältnis Litauens zur Russischen Republik im Juli 1991 äußerst positiv. Mit dem von Jelzin
und Landsbergis am 29. Juli in Moskau unterzeichneten Staatsvertrag sowie zwei Zusatzabkommen erhielt die baltische Frage
innerhalb der Sowjetunion eine völlig neue Dimension. In
diesem Vertrag erkannten Rußland und Litauen sich gegenseitig als souveräne, unabhängige Staaten an und regelten einver-
nehmlich eine ganze Reihe bisher offener politischer, wirtschaftlicher und kultureller Fragen. Dies sind die wichtigsten
Punkte:

Beide Republiken erkennen ihre derzeitigen Grenzen an;
den jeweiligen nationalen Minderheiten wird das Recht zugestanden, »ihre Kultur zu verwirklichen, ihre Religion auszuüben und ihre eigene Sprache zu benutzen«; die in Litauen
lebenden Russen können, wenn sie wollen, die russische Staatsbürgerschaft annehmen; das gleiche gilt umgekehrt für in Rußland lebende Litauer; andererseits steht es den in Litauen
lebenden Russen aber auch frei, ohne jegliche Behinderung die
litauische Staatsbürgerschaft zu erwerben – mit dieser Regelung wurde ein litauisches Gesetz, das den Erwerb der litauischen Staatsbürgerschaft für Russen an verschiedene Voraus-

setzungen gebunden hatte, beispielsweise litauische Sprach-kenntnisse und eine Aufenthaltsdauer von mindestens zehn Jahren in Litauen, außer Kraft gesetzt.

In einem gesonderten Abkommen wurde die Einrichtung eines »Kaliningrader Korridors« beschlossen, mit dem der freie Fluß von Menschen und Gütern zwischen der Republik Ruß-land und dem Kaliningrader (Königsberger) Gebiet (das keine Landverbindung zu Rußland besitzt) sichergestellt werden soll. Insbesondere verpflichtete sich Litauen auch, die Versor-gung Kaliningrads mit Gas über eine durch litauisches Gebiet führende Pipeline zu gewährleisten. Desgleichen erklärte es sich bereit, das Kaliningrader Gebiet mit Strom aus litauischen Kraftwerken zu versorgen, während sich Rußland seinerseits verpflichtete, diese litauischen Kraftwerke mit Öl zu versorgen. Das Abkommen regelt aber nicht nur den Durchgangsverkehr zwischen Rußland und Kaliningrad, sondern gewährt Litauen auch freien Zugang zur Hafenstadt Kaliningrad sowie die dor-tige zollfreie Verschiffung litauischer Waren in den Westen. Im Hinblick auf die bevorstehende stärkere Einbindung sowohl Rußlands wie auch Litauens in den Handel mit Westeuropa ist dieses russisch-litauische Abkommen für beide Seiten gleich vorteilhaft und als Pionierleistung geradezu zukunftweisend für andere Ostsee-Anrainerstaaten.

Noch weiter gehende diesbezügliche Überlegungen wurden bereits im Frühjahr von Tunne Kelam, dem führenden politi-schen Kopf des Estnischen Kongresses, des Nebenparlaments, entwickelt. In seiner Schrift »Hanseregion Baltikum, ein Plä-doyer für wirtschaftliche Entspannungspolitik an der Ostsee« schreibt er unter anderem:

»Die drei baltischen Länder Estland, Lettland und Litauen waren jahrhundertelang die wichtigste kulturelle und wirt-schaftliche Brücke zwischen den Staaten Westeuropas und dem aufstrebenden Russischen Reich ... Die kulturelle und wirtschaftliche Entwicklung Rußlands wurde durch die Brückenfunktion freier Hansestädte an der Ostsee wesentlich gefördert ... Warum sollten wir nicht die jahrhundertealte, erfolgreiche Idee einer »Hanse-Freihandelszone« aufgreifen und in modernisierter Form als Modell für die baltischen Staaten realisieren? ... Die Grundlage für ihre Realisierung wäre ein stabiles, durch Verträge mit der Russischen Republik, der Zentralregierung in Moskau, der Europäischen Gemeinschaft, der KSZE und anderen Organisationen fest geknüpftes Bekenntnis zur sozialen Marktwirtschaft ... Königsberg, Riga, Klaipeda und Reval sollten als Freihäfen ausgebaut werden. In der Mitte dieser Wirtschaftssonderzone müßte ein neuer internationaler Großflughafen (Hanse-Airport) entstehen.«

Als Tunne Kelam dies schrieb und seine Gedanken bei einem Besuch in der Bundesrepublik vielen deutschen Politikern vortrug, konnte noch niemand die turbulenten Ereignisse der letzten Augusttage und der ersten Septemberwoche im Auge haben. Jetzt, nach dem Zusammenbruch der alten UdSSR und der Wiedergeburt nicht nur der baltischen Republiken, sondern auch Rußlands, kommt seinen Überlegungen eine um so größere Bedeutung zu. Und das insbesondere auch im Hinblick darauf, daß Kelam, so wie sich die Dinge entwickelt haben, bald in Estland ein sehr hohes und sehr wichtiges Staatsamt bekleiden dürfte.

Eine außenpolitische Enttäuschung bescherte den drei baltischen Republiken die Berliner KSZE-Konferenz Mitte Juni 1991. Ihre Hoffnung, an der Versammlung der europäischen Außenminister als offizielle Beobachter teilnehmen zu können, zerschlug sich, wie bereits im November vergangenen Jahres in Paris, am Veto der Sowjetunion. Nach einem beschämenden Tauziehen hinter den Kulissen wurde den baltischen

Außenministern zum Schluß wenigstens gestattet, als Gäste der skandinavischen Delegationen auf der Gästetribüne des alten Reichstagsgebäudes Platz zu nehmen. Dem Vorwurf der baltischen Minister, die Westmächte hätten sie zu wenig unterstützt, begegnete Bundesaußenminister Genscher, und zwar im Hinblick auf die in der KSZE-Satzung verbriefte Einstimmigkeitsforderung, mit der Feststellung: »Beim Konsens kann man nicht die Zähne zeigen.«

Einen Fortschritt brachte demgegenüber bald darauf die in Helsinki tagende Parlamentarische Versammlung des Europarates. Vor diesem Gremium, bei dem die Sowjetunion selbst nur einen Gästestatus hat, konnten die Präsidenten Rüütel, Gorbunovs und Landsbergis die Zugehörigkeit ihrer Länder zu Europa betonen, deren Aufnahme in den Europarat beantragen und die vielfältigen sowjetischen Bemühungen anprangern, den Brückenschlag Estlands, Lettlands und Litauens nach Westeuropa zu erschweren.

Bewegung kam allmählich auch in die Haltung der Bundesrepublik Deutschland. Am 19. Juni stimmte der deutsche Bundestag ohne Gegenstimmen bei Enthaltung der Gruppe PDS/Linke Liste dem Vorschlag seines außenpolitischen Ausschusses zu, in Bonn die Einrichtung eines baltischen Informationsbüros zuzulassen. In der vorausgegangenen Debatte hatte der CDU-Abgeordnete Freiherr v. Stetten unter anderem erklärt:

»Wir haben das Wort ›historisch‹ in den vergangenen 18 Monaten häufig gebrauchen dürfen. Ich will den heutigen Tag, an dem wir die Einrichtung eines baltischen Informationsbüros in der Bundesrepublik Deutschland beschließen, nicht dazu mißbrauchen. Aber es ist ein Schritt hin zu einem wirklich historischen Tag, dem Tag, an dem die baltischen Republiken Litauen, Lettland und Estland wirklich frei werden. Und es ist erfreulich, daß wir in diesem Ziel, über alle Parteigrenzen hinweg, einig sind.«

Als dieser Beschluß gefaßt wurde, waren sich zumindest seine Initiatoren dessen bewußt, daß dieses Informationsbüro de facto neben kulturellen auch politische Aufgaben übernehmen sollte, so, wie sie sonst von Konsulaten wahrgenommen werden. Im Hinblick auf mögliche unliebsame Moskauer Reaktionen konnte das aber nicht öffentlich bekanntgegeben werden.

Kurz zuvor hatten rund 100 Bundestagsabgeordnete einen »Deutsch-Baltischen parlamentarischen Freundeskreis« gegründet. In seiner Satzung heißt es:

»Der Zweck des Vereins ist die Pflege der Beziehungen zwischen der Bundesrepublik Deutschland und den drei baltischen Staaten Estland, Lettland und Litauen. Diese Beziehungen sollen auf kulturellem, wirtschaftlichem und politischem Gebiet verfestigt und vertieft werden. Weiterhin sollen die Bestrebungen der drei baltischen Staaten, ihre Unabhängigkeit zu erreichen, unterstützt und gefördert werden.«

Ende Juli, drei Wochen vor dem Moskauer Staatsstreich, flog ich mit meiner Frau nach Estland, wo sie noch nie gewesen war. Es sollten friedliche Tage werden, die nichts ahnen ließen von den kommenden schicksalhaften Ereignissen, in deren Verlauf die sowjetische Herrschaft im Baltikum sich einfach auflöste wie ein böser Alptraum beim Anbrechen eines neuen, hellen Tages. Ich konnte ihr alles zeigen, was in meinem dortigen Leben Bedeutung für mich gehabt hatte; wir waren in Tartu, bereisten ganz Südestland und landeten schließlich an einem Sonntag in Pölva. Beim Gottesdienst wurden wir vom Pastor herzlich willkommen geheißen, viele erkannten mich, es gab Blumen und Freudentränen.

434

Die Insel Saaremaa (Ösel) habe ich dann allein besucht. Mein ganzes Leben lang habe ich mir Vorwürfe gemacht, diesen Ausflug in meiner Jugend versäumt zu haben, jetzt, mit 70 Jahren, ging mein Wunsch in Erfüllung. Warum dieser fast neurotische Drang des Hinmüssens zu dieser Insel? Und überhaupt zu den nordeuropäischen Inseln? Rührt es daher, daß meine Vorfahren auf einem kleinen dänischen Eiland lebten, von wo aus sie zum Sklavenhandel bis an die westafrikanische Küste segelten?

Bis vor kurzem war Saaremaa noch halbmilitärisches Sperrgebiet, das selbst von nicht dort wohnenden Esten nur mit einer Sondergenehmigung betreten werden durfte. Im Morgengrauen brach ich mit dem »Lada« eines Freundes aus Nordestland auf: Wir erwischten die erste Fähre zur Insel Muhu (Moon), auf der Bischof Albert vor über 750 Jahren seine blutige Christianisierungsschlacht geschlagen hatte, überquerten den Damm nach Saaremaa, und dann ging es kreuz und quer durch die Insel: die älteste, romanische, Kirche Estlands bei Valjala (Wolde), der Meteoriten-Krater von Kaali, also Lennart Meris Stütze für seine Thule-Saaremaa-Theorie, das Ordensschloß von Arensburg, die Halbinsel Sörve (Sworbe), von wo aus im November 1944 der letzte deutsche Soldat Estland verließ. Ich sah Vögel, die ich noch nie gesehen hatte, und auch eine gelbe Blume, die es sonst nirgends auf der Welt gibt (Rinathus Oeselensis).

Nicht nur auf Saaremaa, sondern ebenso auf dem Festland stieß ich aber auch ständig auf die derzeitigen wirtschaftlichen Schwierigkeiten der Bevölkerung. Immer wieder sah ich lange Schlangen vor den Geschäften, und das bei häufig fast leeren Regalen und einem minderwertigen Angebot. Dabei waren die Preise am 1. Juli im Vergleich zum Vorjahr bei einigen Warenarten bis auf das Vierfache gestiegen. Mit dieser Preisfreigabe wollte die Regierung den Weg in die freie Marktwirtschaft ebnen, die Folge war aber zunächst nur eine kaum zumutbare Belastung insbesondere der ärmeren Schichten, denn die gleichzeitig verfügten Gehaltsverbesserungen und die Anhebung der Ruhestandsbezüge glichen die Preissteigerungen bei weitem nicht aus. Bei parallel dazu florierendem Schwarzmarkt und heftiger Spekulation war ein demonstratives Aufbegehren der murrenden Bevölkerung keineswegs ausgeschlossen – aber alles blieb ruhig.

»Es ist nicht die Zeit, unsere politisch ohnehin schwierige Situation noch dadurch zu verschärfen, daß wir Moskau mit inneren Unruhen den Vorwand liefern, hier militärisch oder sonst mit irgendwelchen Repressionen einzugreifen.« Es war kein Politiker, sondern ein estnischer Bauer, der mir das sagte.

Symptomatisch ist auch die Jagd nach Valuta, nach Dollars, D-Mark oder Finnmark, und das nicht nur, weil man dafür in den Valuta-Läden vieles (zu westeuropäischen Preisen) kaufen kann, sondern auch aus Angst vor einem weiteren Wertverlust des Rubel. Die Scheine mit dem Kopf Lenins werden in der Bevölkerung nur noch »leppalehed«, »Erlenblätter«, genannt, und wer als Ausländer mit ihnen einen Taxifahrer bezahlen will, macht sich geradezu lächerlich. Ebenso lächerlich, wenngleich realistisch, ist dabei der derzeitige offizielle Umtauschkurs des Dollars oder der Deutschen Mark. Für zehn D-Mark blätterte man mir in der Bank 160 Rubel auf den Tisch. Das ist ungefähr die monatliche Pension einer Lehrerin oder Ärztin.

Am Tage vor unserer Rückreise besuchten wir Lennart Meri, den estnischen Außenminister, an seinem Urlaubsort an der Küste westlich von Tallinn. Vor seiner Regierungsdatscha, die hinter einer Polizeisperre in einem Kiefernwäldchen versteckt liegt, erzählte er meiner Frau mehr amüsiert als stolz, daß er das erste Mal in seinem Leben ein so komfortables Urlaubsrefugium habe. Wir machten einen Spaziergang zur Küste, mein Freund Isi Trapido fotografierte unentwegt, und der Herr Außenminister in weißen Bermudashorts und bedrucktem amerikanischen T-Shirt hielt mir angesichts des Meeres einen langen geologischen Vortrag darüber, wie das gute Trinkwasser unter dem Finnischen Meerbusen hindurch vom etwa 300 Kilometer entfernten finnischen Saimaa-See bis zu seinem Urlaubsort gelangt. Politisch war dieser Nachmittag bei Meri nicht sehr informativ – das Wetter war zu gut, die Luft zu rein, das Meer zu schön, und zu alledem mußte er ständig von unserem Teetisch im Garten zum Telefon in die Datscha eilen.

Ein überraschendes Erlebnis hatte ich kurz vor der Abreise auf einer Steinstufe der 1422 gegründeten und jetzt geschlossenen Rathausapotheke, in der mein Vater um die Jahrhundertwende gearbeitet hat. Ich hatte mich gerade mit meiner Frau dort niedergelassen, als sich ein Mann, froh gestikulierend, uns fast umarmend und russisch sprechend, neben uns setzte. Er sagte, er sei Alik und wir wären doch in Moskau befreundet gewesen. Ganz allmählich tauchte sein Bild aus der Erinnerung auf: Ein damals, vor über 30 Jahren, noch junger Student, in Jeans und mit westlichem Haarschnitt, der mutig Kontakte zu den wenigen ausländischen Korrespondenten der Chruschtschow-Zeit aufgenommen hatte und daraufhin von der Universität relegiert worden war.

»Wieso hast du mich nach so vielen Jahren hier in Tallinn erkannt?«

»Die ›Sirp‹ druckt doch gerade Auszüge aus deinem Buch ab; drei Folgen sind schon erschienen und jedesmal mit einem Bild von dir. Ich habe eine Estin geheiratet, wir besuchen hier ihre Eltern, und die haben mich auf die ›Baltischen Erinnerungen‹ aufmerksam gemacht.«

Die »Sirp« ist eine estnische Kulturzeitschrift. Ich war in

den vorausgegangenen Tagen bereits mehrfach von wildfremden Menschen auf das Buch angesprochen worden und hatte manchmal Mühe gehabt, glaubhaft zu machen, daß ich es nicht in Estnisch geschrieben habe und der Name der estnischen Übersetzerin erst am Ende der letzten Folge erscheinen werde.

*Unabhängig!*

Als ich Estland Anfang August mit großen Sorgen verließ, nahm ich mir vor, erst im nächsten Frühjahr zurückzukehren. Aus den neun Monaten wurden nur drei Wochen. Meine Sorgen bezogen sich, ganz abgesehen von allen generellen Unsicherheiten hinsichtlich der weiteren Entwicklung des Verhältnisses zur Moskauer Zentrale, vor allem auf die äußerst gespannte Lage in Nordost-Estland. Ende Juli hatten die russischen Bürgermeister der drei wichtigsten Industriezentren Kohtla-Järve, Sillamäe und Narva den Präsidenten und Ministerpräsidenten drohend aufgefordert, ihrer Industrieregion einen autonomen Sonderstatus zu gewähren, und dabei unterstrichen, daß die Menschen in Nordost-Estland nicht aus der Sowjetunion auszuscheiden wünschten. Vorausgegangen war eine ganz Estland aufwühlende Diskussion um den Plan des Ministerpräsidenten, das Gebiet von Narva in eine Freihandelszone zu verwandeln, steuerliche Begünstigungen und eine ganze Reihe anderer Privilegien zu gewähren und damit diese äußerste Grenzzone stärker an die Republik zu binden, das heißt, allen offensichtlichen Abspaltungstendenzen den Boden zu entziehen. In dieser Diskussion, die in einem parlamentarischen Mißtrauensantrag gegen Savisaar ihren Höhepunkt erreichte, wurde immer wieder von nationalradikalen Politikern auf die Gefahr hingewiesen, daß bald der ganze Nordosten des Landes die Privilegien von Narva beanspruchen und das Vorhaben des Ministerpräsidenten letztendlich zum Gegenteil des Angestrebten führen könne.

Die parallel dazu einhergehenden Bemühungen der Regierung, den Abfluß und Zustrom von Waren an den Grenzen endlich unter Kontrolle zu bekommen, führten schließlich zu einer offenen Konfrontation. In Narva standen sich der regierungstreue estnische Grenzschutz und lokale russische Arbeiter-Kampfgruppen und Polizeikräfte drohend gegenüber. Als sich dann auch noch die weiter westlich gelegenen, russisch dominierten Kreisstädte mit der Grenzstadt Narva solidarisch erklärten, beschloß der Innenminister, um ein Blutvergießen zu vermeiden, die estnische Zollstation aufzulösen und Verhandlungen mit den lokalen Machthabern aufzunehmen. Bei allem gibt es keinen Zweifel daran, daß hinter den angeblich wirtschaftlichen Schutzmaßnahmen der lokalen russischen Behörden in Wirklichkeit politische Ziele standen. Auf Moskauer Anweisung sollte in Estland eine neue Kampagne für den Verbleib der Republik in der Sowjetunion entfacht werden, und zwar in einer Sowjetunion, so wie sie den späteren Putschisten vorschwebte. Die Kommunikations- und Befehlsstränge liefen von den sowjetischen Unionsministerien des militärisch-industriellen Komplexes über die von ihnen ernannten russischen Fabrik- oder Unternehmensdirektoren in Narva, Sillamäe und Kohtla-Järve direkt in die Betriebsräte der dortigen russischen Arbeiterschaft. In diese Situation platzte am 19. August der Moskauer Staatsstreich der »Verteidiger der Union«.

Ich bin in den letzten Tagen häufig gefragt worden, warum denn unsere Ostexperten dieses für die Sowjetunion so einschneidende Ereignis nicht beizeiten voraussagen konnten. Die Antwort ist sehr einfach: Nicht einmal Gorbatschow rechnete ernsthaft mit der Möglichkeit eines Umsturzes, sonst wäre er ja nicht an die Krimküste gefahren; und ihm, dem Staatspräsidenten und Partei-Generalsekretär standen ganz gewiß viel mehr Informationen zur Verfügung als jeglichen Ostexperten in Deutschland oder sonstwo. Aber die eindringliche Warnung des ehemaligen sowjetischen Außenministers Schewardnadse vor der heraufziehenden Diktatur? Es war – anders, als es jetzt gelegentlich dargestellt wird – eine unbestimmte, grundsätzliche Warnung, ohne jede Zeitangabe, die irgendwann in den kommenden Jahren Wirklichkeit werden konnte oder auch nicht. So trafen auch mich die Ereignisse des 19. August völlig unvorbereitet, wenngleich eines sofort klar war – die unmittelbare, vielleicht alles entscheidende Auswirkung auf das Schicksal der baltischen Staaten. Also faßte ich gleich den Entschluß, nach Tallinn zu fliegen, um, wie Bismarck es formuliert hat oder 1991 formuliert hätte, »einen Zipfel des Mantels der Geschichte zu erhaschen«. Also zu gut deutsch: dabei zu sein, wenn sich das Schicksal meiner Heimat entscheidet.

Ich kam gleichzeitig zu spät und nicht zu spät. Als ich von Stockholm aus in Tallinn landete, war die tödliche Gefahr für Estland schon vorbei, auch hatte der Oberste Rat Estlands bereits seine Unabhängigkeitserklärung vom 20. August verabschiedet, doch das Zusammenbrechen der Moskauer Herrschaftsstrukturen konnte ich noch als Augenzeuge miterleben.

Gleich der erste Eindruck auf dem Flughafen von Tallinn sprach Bände und beleuchtete schlaglichtartig die völlig veränderte Lage. Mit hängenden Schultern vollzogen völlig verunsicherte junge KGB-Offiziere die allernotwendigste Paßkontrolle. Ihre sonst so stolz und selbstherrlich herumstolzierenden grünbemützten Vorgesetzten waren wie vom Erdboden verschluckt. Die Gepäckkontrollvorschriften waren zur

Farce geworden – ich kam mir vor wie ein den belgischen Zöllnern wohlbekannter Diplomat auf dem Brüsseler Flughafen Zaventem.

Zwei Tage später saß ich im Büro von Präsident Rüütel. Es war nicht leicht, in dieser turbulenten Zeit in das Schloß von Kadriorg einzudringen, aber mir kam zugute, daß ich Rüütel bei seinem Besuch der Kieler Woche im Juni auf dem Frankfurter Flughafen abgefangen und ausführlich mit ihm gesprochen hatte. Seine Chefsekretärin hieß Linda, trug also den Vornamen der Mutter des estnischen Sagenhelden Kalevipoeg, und als ich ihr sagte, dafür sähe sie aber ausgesprochen jung aus und ich würde auch artig Blumen an ihrem Denkmal im Hirve-Park niederlegen, glaubte ich gewonnenes Spiel zu haben.

»Gut, fahren Sie in Ihr Hotel zurück und verlassen Sie Ihr Zimmer nicht. Ich werde Sie anrufen, sobald ich eine Chance sehe, Sie in den Terminkalender hineinzuschieben.«

Ich wartete vier Stunden, dann kam der Anruf, und ich fuhr los. Rüütel stand auf der Freitreppe seiner Residenz und beendete gerade ein Interview mit dem französischen Fernsehen. Darauf führte er mich aber nicht in sein großes Arbeitszimmer, sondern in einen dahinter gelegenen, relativ kleinen Raum, fensterlos und rot möbliert.

»Hier haben wir etwas Ruhe, vorne klingelt ständig das Telefon, oder einer meiner Mitarbeiter steckt den Kopf durch die Tür. Ich habe zehn Minuten Zeit.«

Er war am Tage zuvor aus Moskau zurückgekehrt, hatte mit Jelzin, dem neuernannten KGB-Chef Bakatin sowie dem ebenfalls neuen Verteidigungsminister Schaposchnikow gesprochen und Verständnis gefunden für seine Vorstellungen vom stufenweisen Abbau der Sowjetherrschaft in Estland. Das bezog sich vor allem auf die weitgehende Entmachtung der sowjetischen Sicherheitsorgane, die Übernahme der Kontrolle an den Grenzen, das Verbot von Organisationen, die den Anti-Gorbatschow-Putsch unterstützt hatten, und personelle Veränderungen in den verschiedenen Führungsgremien.

»Man sieht unsere Situation jetzt in Moskau ziemlich realistisch. Das ist gut so, aber unvorstellbar viele Probleme müssen noch gelöst werden. Vor allem für uns beginnt jetzt die eigentliche Arbeit; ich selbst habe heute Nacht nur zwei Stunden schlafen können.«

Und zum Schluß: »Werden Sie Ihre ›Baltischen Erinnerungen‹ jetzt umschreiben?« (Er hatte bei seinem Besuch der Kieler Woche von der schleswig-holsteinischen Landesregierung ein Exemplar überreicht bekommen.)

»Nein, das ist nicht nötig. Ich muß nur ein letztes, aktuelles Kapitel anhängen, und gerade deshalb bin ich jetzt hier.«

Nach genau zehn Minuten verabschiedete ich mich: »Gott schütze Estland.«

»Und das estnische Volk.«

Etwas benommen von all dem Gehörten durchschritt ich den Vorraum der Sekretärinnen, ohne darauf zu achten, wem ich die Türklinke in die Hand gegeben hatte. Plötzlich hatte ich das Gefühl, dabei jemand Wichtigen nicht erkannt zu haben. Ich drehte mich hastig um und fragte »Kalevipoegs Mutter«, wer die Person gewesen sei.

»Rein Sillar«, sagte sie lächelnd. Tatsächlich, es war der KGB-Chef Estlands, dem der Präsident wohl gerade jetzt mitteilte, was er in Moskau mit dem KGB-Chef der Union vereinbart hatte.

Wie diese Vereinbarung in der Praxis aussehen sollte, konnte ich am nächsten Tag beobachten. Das »Graue Haus« neben der St.-Olai-Kirche war von estnischen Polizisten und Angehörigen des freiwilligen Heimatschutzes umstellt. Vor dem berüchtigten Eingang »B«, durch den in der Stalin-Zeit so viele Unschuldige ihren Weg ohne Wiederkehr gegangen waren, hockten zähnefletschend deutsche Schäferhunde.

»Jungs, was macht ihr hier?«

»Wir passen darauf auf, daß nur diejenigen hineingehen, die hineingehen dürfen, und daß nichts von dem weggeschleppt wird, was drinbleiben soll.«

Wie hatten sich die Zeiten geändert! Die herumstehenden Zivilisten schienen ähnlich zu empfinden. Kein lautes Wort war zu hören, kaum ein Tuscheln. Eine alte Frau, offenbar eine Russin, bekreuzigte sich ununterbrochen.

Für alles, was in diesen Tagen in Estland geschah, schufen der Oberste Rat und die Regierung zuvor eine rechtliche Basis. Diese Beschlüsse und Verordnungen wiederum basierten auf der am 20. August, also kurz nach dem Bekanntwerden des Anti-Gorbatschow-Putsches, verabschiedeten sogenannten großen Unabhängigkeitserklärung, mit der die kleine vom 30. März 1990 ergänzt und die in ihr vorgesehene Übergangsperiode beendet wurde. Dies der Text:

»Der Oberste Rat von Estland beschließt:

1. Die staatliche Selbständigkeit der Republik Estland zu bekräftigen und die Wiederherstellung der diplomatischen Beziehungen der Republik Estland anzustreben.

2. Für die Ausarbeitung der Verfassung der Republik Estland sowie für die Durchführung einer Volksabstimmung über dasselbe eine Konstituierende Versammlung zu bilden, bestehend aus Delegierten des höchsten gesetzlichen Organs der Staatsmacht, des Obersten Rates der Republik Estland und aus Delegierten des Estnischen Kongresses, als der Bürgervertretung der Republik Estland.

3. Im Laufe des Jahres 1992 nach der neuen Verfassung der

Republik Estland Parlamentswahlen der Republik Estland durchzuführen.«

Für diesen Beschluß stimmten 69 Abgeordnete des Obersten Rates, Gegenstimmen gab es keine, allerdings blieben 34 Abgeordnete, und zwar fast alle Russen, der Abstimmung fern.

Von ebensogroßer Bedeutung für Estland war die Anerkennung seiner Unabhängigkeit durch Boris Jelzin, also durch Rußland, zwei Tage später. Dies die wichtigsten Artikel des Beschlusses:

»1. In Verbindung mit dem Beschluß des Obersten Rates der Republik Estland, die staatliche Unabhängigkeit zu verkünden, wird hiermit die staatliche Selbständigkeit der Republik Estland anerkannt ...

3. Der Präsident der UdSSR wird aufgefordert, die staatliche Unabhängigkeit der Republik Estland anzuerkennen und Verhandlungen über die Regelung der zwischenstaatlichen Beziehungen zwischen der UdSSR und der Republik Estland aufzunehmen.

4. Alle Staaten der Welt sind aufgefordert, die staatliche Unabhängigkeit der Republik Estland anzuerkennen.

Der Präsident der RSFSR
Boris Jelzin
Moskau, 24. August 1991«

Diese schnelle und mutige Reaktion Jelzins entsprang gewiß seiner politischen Einstellung den baltischen Staaten gegenüber, aber es mag auch der Dank dafür gewesen sein, daß Estland, Lettland und Litauen die ersten Republiken waren, die sich gleich nach dem Staatsstreich auf die Seite Rußlands geschlagen hatten. Dazu Auszüge aus einem Brief Rüütels an Jelzin:

»Sehr verehrter Boris Nikolajewitsch!

In diesem für das Schicksal unserer Länder und Völker so einschneidenden Augenblick erlaube ich mir, Ihnen unser aller und meine persönliche Begeisterung über Ihr resolutes und männliches Handeln zum Ausdruck zu bringen, darüber, wie die demokratischen Kräfte Rußlands angesichts des Angriffs des sogenannten Notstandskomitees für die Rettung der demokratischen und freiheitlichen Ideale gekämpft haben ... Gleichzeitig betrauern wir zusammen mit Ihnen die Opfer, die dieser Kampf dem russischen Volk abverlangt hat. Ich bitte Sie, den Angehörigen der Opfer unser aufrichtiges Beileid zu übermitteln ... Der Beschluß der Regierung der Russischen SFSR, die staatliche Selbständigkeit der Republik Estland, so wie sie von unserem Obersten Rat angesichts der heraufziehenden Reaktion beschlossen wurde, anzuerkennen, wird vom estnischen Volk mit großem Dank hoch eingeschätzt.«

Estland waren in den Tagen des versuchten Staatsstreiches Todesopfer erspart geblieben, obwohl es zunächst auch dort nach militärischen Gewaltmaßnahmen der Putschisten ausgesehen hatte. Im folgenden eine kurze Chronik der Ereignisse in Estland, Lettland und Litauen:

Estland. Am Montag, dem 19. August, wird der Hafen von Tallinn für mehrere Stunden vom sowjetischen Militär geschlossen; zwei Kriegsschiffe blockieren die Hafeneinfahrt und unterbinden den Schiffsverkehr mit Finnland und Schweden; der Oberbefehlshaber des baltischen Militärbezirks, General Fedor Kusmin, teilt Präsident Rüütel telefonisch mit, daß er auf Anweisung des »Notstandskomitees« die oberste Gewalt in Estland übernommen habe, und fordert ihn auf, alle Anordnungen des Komitees zu befolgen und jegliche Demonstrationen im Lande zu verbieten; diese Forderungen werden von Rüütel abgelehnt; 50 bis 60 Fallschirmspringer stürmen den Fernsehturm von Tallinn, können aber den Sendebetrieb nur zum Teil lahmlegen; etwa 100 Panzerfahrzeuge mit Fallschirmjägern treffen, vom Peipussee kommend, in Tallinn ein und beziehen in der Nähe der Stadt Stellung; zuvor hatte der Kommandeur des Militärflughafens von Tartu den Fallschirmjägern den Lufttransport untersagt und damit ein erstes Beispiel für die Nichtbefolgung der Befehle der Moskauer Putschisten gegeben; auch der Militärbefehlshaber von Tartu bezieht gegen die Putschisten Stellung, indem er seinen Truppen befiehlt, ihre Kasernen nicht zu verlassen; es kommt zu Demonstrationen und Streiks, das Lenindenkmal in Tallinn wird gestürzt.

Die größte Unterstützung fanden die Putschisten, wie zu erwarten, in Nordost-Estland. In Narva, Sillamäe und Kohtla-Järve bildeten sich Notstandsstäbe zur Durchführung des Staatsstreiches; der Rundfunknachrichtenempfang aus Tallinn wurde unterbunden, und es entstanden Pläne zur Ausrufung einer »Sowjetrepublik Nordost-Estland«, die dann, als aus Moskau die ersten Informationen vom Scheitern des Putsches eintrafen, wie heiße Kartoffeln fallengelassen wurden.

Lettland. Die Ereignisse in Lettland waren um einiges dramatischer: Die Rigasche Fernsehstation, das Rundfunkhaus, das Innenministerium sowie das Fernsprech- und Telegrafenamt werden von sowjetischen Truppen besetzt; dabei gibt es drei Tote; General Kusmin erklärt Präsident Gorbunovs das gleiche wie auch Präsident Rüütel und läßt wichtige Straßen und Brücken von seinen Truppen besetzen; Fallschirmjäger und die

Schwarzen Barette des OMON – Sondereinheiten des Innenministeriums – beziehen in Riga und in anderen Städten Stellung; Alfred Rubiks, der Führer der moskautreuen KP Lettlands, erklärt auf einer Pressekonferenz: »Ich verfolge die Ereignisse nicht nur mit Freude, sondern auch mit Stolz. Das ist immer der Traum unserer Partei gewesen«; der Oberste Rat ruft alle örtlichen Behörden auf, den Anordnungen der Putschisten, des Militärs, der OMON-Truppen und des KGB nicht Folge zu leisten, sondern sich ausschließlich an die Beschlüsse des Obersten Rates und der Regierung zu halten; Hunderttausende treten in einen politischen Streik; am 21. August, einen Tag nach Estland, verabschiedet auch das lettische Parlament seine Unabhängigkeitserklärung. Die wichtigsten Artikel derselben lauten:

»Im Bewußtsein der Verantwortung vor dem Volk und unter Berücksichtigung der am 4. Mai 1990 beschlossenen Erklärung ›Über die Erneuerung der Unabhängigkeit der Republik Lettland‹, der Ergebnisse der gesamtlettischen Volksbefragung vom 3. März 1991 sowie der Tatsache, daß als Ergebnis des Staatsstreiches vom 19. August 1991 die verfassungsmäßigen Strukturen der Staats- und Regierungsgewalt der UdSSR zu existieren aufgehört haben und infolgedessen Art. 9 der Unabhängigkeitserklärung der Republik Lettland vom 4. Mai 1990 auf dem Verhandlungswege nicht verwirklicht werden kann, beschließt der Oberste Rat der Republik Lettland:

1. Lettland zu einer unabhängigen, demokratischen Republik zu erklären, in der die souveräne Macht des lettischen Staates dem Volk von Lettland gehört und deren internationaler rechtlicher Status durch die Verfassung der Republik Lettland vom 15. Februar 1922 bestimmt wird . . .

3. Bis zur Beendigung der Okkupation und Annexion von Lettland und dem Zusammentreten der Saeima von Lettland ist die Oberste Macht ausschließlich durch den Obersten Rat

der Republik Lettland auszuüben. Allein die Gesetze und Resolutionen dieser obersten Staatsmacht haben auf dem Gebiet der Republik Lettland rechtlich Gültigkeit.«

Litauen. Die Ereignisse zwischen dem 19. und 22. August in Litauen entsprachen ungefähr denen in Lettland. Sowjetische Truppen besetzten mehrere Fernseh- und Rundfunkzentren sowie das Fernsprechamt von Vilnius, wobei hereinkommende Gespräche aus dem Westen nicht behindert wurden; aus dem Kaliningrader Gebiet kommende Militäreinheiten überschritten bei Panemune die Grenze und griffen litauische Zollstationen an; in der Nähe des Parlamentes kam es zu einem Schußwechsel zwischen sowjetischen Soldaten und Posten des Nationalen Verteidigungsamtes, bei dem ein Litauer getötet sowie zwei weitere und ein sowjetischer Soldat verwundet wurden; Ministerpräsident Vagnorius rief alle Behörden dazu auf, im Falle des Sturzes der legalen litauischen Regierung sofort ihre Tätigkeit einzustellen; für diesen Fall wurde auch die Bevölkerung zu Streiks und Massendemonstrationen aufgerufen; vor dem Parlament fuhren etwa 80 sowjetische Panzer auf, zogen sich aber bald darauf wieder zurück.

Die Reaktionen der drei baltischen Republiken auf all diese Übergriffe und die Geschehnisse in Moskau setzten bereits ein, als die Würfel in der Sowjetunion noch nicht gefallen waren. Die Parlamente und Regierungen in Tallinn, Riga und Vilnius begannen, wie es ein estnischer Politiker formulierte, das eigene Haus zu säubern. Nach den Unabhängigkeitserklärungen von Estland und Lettland, die beide Republiken staatsrechtlich auf das litauische Niveau angehoben hatten, existierte nun für alle kommenden Beschlüsse und Verordnungen in etwa die gleiche juristische Basis. Aufgrund meiner Augenzeugenkenntnis der dortigen Situation will ich mich, pars pro toto, auf die Entwicklung in Estland beschränken.

Am 23. August erklärte die estnische Regierung die moskauhörige KP Estlands für illegal. Ihr Vermögen wurde beschlagnahmt, ihre Archive zu Staatseigentum erklärt. Dieser Schritt wurde damit begründet, daß diese estnische »Fraktion« der KPdSU überhaupt nicht den estnischen Gesetzen entsprechend registriert sei und den Moskauer Staatsstreich unterstützt habe. Gleichzeitig ordnete die Regierung die Einsetzung von Sonderausschüssen an, die das Verhalten auch anderer Organisationen während und vor dem Staatsstreich untersuchen sollen. Mehrere Direktoren der den Moskauer Rüstungsministerien unterstehenden Betriebe, insbesondere in Tallinn und Nordost-Estland, wurden entlassen. Für Nordost-Estland ernannte das Parlament einen Sonderbeauftragten, der an Ort und Stelle für die Einhaltung aller estnischen Gesetze zu sorgen hat. Gleichzeitig wurden für die wichtigsten dortigen Städte Neuwahlen der Stadtparlamente angeordnet, da sich diese der ständigen Verletzung von Regierungsbeschlüssen schuldig gemacht hatten. Der Oberste Rat hob die parlamentarische Immunität einiger dortiger Funktionäre auf, weil sie sich im Zusammenhang mit dem Moskauer Putsch des Landesverrates schuldig gemacht hatten, und ermöglichte damit ihre strafrechtliche Verfolgung. Alle auf estnischem Territorium liegenden sowjetischen Unionsbetriebe wurden in estnischen staatlichen Besitz überführt, einschließlich der Objekte der Eisenbahn und der Schiffahrt. Der Rundfunksender »Nadeschda« (»Hoffnung«), das Sprachrohr der moskauhörigen russischen »Interfront« wurde geschlossen sowie die »Interfront« selbst aufgelöst. Ministerpräsident Savisaar und der für das gesamte baltische Grenzschutzgebiet zuständige General unterzeichneten ein Abkommen, das bis zur endgültigen Regelung des Problems gemeinsame Kontrollen durch estnische und sowjetische Grenzschutzbeamte vorsieht. Die Tätigkeit des KGB wurde untersagt, jeder Kontakt mit ihm unter Strafe gestellt. Das wurde von KGB-Chef Sillar mit den bitteren Worten kommentiert: »Wir sind in der neuen Machtstruktur Estlands nicht vorgesehen. Wir unterstehen nur noch Moskau. Aber als ich während des Staatsstreiches mehrfach dort anrief, ging keiner mehr ans Telefon.«

Die Parlamentsbeschlüsse und Regierungsverordnungen wurden aber nicht nur vom KGB widerstandslos akzeptiert, das taten auch die russischen Behörden in Nordost-Estland und die moskautreue KP. Erstere verpflichteten sich in einer gemeinsamen Erklärung, hinfort alle Gesetze der Republik zu befolgen, und letztere zog aus dem Verbot die Konsequenz, auch die kommunistische Fraktion des Obersten Rates aufzulösen. Als Parteichef Annus dies am 26. August im Parlament bekanntgab, erntete er zum erstenmal den reichhaltigen Beifall aller nichtkommunistischen Abgeordneten. In einer anschließenden Sitzungspause danach gefragt, ob er Kommunist bleiben werde, antwortete er: »Ich habe meine Mitgliedschaft in der KPdSU suspendiert, aber die Überzeugungen bleiben. Ich halte mich an Giordano Bruno (sic!), der noch auf dem Scheiterhaufen ausrief, ›und die Erde dreht sich doch!‹«

Sein lettischer Genosse Rubiks, der den Putsch nicht nur begrüßt, sondern auch bereits eine neue Regierung Lettlands sowie das Verbot aller Parteien außer der KP angekündigt hatte, saß zu diesem Zeitpunkt schon hinter Schloß und Riegel. Obwohl dieser schlaue Wendehals sofort nach dem Scheitern des Putsches aus der KP ausgetreten war und verkündet hatte, jetzt eine neue Partei gründen zu wollen, wurde er am 23. August verhaftet und des versuchten Sturzes der legalen Regierung Lettlands angeklagt.

Sowohl in Lettland wie auch in Litauen verlief die Entwicklung nach dem Scheitern des Staatsstreiches in etwa so wie in Estland. Was von sowjetischen Truppen besetzt worden war, wurde nach und nach geräumt, und Litauen erreichte bereits am 23. August ein Übereinkommen mit dem sowjetischen KGB. Nach sechsstündigen Verhandlungen mit dem stellvertretenden KGB-Chef Lebedew wurde in Vilnius ein Abkommen unterzeichnet, in dem sich das KGB der Union verpflichtet, keinerlei gegen Litauen gerichtete Schritte mehr zu unternehmen, und Litauen seinerseits sich bereit erklärt, die sozialen und bürgerlichen Rechte der KGB-Mitarbeiter zu achten. Eine gemeinsame Kommission soll die Übergabe des gesamten KGB-Besitzes an den litauischen Staat im Laufe von 30 Tagen regeln. Ebenso wie in Riga konnten die nun so harmlosen KGB-Gebäude in Vilnius bereits im September von neugierigen Zivilisten betreten und bestaunt werden.

Schwierigkeiten gab es nur im Zusammenhang mit dem Abzug der verhaßten Schwarzen Barette der OMON. Die OMON räumte zwar am 25. August ihre Kaserne in Vilnius, zog sich aber dann lediglich auf Basen der sowjetischen Streitkräfte zurück, ohne das Land zu verlassen. In einem Brief bat der OMON-Kommandeur von Vilnius sogar einige westliche Regierungschefs um politisches Asyl für 80 Mann, zeigte dabei allerdings nicht die geringste Reue für die Taten seiner brutalen Untergebenen. Auch die OMON-Truppen in Lettland weigerten sich, ihre Standorte zu verlassen, bevor ihnen volle Amnestie gewährt worden sei, und drohten, bei Verweigerung derselben ein Blutbad anzurichten.

In dieser gespannten Situation flog Boris Jelzin nach Riga, um an Ort und Stelle über die Schwarzen Barette zu verhandeln und diesen eine Verlegung nach Rußland anzubieten. Die Verhandlungen führten schließlich zu einer Vereinbarung über den Abzug der OMON-Truppen aus Lettland und Litauen (in Estland waren keine stationiert), die jedoch nicht vollständig realisiert wurde. Sowohl in Litauen wie auch in Lettland verblieben ein paar Dutzend OMON-Angehörige, fast ebenso viele tauchten einfach unter. Einige der auf Mannschaftswagen nach Rußland Abtransportierten drohten der Bevölkerung, die die Straßen säumten, mit der Faust und riefen, sie würden irgendwann wiederkehren und für sowjetische Ordnung sorgen.

Als die Schwarzen Barette sich so äußerst störrisch und selbstsicher zeigten, hatte die Sowjetunion die Unabhängigkeit der baltischen Republiken zwar de facto wohl akzeptiert, diese aber noch nicht formell anerkannt. Das erfolgte erst am 6. *September 1991* auf der ersten Sitzung des neugegründeten Staatsrates der UdSSR. Außenminister Pankin gab zusätzlich bekannt, daß das unter dem Vorsitz Gorbatschows tagende oberste Machtorgan der Union den Beschluß einstimmig gefaßt habe, und zwar »in Anbetracht der konkreten historischen und politischen Situation, in der die Aufnahme der drei Republiken in die Sowjetunion erfolgte«. Fürwahr eine schönfärberische Umschreibung des terroristischen Drucks, mit dem Estland, Lettland und Litauen 1940 in Sowjetrepubliken umgewandelt wurden.

Die Welle der diplomatischen Anerkennungen durch Staaten der ganzen Welt hatte allerdings bereits vor dem endgültigen »Ja« Gorbatschows eingesetzt. Die Priorität sicherte sich das kleine Island, in dessen Hauptstadt Reykjavik die drei baltischen Außenminister am 25. August mit ihrem isländischen Kollegen eine entsprechende Deklaration unterschrieben. Es folgten Dänemark am 26., Norwegen am 27. August, und als vierter Staat wurde sich schließlich die Bundesrepublik Deutschland ihrer ganz besonderen, aus dem Hitler-Stalin-Pakt von 1939 resultierenden Verantwortung für den damaligen Untergang der baltischen Staaten bewußt. Am 28. August wurden in Bonn in Anwesenheit von Bundeskanzler Kohl die Urkunden für die Wiederaufnahme der diplomatischen Beziehungen von Bundesaußenminister Genscher und den baltischen Außenministern Meri, Jurkans und Saudargas unterzeichnet. In seiner Ansprache bat der Bundeskanzler die baltischen Minister »zu Hause zu sagen«, daß die Deutschen den drei Republiken im Rahmen ihrer Möglichkeiten helfen würden, die Probleme zu lösen, vor denen sie in nächster Zukunft stehen könnten.

Der estnische Außenminister, der dem Bundeskanzler, auch im Namen seines lettischen und litauischen Kollegen, auf deutsch antwortete, sprach von einem historischen Tag, an dem aus der Sicht der Balten die letzten Überbleibsel des Zweiten Weltkrieges beseitigt würden. Damit habe dieser Krieg in Estland, Lettland und Litauen etwa achtmal länger gedauert als in Deutschland und im übrigen Europa. Meri plädierte auch dafür, daß deutsche Lehrer und Hochschullehrer ins Baltikum kommen sollten, und sagte dann wörtlich: »Wir wollen unsere Türen und Fenster öffnen, damit warme Luft einströmen kann.« Jahreszeitlich sei es zwar August, politisch jedoch Frühling. Bereits Anfang September überreichten die ersten deutschen Botschafter ihre Beglaubigungsschreiben: Es waren Henning v. Wistinghausen in Tallinn, Hagen Graf Lambsdorff in Riga und Gottfried Albrecht in Vilnius.

Vielleicht noch wichtiger als die bilateralen diplomatischen Beziehungen – Anfang September bereits mit etwa 50 Staaten – war für die baltischen Staaten ihre Aufnahme in die großen internationalen Zusammenschlüsse: Am 10. September wurden sie Mitglieder der KSZE (Konferenz für Sicherheit und Zusammenarbeit in Europa) und bald darauf Mitglieder der Vereinten Nationen.

Mit dieser internationalen Anerkennung im Rücken nahmen alle drei baltischen Staaten Anfang September in Moskau erste Verhandlungen zur Lösung der allerdringlichsten, sich aus ihrer neuen Eigenstaatlichkeit ergebenden Probleme auf. Man regelte den Modus der endgültigen Liquidierung des KGB, fand Übergangslösungen für die Fragen der Zollkontrolle, des Grenzschutzes und der Visa-Erteilung. In Gesprächen der baltischen Ministerpräsidenten mit dem sowjetischen Verteidigungsminister Schaposchnikow und Generalstabschef Lobow tat man auch die ersten Schritte zur Lösung des Hauptproblems – des sowjetischen Truppenabzugs aus dem Baltikum. Im September 1991 waren in Estland etwa 100 000, in Lettland rund 80 000 und in Litauen etwa 100 000 Mann stationiert. Am Tage der Anerkennung der baltischen Staaten durch den Staatsrat der UdSSR hatte der sowjetische Außenminister Pankin lediglich von der Notwendigkeit gesprochen, daß nun neben wirtschaftlichen Fragen und Fragen des Bürgerschutzes auch die militärischen Probleme in bilateralen Verhandlungen gelöst werden müßten. Präsident Rüütel wurde in einer Rede vor dem Obersten Rat Estlands wesentlich konkreter, als er nicht nur die Gründung eines eigenen Verteidigungsministeriums und die anschließende Aufstellung eigener Streitkräfte ankündigte, sondern auch den etappenweisen, aber schließlich vollständigen Abzug aller sowjetischen Truppen als die einzige für Estland akzeptable Lösung bezeichnete. Vorrangig müßten die sowjetischen Truppen Tallinn und alle Naturschutzgebiete räumen, dann die estnischen Inseln und Küstenstreifen. Letzteres bezieht sich vor allem auf die sowjetische Marinebasis für atomare U-Boote in Paldiski (Baltischport), 35 Kilometer westlich der estnischen Hauptstadt. Als nächste seien die unmittelbar neben den Städten Tartu (Dorpat), Pärnu (Pernau) und Haapsalu (Hapsal) gelegenen Militärflughäfen an der Reihe.

454

Ähnliche Erklärungen wurden auch in Riga und Vilnius abgegeben.

In der Frage des Truppenabzuges offenbart sich für die Moskauer Zentrale, und vor allem auch für Gorbatschow persönlich, eine bittere historische Wahrheit – ausgedrückt in dem seinerzeit auf Honecker gemünzten Wort Gorbatschows, »wer zu spät kommt, den bestraft das Leben«. Noch vor wenigen Wochen wären die baltischen Republiken, wenn ihnen Moskau ansonsten die sofortige, volle Unabhängigkeit gewährt hätte, bereit gewesen, in bilateralen Verträgen ausgehandelte sowjetische Militärstützpunkte sowie Korrekturen an ihren Ostgrenzen in Kauf zu nehmen. Heute sind sie dazu nicht mehr bereit, jedenfalls ist dies der Standpunkt, mit dem sie in die Verhandlungen gehen. Wieweit er durchsetzbar ist, wird die Zukunft zeigen, wobei vieles wohl auch vom weiteren Verlauf der amerikanisch-sowjetischen Abrüstungsgespräche, insbesondere hinsichtlich der atomaren Kurzstreckenwaffen, abhängt.

Die Frage des Truppenabzuges und des Grenzverlaufs enthält aber, insbesondere für Estland, auch viel innenpolitischen Sprengstoff. Die national-radikalen Kräfte des Estnischen Kongresses, die in der Anfang September gewählten Konstituierenden Versammlung etwa die Hälfte der Sitze innehaben, werden, wenn es in Moskau bei den Verhandlungen hart auf hart geht, nicht zu den Konzessionen bereit sein, die den Abgeordneten des Obersten Rates und der Regierungsmannschaft vielleicht gerade noch akzeptabel erscheinen. Gewiß ist die Constituante als solche kein gesetzgeberisches oder exekutives Machtorgan, sondern sie hat nur den Entwurf einer neuen Verfassung auszuarbeiten, aber die in ihr vertretenen national-radikalen Politiker werden auf jeden Fall in der nächsten Regierung großes Gewicht haben.

Malt man den Teufel an die Wand, so sind sogar Regierungskrisen in zwei der drei Republiken nicht ausgeschlossen; in Litauen wird es wohl kaum dazu kommen, denn Landsbergis sieht sich mit seiner harten Politik der letzten zwei Jahre voll bestätigt. Aber auch er muß zugeben, daß ohne den versuchten Staatsstreich, die anschließende Entmachtung fast aller reaktionären Kräfte in Moskau und den damit verbundenen Machtverlust Gorbatschows die Republik Litauen von ihrer Unabhängigkeit noch weit entfernt wäre. Die von Gorbatschow aufgestellte Behauptung, die Loslösung der drei baltischen Staaten von der Sowjetunion wäre der »Scheidung einer jahrzehntelangen Ehe« vergleichbar und ein solcher Prozeß brauche eben seine Zeit, wäre nicht so schnell auf dem Müllhaufen der Geschichte gelandet, hätte ihr nicht Jelzin den entscheidenden Stoß gegeben. Gewiß, sie war auch zuvor schon absurd, denn da das Ja-Wort zu dieser »Ehe« von den baltischen Bräuten 1940 brutal erpreßt wurde, ist diese Verbindung überhaupt nicht rechtsgültig zustande gekommen. Dennoch war es Gorbatschow mit seiner Ehetheorie gelungen, viele westliche Politiker zu betören und sie von dem abzuhalten, was sie eigentlich schon früher hätten tun müssen: die baltischen Staaten in ihrem Ringen mit der Moskauer Zentralgewalt zu unterstützen. Ebenso unsinnig war die ebenfalls von den reaktionären Moskauer Kräften im Westen verbreitete und von Gorbatschow partiell aufgegriffene Behauptung, Estland, Lettland und Litauen gefährdeten mit ihren Unabhängigkeitsforderungen den europäischen Frieden und die Errichtung des gemeinsamen europäischen Hauses. Auch diesbezüglich haben die Ereignisse der August-September-Wende bewiesen, daß die baltischen Völker die Zeichen der Zeit früher als andere richtig gedeutet haben: den nicht aufzuhaltenden, historisch notwendigen Zerfall der sowjetisch-kommunistischen Machtstrukturen, oder härter formuliert, das Ende der Sowjetunion, so wie sie Gorbatschow bei allen seinen großen Verdiensten um die demokratische Entwicklung in ganz Osteuropa bis zum Sommer 1991 immer noch zu verteidigen bereit war.

Und schließlich noch das letzte von den Moskauer Zentralisten gegen die Loslösung des Baltikums von der Sowjetunion immer wieder vorgebrachte Argument: Die unabhängigen Republiken Estland, Lettland und Litauen würden mit Sicherheit die Bürgerrechte der dort lebenden Russen und anderen Slaven nicht achten, ja diese sogar diskriminieren oder brutal unterdrücken. Dazu ist zu sagen, daß die drei Staaten in der Zeit ihrer Selbständigkeit von 1918 bis 1940 nichts dergleichen getan haben und es auch ab 1991 nicht tun werden. Das geht aus den bereits bestehenden Gesetzen hervor und wurde zudem auch von den drei Staatsoberhäuptern in einer gemeinsamen Erklärung des Baltischen Rates vom 1. Dezember 1990 bekräftigt:

»Wir bestätigen unsere Verpflichtung, die Rechte aller Bürger von Estland, Lettland und Litauen, unabhängig von ihrer Nationalität, Muttersprache und politischen oder religiösen Überzeugung zu achten – entsprechend den internationalen Abkommen zur Sicherung der Menschenrechte und in Übereinstimmung mit unseren eigenen Gesetzen und anderen rechtlichen Verordnungen, mit denen die Beachtung der Allgemeinen Erklärung der Menschenrechte gesichert wird.«

Rüütel, Gorbunovs und Landsbergis haben dies nicht nur aufgrund ihrer demokratischen Überzeugung erklären können, sondern sie taten es auch als Realisten, die sich der schwierigen politischen und wirtschaftlichen Lage ihrer Länder voll bewußt sind. Sie sind nun einmal sowohl auf eine vielfältige westliche Starthilfe wie auch auf enge Beziehungen zum größten Nachbarn, also zur UdSSR, angewiesen, die wahrscheinlich dann bereits »Union Souveräner Staaten« (USS) heißen wird. Daß Menschenrechtsverletzungen jegliche westliche Unterstützung und alle gutnachbarlichen Beziehungen zur USS sofort beenden würden, weiß im Baltikum jeder Politiker. Auf einem anderen Blatt stehen die zweifellos vorhandenen Spannungen zwischen den verschiedenen Volksgruppen innerhalb der baltischen Staaten. Um diese zu verringern, wäre es zweifellos richtig, den Russen, Ukrainern und Weißrussen, die nicht im Baltikum bleiben wollen, mit großzügiger staatlicher Unterstützung die Rückkehr in ihre Heimatländer zu ermöglichen. Ein Problem für sich bildet dabei die im Gebiet von Vilnius lebende autochthone polnische Bevölkerung.

Wenngleich es im September 1991 so aussieht, als wären im Baltikum und in Moskau die Würfel gefallen, bleibt angesichts der instabilen wirtschaftlichen Lage der Sowjetunion ein Rest von Unsicherheit. Die Demokratie in Rußland ist erst jung, die zentrifugalen Kräfte in den anderen Randrepubliken sind unberechenbar, und wie sich die Bevölkerung beispielsweise während oder nach einem Hungerwinter bei noch weiter absinkendem Lebensstandard verhalten wird, weiß niemand.

Aus diesen Gründen legt die Vernunft den baltischen Politikern folgendes nahe: Es gilt jetzt, vereint die Gunst der Stunde zu nutzen. Die Moskauer Verhandlungen müssen forciert geführt, dabei aber nicht mit unrealistischen Forderungen belastet werden. Die Ernte sollte eingefahren sein, ehe mögliche östliche Hagelschläge sie gefährden.

Dieses Buch wurde am 17. September 1991 beendet.

# BILDNACHWEIS:

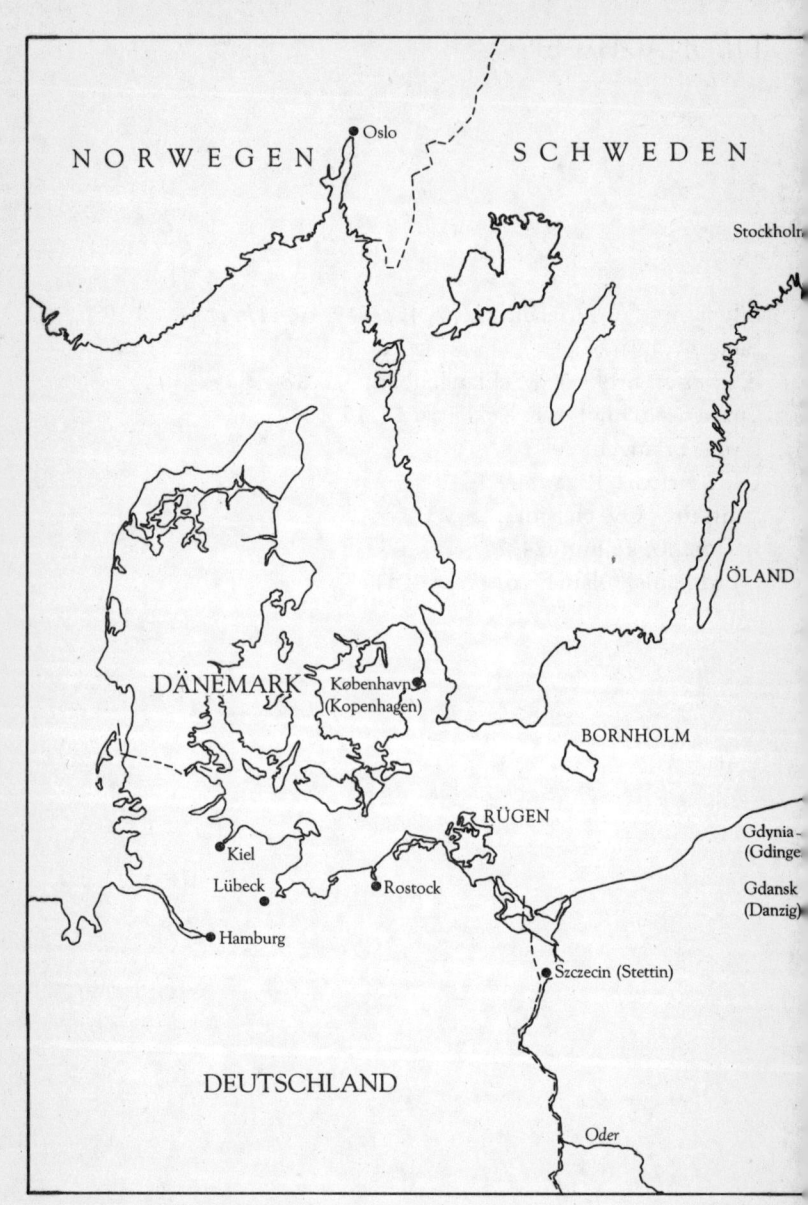

FINNLAND

Turku

Helsinki

Wiborg

St. Petersburg

*Finnischer Meerbusen*

Tallinn (Reval)

Sillamäe

Narva (Narwa)

Kingisepp (Jamburg)

HIIUMAA
(DAGÖ)

Rakvere
(Wesenberg)

Kohtla-Järve

ESTLAND

Haapsalu (Hapsal)

*Peipsijärv
(Peipussee)*

Pärnu (Pernau)

Viljandi (Fellin)

SAAREMAA
(ÖSEL)

Tartu
(Dorpat)

*Pskovskoje Osero
(Pleskauer See)*

Pölva (Pölve)

GOTLAND

Valga (Walk)

Võru (Werro)

Pskow (Pleskau)

Ape

*Rigaer Bucht*

LETTLAND

Ventspils
(Windau)

Riga

Rezekne (Rositten)

Jurmala

Pavilosta (Paulshafen)

Jelgava (Mitau)

Liepaja (Libau)

Auce

Daugavpils
(Dünaburg)

*Daugava (Düna)*

Šiauliai (Schaulen)

OSTSEE

Klaipėda (Memel)

LITAUEN

Sowjetsk (Tilsit)

Kaunas (Kowno)

Kaliningrad
(Königsberg)

Vilnius
(Wilna)

Minsk

*Nemunas (Memel)*

Hrodna (Grodno)

SOWJETUNION

Białystok

*Wisła (Weichsel)*

POLEN

BALTIKUM
UND SÜDLICHE
OSTSEE

ATLANTIK

Oslo
Hamburg
Stockholm
Berlin
Helsinki
Warszawa
(Warschau)
Tallinn (Reval)
Riga
Vilnius (Wilna)
St. Petersburg

Kiew
Moskwa
(Moskau)
Gorkij
Odessa
Charkow
Kazan
Perm
Donezk
Swerdlowsk
Wolga
Kujbyschew
*Schwarzes Meer*

Ob
Jenissej

Tbilissi
Omsk
Tomsk
Novosibirsk
*Kaspisches Meer*
Baku

*Aralskoje More (Aralsee)*

Teheran
Alma Ata

DIE SOWJETUNION
Kabul

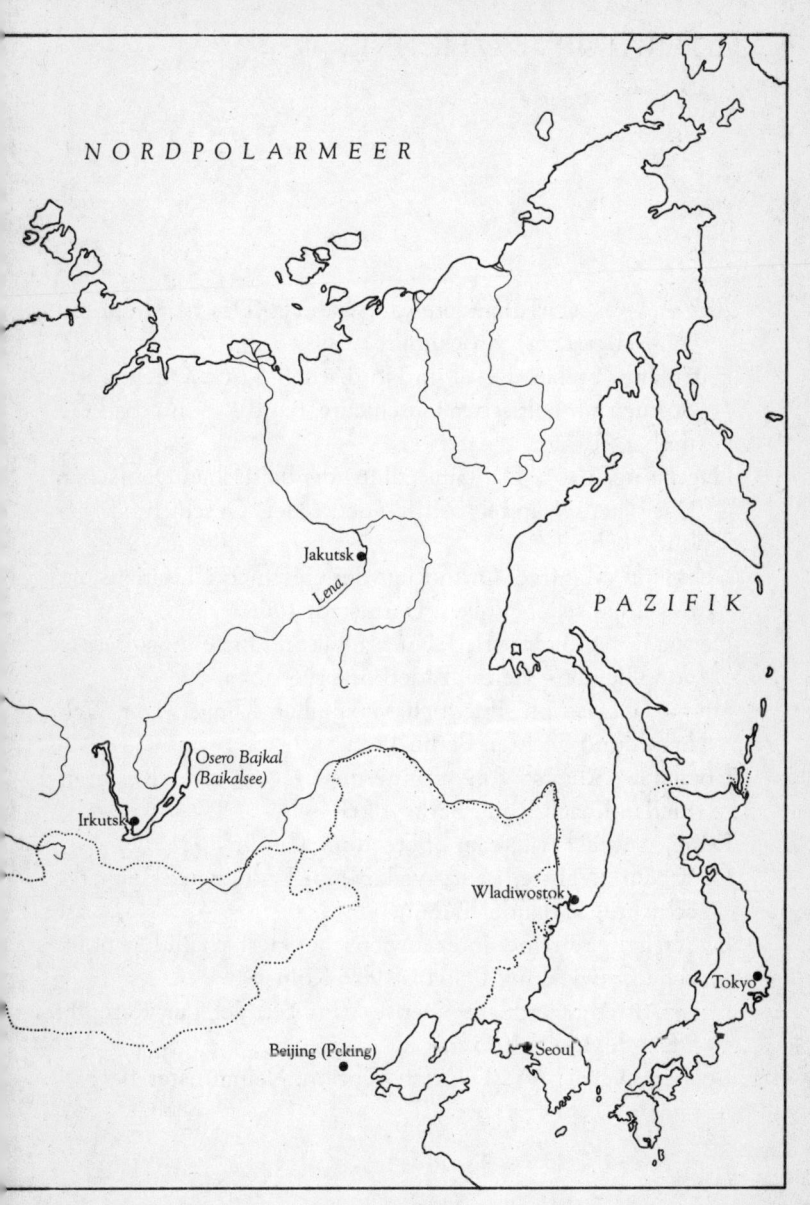

NORDPOLARMEER

Jakutsk

*Lena*

PAZIFIK

*Osero Bajkal*
*(Baikalsee)*

Irkutsk

Wladiwostok

Tokyo

Beijing (Peking)

Seoul

# LITERATURVERZEICHNIS

Angelus, Oskar: Tuhandete valitseja maa (Das Land der tausend Herrscher). Stockholm 1956

Hartmann, Stefan: Reval im Nordischen Krieg. Quellen und Studien zur baltischen Geschichte. Band 1. Bonn/Bad Godesberg 1973

Hehn, Jürgen von: Die Umsiedlung der baltischen Deutschen. Das letzte Kapitel baltisch-deutscher Geschichte. Marburg/Lahn 1982

Hellmann, Manfred: Grundzüge der Geschichte Litauens und des Litauischen Volkes. Darmstadt 1966

Herder, Johann Gottfried: Humanität und Erziehung. Besorgt von Clemens Menze. Paderborn 1961

Hering, Christoph: Friedrich Maximilian Klinger. Der Weltmann und Dichter. Berlin 1866

Kotzebue, August von: Erinnerungen von einer Reise aus Liefland nach Rom. Berlin 1805

Küng, Andres: A Dream of Freedom. Cardiff 1981

Laar, Mart/Vahtre, Lauri/Valk,Heiki: Kodulugu (Heimatgeschichte). 2 Bände. Tallinn 1989

Levits, Egil: Lettland unter sowjetischer Herrschaft. Die politische Entwicklung 1940 bis 1989. Köln 1989

Luts, Alfred: Heitluste Keerises (Im Strudel der Kämpfe). 2 Bände. Lund 1975/76

Loeber, Dietrich, A.: Diktierte Option. Neumünster 1972

Meissner, Boris: Die Sowjetunion, die baltischen Staaten und das Völkerrecht. Köln 1956

Meissner, Boris (Hg.): Die baltischen Nationen. Estland, Lettland, Litauen. Köln 1990

Meri, Lennart: Höbevalge (Silberweiß). Tallinn 1976

Misiunas, Romuald/Taagepera, Rein: The Baltic States. Years of Dependence 1940–1980. Berkeley/Los Angeles 1983

zur Mühlen, Heinz von: Die baltischen Lande von der Aufsegelung bis zur Umsiedlung. Kulturelle Arbeitshefte 15. Bonn 1987

Noelle, Annelise: Zur Wirksamkeit des baltischen Adels in Rußland unter Alexander I. und Nikolaus I. München 1940

Pytheas von Marseille: Über das Weltmeer. Die Fragmente, übersetzt und erläutert von D. Stichtenoth, Köln/Graz 1959

Rauch, Georg von: Geschichte der baltischen Staaten. Stuttgart 1970

Rimscha, Hans von: Geschichte Rußlands. Darmstadt 1970

Seraphim, Ernst: Geschichte Liv-, Est- und Kurlands. Reval 1895

Simon, Gerhard: Nationalismus und Nationalitätenpolitik in der Sowjetunion. Baden-Baden 1986

Winter, Werner: Beiträge zur Chronik der Stadt Reval 1218–1940. Hannover-Döhren 1987

Wittram, Reinhard: Baltische Geschichte. Die Ostseelande Livland, Estland, Kurland 1180–1918. München 1954

# REGISTER

# *Sachbuch*

## Als Band mit der Bestellnummer 60329 erschien:

Wilhelm von Sternburg (Hrsg.)
**Geteilte Ansichten
über eine
vereinigte Nation**
Ein Buch über Deutschland

Mit Beiträgen von
Lothar Gall, Christian Graf v. Krockow,
Fritz Pleitgen, Theo Sommer,
Werner Weidenfeld und
vielen anderen

**BASTEI
LÜBBE**

Zweiundzwanzig Essays
von bedeutenden deutschen und internationalen
Historikern, Journalisten und Politikern:
pointierte Kommentare und nachdenkliche
Reflexionen, in denen sich auch persönliche Sorgen
und Hoffnungen ausdrücken.

**BASTEI
LÜBBE**

# *Zeitgeschichte*

Als Band mit der Bestellnummer 65088 erschien:

Die Deutsche Einheit war kein Zufall, sondern das Ergebnis der Anstrengungen multilateraler Diplomatie. Anhand zahlreicher, zum Teil bislang unveröffentlichter Dokumente legt der bekannte Politologe Karl Kaiser in diesem Buch dar, wie die unterschiedlichen Positionen der Teilnehmer an den 2+4-Verhandlungen schließlich harmonisiert wurden.